U0925843

发现王夫之：晚清以来的船山升格运动

1864—1982

陈焱 著

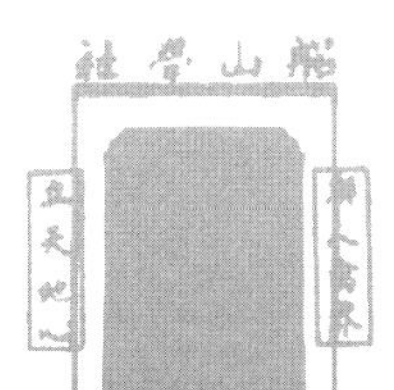

上海人民出版社

本书获以下项目经费资助出版：

2016 年国家社科基金（青年）项目："船山思想在中国近现代哲学史中的发展与流变研究（1842—1982）"（项目批准号：16CZX032）

上海财经大学"中央高校双一流引导专项资金"和"中央高校基本科研业务费"——上海财经大学学术著作出版资助项目："近现代中国哲学中的船山升格运动研究"

上海财经大学"中央高校基本科研业务费专项资金"（supported by "the Fundamental Research Funds for the Central Universities"）——2021 年度新进教师科研启动项目（40 岁以下）："近现代中国哲学中的船山升格运动研究"（项目编号：2021110473）

目　录

序

这是陈焱副教授第二本研究王船山的专著。此前他的博士论文《几与时——论王船山对传统道学范式的反思与转化》由上海人民出版社在2016年出版，这本著作是其博士论文的延续和深化。现在不少博士毕业后新入职的高校教师往往存在这个问题，即对于博士论文完成后如何进行下一步的学术研究感到茫然。对此陈焱的经历可能会对解决这个问题提供某些启发。他在撰写博士论文时，搜寻和阅读了前人研究王夫之的较多论著，并将有关综述附录于论文。博士毕业后我建议在这基础上以中国近现代对王夫之思想的阐释研究为进一步的研究目标。后来他以此获得了国家社科基金青年项目，经过几年的努力，本书就是这个项目的最终成果。这告诉我们，新入职的"青椒"们对博士论文的"接着讲"，也许是明确研究课题的可行之路。

陈焱的这部著作对中国近现代哲学关于王夫之的研究作了相当详细和深入的阐述，核心的观点是把中国近现代哲学研究王夫之的一百多年（1864—1982）的历史进程概括为"船山升格运动"，用冯契先生所说的"中国近代哲学革命"的视野对此予以考察。这样的概括和视野对于船山研究具有自得创新的意义。具体来说，我认为主要有以下三个方面值得肯定：

一是揭示了“船山升格运动”嬗变的历史轨迹。作者把近120年的“船山升格运动”分为三个阶段。首先，晚清的社会变革与“船山升格运动”的初起。中国近代哲学革命围绕“中国向何处去”的时代之问而展开，晚清的洋务自强、变法维新和“排满革命”是对这个问题的回应，这些社会变革推动船山从寂寞无名走向思想前台。倡导洋务运动的曾国藩、郭嵩焘提出船山“从祀孔庙”，变法维新的重要人物谭嗣同认为船山对于“孔教”的发扬光大乃“当空绝千古”，都是试图另立儒家新道统，以此作为他们进行社会革新的精神滋养；力主“排满革命”的章太炎等，以民族主义解读船山的夷夏文野论，用以瓦解清朝统治的合法性、论证推翻清政权的正当性。“船山升格运动”由此开端，贯穿着走出原有道统而迈向近代（现代）阐释的思想足迹。其次，现代的中国哲学史学科与“船山升格运动”的展开。中国近代哲学革命是对经学的否定，哲学由此从经学中独立出来，五四时期开始构建现代学术意义上的中国哲学史学科，“船山升格运动”在这个领域得以展开。从梁启超的两种清学史到钱穆的《中国近三百年学术史》，从嵇文甫的《船山哲学》到贺麟的《王船山的历史哲学》，从王孝鱼的《船山学谱》和张西堂的《王船山学谱》到侯外庐的《船山学案》，虽然他们各自研究船山的立场、重点、方法不尽一致，但都运用哲学话语体系诠释船山，将其升格为在中国哲学史上与朱熹、阳明比肩而立者。由于这样的哲学话语源自西学，因而就产生了以此诠释船山是否模糊了船山思想的民族特性的问题。这是构建中国哲学史学科中现代性与民族性如何统一在船山研究中的反映。再次，认同、怀疑、摒弃“日丹诺夫范式”与“船山升格运动”的高潮和退落。中国近代哲学革命最终是马克思主义哲学成为主流。成为主流则有可能被教条化。新中国成立后盛行一时的“日丹诺夫范式”就是把马克思主义教条化的产物。因此，学界在船山研究中经历了认同、怀疑、摒弃的曲折。其间，船山研究一方面将船山升格为中国古代哲学唯物主义的最高峰，另一方面又表现出不甘于被这个范式所束缚的倾向。这是那个时期中国哲学史学科发展中为教条化范式作注脚还是建构中国自主的知识体系两条路径对立的缩影。

二是揭示了船山哲学范畴取得的新内涵。作者指出在中国近代哲学革命背景下的“船山升格运动”，对船山哲学的范畴进行分析、诠释，一方面使这些范畴的涵义变得清晰起来，一方面将这些范畴推陈出新而具有新的意义。这是贯穿于全书的。郭嵩焘以“办理洋务”的眼界阐释船山的“理”“势”范畴，使船山的理势论转化为以理合势、因势定理的“洋务派的根本的哲学逻辑”；谭嗣同用船山“一卦有十二爻，半隐半见”之《易》说说明“不生不灭，仁之体”，将《易》与儒家根本概念“仁”联系起来；他对于船山将宋明理学偏重于天道观的“道”“器”范畴发展为人道观（历史观）的识见予以彰明，赋予船山“无其器则无其道”具有引向历史进化论的意义；章太炎对于船山的夷夏文野之分，作了夷夏“化有蚤晚”即进化时间有先后的解读。“船山升格运动”的第二、第三阶段，是在中国哲学史领域进行的，因而对于船山哲学的范畴如理气、道器、天人、性命、理势、体用、动静、能所、格物、知行、言象等以及与此相关的一些命题，都作了比较明确的界说。范畴是理论体系的基本概念，是理论体系之网的网上纽结，因而在梳理船山哲学范畴的同时，也对船山哲学予以体系化。作者指出这方面最为突出的代表人物是嵇文甫和侯外庐。前者认为从学术谱系上，船山“宗师横渠，修正程朱，反对陆王”，围绕“天人合一，生生不息”的“根本思想”而形成“一贯的体系”，这样的体系体现了正、反、合的辩证法，即程朱是“正”，陆王是“反”，而王夫之是“合”；后者认为宋明以来思维与存在的关系集中于理气观，船山对此阐明了“气为第一次的，理为第二次的”，这在“船山学说中是最光辉的”，揭示了船山哲学是以气一元论为核心的体系，它“蕴涵了中国学术史的全部传统”，即对中国传统哲学作了批判总结。以后的“船山升格运动”大体是侯外庐这一观点的延续和发展。由此可以说，本书的研究揭示出“船山升格运动”是同船山哲学范畴和命题涵义的明晰化、理论的体系化相联系的。这就阐明了这个升格运动与中国近代哲学革命内在的联系，因为这样的明晰化和体系化正是后者所要求的。

三是揭示了“船山升格运动”把西学与船山思想相融通。这是中国近代哲学革命在中西合流中展开的反映。中国近代哲学与向西方寻求真理有着紧密联系。马克思在《路易·波拿巴的雾月十八日》中指出，在历史上借助先辈的传统演出新场面的现象，“就像一个刚学会外国语的人总是要在心里把外国语言译成本国语言一样”。中国近代用西学诠释船山思想正是如此。本书借用的“反向格义”之说对此作了阐述，指出这样的“反向格义”是两者融通的过程。本书特别注意到近代中国用以格义船山的西学基本上是在文艺复兴后发展起来的近代思想，这实际上表达了如下的学术见解：如果说上述的赋予船山哲学范畴新内涵，最终是把船山升格为中国古代哲学史上的最高峰，那么以西方文艺复兴以来的思想格义船山，则是把船山升格为中国近代哲学的先导者。后者用梁启超《中国近三百年学术史》的话来说，就是中国近代思想乃“残明遗献思想之复活”；侯外庐的《中国近世思想学说史》称“清代思想之光辉，亦不逊色于欧西文艺复兴与宗教改革以来的成果”，因而船山是中国早期启蒙的杰出代表。本书指出这样的“反向格义”主要有两个方面：其一，与中国近代社会变革相联系，“船山升格运动”揭示了船山思想与西方近代政治、经济思想相似的社会意义。如谭嗣同说船山含有“兴民权之微旨”，梁启超认为船山“发民权之理”以“裁抑专制”，章太炎推崇船山为“民族主义之师”，嵇文甫指出船山“乾坤并建”包含“思想上的民主精神”，侯外庐以魁奈的经济学说解释船山“国民之富的主张”。其二，由于“船山升格运动”后来主要展开于中国哲学史领域，因而关注船山思想与西方近代哲学相似的理论意义。比较典型的观点有：梁启超指出，在西方近代“认识论和论理学成为哲学主要之部分，船山哲学正是从这个方向出发”；嵇文甫以欧洲“历史哲学成为现代形态”的过程来分析船山历史哲学，指出其中的四个要点“不能不加以称赞”；贺麟认为黑格尔提出的“理性的技巧”，在王船山的历史哲学里，“不惟得到印证默契，而且得到解释和发挥”；侯外庐特别强调船山哲学“可以和德国近世的理性派东西比美”。

从上述三个方面看，陈焱对于中国近现代的“船山升格运动”既有纵向的历史梳理，又有横向的理论考察。不过，就中国近代哲学革命的视域来说，还需要注意近代创造的独特的理论体系。这些理论体系既对传统哲学推陈出新，又努力会通中西。就是说，研究“船山升格运动”还应当考察这些理论体系如何把船山思想作为自身的资源。本书在“余论”中对此有所涉及，但未能展开，这大概是它的一个缺点。这里借此略作提示。就船山对五四以后哲学理论体系创造影响最大的，是熊十力的“新唯识论”和张岱年的“天人五论”即综合唯物、理想、解析的“新唯物论”。熊十力用“尊生、彰有、健动、率性”概括船山哲学，也用同样八个字概括其《新唯识论》，表示“《新论》之作，庶几船山之志耳！”（《读经示要》卷三）事实上，他对船山的道器论、体用论、动静论的吸取是十分明显的。熊十力不同意船山为唯物论者的观点，与此相反，张岱年的“天人五论”则有意于继承发展船山为代表的唯物论。他在《中国哲学大纲》中指出：自宋至清有三个哲学潮流，一是程朱为代表的“唯理论的潮流”，一是以陆王为代表的“主观唯心论的潮流”，一是以张载、王夫之为代表的“唯气的潮流亦即唯物的潮流”，而这个潮流“足以为现代思想之前驱”。他的“天人五论”体系正是表现了踏着前驱的足迹而前进的自觉，对此已有不少“天人五论”的研究者作了阐发。彰明船山思想在近代中国哲学家构建理论体系中的作用，就是揭示了张岱年所说的“中国旧哲学中之活的潮流”(《中国哲学大纲·结论》)的发展，这对于我们当代中国哲学是有借鉴意义的。事实上，在当代中国哲学理论体系（如冯契的“智慧说”）的建构中，船山思想依然是重要的传统资源。这意味着船山思想并不因为“船山升格运动”的消退而失去生命力。

陈卫平

2022.7.17

凡例说明

一、断代依据

本书研究中国近现代哲学革命中的船山升格运动。有关船山哲学材料选取的历史上限为1864年，这是金陵本《船山遗书》刊刻出版的时间；历史下限为1982年，这是在经历了波澜壮阔的中国近现代哲学革命后，研究者们重新审视与归纳相关问题，提出“船山学”概念的时间。此外，本书将中国近代史的开端定为1840年。

二、具体内容

本书的具体研究对象为：从船山思想及其研究在历史上的初露峥嵘，到“船山学”作为一门新兴学问提出的这段时间内的发展与流变，以及船山升格运动与同时代中国哲学革命之间的关系。

三、所涉学科

本书的学科归属是：近代以来对船山哲学的诠释史与接受史研究，并将这一时期的研究主题概括为“船山升格运动”，这是专题类的中国哲学史研究。同时，“船山升格运动”这一概念还涉及近现代船山哲学研究与中国近现代哲学革命的内在关系，指向中国近现代哲学发展的内在逻辑以及未来的中国哲学研究应该“向何处去”的问题，这是关于中国近现代哲学史的通史类研究。

四、问题意识

纵观中国近现代哲学史，中国古代的哲学家（如孔子、孟子、朱子、王阳明等）虽各有拥趸，但也必定同时受到另一些哲学派别的批判，甚至在某些历史时刻处于“已陈刍狗”之境。但近代以来，中国哲学界对于船山哲学的诠释与接受过程却始终没有出现类似情况，反而出现了“船山升格运动”的现象。所以，需要问的是，王船山为什么会在中国近现代哲学史上受到如此广泛的重视与巨大的升格？同时，尽管在基本思想与哲学立场上有着的极大矛盾冲突，但近现代的各个学派却都对其给出了正面积极的评价，并且皆十分重视对船山哲学的研究，造成这一现象的哲学史原因是什么？

五、基本思路

本书从中国近现代哲学革命各阶段所面临的具体思想问题之间的逻辑演进出发，通过上述问题意识的引领与提撕，探讨船山升格运动在这些历史节点上所次第展开的问题域的内在逻辑，并以此揭示船山升格运动与中国近现代哲学革命进程各阶段之间的内在联系，重新审视中国近现代哲学革命的内在逻辑以及迄今仍在成形之中的未来中国哲学的基本特征。

六、其他

本书所研究的内容主要涉及中国近现代哲学史并兼及相关的政治与思想史。所以，在本书历史上下限之内的国内外关于王船山之文学、经学、训诂学、历史学、经济学、美学、教育学等其他学科的研究不在讨论范围内。此外，本书的研究内容主要基于1864—1982年之间完成于中国大陆的船山思想与哲学研究材料。除附录外，这一时间段内的中国港台、欧美、日本以及其他国家和地区的船山哲学与中国近现代哲学研究不作涉及。

导论

船山升格运动的定义、问题意识与研究方法

第一章　船山升格运动在中国近现代哲学史上的独特性

一、船山升格运动的问题意识

中国近现代哲学史上，有一个令人瞩目的现象，那就是明末清初以来寂寂无名的王船山哲学在思想地位上的不断升格。最终，船山在今天的中国哲学史著述中取得了堪与朱子、阳明比肩的地位，并且论者还常以黑格尔与之相比。

自先秦以来，这种前代哲学家在某一历史阶段从思想地位、研究深度与讨论广度上突然地“急速升格”现象只出现过一次，那就是唐宋之际的“孟子升格运动”①。从中国哲学史上说，其对宋明道学传统的形成有着深远的影响。当然，从中国

① “孟子升格运动”这一概念，最早由周予同提出。他说：“孟子一书，《汉书·艺文志》与《隋书·经籍志》都列入子部儒家……唐代宗宝应二年（公元七六三年）进士皮日休请立《孟子》为学科……《孟子》升列经部的运动始于唐实完成于宋宋淳熙间，朱熹以《论语》与《孟子》及《礼记》中的《大学》、《中庸》二篇并列，《四书》之名始立。元延祐间，复行科举，《四书》一名更见于功令。于是，《孟子》遂与《论语》并称，由子部儒家上跻于经部。”朱维铮：《周予同经学史论著选集》，上海：上海人民出版社，1983 年，第 289—290 页。

近现代哲学史来看，挑出“船山升格运动”这一现象，并不是说中国近现代哲学的革命与发展中就没有其他传统思想流派的复兴，譬如阳明学、佛学、墨学、法家思想等也同样有一时的研究热潮，但从深度、广度与持续性上说，没有哪个传统哲学派别的复兴在近代可以超过船山升格运动。

以此言之，船山升格运动可以说是唐宋以来中国哲学史上出现的又一次“升格运动”。如果说伴随着孟子升格运动诞生了宋明道学传统，那么，船山升格运动又将给中国哲学带来什么？这构成了本书总的问题意识。

所以，本书所要解决的具体问题是：“船山升格运动”作为一个哲学史现象是怎样诞生、发展、走向高潮以及终结的？其在中国近现代哲学史领域内昭示着怎样的普遍性意义？同时，诞生于明清之际的船山哲学①对于近现代②中国哲学革命又起来到了怎样的影响与作用？

---

① 船山哲学，特指明末清初思想家、哲学家王夫之的哲学。王夫之（1619—1692），字而农，号姜斋，又号夕堂，又称一瓢道人、双髻外史，晚年隐居于湖南衡阳石船山，著书立传，自署船山病叟、南岳遗民，后世遂称之为船山先生。

② 本书所讲的中国“近现代”或“现代”，从时间上说，指1840年之后的中国历史阶段，对应的英文翻译是“modern”；而所提及的“现代西方”或“西方现代”、“现代性”或“现代化”概念，在思想精神层面是指西方中世纪之后，以理性启蒙哲学与科学精神为核心的世界观、价值观与方法论及其在19世纪工业革命后的各种哲学潮流（如进化论、马克思主义、唯意志论等等），在物质层面则是指19世纪后西方以资本主义工业化大生产为核心的社会形态。

冯契认为，自 1840 年以来，中国近代哲学相对于古代哲学的革命性论争主要围绕着以下四个问题展开：“历史观、认识论、逻辑学以及人的自由与理想人格”①。若对照这个观点来看，则晚清以来的船山研究直接牵涉到了除逻辑学方向之外的其他三个问题域。而即便是逻辑学部分，近现代中国学者对船山哲学本身所具有的体系性特征的叙述与展开，也可以看作是晚清以来中国哲学力图基于现代哲学的学科体系，搭建其自身逻辑架构之努力的重要组成部分。因此，船山升格运动与近现代中国哲学的革命性是紧密相关的。

从时代背景来说，晚清直至 20 世纪中期的中国历史情境与王船山所身处的明末清初有相似之处，都面临着巨大的危机与变局。同样，这两个时代的哲学与思想之激烈变异也与之密切相关。但相对于明末，近现代中国又有西学与西洋文明全面入侵这一“三千年未有之变局”的特殊性存在。就此言，不论是内因还是外因，近代以来的中国所面临的思想危机以及开启革命的现实驱动力都要强于明末。因此，以船山哲学为代表的、诞生于明末、以寻求变革为目的的那一批思想与哲学传统，反而在晚清与民国时代得以继续发扬光大是非常自然的事。

冯契指出：“哲学史的螺旋式发展，总是表现为仿佛是向出发点的复归。中国近代哲学就是向明清之际的大思想家复

① 冯契：《中国近代哲学的革命进程》，《冯契文集》（卷七），上海：华东师范大学出版社，2016 年，第 25 页。

归。”① 如果说，明清之际的变革思潮可以被认作中国哲学古代话语走向现代化的一个预演，那么现实中，彩排和正式上台演出的差别还是十分巨大的：我们必须看到，自晚清以来的中国哲学话语体系的近现代化转向，其思想起点则可以追溯到明清之际，因此它才是“仿佛是向出发点的复归”。另一方面，尽管看起来似乎又重新踏上了明清之际的道路，但其中的相似性其实仅是表面上的，中国近现代哲学的问题意识及其最终想要去向的那个思想目的地已同甲申之际完全不同。“所以，这个‘仿佛复归’，实际上是实现了一次前所未有的哲学革命。”② 在这一革命中，明清之际的一些具有革命性的思想传统被晚清以来的现实历史变革所召唤，并转化为新的中国近现代哲学传统乃至目前仍在开启中的未来中国哲学大传统的必要组成部分。而船山哲学则是这一中国哲学革命进程中最为主要的奠基性资源之一。它在 19 世纪下半叶至 20 世纪中国哲学话语由古代向现代的革命性转化中起到了重要的作用，因此才有所谓的“船山升格运动”——经由船山哲学，中国近现代哲学在接续现代性的同时确保了自身的民族性特征。③

---

① 冯契：《中国近代哲学的革命进程》，第 8 页。

② 冯契：《中国近代哲学的革命进程》，第 621 页。

③ 这一“民族性”与“现代性”的提法源自今人陈卫平对于中国近现代哲学史上的“金岳霖问题”的讨论。陈卫平指出：“这一‘金岳霖问题’，其实质就是中国哲学史作为独立性的学科是否具有合法性。20 世纪初期，当中国哲学史以一门新的学科亮相时，其学科独立性问题就出现了。而‘金岳霖问题’将内在于其中的现代性与民族性的矛盾尖锐地（转下页）

这种民族性与现代性的交织与张力，也是晚清以来中国哲学话语体系由古代向现代转型与革命中的一个重要特征。1840年以降，欧陆资本主义国家挟工业化的巨大生产力跨洋而来，古代中国不可避免地从物质到精神各方面被迫地卷入世界历史之中。因为是“被迫”的，① 所以当时的首要问题就是，面对这样一个汹涌而来、从物质到精神全域领先的现代西方世界，古老的中国应该向何处去？② 此前中国哲学的“民族性”只包含着古代传统，而这一古代传统本身又恰是“现代性” ③ 所革命的对象。因此，这就产生了一个矛盾，具体到哲学层面则表现为晚清的“古今中西”之争（冯契语）。以“民族性”与“现代性”的二元话语体系言之，这一矛盾的内涵也可以被归纳为：中国

（接上页）提到学术界面前：中国哲学史作为独立的学科，是指其体现了中国传统学术中固有的哲学的民族性，还是指其以西方的现代学科标准，从中国传统学术中选择可称之为哲学的东西予以重建？”陈卫平：《“金岳霖问题”与中国哲学史学科独立性的探求》，《学术月刊》2005年11月，第12页。

① 近现代资本主义与工业革命对全球的这种强制性改造，被马克思概括为：“资产阶级，由于一切生产工具的迅速改进，由于交通的极其便利，把一切民族甚至最野蛮的民族都卷到文明中来了。它的商品的低廉价格，是它用来摧毁一切万里长城、征服野蛮人最顽强的仇外心理的重炮。它迫使一切民族——如果它们不想灭亡的话——采用资产阶级的生产方式；它迫使它们在自己那里推行所谓文明，即变成资产者。一句话，它按照自己的面貌为自己创造出一个世界。”（德）马克思：《共产党宣言》，载于《马克思恩格斯选集》，第1卷，北京：人民出版社，1972年，第255页。

② 冯契：《中国近代哲学的革命进程》，第3页。

③ 这里讲的“现代性”可以被理解为自然科学的世界观、工业化的生产力以及资本主义的生产方式所构成的现代世界。

哲学是如何在此一不可逆转的现代化、全球化大潮中接续西学，并同时在思想与精神层面重构中国之为中国的“民族性”？

自晚清以来，中国哲学从古代话语向现代传统的转换就是力图回答这个问题，就是试图在承认和接纳以西方为代表的现代思想与价值系统的前提下，努力在哲学上重构中国之为中国的“民族性”并走向现代化。这一哲学革命也是整个中国现代化进程的重要组成部分。

当然，从中国哲学现代化的角度来看，接续现代性与重构民族性这两个目的是存在冲突的。所以，中国近现代哲学只有不断地通过一种否定自身传统、自我批判的激烈革命方式来达成目的，而这种自我否定的特征也正是中国近现代哲学史可以被称作“革命进程”（冯契语）的根本原因。由于现代（现代性）之于中国是外来的事物，因此要保留民族性，除了革去旧事物、旧思想、旧观念之外，中国哲学的现代性革命还必须在原有的古代传统上加以创造来建立现代的中国思想与哲学。此即今天我们所讲的“中华优秀传统文化的创造性转化与创新性发展”问题，这一目标无疑是当代中国哲学发展的根本动因之一。因此，它要求一种理论与观念上的原创性突破，而相对于传统哲学，船山哲学所具有的高度思想原创性，正是其主要特征之一。

从这个意义上说，船山哲学为中国近现代哲学在古代中国传统层面提供了进行这种原创性突破的思想资源，这是船山哲学在沉寂近两百年后得以迅速在中国近现代哲学史中占据重要地位的一个关键所在，进而促成了船山升格运动。那么，为什么这种急速升格是在哲学领域而不是在当时的其他学科中有突出的表现呢？这是因为在直面现代化对世界观与价值观的冲击之时，哲学所面临的变革迫切性相对于历史学或者文学等其他古典学科来说更加凸显。①

中国近代以来的各哲学派别，尽管在政治与思想的立场上大相径庭，但不论是洋务派、维新派还是民族革命派以至于其后的马克思主义者们，都站在“现代性”与“民族性”的两难之间，并试图给出不同的回答。当然，他们也有一个思想共识，那就是：明末清初的船山哲学所具有的原创性在解决这一两难问题上可以发挥很大的作用。

因此，考察船山哲学对于这段历史的影响，显然有助于我们使用一个相对统一的思想参照系，来揭示中国哲学现代化革命中的内在逻辑以及近代以来不同的哲学派别在此中所各自发挥的作用。通过考察这种对立统一之间的张力，我们可以观照那个大变革的时代背后蕴含着的普遍哲学意义——哲学史区别于一般的思想史的价值就在于此：哲学史可以、也应该体现普遍的哲学意义。② 同样，也正是这种对普遍性哲学意义的追寻，从历史与逻辑两个方面联结起了中国哲学自晚清以来接续现代

---

① 相对于史学与文学等同样古老的学科，因为中国哲学直接涉及世界观、价值观、方法论与逻辑等现代性革命的典型方面，所以其现代性变革也最迫切。

② 正如黑格尔所指出的，“哲学史研究就是哲学本身的研究，不会是别的。”（德）黑格尔著，北京大学哲学系外国哲学教研室译：《哲学史讲演录》（第一卷），北京：生活·读书·新知三联书店，1956 年，第 34 页。

性与重构民族性的两大目标，这也是回答目前学界“未来中国哲学向何处去”问题的重要依凭。

另一方面，船山哲学在近代以来对于哲学革命需求的回应与满足，这一现象本身也表明了中国古代哲学传统所蕴涵的无限可能性，其独立现代化的思想潜能可与西方的现代化殊途同归。这表明：自轴心时代以来，人类诸文明虽然有各自不同的哲学思考，但其背后还是存在着某些共同与普遍的元哲学土壤。在这之中，蕴含着当代及未来很长一段时间内中国哲学发展所必需的价值与意义支撑。同时，作为典型，现代化的潜能也大量地蕴藏于船山哲学之中，并且是当代中国哲学所追求的原创性与民族性发展所亟需的思想资源，还昭示着中国哲学未来发展的方向。

由于船山哲学所蕴含的这种元哲学意义上的原创性，使得其相对于宋明传统提出了许多新观念来替代旧观念，并且这些新观念最终形成了一套新的话语体系与思维方式。这一特质不仅对中国近现代哲学革命有着巨大的推动意义，构成了船山升格运动的主要动因之一，同时还对我们在未来如何创设一套具有原创性的、适应21世纪中国进入新时代的哲学话语体系有着借鉴作用。

二、船山哲学的异端性气质

正如冯契所指出的那样：“在近代，由于现实经历着剧烈变革，思想家们一生变化较大，往往来不及形成严密的哲学体系。因此，我认为对近代哲学不要在体系化上作苛求，而应注重考察思想家们在一定历史阶段上的独特贡献，看他们在当时提出了什么新观念反对旧观念，从而推进了中国近代哲学的革命进程。”①沿着上述定位，在这种中国近现代哲学史内的新旧观念的发展与革命的具体表现形式上，当代学者高瑞泉曾将之总结为“异端翻为正统、边缘进入中心、新知附益旧学”三条标准。②

笔者认同这三条标准，它们也可以很好地概括船山在中国近现代哲学发展中所面临的历史际遇。作为古代哲学传统中的异端与边缘人物，近乎二百年隐没不闻的王船山突然在近代成为了中国古代传统学术的代表，以迎接欧洲哲学思潮的冲击与挑战，同时人们还以其思想来诠释新传入的西学思想。这些历史变化，正合于上述“异端翻为正统、边缘进入中心、新知附益旧学”的三条标准。那么，晚清以来的中国学者们在接触、吸收、消化西学以重构现代中国思想与哲学观念的时候，为什么会表现为上述这三条标准呢？

这里涉及一个解释学“前见”的问题。面对外来思想，晚清的知识分子首先需要做的显然是翻译（理解、把握）那些全新的“观念”，将它们转化为自身话语体系与知识传统中的

① 冯契：《中国近代哲学的革命进程》，第655页。

② 高瑞泉：《观念史何为？》，《华东师范大学学报》（哲学社会科学版）2011年第2期，第8页。

“词汇”。而对外来观念“翻译”的前见，自然是他们脑中已有的相关知识背景——中国古代哲学的思想资源。这种思想接受与转换模式，从方法论上说就是中国哲学传统中早已有之的“格义”。20世纪上半叶，陈寅恪、汤用彤、冯友兰等皆对这一概念有清楚的解释——“乃以本国之理义，拟配外来思想”。①正是通过“格义”，使得传统观念被注入了新的内涵，同时外来的思想概念也因此被本土化、在地化，进而形成全新的、中国化的价值观念、话语体系与思想内涵。而这些新的概念将会颠覆原本占据中心与正统的那些观念与话语体系。

很自然地，以颠覆旧有观念、接续外来新知作为标准，当时所能作为“格义”之用的传统思想资源，显然就应该是原本被压制的那些异端与边缘思想。从晚清的视角来说，那个时代的正统就是以程朱理学为代表的名教传统。所以，为什么明清之际具有启蒙性的思潮会在晚清得以复兴，其中的原因亦显露无遗。因为相对于具有正统性的程朱理学，以船山哲学为代表的明末清初的启蒙性思潮本就是在时空上离1840年最近的、

① 暂引汤用彤的说法：“大凡世界各民族之思想，各自解途径。名辞多独有含义，往往为他族人民，所不易了解。而此族文化输入彼邦，最初均抵牾不相入。及交通稍久，了解渐深。于是恍然二族思想，固有相通处。因乃以本国之理义，拟配外来思想。此晋初所以有格义方法之兴起也。迨文化灌输既甚久，了悟更深，于是审之外族思想，自有其源流曲折，遂了然其毕竟有异，此自道安、罗什以后格义之方法所由废弃也。”汤用彤：《论格义——最早一种融合印度佛教和中国思想的方法》，载于汤用彤：《理学、佛学、玄学》，北京：北京大学出版社，1991年，第282页。

最具有革命性的“异端”与“边缘”思想。而相对于明清之际的顾炎武（亭林）、黄宗羲（梨洲）、颜元（习斋）等理学正统的批判者，同时代几乎隐没不闻的王夫之（船山）又是其中最异端、最边缘与最革命的人物，并且没有之一。此外，从中国近现代哲学的视角来看，相对于西方传入的新知识与新思想，船山哲学尽管是道学的异端，但它却又与宋明道学的正统学术一样，依然从属于中国古代哲学的大传统。它与道学传统共享同一个方法论与话语体系，在意识形态上同样代表着中国之为中国的民族性。这就使得船山在中国近现代哲学的“新旧观念交替的革命”中可以发挥思想桥梁的作用——维系传统而又接续自西方传入的现代思想。从这个意义上说，中国近现代船山哲学的接受史或诠释史，就是中国哲学现代化的一个典型范例。这也构成了我们研究船山升格运动的一个关键性的哲学史视角。不论我们现在如何看待与批判现代性，至少在 1840 年之后的很长一段时间内，在中国知识界的语境中，现代与古代之间的差别就等同于启蒙与愚昧、进步与落后，朱维铮曾论之以“牛顿式的”线性时间观。① 所以，基于最简单的“敌人的敌人就是朋友”的逻辑，秉持着变革与推动社会与思想向着现代进步的近代中国知识分子们，自然会被明末清初之际批判理

① 朱维铮指出：“（对于中世纪与近代的界定）在方法论上有个通病，那就是牛顿式的时空概念，程度不等地笼罩着我们的讨论。时间是‘线性’的，因而说起时代特性，总是非‘进步’即‘倒退’。”朱维铮：《走出中世纪》，上海：复旦大学出版社，2007 年，第 2 页。

学传统、相对于程朱理学具有最强异端性的船山哲学所吸引。

总而言之，船山学术在中国近现代哲学中为“中国”与“现代”二者架起了思想桥梁。它一方面从民族性上承接了旧观念，另一方面又从现代性上接续了西方传来的新观念。它的这种兼容性在中国近现代哲学对古代传统的创造性转化与创新性发展中发挥了关键作用，并同时塑造了中国近现代哲学本身的许多观念、方法与口号。船山哲学中有着许多中国哲学式却又有别于传统的说法，但它们又不能完全等同于西方哲学中的相关语义。① 在此暂以晚清的中国哲学发展的具体历史内容为例，来观察船山哲学所代表的这种民族与现代交织的二重性及其内在的理论张力。

首先，以洋务派为例，其“中体西用”的口号表明：在“现代性”与“民族性”的矛盾碰撞以及“古今中西”的争论中，当前最需要变革的不是代表“现代性”的西方传统，而是

① 葛兆光认为，这构成了思想发展的一般历史逻辑。他指出：“正是这种在传统知识和思想中寻找资源，并以此来理解、翻译和表述外来知识和思想的过程中，传统的知识、思想与信仰世界发生了‘中心’和‘边缘’的移位，发生了本来意义和新的意义的交换，传统的思想世界图像就产生了变异，同样，外来的知识与思想也在这种理解、翻译和解释中，发生了变化，思想史就是这样再延续……当人们面对新知识遭遇文化震撼，又为了回应震撼而不得不重新发掘资源，从而引起了历史记忆复活的时候，由于‘常识’的失效，人们便常常在旧知识与思想的边缘处寻找可以对应新知识的‘非常识’，于是，过去在边缘的旧知识和旧思想就充当了接引和诠释新知识和新思想的资源，从边缘又回到中心，这就引起了思想史的变异。”葛兆光：《中国思想史导论：思想史的写法》，上海：复旦大学出版社，2001 年，第 87—89 页。

一部分原有的“中体中用”哲学体系中的“中用”思想内容部分（主要集中在“器”与“用”的层面）。而除了承认坚船利炮等必须变革的客观现实器物以外，洋务派的“中体西用”主张，还可概括为两个哲学问题：

（甲）从“中体中用”到“中体西用”在中国哲学上的内在理论依据是什么？

（乙）在诸多中国古代思想流派之中，到底应该秉持哪种哲学传统来代表“中学”作为（兼容）“西用”之“中体”？

此二问之必答，是因为若非如此，则未来的中国哲学中（设想中的“现代化的中国哲学”）的中国之为中国的“民族性”部分将不复存在，如此也就否定了“中国”这个概念本身在那个时代的价值。所以，以曾国藩、郭嵩焘为代表的晚清洋务派士大夫，正是在上述问题意识的引领下，于两百多年后重新发现了船山哲学并开启了船山升格运动。如上所述，作为明末清初批判传统道学的代表人物之一，船山本身可以被认作宋明以来古代哲学的异端性人物，因为他的思想中有着原创性的、带有启蒙意义的现代性思想元素。同时，船山又有着以“排佛老”为代表的革命性与斗争性思想主张，他想要在中国传统哲学的基础上，批判旧道学并重建新的、不受外来思想影响的新道学传统，这正好对应于洋务派在西学大潮中挺立中国传统之“民族性”的问题意识。所以，船山哲学所蕴含的上述特质契合了晚清洋务派“中体西用”的思想需求。

具体言之，一方面，船山“道丽于器”、“理随势变”的实学世界观与历史哲学为以“中体西用”为口号的洋务派突破宋明道学“体用一源”①的思想传统在古代哲学方面提供了理论资源的支撑，②这也就回答了“问题甲”。另一方面，由于船山“排佛老”的理论旨归及其对于儒家礼制的强调，因此其相关的价值立场又坚决地维护了儒家保守传统的那一面。所以，船山哲学同时又可以作为中学之体，来保证“中体西用”中的“中体”本身有着区别于“西学”的独立性。正是着眼于此，洋务派在政治上积极推动船山从祀孔庙，他们力图通过升格船山思想，树立与开创有别于既往清廷正统的全新道统路线，在兼容“西用”的基础上来维系自董仲舒以来垂二千年的名教话语体系，并以之作为洋务运动背后的传统哲学渊薮，而这也就回答了“问题乙”。

其次，从清末维新派的视角来看，甲午战败标志着洋务运动“中体西用”路线破产，其后对思想与政治制度等上层建筑

① 程伊川云：“至微者理也，至著者象也；体用一源，显微无间。”其后朱子、阳明对体用一源说皆有阐发，可谓宋明道学传统的基本哲学观念之一。［宋］程颢、程颐：《二程集》，第三册，北京：中华书局，1981 年，第 689 页。

② 与道学传统由体及用、强调体用一源的（如阳明云：“盖体用一源，有是体即有是用”）的思想路线相反，船山强调以用立体。船山云：“《中庸》一部书，大纲在用上说。即有言体者，亦用之体也。乃至言天，亦言天之用；即言天体，亦天用之体。大率圣贤言天，必不舍用。”陈荣捷：《传习录详注集评》，上海：华东师范大学出版社，2009 年，第 49 页；以及［清］王夫之：《读四书大全说》，《船山全书》，第六册，长沙：岳麓书社，2011 年，第 529 页。

进行变革的要求也就逐渐浮现。因此，以谭嗣同为代表的维新派不仅要求“用变”，还公开寻求“体变”。谭嗣同所谋求的政治变法，究其思想前提是：全面接受现代自然科学的世界观以及基于其上的现代与启蒙的社会与思想价值体系与意识形态。换言之，这也就意味着对中国古代经学传统及其价值与方法论的全盘否定。在哲学上，这一点如冯契所言：“哲学的现代化就是对经学的否定。”①

但这里的问题是：当对接西学并彻底否定经学传统之后，究竟要确立什么样的现代中国哲学思想与方法论来支撑中国哲学之为中国的“民族性”呢？谭嗣同回答这个问题的依凭主要还是以船山为代表的明末儒学所开启的理论探索，这也是谭嗣同的变法思想与其后胡适等全盘西化派的不同之处。谭嗣同的变法主张并不完全等于西方化的关键在于：其在所推崇的船山之实学“质测”②方法论中找到了可以用来解释（格义）西方科学实证方法的中国古代哲学资源。③同时，他还在船山所强调的“乾坤并建”之气学宇宙论中发现了类似于西方自然科学“客观实在之自然界”的世界观设定与论述。

如果说，洋务派更多的是利用船山哲学为中国的“民族

① 冯契：《中国近代哲学的革命进程》，第 8 页。

② 船山云：“盖格物者，即物以穷理，唯质测为得之。”［清］王夫之：《搔首问》，《船山全书》，第十二册，第 637 页。

③ 谭嗣同云：“然今之世变，与衡阳王子所处不无少异，则学必征诸实事，以期可起行而无窒碍。”［清］谭嗣同：《兴算学议·上欧阳中鹄书》，《谭嗣同集》，长沙：湖湘文库编辑出版委员会、岳麓书社，2012 年，第 184 页。

性”兼容“现代性”寻找理论依据，那么谭嗣同及其所代表的维新派则是力图援引被视为道学异端的船山哲学去发掘中国传统哲学中所潜藏的“现代性”元素。前者是以中兼西，后者是以西兼中。这些独立于西方传统的“现代性”元素，源自以船山为代表的明末清初的思想家对道学传统的批判及其对儒学体系与方法论的批判与重构，代表了中国古代哲学在那个时代所蕴含的多元发展方向。

在谭嗣同那里，如果说甲午战败是必须变法的现实理由，那么船山哲学则是其变革主张可以落实为中国变法的关键过渡环节之一（另一个关键是佛学），也是变法得以实现的可行性依据之一。通过船山哲学，谭嗣同的变法思想在现代性与民族性上获得了统一。所以，与洋务派推崇船山以维护名教与道统的思想着眼点不同，以谭嗣同为代表的维新派发现并依靠船山思想中所潜藏的“现代性”元素，试图将近现代西方哲学中的一些根本性内容与问题意识（宇宙论、历史观、方法论）转换为具有“民族性”的中国哲学之学术话语体系来推动其变法。

从这个意义上说，谭嗣同的变法实际是“西体西用”而“中言”，此间的船山哲学就是其将西学之现代化转化为中国传统话语体系的关键之一。这样一种格义模式也意味着：以船山为代表的明清之际哲学思想中所蕴含的启蒙趋向第一次被他揭示了出来。这也是后世将王船山目之为“启蒙哲学家”的渊薮。因此，近代维新派处理中国哲学“民族性”与“现代性”之间矛盾的办法是：虽然“现代性”的到来不可避免，但“现代性”与“民族性”不是完全零和的，我们可以在同样具有“民族性”的、以明清之际船山哲学为代表的古代“异端”思想传统中[①]找到同样类似“现代启蒙”的思想元素，并基于此结合从西方而来的“现代思想”来建构我们新的、具有“民族性”的中国哲学话语体系，这最后集结成谭嗣同的《仁学》一书。在《仁学》中，船山哲学扮演的就是这个从“民族性”传统中接续“现代性”的转接器角色。同时，作为第一部现代意义上的中国哲学著作，《仁学》也可被视作晚清中国哲学从古代传统向现代话语转换的标志。

进而，当维新派全盘接受现代西方自然科学与政治制度、思想意识之时，同样在中国产生深远影响的西方先进思潮还有达尔文的进化论以及建立在达尔文主义基础上的现代民族主义思潮。这一以“优胜劣汰、民族竞争、适者生存”为核心的思潮意识，已经可以在维新派的著作中见到端倪，而最终所引爆的是明亡以来被压制近三百年的“排满”革命运动。船山哲学中的华夷之辨思想，在其中极大地推动了当时对清朝作为异族王朝统治华夏这一事实之合法性的价值重估。

戊戌变法失败后，以章太炎、邹容、章士钊等人为代表的清末革命派，通过对清王朝统治合法性的批判以及对现代汉民

---

① 以船山哲学为代表，面对近代以来的历史大变局，几乎所有中国传统中相对于儒学的具有“异端”性的思想，在清末都有不同程度的复兴，如佛学、荀学、墨学、阳明学等，但从广度、深度以及绵延时间上说，则无出船山哲学之右者。

族主义价值体系的历史与叙事建构，确立了“排满革命”的理论依据。这其中最为核心的思想支撑乃是现代民族主义（种族主义）这一西方舶来品。“排满革命”派将它接续于船山在明清之际对“华夷之辨”的相关论述及其以“血气衣食”为核心的分判华夷的价值标准。以《黄书》这部将儒家道统核心由孔子替换为轩辕黄帝的异端性著作为基础，船山华夷之辨的思想资源在清末革命派那里很好地格义了西方现代意义上的民族主义思潮，并与当时被“理解”（误解）为“优胜劣汰”的“进化论”原则一道，最终化为民族革命派“排满革命”与“自强保种”的口号。同时，《黄书》与“进化论”开启了中国哲学中从唯物角度讨论历史的先声，进而同马克思主义一起成为20世纪波澜壮阔的中国革命史的精神源头。

上承《黄书》，清末革命派借由区隔“满清”与“中国”，在中国哲学“民族性”这个“我是谁”的问题上完成了现代性的话语建构，使得“中国”（华夏）这个概念第一次有了近现代民族国家的内涵。而船山则为这种思想的现代化革命提供了具有“民族性”的传统哲学资源支撑。经此一番波折，自董仲舒以来的一整套围绕着“名教”、“君臣父子”、“溥天之下，莫非王土，率土之滨，莫非王臣”的古代价值体系被彻底打破。在清末革命派那里，源自船山的以“黄帝垂衣裳而鼎定华夏道统”的“衣食血气”价值逻辑作为标准的新华夷之辨主张，与现代意义上的民族主义运思一道，奠基了20世纪以降的“中华民族”概念。进而，在“我是谁”的这个哲学追问中，以现代民族主义与船山的华夷理论所构建起来的“中华之国民”超越了基于传统“君臣父子”秩序而来的“大清之臣民”，最终引爆了辛亥革命，并终结了中国两千年的帝制传统。

综上所述，在面对不可回避的“现代性”与“民族性”矛盾之时，中国哲学的现代话语转换，从洋务运动力图兼顾中西的“中体西用”的立场出发，经由维新派的“西体中用”，最终走到了清末民族革命派“排满革命”的主张上。清末的民族革命派力图彻底批判名教传统，并转而构建具有现代意义的中国之为中国的“民族性”认同，同时，这也开启了现代中国哲学的思想序幕。而作为道学异端的船山哲学，因其所蕴含的现代启蒙与民族主义特质，深度参与了这一在现代西方思想汹涌而入的大背景之下中国古代哲学的瓦解与中国现代哲学的建构之过程，成为了时人以传统话语“格义”西学与现代化的有力武器。

当然这不仅是一个“格义”的问题，还牵涉到当代学者如刘笑敢、谢遐龄、张汝伦等所指出并批评的中国近现代哲学中常见的“反向格义”问题。“反向格义”的意思是，在中国近现代哲学中“自觉地”以欧洲哲学的概念体系以及理论框架来研究中国本土的经典和思想。①但从本书的主题来看，这种批评实际是没有意义的。因为中国近代哲学兼具“民族性”与“现代性”的双重目标，这意味着其必定需要同时超越纯粹的

① 刘笑敢：《“反向格义”与中国哲学研究的困境》，《南京大学学报》（哲学社会科学版）2006年第2期，第77页。

中国古代哲学传统与纯粹的西方现代哲学传统，以开创一个新的面向未来的传统。“格义”与“反向格义”作为方法都是为此服务的。

使用欧洲哲学的概念体系与理论框架固然会导致对中国传统的经典与思想诠释的异化，但这种异化本身却也是1840年之后中国哲学革命背后的元哲学普遍性的一种体现，毕竟在那个时代坚持传统已经不可能了。经典与诠释本身是随着时代与思想的变化而发展的，这种变化和发展构成了哲学史的主体。但从“反向格义”的角度来说，近现代以来的船山升格运动本身似乎也表明，船山哲学中有更多的可以被反向格义为现代西方思想的相关内容。就此言之，以船山“格义”西学（在西学中找到具有中国传统民族性的部分）以及用西学“反向格义”船山（在中国古代哲学传统中找到具有现代性的部分）这两方面汇聚一人的便利性，实际是导致船山升格运动的重要原因。①

综上所述，从解决“现代性”与“民族性”的矛盾上说，船山哲学对中国近现代哲学由古代向现代话语转换的作用，一方面体现在接续现代性上，另一方面则表现在构建民族性上。在参照西方思想传统对船山哲学所内涵的各种异端性元素的重新诠释、吸纳、接受与反向格义以推动中国近现代哲学革命的过程当中，“现代性”与“民族性”这两方面在中国近现代哲学的船山升格运动中得到了统一。

① 刘笑敢：《“反向格义”与中国哲学研究的困境》，《南京大学学报》（哲学社会科学版）2006年第2期，第77页。

所以，在这个导论性质的章节里，从晚清船山哲学的诠释史与接受史入手，仅以这段时期内中国哲学从古代传统向现代话语转换的过程为例，我们暂时可以对“船山升格运动”这一现象的哲学史意义得出两点预备性的结论：

一是可以通过比较晚清各思想派别对研究与使用船山哲学的侧重点之不同，来看上述所言之古代与现代之间的思想转换是如何具体展开的。这同时包括了在话语体系与思想价值上对旧传统的毁弃和对新传统的重建，以及在这一过程中相关思想问题领域、讨论范式之间的更替、变化与革命。

二是从对船山哲学所讨论的相关问题本身在晚清历史中的价值立场的演变与发展来看——从对船山“扶持名教、从祀孔庙”（郭嵩焘语）到“反清排满、保卫汉种”（章太炎语）的一百八十度大转折本身，也可以发现在中国近现代哲学革命中的基本价值认同的剧烈变化，进而可以窥见其中新旧观念革命所蕴含的内在逻辑线索。

同时，上述具体问题意识与基本价值认同的变化所带来的这两条思想线索，在中国哲学现代化的理论逻辑上又可统合于近代以来对船山哲学的反向格义。从“基本价值取向”的变化到“具体问题意识”的展开，再从接续“现代性”到重塑“民族性”，船山哲学提供了一个重要的思想场域，将近现代以来中国哲学所面临的“古今中西”之争及其所蕴含的矛盾、冲突与困境熔于一炉。最后，中国哲学也正是在这些冲突与矛盾的交织中，完成了朝向现代的惊险一跃。

此外，在这段哲学史的变化发展中，作为旧有传统总结者[①]面貌出现的船山哲学，在时人眼中是如何变幻出种种不同的思想面貌，这一点本身也昭示着中国古代哲学传统在哪些方面可能是深具现代价值，而又有哪些方面实际上将成为“已陈刍狗”。最终，这些结论将有助于我们去预言那个仍在成形中的未来的中国哲学大传统的一些基本特质。

三、方法论说明

从观念发展的层面上说，船山哲学中的许多概念、话语、观点直接参与了晚清以来现代中国哲学传统的建构。同时，从船山哲学本身来看，通过前述高瑞泉所总结的以“异端翻为正统、边缘进入中心、新知附益旧学”为特征的观念革命逻辑升格王船山在中国哲学史上的地位，使得此一原本近二百年间寂寂无名的衡阳遗老，一举变为 20 世纪以来中国哲学史中最为重要的几个人物之一。同样，正是这种颠覆性的变化，使得船山升格运动成为了中国近现代哲学史上值得研究的一个现象。

所以，基于上述分析，本书认为：研究船山哲学在中国近现代哲学史上的升格运动，在方法论上应该分成两个独立而又互相联系的视角。

第一个是从中国近现代哲学学者“船山观”的变化与发展

① 冯契：《中国古代哲学的逻辑发展》（下），《冯契文集》（第六卷），第 288 页。

入手的视角，也就是研究船山哲学在中国近现代哲学视域中不断“升格”的这一历史现象本身。这其中的哲学史意义与价值，可以与之相比的大约只有开启宋明道学传统的“孟子升格运动”。

“孟子升格运动”作为一个思想典型，映照着中国哲学从两汉魏晋隋唐大传统通过“仿佛向着先秦哲学的复归”（冯契语）并由汉学向着宋学传统的变易。在具体上，这一唐宋间的哲学革命的典型表现为：以借重与升格原本处于儒家典籍系统边缘的《孟子》来应对当时儒学传统由于外来思想的冲击（主要是释家的挑战）① 而导致的中衰，进而开启了宋明道学以“内圣外王”、“心性”等概念为核心的全新哲学传统。

若以“孟子升格运动”作为对照，则这场自晚清以来的“船山升格运动”或者说以其为代表的更大范围上的“明清之际哲学的升格运动”，② 除了船山哲学自身带有的原创性与启蒙性思想特征之外，也同样昭示着名教传统在晚清受到现代西

---

① 当代研究者指出：“孟子升格运动的原因是回应儒学在魏晋至隋唐这七百多年里的‘中衰’局面，回应佛教与道教的思想挑战，而孟子思想中的‘道统论、辟异端、谈心性、辨王霸’四点思想资源，正是当时力图更新与重整并恢复儒学独尊地位的学者所亟需的。就此言之，孟子思想本身的上述特点正好适应了当时时代的需要。”徐洪兴：《唐宋间的孟子升格运动》，《中国社会科学》1993 年第 5 期，第 108 页。

② 当然，历史并不可能完全重复自身，如冯契所言，它“只是仿佛向着……复归”，但其中表现出的相似性显然也体现了某些哲学上的普遍性。比如说，上述注释所言“孟子升格运动的原因是回应儒学在魏晋至隋唐这七百多年里的‘中衰’局面”，那么从晚清的历史境遇来（转下页）

方思想的挑战而中衰之时“通过仿佛向明清之际的复归”（冯契语），以在宋明道学之后开启又一个中国哲学大传统。① 尽管完全没必要那么机械地来把握冯契讲的这种哲学史上反复发生的“仿佛复归”，且当前的我们实际上仍处在这个大传统的肇基过程之中，以至于还无法完全看清其真实面貌，但通过研究“船山升格运动”可以对此做一些预测与展望性的工作。

第二是从回应中国近现代哲学所面临的现实问题入手，以中国近现代哲学对古代传统所进行的观念革命为视角。我们借此追问在这种革命背后到底蕴藏着怎样的理论内涵，使得中国近现代哲学得以肇基并奠定其在今天的这些思想特征。这是一个观念史的视角。

因此，除了从第一个视角出发的、作为主体的船山升格运动之本论外，本书还以中国近现代哲学发展中的几个观念变革作为线索，通过研究船山思想在中国近现代哲学观念革命中的影响与作用，来揭示中国近现代哲学本身所蕴含的基本哲学特征与意义，并以之作为余论，即除了聚焦船山升格运动本身的

（接上页）看，儒学所遭遇的就是又一次“中衰”的危机与外来挑战，这与唐宋之际是类似的，并且从程度上说，晚清儒学所遭遇的危机比起魏晋隋唐与明末要更为严重。

① 正如“孟子升格运动”的诞生与发展同样有两个方面一样，当代研究者指出：“‘孟子升格运动’产生的原因，一方面是适应时代的需要，另一方面则与孟子思想本身的特点密切相关。”徐洪兴：《唐宋间的孟子升格运动》，《中国社会科学》1993 年第 5 期，第 111 页。

内容之外，还将从中国近现代哲学发展大背景的角度来看待船山升格运动这一现象背后所蕴藏的哲学史意义。冯契指出："哲学是哲学史的总结，哲学史是哲学的展开。"① 就此而言，本书余论部分的研究乃是借助表现为哲学史现象的船山升格运动，对中国近现代哲学中的新旧观念革命进程之内在逻辑所进行的研究与揭示；而本论部分则是借助船山哲学的诠释史与接受史在中国近现代哲学中的具体发展与流变过程，来阐释晚清以来的中国学人是如何在西方思潮汹涌而入的大背景下，对中国古代哲学传统进行创造性转化与创新性发展的。

文学作品中常见的多重思想交汇融合视角（POV）的创作方法，对于揭示船山升格运动作为一个中国近现代哲学史现象背后所蕴含的哲学普遍性，具有一定的借鉴意义。POV（Point of View）是一种文学写作手法，即"视点人物写作手法"，在叙述同一件事可以自由选取参与事件的不同人物的视角来描述同一事件对象，以交汇融合出这件事情的全貌。中国传统史家的纪传体史书就可以看作是一种 POV 写法，《水浒传》前半部分不断变化主人公的写作方式（如从鲁智深到林冲再到宋江、武松等）也是一种 POV 写法。而本书也试图将这一写法运用于哲学史研究中，作为一种有益的尝试来更好地彰显冯契讲的"哲学是哲学史的总结，哲学史是哲学的展开"这一论断，以及哲学史相对于思想史、文化史所独有的普遍性意蕴与思想

---

① 冯契：《中国近代哲学的革命进程》，第 655 页。

逻辑。

在 POV 的总体框架下，具体来说，本论部分对船山升格运动的研究主要关注的是中国近现代哲学如何重构民族性的问题。作为个案典型的船山哲学，在其中是研究的主体内容，它是质料化、具体化的，是“我注船山”——主要是讲：各大中国近现代哲学流派是如何基于他们各自的思想立场来诠释船山哲学以重建民族性的问题。余论部分则将基于中国近现代哲学观念革命之视角，以接续现代性作为线索，主要关注的是中国近现代哲学如何通过观念革命兼容与贯通民族性与现代性之间的矛盾问题。作为个案典型的船山哲学，在其中是作为思想载体与概念话语的提供者而存在的，也可谓之“船山注我”——主要是讲各大中国近现代哲学流派是如何基于他们各自的思想立场去使用船山哲学这一工具以达成其自身之思想目标的问题。

从某种程度上说，这一双重方法论视角可以用船山历史哲学中的“理势论”来概括——如果说本书本论部分讲的是作为一个历史之“事”的船山升格运动之“理势”是怎样发展变化的，那么余论部分想要揭示的就是：成就船山升格运动的这个“事”背后的历史之“势”是如何形成与发生的，[①] 以期“在势

① 船山云：“顺逆者，理也，理之所制者，道也；可否者，事也，事所成者，势也。以其顺成其可，以其逆成其否，理成势者也。循其可则顺，用其否则逆，势成理者也。”［清］王夫之：《诗广传》，《船山全书》，第三册，第 421 页。

之必然处”再见到理。① 其最终目的是为了揭示，船山升格运动是如何在中国近现代哲学革命中起到“势相激而理随以易”的关键性作用的。② 通过这种“理势合一”的方式来管窥船山升格运动背后的中国近现代哲学革命所蕴含的普遍规律与哲学史逻辑——这也就是船山讲的历史中所蕴含的“贞一之理”与“相乘之几”。③ 其展现了一种以二元性辩证视角研究哲学史的逻辑叙事。

因此，船山升格运动的这种二元性，展开来说也可以被认为是中国近现代哲学在古代传统中寻找新的资源以重构民族性、接续现代性的一种外在表现或典型范例。近代以来，对于传统思想资源的这种民族性与现代性交织的双重诠释主要体现为：我们既需要在形式上具有民族性特征的现代思想方法，又需要在质料上具有可以进行现代展开的民族性内容。晚清以来，这两部分要求可以统一于人们对船山哲学的研究中，这是研究船山升格运动最大的哲学史价值所在。就此言之，总体上

① 船山云：“言理势者，犹言理之势也，犹凡言理气者，谓理之气也。理本非一成可执之物，不可得而见；气之条绪节文，乃理之可见者也。故其始之有理，即于气上见理；迨已得理，则自然成势，又只在势之必然处见理。”[清]王夫之：《读四书大全说》，《船山全书》，第六册，第994页。

② 船山云：“势相激而理随以易，意者其天乎！”[清]王夫之：《读通鉴论》，《船山全书》，第十册，第68页。

③ 船山云：“可与知时，殆乎知天矣。知天者，知天之几也。夫天有贞一之理焉，有相乘之几焉。知天之理者，善动以化物；知天之几者，居静以不伤物，而物亦不能伤之。”[清]王夫之：《读通鉴论》，《船山全书》，第十册，第117页。

身处宋明道学传统之中但却又在字里行间时时游离其外、具有高度异端性的船山哲学，作为一个在理论上可以“旧瓶装新酒”的典范，[①] 它对于中国近现代哲学来说是独一无二的。[②]

笔者相信，正如孟子在唐宋变革之际的地位升格标志着宋明道学传统“通过仿佛向着先秦的复归”（冯契语），完成了对于汉唐以来的经学、玄学传统所进行的革命一样；近现代以来的船山升格运动，同样也通过仿佛向着明清之际的复归，昭示着又一个崭新的、可能在未来存续许多个世纪的中国哲学大传统的开端。[③]

---

① 金岳霖常用这个概念，以指代近现代中国哲学中，以传统中国哲学的概念讨论现代哲学问题、构建现代哲学体系的问题。金岳霖：《论道》，北京：中国人民大学出版社，2010 年，第 18 页。

② 譬如从宋明传统来看，其形式层面的话语体系多来自先秦儒家思孟学派，但从质料性的实质上说，显然深受释教问题意识的影响，这是典型的“旧瓶装新酒”。同样，近现代以来在升格船山学的话语体系与概念逻辑的同时，其问题意识、讨论内容与概念其实都是近代化的、西方化的，比如启蒙、思想体系、本体论、唯物主义、辩证法等等，这也是典型的“旧瓶装新酒”。当然这个“旧瓶”之所以在晚清后可以装现代的“新酒”，本身也是因为船山已经在明末清初对于道学传统这个“瓶子”本身做了一些改造，使之有了一些现代性的元素。

③ 当然这个大传统到底应该被称为什么，对于“只缘身在此山中”的我们来说目前还无法确定，因为它仍在展开，自有后来人总结。

本论

近代以来的船山升格运动

第二章　洋务运动、戊戌变法与船山升格运动

一、金陵本《船山遗书》与曾国藩对船山的道统升格

清同治三年（1864年），曾国藩指挥湘军攻克天京（今南京市）并基本扫平太平天国起义。次年，他做了两件与重立名教①有关的事情。其一，专门委派吏员重修江南钟山书院、尊经书院。②其二，便是推动其弟曾国荃于金陵重刻《王船山遗

① 关于“名教”概念的流衍变化，暂引张岱年主编之《中国大辞典》“名教”词条作为参考：“名教：以正名定分为主的封建礼教。先秦时期，孔子提出‘正名’，以规定人们的名位和应守的职分。西汉武帝时，把符合封建统治利益的政治观念、道德规范等立为名分，定为名目，号为名节，制为功名，以之进行教化，称‘以名为教’。其内容主要是‘三纲’、‘五常’。白虎观会议后，名教观念盛行。东汉末年，名教陷入危机。魏晋时围绕‘名教’和‘自然’的关系展开论辩。近代谭嗣同认为‘俗儒陋行，动言名教，敬若天命而不敢谕，畏若国宪而不敢议’(《仁学》)，提出要冲决名教之‘网罗’。”张岱年主编：《中国哲学大辞典》(修订本)，上海：上海辞书出版社，2014年，第147页。

② ［清］曾国藩著，［清］李瀚章编撰，［清］李鸿章校刊：《曾文正公全集》(一)，北京：中国城市出版社，2014年，第180页。(以下非特别注明，文中所引《曾文正公全集》均为此版本)

书》三百二十卷，并为之作序。序中云：

> 昔仲尼好语求仁，而推言执礼。孟氏亦仁礼并称，盖圣王所以平物我之情，而息天下之争，内之莫大于仁，外之莫急于礼。……汉儒掇拾遗经，小戴氏乃作记，以存礼于什一。又千余年，宋儒远承坠绪，横渠张氏乃作《正蒙》，以讨论为仁之方。船山先生注《正蒙》数万言，注《礼记》数十万言，幽以究民物之同原，显以纲维万事，弭世乱于未形。……道光十九年，先生裔孙世全始刊刻百五十卷。新化邓显鹤湘皋实主其事。湘潭欧阳兆熊晓晴赞成之。咸丰四年，寇犯湘潭，板毁于火。同治初元，吾弟国荃乃谋重刻，而增益百七十二卷，仍以欧阳君董其役。南汇张文虎啸山、仪征刘毓嵩伯山等，分任校雠。庀局于安庆，蒇事于金陵。先生之书，于是粗备。后之学者，有能秉心敬恕，综贯本末，将亦不释乎此也。①

从上述引文中，我们看到的是曾国藩作为儒家士大夫的道统意识，及其对于传统礼教的强调。但与宋明传统上承袭自韩愈的"道统说"略有不同，曾国藩在上文中提出的统绪是以孔子—孟子—戴圣—张横渠—王船山为线索的，突出了横渠与船山在道统上的位置。在这条道统传承线索中，他专门强调了这些儒

① 《曾文正公全集》（八），第255—256页。

者及其著作中“礼教人纪”的思想价值，并以王船山作为总结，认为其有“纲维万事”并具有“弭世乱于未形”的价值。由此，船山这一原本知名度仅限于两湖地区的明末遗老，① 开始了在中国思想、政治与哲学史上的地位升格。其后，这场升格运动将不仅限于晚清时代，更将贯穿于整个中国近现代哲学史。

曾国藩支持曾国荃刊刻《王船山遗书》，其思想动机，显然与当时需要支撑起被太平天国运动所冲击的传统名教之价值观有关，② 并在思想意识形态上有着防止第二个太平天国出现的现实考虑。就此言之，以曾国藩为代表的汉族士大夫所组织的军队与太平天国之间的战争，并不完全是中国历史上传统的官军与农民军之间的镇压与反抗之间的矛盾，而是自唐宋以来中国历史上前所未有的基于根本意识形态之冲突的战争。

所以，在现实与物质层面上说，太平天国运动对于整个大

① 关于这一点，可以参照梁启超对于船山的总结：“他生在比较偏僻的湖南，除武昌、南昌、肇庆三个地方曾作短期流寓外，未曾到过别的都会。当时名士，除刘继庄外，没有一个相识。又不开门讲学，所以连门生也没有。……著书极多，二百年来几乎没有人知道。”梁启超：《中国近三百年学术史》，北京：商务印书馆，2016 年，第 94 页。

② 曾国藩明确指出太平天国运动挑战的不仅是清廷，而是自秦汉以来的整个儒家以君臣父子为核心的名教传统与政治秩序。他说：“粤匪窃外夷之绪，崇天主之教。自其伪君伪相，下逮兵卒贱役，皆以兄弟称之，谓惟天可称父，此外凡民之父皆兄弟也，凡民之母皆姊妹也。”《曾文正公全集》（八），第 229 页。

清帝国带来的影响是毁灭性的；[①]从思想意识形态上说，其所昭示的也是一场当时之人前所未见的中国思想大变革的开篇。虽然天京最终攻克于胞弟曾国荃之手、天国最终破灭于麾下湖湘子弟的刀剑枪炮之下，但在此时的曾国藩心里，如何重塑与恢复儒家名教传统的权威，并在这个变革的时代中防止第二个太平天国的出现，仍是一个亟待解决的现实问题。

所以，曾国藩强调，不仅要在战场上击败太平军，还必须从思想与意识形态上为千年以来的儒家名教传统在这个前所未有的大争之世中重新拓展生存空间。从大的方面来看，他的这一认识与后来冯契所总结的 1840 年后整个中国思想界所面临

① 根据当代的研究，太平天国运动开始的时候，全中国人口达到了历史上空前的 4.3 亿，而到了曾国藩彻底镇压太平天国运动之后的同治四年（1865 年），清王朝所提供的官方数据是 2.37 亿。换言之，依照这一数据对比来看，在 15 年左右的时间里，中国损失了超过 1 亿的人口。当然这段时间清王朝所面对的农民起义并不只有太平天国，但太平天国无疑是影响与破坏力最大的。葛剑雄：《中国人口发展史》（葛剑雄文集 2：亿兆斯民），广州：广东人民出版社，2014 年，第 444—445 页。案：太平天国运动造成如此空前的伤亡，葛剑雄给出的一个理由是西方工业文明火器的传入（参阅《中国人口发展史》），但在笔者看来，除了近代化的火器造成的杀伤之外，还有太平天国与清王朝之间没有任何转圜余地的意识形态矛盾所带来的额外伤亡。这使得双方的战争唯独以全数在肉体上消灭对方为根本目的，因此双方占领区的平民本身也成为了对方的消灭对象。从这个意义上讲，太平天国与清王朝的战争更类似于现代化的民族国家之间的总体战模式。该判断的一个简单佐证就是：天京事变之后，尽管太平天国败势已成，但双方的战局还是经常胶着与反复拉锯，并未出现历史上传统农民军一吃败仗就受招安，或成流寇一哄而散的情况，战斗意志非常顽强。

的“中国向何处去”的问题意识与“古今中西之争”的时代冲击是完全一致的。[①] 席卷大半个中国并绵延超过十五年的太平天国运动，已经从思想意识形态上对两宋以来形成的名教传统造成了巨大的挑战，使得儒家道统遭遇了前所未有的危机与挑战。

同时，曾国藩对这个问题的思考与实践还指向一个隐含的问题意识，即：太平天国运动带来的冲击表明，旧有的名教思想意识与理论体系已经难以跟上新时代带来的新问题。洪秀全借助外来的基督宗教教义构建的反清意识形态，对士大夫们来说是从未见过的挑战。洪秀全塑造了一个“作为农民弟兄复仇之神的”向名教体系复仇的“上帝”，[②] 这几乎摧垮了两千年来的价值传统。作为在镇压太平天国运动中崛起的湖湘士大夫集团的领袖，曾国藩意识到，名教体系内部必须进行变革才能适应这种新挑战，需要引入新的思想元素来回答新时代面临的新问题。这不仅牵涉到思想、价值、意识形态层面的调整，同时也会涉及政治与现实层面的改革。而从儒家传统的理论资源上说，船山的相关叙说不论是在地域传统还是在思想内容上，都完全符合曾国藩的需求，也可以代表他这一代湖湘士大夫的实学价值立场。这构成了其升格船山哲学的基本动因。

对于船山其人、其学，曾国藩的总体评价是：

---

① 冯契：《中国近代哲学的革命进程》，第 10 页。

② 李泽厚：《中国近代思想史论》，北京：生活·读书·新知三联书店，2008 年，第 5 页。

> 用是其身长遁，其名寂寂，其学亦竟不显于世。荒山敝榻，终岁孜孜，以求所谓育物之仁，经邦之礼。穷探极论，千变而不离其宗；旷百世不见知，而无所于悔。先生没后，巨儒迭兴，或攻良知捷获之说，或辨《易图》之凿，或详考名物、训诂、音韵，正《诗集传》之疏，或修补《三礼》时享之仪，号为卓绝。先生皆已发之于前，与后贤若合符契。虽其著述大繁，醇驳互见，然固可谓博文约礼，命世独立之君子已。①

曾国藩认为此前的清代大儒所倡之种种思想与学术内容，其实早已全备于船山的体系中，同时船山哲学还有其他独具价值的思想内容未显于世。这表明，相对于晚清士大夫既有的知识谱系，船山哲学具有高度的原创性与革命性。同时，它还具有当时的朴学传统所缺乏的一个关键特质——完备的思想体系。曾国藩指出，尽管这会导致繁复夹杂（“醇驳互见”）的问题，但这种庞杂性显然也带来了更多样的、更为开放的思想资源与具有高度原创性的精神火花，这是晚清士大夫应对新时代、新变化所亟需的东西。这些行动代表了咸同之际，在旧有传统濒临崩溃的前提下，以曾国藩为代表的士大夫阶层重建某种本土（具有民族性的）精神传统的努力。这一新传统需要具有全新

① 《曾文正公全集》(八)，第255—256页。

的、高度原创性的完整思想体系，以对抗外来思想的入侵与太平天国运动对名教传统的冲击。

除了上述船山哲学在当时所表现出的时代价值之外，① 王船山其人作为湘学之代表人物及其原版《遗书》毁于太平天国兵火，② 以及曾氏兄弟特意将《遗书》安排在金陵进行重刻的这些历史事实本身，也使得《遗书》的刊印具有独特的政治宣誓意味。它昭示着湘军集团镇压太平天国的军功，以及湖湘实学传统及其意识形态 ③ 独立于清廷正统 ④ 的全新思想谱系的诞生。

---

① 船山书的复现与散播并非个案，由于清末与明末时局的某种相似性，在晚清大量的明代禁书都复显于世。而其背后几乎全有借助历史关怀现实的动机。当代的清史研究者也注意到了这个现象。如王汎森指出："至于明季史乘的大量出现，也与川楚教乱及鸦片战争之后忧时之士欲以明季史乘及各种文献来激励关心现实，发扬气节有关。"王汎森：《权力的毛细管作用：清代的思想、学术与心态》，北京：北京大学出版社，2015年，第544页。

② 根据曾国藩的说法："先生著书三百余卷。道光庚子、辛丑间，其裔孙王半帆刻二百余卷，邓湘皋、邹叔绩经纪其事。咸丰四年贼破湘潭，版毁无存。同治二年，沅甫弟捐资全数刊刻，开局于安庆，三年移于金陵。"（同治五年五月初三日日记）[清] 曾国藩：《日记》（节录），《船山全书》，第十六册，第564页。

③ 在清中期，湖湘士大夫群体中就已经有了魏源、贺长龄等知名学者。1840年之后，以镇压太平天国运动获得军功以及洋务运动而崛起的曾国藩、左宗棠、胡林翼、郭嵩焘等人，可以作为晚清第一代湖湘士大夫集团的代表，其后围绕着船山学社则培养出了以谭嗣同、杨昌济为代表的第二代对于中国近代史有重要影响的湖湘士人与知识分子。而最终，这一湖湘学脉孕育出了毛泽东、蔡和森等近现代中国革命者。

④ 当时清廷官方承认的学术统序显然应该以孔庙从祀的历代儒家人物为核心，而船山则不在其列。

可以说，曾国藩是在借助船山哲学确立一套新的儒家正统价值观念、意识形态与道统线索，他使用的是自周敦颐（濂溪）以来的湖湘实学价值传统部分地替换当时正统的程朱理学意识形态。①

二、金陵本《船山遗书》与湖湘士大夫集团的崛起

鉴于王船山本人坚定的反清思想立场，金陵本《船山遗书》的出版与流行意味着以曾国藩为代表的两湖士大夫，已经能够在当时的思想界明确并独立地发出自己与清廷不同的声音，而此时距离清中期文字狱的大兴还不到一个世纪。②具体来看，在乾隆朝官方编修的《四库全书》中，对于船山之书的

① 根据王汎森的说法，这意味着在咸同之际："维持世教秩序的考虑已经压过了对思想忌讳的注意。为了维持世教，哪怕是先朝明令禁毁的书也可以重刊，而且是以总督的身份去刊刻宣扬。"王汎森：《权力的毛细管作用：清代的思想、学术与心态》，第 542 页。

② 当代的清史研究者也注意到了这个现象。如王汎森就指出："在嘉庆后期、道、咸、同，也就是清朝开始出现大规模内乱，统治秩序渐形松弛之际，遗献复出经历了一个逐步摸索的过程。这个过程本身颇有意义。大体而言，忠节烈士的文集，或与学术考证有关者先重刊，而史部的书，或因易触忌讳，或因篇幅太大而较后刊。"王汎森：《权力的毛细管作用：清代的思想、学术与心态》，第 542 页。笔者案：对照这一总结，一个有趣的事实是曾国藩对于《船山遗书》的关注重点之一就是船山的史论。而同样，清廷官方对于这些史论的重印采取了某种视而不见的态度，这本身也昭示了晚清的政治变局。

辑录仅限于《尚书引义》、《春秋稗疏》等非常专门的经学著作。① 同时，船山的其他一些著作，在乾隆四十六年（1781 年）由湖南省上奏北京缴为禁书。对这些书，当时的湖南巡抚刘墉报禀乾隆皇帝的查禁理由是：

查王而农各种，语多违碍，又有称引钱谦益处，应销毁。②

这些官方要求禁毁的书目包括：

《船山自定稿》、《五十自定稿》、《六十自定稿》、《七十自定稿》、《夕堂戏墨》、《船山鼓棹》、《五言近体》、《七言近体》八种。③

对这八种书，曾氏兄弟的金陵本《船山遗书》则全数以专名刻出。④ 即便是船山著作中的反清论述也并未完全删除。曾氏兄

① 《四库全书》所辑录的船山书共五种，分别是：《周易稗疏》、《周易考异》、《尚书稗疏》、《诗经稗疏》、《周易考异》。《景印文渊阁四库全书》，目录索引册，台北：台湾商务印书馆，1986 年，第 198 页。

② 雷梦辰：《清代各省禁书汇考》，北京：书目文献出版社，1989 年，第 35 页。

③ 雷梦辰：《清代各省禁书汇考》，第 35 页。

④ 邓显鹤的湘潭王氏守遗经书屋本《船山遗书》在乾隆朝的禁书目录问题上做了一些技术性回避，将目录中的相关船山作品以《姜斋诗集》（转下页）

弟在刻书时仅将船山的相关言论以“□□□□”①代替便顺利刊行天下。毕竟这不是私人刊刻，而是由总督级别的官员主持。这足以表明在镇压太平天国运动中崛起的湖湘士大夫集团获得了某种相对于中央的政治独立性，突破了康雍乾三朝以来的“文字狱”红线。所以金陵本《船山遗书》的刊刻以及湖湘士大夫对于船山哲学的升格背后，有着显而易见的政治动机，是为湖湘士大夫集团在太平天国运动之后重新确立晚清的政治版图服务的。

因此，船山哲学研究真正成为中国近现代哲学中的一门显学，以及船山在中国近现代哲学史上升格的开始，源自太平天国运动对于名教传统的巨大冲击的现实背景，与当时作为湖湘士大夫集团领袖曾国藩出于应对时变之考虑而进行的推动。②当然，这种推动毋庸置疑地是内含政治动机的。

（接上页）的总名出版。而金陵本《船山遗书》则完全无视乾隆朝的禁书目录，直接将禁书目录上的各书之专名分别标注刊刻。而作为主持金陵本刊刻的主要学者之一——刘毓崧还专门论及此事，说明金陵本对于相关书目旧有专名的恢复。参阅［清］刘毓崧：《刻王氏船山丛书凡例》，《船山全书》，第十六册，第 422 页。

① 关于金陵本《船山遗书》对于船山著作的删改内容，可见周调阳：《王船山著述考略》，《王船山学术讨论集》，下册，北京：中华书局，1965 年，第 524—525 页。

② 依王闿运的话来说，就是“会兵兴，湘潭刻版散失，而国荃克江南，文正总督两江。国荃出两万金，开局江陵，尽搜船山遗书，除有避忌者，悉刻之，于是王学大兴”。王闿运：《邗江王氏族谱序》，《湘绮楼诗文集》(一)，长沙：湖湘文库编辑出版委员会、岳麓书社，2012 年，第 290 页。

可以说，晚清学人对船山的升格，就其开端来说，是应时而发、因势而兴。曾国藩意识到了全新的时代及其新问题已经降临，并敏锐地把握到了船山对于传统理学之批判以及经学正统之重立的价值与意义。虽然从中国近现代哲学史上看，更精确地说，对船山哲学复显的起点应始于道光二十二年（1842年）湘潭王氏守遗经书屋本《船山遗书》的刊刻，① 但此书版后毁于太平天国兵火，并无实际的历史影响。所以“欧阳兆熊、郭嵩焘等湖南士绅一直筹划重新刊刻船山的遗书，将弘扬船山学说、扩大船山影响的首要任务定位于刻书，并视此为湖南士人不可推卸的责任”②。而这一倡议最终变为由曾国藩作序，曾国荃出钱开局于金陵的豪华出版者阵容。正是借助平定太平天国后曾国藩本人的巨大政治影响力，③ 使得船山在籍籍

① 此版《船山遗书》刊刻的因果，根据邓显鹤自己的记述，其实颇具偶然性。他回忆说：“以是强聒于人，无应者（指其想刻书一事）。道光己亥寓长沙，时方辑《沅湘耆旧集》，征求先生遗诗。一日，先生裔孙有居湘潭名世全者，介其友欧阳君兆熊访余于城南旅寓，以先生诗集来，且具道先生六世孙承佺具藏先生各种遗书于家，世全将谋寿诸梨枣。余大喜过望。次年春，遂开雕于长沙。”［清］邓显鹤：《船山著述目录跋》，《船山全书》，第十六册，第409—410页。

② 户华为：《船山崇祀与近代湖湘地方文化建构》，《湖南大学学报》（社会科学版）2003年11月，第30页。

③ 从历史上说，曾氏兄弟的金陵本《船山遗书》带来的思想影响及其文本齐全程度，实非道光二十二年（1842年）湘潭王氏守遗经书屋本《船山遗书》可比，后者基本上是当时的湖南宿儒邓显鹤一人推动的结果。而金陵本《船山遗书》则可以看作是一次湖湘士大夫集团对于清廷的政治试探，以确认自身相对于清廷在思想与政治上的相对独立性。这也是本书将研究的历史上限定为1864年的原因。

无名一百五十年之后，重新回到人们的思想视野之中。①

从具体的内容说上，曾国藩从重立“礼教人纪”的具体思想起点出发，首先对船山哲学中的史论与《礼记》部分给予了特别关注。从曾国藩的日记来看，除了《礼记章句》外，他对王船山的《宋论》、《读通鉴论》这两本历史哲学著作的阅读是最多的。② 船山的历史哲学脱胎于明末清初的时代大变局，而咸同年间的历史变局与甲申之际相比也不相上下。所以，在曾国藩的思想视域内，船山的礼学与史论分别在理论与现实两方面冥合于晚清时代发展与政治秩序变革的需要；同时，它们也被曾国藩看作是在时代变局（对应历史哲学）中重立名教传统（以《礼记章节》为代表的经学）的思想依凭。自曾国藩以降，直至20世纪下半叶，船山哲学在上述两方面对中国思想变革的指南性意义始终未变。因为从根本上说，自晚清的一个多世纪以来，因应时代变局与重立价值体系，始终是中国哲学所面临的最为急迫的两个问题，而这正对应于船山的历史哲学与《礼记章句》中具有原创性价值的“理势论”与“性曰生”等论述。因此，升格船山的情况也就一直在不断推进，并在此后的很长一段时间内主导了船山哲学研究的走向。这也部分阐明

① 譬如曾国藩就热衷于将船山之书分送给亲朋故旧，这在其日记中就有记载：“将沅弟（指曾国荃）所分送各友之《船山全书》三十部派人分送。”（同治六年七月二十一日日记）[清]曾国藩：《日记》（节录），《船山全书》，第十六册，第572页。

② [清]曾国藩：《日记》（节录），《船山全书》，第十六册，第570—571页。

了为什么近代中国哲学中发生了长时间持续的船山升格运动。

当然，正如本书开头所言，这并不是说近现代中国哲学中没有其他传统思想流派的复兴，譬如阳明学、佛学、墨学、法家思想等也同样有一时的研究热潮，但从深度、广度与持续性上说，没有哪个传统哲学派别可以超过船山升格运动。

三、船山哲学对近代湖湘实学思潮的影响

船山其人，相对于正统理学与清王朝在意识形态与政治立场上的双重异端身份，① 使得曾氏兄弟对《船山遗书》的刊刻同样有了双重意蕴。它不仅意味着以军功起家的湖湘士大夫集团作为一股政治力量登上历史舞台，同时还昭示着自明末以来中国哲学史上另一个“百家争鸣”式样的思想大变革时代的开端。以曾国藩为代表的湖湘士大夫集团无视乾隆朝禁书目录的行动本身，在学术上开启了这一变革的序幕，他们援引船山哲学作为理论依据与思想资源，对清廷所倡导的正统程朱理学的

① 如前所述，由于近代中国在思想与现实上所遭遇的空前危机，几乎所有相对于当时正统儒学（程朱理学）的异端思想，都出现了或多或少的复兴与繁荣，如佛学、阳明学等皆是如此。而船山学的特出之处在于，其在此之前其寂寂无名，无人知晓。就此言之，也可以说，相对于佛学或阳明学，船山学是最具有近现代属性的而远离古典时代的。当然，其实船山学在某种程度上也谈不上复兴，因为此前基本从未走红过。而即便是墨学，虽然两千年来无人问津，但毕竟曾经还有“盈天下”的繁荣光景。

官方意识形态进行了批判与重构，并以这样一种具有实学倾向的价值体系作为凝聚自身政治意识形态独立性的关键。

同治五年（1866年），曾国藩在写给郭嵩焘的一封信中说：

> 顷舍沅弟抄寄十月一日尊函，痛陈自宋以来言路之蔽，读之乃正搔着痒处。盖自庚申预提下纲之后，今复见此纲之旺，中间铳去几纲也。船山先生《宋论》，如宰执条例时政、台谏论宰相过失及元祐诸君子等篇，讥之特甚，咎之特深，实多见道之言。尊论自宋以来多以言乱天下，南渡至今，言路持兵事之长短，乃较之王氏之说尤为深美，可以提尽后有万年之纲。仆更参一解云：性理之说愈推愈密，苛责君子，愈无容身之地；纵容小人，愈得宽然无忌。如虎飞而鲸漏，谈性理者熟视而莫敢谁何，独于一二朴讷之君子，攻击惨毒而已。①

曾国藩在此信中所赞同的王船山对于宋儒言路观点的批评，来自此前郭嵩焘在同治五年十月写给曾国荃的一封信。其主要内容是议论当时清廷言官对正在镇压捻军的曾国荃在战事上的掣肘与牵制。换言之，此处曾氏对于郭氏的回信，实际上是借由船山史论，批评清廷保守派在朝堂上对湖湘士大夫集团的政治压制。在前一封信中，郭嵩焘道：

---

①［清］曾国藩：《致郭嵩焘一通》（同治五年十二月初五日），《船山全书》，第十六册，第419页。

> 则文宗初基，东南糜烂，天下岌岌，朝廷怀恐惧之意而出之以端简，百官慑于大难之骤兴，瞻顾却立而抑不敢肆其嚣嚣。金陵之功甫成，士大夫谓自是可以长享无事，而议论嚣然。言路之气日张，时事亦愈棘矣。
>
> 常论宋儒发明圣学至精密，独有一事与圣道大反，数百年无能省悟。圣人之立教，曰“慎言”，曰“其言也讱”，曰“古者言之不出”，曰“巧言乱德”，曰“言无实不祥”，无相奖以言者。……是自圣贤之治天下与其所以自治者，无不以言为大戒。宋儒顾不然，凡有言者皆善也……敢直断之曰：“自宋以来，乱天下者言官也。废言官而后可与言治。”
>
> ……
>
> 唐、宋之言官虽嚣，尚无敢及兵政。南渡以后，张复仇之议，推陈兵事，自诸大儒倡之。有明至今承其风，持兵事自短长尤急。末流之世，无知道之君子正其议而息其辩，覆辙相寻，终以不悟。西夷之专求实用，由中国虚文无实，相推相激以赞成之，亦岂非天道然哉！①

对照郭嵩焘的这封信，我们可以较好地理解曾国藩在前述引文中的立场，其核心是罢黜虚言而崇尚实务。

① ［清］郭嵩焘：《致曾国荃》(同治五年)，《郭嵩焘全集》(十三)，长沙：湖湘文库编辑出版委员会、岳麓书社，2012 年，第 198—199 页。

当然这一去虚务实的思想立场也是为湖湘士大夫集团的政治利益服务的。以军功起家的湖湘士大夫集团，其权力根源既非源自满蒙八旗的贵族制度，也并非完全依靠科举功名（这取决于对正统理学的造诣）。[①] 从曾国藩与郭嵩焘的角度来看，满蒙八旗贵族姑且不论（在下文中我们会看到，船山的“排满”主张最后成了清末革命思潮中民族主义意识觉醒的主要来源之一），传统以科举功名而登堂入室的颟顸官僚显然是“议论器然”的无实之辈，而此类官僚的思想意识形态显然源自程朱理学。因此，在思想上对峙于程朱正统的船山哲学，就成了曾国藩以湖湘实学传统代替当时“虚文无实”的程朱理学的主要依托与思想代言。并且，这一“虚实”分判之标准与新旧思想的鼎革诉求，最终落实为湖湘士大夫集团在大清帝国体制内开启洋务运动的政治主张。[②]

关于这一点，我们可以从曾氏在上文中提及船山《宋论》的若干段落中有所发见。如曾国藩所言“台谏论宰相过失”条，船山在《宋论》中的原话是：

> 自仁宗之为此制也，宰执与台谏分为敌垒，以交战于

① 以曾国藩为代表的湖湘士大夫，他们的科举之路都不是很顺利。曾国藩屡试不中，最后只得了个“赐同进士出身”，曾国荃是“捐班”，郭嵩焘则是“佐幕”。

② 自道学传统确立以来，这一儒学内部的“虚实”之争便没有停过，如南宋朱子同叶水心与陈龙川的“事功与醇儒”之争，明代气学传统对阳明心学流于禅的批评等。

廷。台谏持宰执之短长，以鸷击为风采，因之廷叱大臣以辱朝廷，而大臣乃不惜廉隅，交弹而不退。其甚者，有所排击以建其所欲进，而巨奸且托台谏以登庸，害乃伏于台辅。宰执亦持台谏之短长，植根于内庭，而假主威以快其报复。于是或窜或死，乃至褫衣受杖，辱当世之士，而好名者且以体肤之伤毁为荣。其甚者，布私人、假中旨、以居掖垣，而自相攻击，害又中于言路。季世之天下，言愈长，争愈甚，官邪愈侈，民害愈深，封疆愈危，则唯政府谏垣不相下之势激之也。仁宗作法之谅，延及五百年而不息。求如唐之谏官宰相同寮而不忧其容隐者，且不可得。况古之无人不可谏，用匡君德，而不以尚口为习俗者，养敦庞刚正之元气以靖邦家，其得失岂寻丈之闲哉？

自仁宗之为此制也，吕夷简即以逐孔道辅等十人，而余靖、孙沔旬日再窜。廷臣水火之争，迄于徽、钦，无日无人不争为鼎沸。论史者犹以为善政，则甚矣一曲之士，不足与言治道也！①

可以看到，船山这段史论的逻辑是：台谏言官害于言路，虚耗政治资源。其问题的核心是以虚言搞党争，使得中枢官僚深陷于政治斗争之中而无法专心于实务。船山认为这种对人不对事的制度，危害的是王朝的政治稳定以及中央与封疆大吏（这正

① ［清］王夫之：《宋论》，《船山全书》，第十一册，第124—125页。

是当时曾国藩、曾国荃等人所处的位置）之间的信任。而这一点不仅是宋代的政治体制问题，同样也延及五百年后船山所处的明末。① 可以说，船山这种站在封疆大吏角度来开展政论的视角，在宋代之后是绝无仅有的。

郭嵩焘正是抓住了这一点，指出曾国荃在当时所遇到的言官对战事掣肘的问题根源，其实来自此一自宋以来的言官体制。因此曾国藩才说他的观点“较之王氏尤为深美”②，这是对船山史论的活学活用。同时，在孟子—董仲舒以降强调大一统的中国文化传统中，船山的这种在地方—中央的政治矛盾中偏向于地方封疆大吏的思想立场确实也独树一帜，却正符合镇压太平天国运动后几成地方割据之势的湘军集团的政治利益。③ 而更为值得注意的是，船山指出，既往一般论史者对于言官这一制度有着错误的褒奖，所以曾国藩特别提出船山的这一条说法，正是用于弹劾自两宋以来中原王朝强调中央集权防备地方

---

① 清军压境之时，南明小朝廷还在搞党争的问题，船山是亲历者。他后来回忆了与其友善的金堡在永历四年（1650 年）春天被吴贞毓等陷害攻击的惨状。其云：“吴贞毓与马吉翔、夏国祥内外合谋已定，故上（永历皇帝）踉跄弃肇庆。瞿式耜、严起恒交谏不听。既至梧州，吴贞毓、张孝起率其党数十人连疏攻堡及袁彭年、刘湘客、丁时魁、蒙正发把持国政，裁抑恩纪，谋危社稷。遂褫职，逮下锦衣卫拷讯。严起恒率群臣跪伏求贳，不听。马吉翔嗾其党以生棒扑之。诸刑皆备，而堡刑尤独酷，骳血冲胁脊，几死者数四。”［清］王夫之：《永历实录》，《船山全书》，第十一册，第 526—527 页。

② 同一个问题，从清廷中枢的角度来说，言官监督的制度正是防止宰辅与封疆权柄过大的重要措施。

③ 关于这一部分内容可参见下文中刘师培对船山相关论述的批评。

藩镇化的政治路线。

若以曾国荃在当时遇到的政治掣肘为例，正常情况下，“封疆大吏受到言官掣肘约束”这一现象在明清官方语境中应该是一件政治正确的事情，这是宋代之后中原王朝没有再次发生藩镇割据的重要制度保障。但曾国藩显然力图借助船山对于台谏制度的批评作为武器，颠覆这一传统上的政治正确观念及其背后作为价值依据的正统理学，进而宣扬湖湘士大夫集团本身具有独立性的政治主张。简言之，曾国藩等人基于船山哲学试图从儒家系统内上找到依据来维护太平天国运动后湖湘士大夫集团作为封疆权臣的政治利益。具体上说，如前述引文中曾国藩所谓“性理之说愈推愈密，苛责君子，愈无容身之地；纵容小人，愈得宽然无忌。如虎飞而鲸漏，谈性理者熟视而莫敢谁何，独于一二朴讷之君子，攻击惨毒而已”的说法，就显然是其借助船山的这一史论在直接批评清初以来所确立的正统理学，及其背后一整套奠定中央文官政府集权防范地方实力派的体制设计，以及作为这一理论的体制衍生品——中枢言官制度中的“虚文无实”与“以虚害实”问题。

“虚文无实”这个理论问题落到实处，在当时的政治上就变成了中央言官妨碍封疆大吏曾国荃军事行动的现实体制问题。同时，这并不是单纯的基于政治利益上的批评，其中还带有曾国藩对原有儒家道德价值评价体系的批判与调整。曾国藩认为，言官体制导致了政治运转中“严君子而宽小人”的逆向淘汰，并且正如船山所言，在这一问题上传统的“性理之说”是要负责的。但“性理”二字在明清时代实有特殊的官方意识形态意义——明成祖朱棣下旨广收理学著作，辑成《性理大全》，这是“性理”二字在明清时代的词源开端。而清康熙五十四年（1715 年）李光地等则继续奉旨对这套书进行重新编订注释而成《御纂性理精义》。可见，明清两代官方皆将“性理”作为宋明道学传统的核心概念，同时这两套书也是明清两朝官方理学教育与科举考试的标准参考书目。[①]就此言之，在曾国藩使用船山哲学对“性理之说”展开批判之后，船山实际升格成为咸同之际以军功起家的湖湘士大夫集团在儒学理论与政治的代言人，代表着当时中国除了清廷之外的另一派独立政治势力的价值立场与哲学传统的崛起。

而这一船山哲学与湖湘士大夫集团的因缘际会，从思想发展上说乃是具有某种必然性的：既然清廷官方以“性理之说”作为标准意识形态的旧有思想框架已经被新的时代潮流所动摇，那么在思想上对于传统的批判与重建必将随之而来，而船山哲学则是应时而出。在这一新的历史潮流中，随着镇压太平天国运动应运而起的湖湘士大夫集团，意识到了这一对于旧时代进行思想批判的关键，也抓住了船山之学以“诠释与重建”[②]为核心的要义。因此他们将船山哲学作为武器，以推翻

① 张岱年主编：《中国哲学大辞典》（修订本），第 609 页。

② 这是陈来的说法。他指出：“船山学术思想的这种反思活动，以‘文化的反省’和‘正统的重建’为主要特征。”陈来：《诠释与重建——王船山的哲学精神》，北京：生活·读书·新知三联书店，2010 年，第 21 页。

旧有政治制度与思想意识形态对其所进行的各方面钳制，满足其时在思想与现实上所面临的“古今中西”之争的历史大变局之需要，从而力图确立以船山哲学为核心的新的湖湘实学传统，展开其政治抱负，并在晚清成为了一股独立于清廷的地方政治势力。所以，将曾国藩作为标杆，历史上湖湘士大夫集团挟横扫太平天国之威势，开始推行自身的政治改革主张，他们的神主牌是王船山。

四、船山哲学对郭嵩焘洋务思想的影响

谈起湖湘士大夫集团在太平天国运动之后的改革，落实到具体层面就是在同光之际兴起的洋务运动。上文中与曾国藩通信的郭嵩焘正是洋务运动的代表人物之一，同时他又是晚清船山学术的主要倡导者与鼓吹者之一，并以王船山的私淑弟子自居。① 因此，郭氏的洋务思想主张中时时显出船山哲学的影响，他认为王船山是其思想的先觉者与默契者。②

从历史上看，因为洋务运动的政治改良性质，其核心要义

① 在船山祠的祭文里，郭嵩焘以王船山的私淑弟子自居。其云：“惟先生钟灵衡岳，阐道湖湘。衍关闽濂洛之宗风，发《易》、《礼》、《诗》、《书》之秘钥。建芳馨于私淑，资模楷于遗书。”[清]郭嵩焘：《船山祠祭文》，《郭嵩焘全集》(十五)，第679页。

② 郭嵩焘云：“濂溪混然，其道莫窥；惟于先生，望见端崖；约礼明性，守道持厄；阐扬文令，是曰先知；二百余年，星月昭垂；私心之契，瞻世之师。”[清]郭嵩焘：《船山先生像赞》，《郭嵩焘全集》(十五)，第681页。

贯彻了曾国藩扶持名教的原则，强调“中体西用”。洋务运动对“中体”的维护，用既有的哲学论断来说就是“维护封建统治秩序”。①所以，郭嵩焘在船山哲学中特别推崇其臧否人物得失、重定价值判断的史论并认为“《读通鉴论》出，则历代史论可废”，②而在其关于洋务思想的主张中也可鲜明地看见船山史论的影响。或云：

> 窃谓办理洋务，一言以蔽之，曰讲求应付之方而已矣。应付之方，不越理势二者。势者，人与我共之者也。有彼所必争之势，有我所必争之势。权其轻重，时其缓急，先使事理了然于心。彼之所必争，不能不应者也。彼所必争，而亦我之所必争，又所万不能应者也。宜应者，许之更无迟疑。不宜应者，拒之亦更无屈挠。斯之谓势。理者，所以自处者也。自古中外交兵，先审曲直。势足而理固，不能违，势不足而别无可恃，尤恃理以折之。③

上述引文中，郭嵩焘根据自己在欧陆诸国的出使游历以及处理

① 李泽厚：《中国近代思想史论》，第 42 页。

② 郭嵩焘云：“国朝王船山先生《通鉴论》出，尽古今之变，达人事之宜，通德类情，易简以知险阻，指论明确，粹然一出于正，使后人无复可以置议。故尝以谓读船山《通鉴论》，历代史论可以废。”［清］郭嵩焘：《郭肇琨〈读史法戒论〉序》，《郭嵩焘全集》（十四），第 351 页。

③［清］郭嵩焘：《拟销假论洋务疏》（光绪二年），《郭嵩焘全集》（四），第 799 页。

教案的经验，提出了 1840 年以来中国最早的现代意义上的外交思想。依郭嵩焘看来，大清与欧洲列强的外交是非常现实的东西，这与此前中原王朝对待周边异族的羁縻之道是完全不同的。现代外交讲求的是从具体实际的彼我局面出发来考虑问题，他将之称为“势”。这个“势”是双方利益的强弱矛盾汇合之时空场域，它是一个拥有具体空间性与时间性的现实概念。

因此，在对待欧洲列强的问题上，清廷必须根据当前所处之时势中所蕴涵的各种现实利益纠葛的轻重缓急来加以判别，从实际出发搞清楚对方所必须获取的核心利益（彼之所必争）以及我方所必须维护的核心利益（我之所必争）。如果对对方的核心利益不涉及我方核心利益，则可以回应并且果断让步；但如果对方的利益涉及我方的核心利益则必须要坚持到底，然后才需要考虑应该如何坚持外交原则，也就是“理”。这个“理”，是我方所坚持的是非对错之根据的价值观。如上所述，在郭嵩焘看来，如现实时势有利于我方则以“理”可固——我方的立场可以更好地得到贯彻（不能违），反之若“势不足”则翻盘无望（别无可恃），唯独依靠“理”本身还可以作为最后的依凭，来挽回一些“势”上的损失。但郭嵩焘最后总结了很重要的一点是，在理势之间，“理”是起不到决定性作用的，它不能扭转现实中“势不足”的局面。

所以，在郭嵩焘的洋务外交理论之中，以理势言，则势在理先。用现代的话语来说，就是实事求是地从客观现实的情况出发来制定外交方针，不搞基于先验原则的价值观外交。从哲学上看，郭嵩焘的上述观点，有着非常鲜明的具体先于一般、器先于道的认识逻辑。在郭嵩焘看来，办理洋务外交的基本原则并不存在先定之法，要根据具体个别的外交事件的时空场域去判断当时彼我之间的态势如何，然后再做出决策应对。尽管具有原则性的"理"的确立，能有助于我方更好地从"势"中维护和争取自身的利益，但这不能改变其时彼我之间态势的强弱，这是客观事实。郭嵩焘这种具体先于一般、器先于道、从现实出发的哲学观点，显然也是洋务派的根本哲学逻辑。

就此言，郭嵩焘的洋务外交思想是非常西方化与现代化的，具有实用主义与后来西方兴起的地缘政治理论的色彩，①或者说完全是根据具体情况来做出变化的，而这与道学传统中"天理"等一般性形上原则优先的立场大相径庭，因此具有典型的湖湘实学特征。同时，更为关键的是，上述引文中郭嵩焘所倡导的这一"以理佐势"的洋务外交原则及其"势强于理"

① 郭嵩焘对列强的外交思想完全不同于儒家传统中的中央政府对于周边少数民族所采取的居高临下式的"羁縻之策"，相反更类似于欧洲近世由威斯特伐利亚体系确立起来的现代外交原则，即以具体实际情况与国家利益作为外交的第一原则，这显然是具有进步意义的。而关于威斯特伐利亚体系的价值核心，根据基辛格的总结，主要就是在于避免使用绝对价值来主导的外交政策："威斯特伐利亚建立的和平反映了各方对现实的妥协，而不是一种独特的道德洞察力。……（它）催生了近代世界的智慧：避免对绝对价值做出评判，转而采取务实的态度接受多元世界，寻求通过多样性和克制渐渐生成秩序。"（美）亨利·基辛格著，胡利平、林华、曹爱菊译：《世界秩序》，北京：中信出版集团股份有限公司，2015年，第X—XI页。

的核心认识、“人我共其势”的判断前提、“因势恃理”的方法论原则，以及外交关系中对彼我双方核心利益进行切实把握、分析并作为决策依据的说法，其中的关键性哲学原则皆来自船山提出的论断与概念，能够从《船山遗书》中找到直接或间接的证据。譬如，关于理势关系，船山云：

> 顺必然之势者，理也。①

根据船山的说法，“理”就应该随着“势”的变化而变化，这与程朱理学传统上将“理”作为最高且永恒的原则性概念是截然不同的。其云：

> 夫所谓理势者，岂有定理，而形迹相若，其势均哉。度之己，度之彼，智者不能违，勇者不能竞，唯其时而已。②

同郭嵩焘一样，船山的这段话讲的也是历史上如何决定外交方针的理势问题。他在此评论的是西夏景宗李元昊驾崩以后，其时年仅一岁的毅宗李谅祚登基，西夏主少国疑的这段历史。

当时针对这一局面，宋廷议论是否可以趁此机会一举攻灭西夏。宋臣程琳以为不可，理由是：“春秋重伐丧之贬”。但船山认为程琳这一观点立论不妥，是书生迂腐之见。当时西夏之

① ［清］王夫之：《宋论》，《船山全书》，第十一册，第177页。

② ［清］王夫之：《宋论》，《船山全书》，第十一册，第140页。

不可伐，主要应从当时宋夏之间的现实理势角度考虑。从彼我态势来看，在西夏一方，因其时已立国家、有宗庙社稷，并以汉人为相、使用中国制度、开科举，若受攻击，西夏虽弱则其国君臣上下必定死战来维护既有利益。反之，在北宋一方，太宗、真宗二朝于开国名将尚存、军力未衰的情况下依然奈何不了西夏，只得任其立国；到了仁宗朝，旧日夙将都已过世而当时具有领兵能力的狄青等又受言官掣肘，没有领军的可能。所以，就“彼我理势”而言，宋对西夏开战并无胜算。①

① 关于这段史论，船山的原文是：“继迁虽悍不内附，收众侵边，宋弗能讨而抚之，然犹定难一节使耳。德明嗣立，需宋之宠命以雄长其部落，君臣之分尚在，则予夺之政犹行。力诎归降，自有余地以相待。弗能为窦融也，犹不害为田兴；勿庸致死于我，而服之也易。元昊已俨然帝制矣，宋之待之者，名之曰‘夏国’。则固不能以臣礼畜，而视为友邦矣。建郊庙，立宫阙，岂有一旦芟夷，俯首而从臣列。则谅祚虽孱，处于无可却步之势，其以死争存亡者，必也。且不徒谅祚已也，当德明之始，为之部曲者，亦节镇之偏裨，幕府之参佐也。元昊僭而百官设，中国叛人如张元辈者，业已将相自居。束身归阙，不诛不废，而抑不能与徐铉、杨业同升显列。则人怀有死无降之志，以为谅祚效，其情其势，岂可旦暮亟摧者哉？继迁之叛也，虽尝诱杀边臣，袭据银州，而宋不能惩；然未尝一与交兵，受其挫衄，张彼势而自见其弱也。及元昊之世，宋一败于延州，而刘平、石元孙骈首受刃；再败于好水川，而任福全军覆没。韩、范、王、庞分招讨之任，仅保残疆，无能报也。则中国落胆于西人，狡虏益增其壮气。元昊死而余威固在，度之彼势既然矣。且宋当德明之世，去平江南、下西蜀、破太原也未久，兵犹习战。而曹玮以知兵世将，奋志请缨，繇其后效，固知其足恃也。及仁宗之季，其夙将死亡殆尽，厢禁之兵，仅存名籍。王德用、狄青且颠倒于廷臣之笔舌。乃欲以机巧离其部曲，率屡败疲民以求逞，未有不自贻僵仆者矣。度之己者又然也。”［清］王夫之：《宋论》，《船山全书》，第十一册，第140—141页。

可以看到，上述船山所批评的就是北宋官员教条式地引用《春秋》之理的做法。而他对宋夏战和决策的判断，完全基于双方当时的具体实际情况（“势”）来分析。同样，立足于其时朝野上下不明中西之间的理势，郭嵩焘对清廷盲目使用既往的华夷羁縻原则来执行对欧洲列强的外交，以及官员们对西方列强所怀的盲目自大①的情绪提出了批评。他的思想进路也与上述船山讨论宋夏战和之策的思维方式如出一辙。

郭嵩焘指出，在对欧洲列强的战和问题上，首先必须要明了的就是清廷与西方世界之间所处的时势状况、强弱现实，进而知时审势再做决定。如果这一问题不明，其余所有相关言论与决策都只是空谈而无法解决实际问题。这是自南宋以来中原王朝对外政策一直存在的积弊。郭嵩焘道：

> 窃见办理洋务三十年，中外诸臣，一袭南宋以后之议论，以和为辱，以战为高。积成数百年习气。其自北宋以前，上推至汉唐，绥边应敌，深谋远略，载在史册，未尝省览。洋人情势，尤所茫然，无能推测其底蕴，而窥知其究竟。②

① 这种自大不仅是顽固派老臣的典型心理状态，其时外派出使的年轻官僚也是如此。郭嵩焘对此痛心疾首，其云：“然每见出使一二随员信札，仍意气自负，多怀贬斥之心。中土儒生虚骄之气，无可言者，然尽如此存心，以求裨益国家，固不可得矣。”［清］郭嵩焘：《拟销假论洋务疏》（光绪二年），《郭嵩焘全集》（十五），第799页。

② ［清］郭嵩焘：《拟销假论洋务疏》（光绪二年），《郭嵩焘全集》（十五），第793页。

在上述引文中，郭嵩焘显然有其未尽之言，即晚清实际已与南宋一般，处于外有强敌而内蕴积弱的时势之中却不自知。处于这种情况下，还对外族依然固执地坚持“以和为辱”、“以战为高”的教条之理，这实在是非常危险的。这种不知道实事求是地去分析问题，不论具体情况、恪守抽象原则的做法体现了理学传统天理不易的哲学主张。①

相对而言，船山处理华夏—夷狄关系的基本方针却正与此相反，在战和之间具有很强的灵活性。②郭嵩焘显然也看出了这一点——若再以传统的中华—夷狄的世界观作为不可易之天理来简单地处理外交问题，显然是彻底的教条主义，只能对其时的局面造成反作用——宋亡在前，史鉴不远。所以，根据势在理先的原则，基于其时之实际情况（“势”），当前的首要任务应该是要想办法了解洋人情势、知其底蕴究竟为何，才最为

① 华夷秩序在朱子学中乃是天理规定的结果，不可动摇。朱子曰：“所以降非常之祸于世，定是生出非常之人。邵尧夫《经世吟》云：‘义轩尧舜，汤武桓文，皇王帝霸，父子君臣。四者之道，理限于秦，降及两汉，又历三分。东西俶扰，南北纷纭，五胡、十姓，天纪几棼。非唐不济，非宋不存，千世万世，中原有人！’盖一治必又一乱，一乱必又一治。夷狄只是夷狄，须是还他中原。淳。”［宋］朱熹撰，朱杰人、严佐之、刘永翔主编：《朱子全书》（修订本），第十四册，上海：上海古籍出版社，合肥：安徽教育出版社，2010年，第118页。

② 同一般理解正好相反，对于华夏与外族的关系，坚守华夷之辨的船山并不是一力主战、决不妥协的。船山云：“战与和，两用则成，偏用则败，此中国制夷之上算也。”［清］王夫之：《宋论》，《船山全书》，第十一册，第724页。

关键。

学习西方、了解西方，才有可能更好地掌握与西方进行交往的主动权。因为中华—夷狄之时势已易，所以过去的内中华而外夷狄之世界观也应该发生改变。此即以理合势、因势定理。而郭嵩焘的这一因势定理的想法能在船山的史论中找到类似的表述。船山云：

> 今之时非昔之时，而势可知已。势不相若，而安危存亡之理，亦昭然其不昧矣。……知时以审势，因势而求合于理，岂可以概论哉！①

船山所谓的“知时审势”、“因势求理”也就意味着抽象之理必须随着具体的时势（时空境遇）而变化，这是其史论中常见的“理势论”说法。此语也道出了以郭嵩焘为代表的近代洋务派所倡导的政治变革背后的核心哲学基础，突出了抽象的原则也必须具有时代性，天理必须建立在经验现实基础上的认识论原则。这也可以看作是洋务运动的理论基础，构成了洋务派以“中体西用”为核心向西方学习背后的思想渊薮。

就此言之，近代洋务派对于船山哲学的消化与吸收，不仅体现在具体史学方法论层面的进路转换，同时还涉及抽象的世界观与价值观层面的革命。站在船山肩膀上的湖湘士大夫，力

---

① ［清］王夫之：《宋论》卷四，《船山全书》，第十一册，第 142 页。

倡洋务，除了提出学习西方的技艺器具外，在哲学上同样要求观念的变革，以求更好地迎接时代的变化。当然，基于曾国藩所定下的扶持名教的大方针，这种变革还是要在清王朝的政治体制大框架内来进行。

由此，借助洋务运动，船山哲学产生了非常现实的政治影响。同时，以上论述表明：学界一般认为的，洋务运动主要着眼于引进西方物质文明（器物）的观点是具有一定局限性的。① 从上文中郭嵩焘对于晚清理学保守派的批评来看，尽管后世经常将洋务派与改良派的宗旨概括为“中体西用”。② 但从具体上说，这个中学之体本身也并非完全是传统程朱理学意义上的纲常名教之体，③ 可以说，其中有很大一部分乃是船山哲学之体，或者说是经过筛选的、在他们看来能够适应晚清时代

---

① 如根据陈旭麓的定义：“比之西欧各国资产阶级革命完成之后实现的产业革命，洋务运动像是在缺乏产业革命条件的情况下出现的产业革命迹象。它因模仿一部分西方器物而异于传统，又因主其事者以新卫旧的本来意愿而难以挣脱传统。”陈旭麓：《近代中国社会的新陈代谢》，《陈旭麓文集》（卷一），上海：华东师范大学出版社，1996 年，第 251 页。

② 如根据陈旭麓的说法：“自 60 年代至 90 年代，凡谈时务、讲西学者，无分朝野，皆不出‘中体西用一途’。”陈旭麓：《近代中国社会的新陈代谢》，第 260 页。

③ 如根据陈旭麓的归纳，洋务运动中的“中体西用”之“中体”其实是一个比较宽泛的概念。他说：“‘中体西用’这个命题，既表述了中学与西学的结合，又规定了中学与西学的区分。‘中学’是熟识的东西，或指为‘伦常名教’，或指为‘四书五经’，或指为‘尧、舜、禹、汤、文、武、周公’之道，或指为‘中国史事、政书、地图’，推而及于中国旧有的文化皆属之，统归于形而上的道。”陈旭麓：《近代中国社会的新陈代谢》，第 260 页。

（“理势”）需要，以维护伦常名教的儒学传统资源。

除了器用层面外，洋务运动同样意味着一场晚清湖湘士大夫借助传统中既有的异端性资源（船山哲学为其典型）在近代开启的思想革命。洋务派政治改革措施的背后，所蕴含的是当时的士大夫与知识分子不断扬弃程朱传统以适应全新时代发展的努力。这种努力尽管是受到外在刺激而产生的，但为了对抗太平天国这类借助洋教、具有全新组织形式的农民起义运动，其找到了仍在于中国传统内、具有原创性的船山哲学。因此以曾国藩、郭嵩焘等人为代表的洋务派在这个历史节点上选择升格船山自有其内在的思想与历史逻辑。在传统道学方法论与世界观失去其应对历史变局的能力之时，曾国藩、郭嵩焘等人开启船山升格运动来因应时代变局，以维持大清王朝的名教体制。

五、船山哲学对谭嗣同维新思想的影响

郭嵩焘的后半生基本在思想上的争议与政治上的无人问津中度过。他在光绪十七年（1891 年）去世，享年 73 岁。三年后，其心心念念的洋务运动也随着甲午战争的失败而宣告终结。可以说，甲午战败让清王朝原先仍旧隐而未显的危亡之几转换为了亟待解决的亡国灭种之患，也使得一些人意识到郭嵩焘早年的远见卓识。或云：

> 郭筠仙侍郎归自泰西，拟西国于唐虞三代之盛，几为士论所不容。薛叔耘副都初亦疑其扬之太过，后身使四国，始叹斯言不诬。夫阅历者，人所同也，但能不自护前，不自讳过，复何难瘠之有？即嗣同少时，何尝不随波逐流，弹抵西学，与友人争辩，常至失欢。久之渐知怨艾，亟欲再晤其人，以状吾过。①

这是甲午战争后，谭嗣同写下的话。很难想象其后在戊戌变法中勠力维新的谭嗣同，早年也和大部分人一样攻击过他的这位湖南同乡前辈，并反对向西方学习。而从船山思想研究传承的角度上说，将郭嵩焘与谭嗣同认作晚清船山研究上的前后辈也并无不可。

谭嗣同少年时曾就学于当时的湖南浏阳名士欧阳中鹄②。欧阳中鹄与郭嵩焘是同辈人，也是船山学的忠实拥趸。谭嗣同指出：以其师欧阳中鹄为首，外加王闿运、邓辅纶，这三人是当时精研船山之学的湖南士人中的翘楚。而邓辅纶、王闿运又是分别是船山书院③的第二任与第三任山

① ［清］谭嗣同：《报贝元征》，《谭嗣同集》，第 242 页。

② 《谭嗣同集》，前言，第 1 页。

③ 根据当代学者的研究：郭嵩焘最早在其家乡的城南书院里设立了船山的私祠，后来在湖南各个书院纷纷建立船山祠。受此影响，衡阳县令张宪和建立了衡阳县属的船山书院，后由湖湘士大夫集团当中的另一位重要人物彭玉麟迁建东洲，成为了道一级的书院，曾国荃则向书院捐赠了一套《船山遗书》。参阅邓洪波：《湖南书院史稿》，长沙：湖湘文库编辑出版委员会、岳麓书社，2012 年，第 345 页。

长[①]。对此，谭嗣同有诗赞曰：

> 姜斋微意䕬瓣探[②]，王邓翩翩靳共骖。[③]

可以说，谭嗣同就是在以曾国藩、郭嵩焘等为代表晚清第一代湖湘士大夫集团所掀起的研读船山学术之风潮中成长起来的第二代湖湘士人的代表人物。谭嗣同也从不讳言自己对王船山的推崇，以及其学术中受到的船山思想影响。谭氏云：

> 文至唐已少替，宋后几绝。国朝衡阳王子，膺五百之运，发斯道之光，出其绪余，犹当空绝千古。[④]

同时，上承郭嵩焘、王闿运、邓辅纶、欧阳中鹄等人对王船山的推崇，谭嗣同更是将王船山在儒学史的地位升格到了一个新的高度，认为他与黄梨洲一道是历史上罕有的"有当于孔教者"。他说：

> 君统盛而唐、虞后无可观之政矣，孔教亡而三代下无

① 邓洪波：《湖南书院史稿》，第 547 页。

② 笔者案：䕬瓣即欧阳中鹄的号，取敬仰姜斋（船山的号）之义。（日）高田淳：《清末的王船山》，《船山学刊》1984 年第 2 期，第 135 页。

③ ［清］谭嗣同：《论艺绝句六篇》，《谭嗣同集》，第 83 页。

④ 同上。

可读之书矣！乃若区玉检于尘编，拾火齐于瓦砾，以冀万一有当于孔教者，则黄梨洲《明夷待访录》其庶几乎！其次，为王船山之《遗书》。①

尽管一般认为谭嗣同《仁学》一书主要受惠于佛学，但其实船山哲学对他的思想影响也不容小觑。对此，谭嗣同本人也不讳言：

为学专主《船山遗书》，辅以广览博取。②

至少从上述说法来看，在支撑谭嗣同维新变法主张背后的哲学体系中，《船山遗书》才是主体，佛学与西学或许只是其“广览博取”中的一部分。③而单从《仁学》这本书来看，谭嗣同的哲学立场基本是企图在中国传统的宇宙论与概念系统的基础

① ［清］谭嗣同：《论艺绝句六篇》，《谭嗣同集》，第 360 页。

② ［清］谭嗣同：《石菊影芦笔识》（思篇：三十），《谭嗣同集》，第 152 页。案：谭嗣同的《石菊影芦笔识》编定出版于光绪二十三年丁酉（1897 年）。而其师从杨文会学习佛学是旧年，也就是光绪二十二年丙申（1896 年）。因此，至少谭嗣同讲“为学专主《船山遗书》，辅以广览博取”这句话的时候，已是他跟随杨文会学佛之后的事情了。可见，在其推崇佛学之后，依然觉得船山学更为高明。

③ 历史上，关于佛学构成谭嗣同思想主轴这一观点的渊薮主要来自梁启超。根据梁氏在辛亥之后的说法，谭嗣同的《仁学》是他在跟随杨文会学习佛学期间写成的，因此深受佛学影响。梁启超道：“文会深通法相、华严两宗，而以净土教学者，学者渐敬信之。谭嗣同从之游一年，本其所得以著《仁学》，尤常鞭策其友梁启超。……故晚清所谓新学家者，殆无一不与佛学有关系，而凡有真信仰者，率皈依文会。”但考虑到（转下页）

上，建立一个能够涵盖与接续西方自然科学、融通佛学，并同时可以为其维新变法理论提供现代化的哲学依据的思想体系。① 该体系的核心范畴是传统中国哲学的基础性概念——“仁”。所以，在《仁学》开篇的界说中，他开宗明义地指出：

> 仁以通为第一义。以太也，电也，心力也，皆指出所以通之具也。②

从中国哲学史上看，以“通”解“仁”算不得谭嗣同的原创，这是宋明道学传统中的常见的说法。③ 但值得注意的是，谭嗣同在这里使用了当时西方物理学中流行的“以太”（Ether 或 Aether）概念来诠释其所谓“仁”之“通”义，可见其面向当时最前沿之西学的思想视野。

所谓“以太”，从词源上可以追溯到古希腊，在古希腊哲学中原指上部大气层。到了 17 世纪，法国哲学家笛卡尔将

（接上页）谭嗣同学佛的时间也就一年左右，相对于自其年少时就接触的船山哲学来说，其实际影响孰轻孰重仍然可以商榷。梁启超著，朱维铮校注：《清代学术概论》，北京：中华书局，2016 年 4 月，第 150 页。

① 有当代学者研究认为，谭嗣同早年思想偏重将船山与西方自然科学的最新成果结合，而晚期则试图基于佛学唯识宗融通各家建立一个庞大的思想体系，当然就《仁学》来看，这一思想目标并未实现，因此展现出一副杂糅的面貌。李泽厚：《中国近代思想史论》，第 196 页。

② ［清］谭嗣同：《仁学》，《谭嗣同集》，第 313 页。

③ 如程明道言：“医家言四体不仁，最能体仁之言。”这里医家之不仁，就是指肢体麻痹血脉不通之义。［宋］程颢、程颐：《二程集》，第 120 页。

“以太”定义为传递物体间作用力的某种中间介质，并且其无有生灭、无处不在。在19世纪下半叶的欧洲物理学理论中，“以太”被当作电磁波的传播介质。当时的欧洲物理学家（如法拉第、麦克斯韦）认为，任何的能量与波的传播都需要介质（那个阶段人们对于光的波粒二象性并无认识），电磁波、光波、声波无不如此。就此言之，只要声、光、电可及之处，作为介质的以太就无处不在，它是当时物理学假设中最基础的物质。最后，“以太”这一具有绝对力学性质的介质性概念随着20世纪初爱因斯坦提出的狭义相对论①而宣告终结。②

就此言之，谭嗣同对“仁”的界说及其将它认作传递力与电磁波之“以太”的定义，从自然科学的背景上说是接续当时西方物理学的最前沿来讲的，并进一步推展到其认为所有与“传递介质”（通）有关的领域，并且还使用了不少佛教华严宗的宇宙观设定。③因此，参照当时欧洲物理学界对于以太作为无有生灭的基础物质（介质）的定义，谭嗣同也是如此定义

① （德）爱因斯坦著，范岱年等编译：《爱因斯坦文集》（增补本），第二卷《论动体的电动力学》，北京：商务印书馆，2009年，第96—98页。

② 冯一兵、李春密：《以太观的历史演变及启示》，《物理通报》2010年第3期，第82—84页。

③ 谭嗣同云：“偏法界、虚空界、众生界，有至大、至精微，无所不胶粘、不贯洽、不筦络而充满之一物焉，目不得而色，耳不得而声，口鼻不得而臭味，无以名之，名之曰‘以太’。……夫人之至切近者莫如身，身之骨二百有奇，其筋肉、血脉、脏腑又若干有奇，所以成是而粘砌是不使散去者，曰惟以太。由一身而有夫妇，有父子，有兄弟，有君臣朋友；由一身而有家、有国、有天下，而相维系不散去者，曰惟以太。（转下页）

“仁”的。其曰：

> 不生不灭，仁之体。①

当然，谭嗣同的这个以“不生不灭性”作为世界之本质的“仁之体”，其思想根源除了来自当时西方物理学的“以太”概念外，又别有一条出自船山易学的中国传统哲学渊源。这是学界一般在讨论谭嗣同“仁学”思想时较少涉及的。谭嗣同云：

> 不生不灭有征乎？曰：弥望皆是也。如向所言化学诸理，穷其学之所至，不过析数原质而使之分，与并数原质而使之合，用其已然而固然者，时其好恶，剂其盈虚，而以号曰某物某物，如是而已；岂能竟消磨一原质，与别创造一原质哉？……本为不生不灭，乌从生之灭之？……即

（接上页）身之分为眼耳鼻舌身。眼何以能视，耳何以能闻，鼻何以能嗅，舌何以能尝，身何以能触？曰惟以太。与身至相切近莫如地，地则众质点粘砌而成。何以能粘砌？曰惟以太。剖其质点一小分，以至于无，察其为何物所凝结，曰惟以太。……至华藏世界以上，始足为一元。而元之数，则巧历所不能稽，而终无有已时，而皆互相吸引不散去，曰惟以太。其间之声、光、热、电、风、雨、云、露、霜、雪之所以然，曰惟以太。更小之于一叶，至于目所不能辨之一尘其中莫不有山河动植，如吾所履之地，为一小地球；至于一滴水，其中莫不有微生物千万而未已；更小之又小以至于无，其中莫不有微生物，浮寄于空气之中，曰惟以太。学者第一当认明以太之体与用，始可与言仁。”［清］谭嗣同：《仁学》，《谭嗣同集》，第315页。

① ［清］谭嗣同：《仁学》，《谭嗣同集》，第313页。

> 此地球亦终有陨散之时，然地球之所陨散，他星又将用其质点以成新星矣。王船山之说《易》，谓："一卦有十二爻，半隐半见。"故《大易》不言有无，隐见而已。①

从上述引文来看，谭嗣同基本秉持着近代科学主义与唯物主义的物质不灭世界观。首先，他以近代西方的化学与物理学世界观来解释他所理解的物质——尽管在现象上有聚散生灭，但从根本上说乃是不生不灭的。

其次，这一无时无刻都必须存在、作为运动介质的"以太"的运动变化属性（要不然任何信息、变化、运动都无法传播）被他看作是世界的根本性质，他将其与船山易学的"日新"思想混合在一起并互相格义。因此，谭嗣同"仁—以太"思想的逻辑架构中的部分内容是来自船山哲学的，而填充的具体逻辑形式则出于同时代欧洲物理学，进而以后者的思想范式对前者加以具体诠释。谭嗣同云：

> 日新乌乎本？曰："以太之动机而已矣。独不见夫雷乎？……王船山邃于《易》，于有雷之卦，说必加精，明而益微。至'屯'之所以满盈也，'豫'之所以奋也，'大壮'之所以壮也，'无妄'之所以无妄也，'复'之所以见天心也，'震'之所以不丧匕鬯而再则泥也，罔不由于动。

① ［清］谭嗣同：《仁学》，《谭嗣同集》，第 328—329 页。

天行健，自动也。天鼓万物，鼓其动也。辅相裁成，奉天动也。君子之学，恒其动也。吉凶悔吝，贞夫动也。谓地不动，昧于历算者也。《易》抑阴而扶阳，则柔静之与刚动异也。”①

如上引文所述，谭嗣同将西方唯物主义世界观中的物质运动（自动）的观点与传统易学与儒家思想中的“天行健”以及“天地之大德曰生”、“日新盛德”的思想结合起来，用以诠释其所谓“仁”的概念与仁学宇宙观。

他在这个问题上的理论落脚点，从中国哲学的方面来看，是船山所强调的“鼓其动也、恒其动也”的易学宇宙观，这也就是今天常说的儒家生生哲学或生生伦理学进路，②突出了世界运动规律中辩证能动的特征。同时，谭嗣同借用船山的易学思想，从宇宙论的角度将上述近代自然科学的世界观纳入儒家传统形而上学的框架之内，以最终完成其自身在这一方面的哲学建构。从这个意义上说，尽管还很粗糙，但谭嗣同的《仁学》可谓第一本融会中西、别开生面的中国近现代哲学著作，具有革命性意义。并且在《仁学》这一力图贯通中西哲学的著作中，

① ［清］谭嗣同：《仁学》，《谭嗣同集》，第 312 页。

② 根据杨泽波的界说，自来对于《易传》的“生生之谓易”一语有三种诠释进路，但“不管取何种解释，‘生生’均包含过程之义，意指没有穷尽，没有停息”，正合于谭嗣同的仁学宇宙观。杨泽波：《儒家生生伦理学引论》，北京：商务印书馆，2020 年，第 13 页。

谭嗣同与上文中郭嵩焘的观点一致，将船山升格成了孔子以来两千年中国哲学史的代表人物，并以其思想来格义西学。

当然，在借镜船山以图变法方面，谭嗣同对于船山哲学的认识也比郭嵩焘要深刻得多。如谭嗣同在前述引文中所使用的“一卦十二爻，半隐半见”的说法，其实抓住了船山以“乾坤并建”为核心所构造的易学宇宙论系统，并以之提出对《周易》卦爻的认识与解读方法。这是船山易学对宋明理学之易学传统的革命性颠覆及其宇宙论的核心要义之所在。① 谭嗣同能拈出这一点来，足见其对船山哲学的根本主旨有着深刻认识。

从“乾坤并建”这一命题来看，船山主要是说，《乾》、《坤》两卦能成各自之撰的必要条件是互相不离。正如要定下某条规则与界限，就必须有界内与界外、合规与违规的正反两面情况一样，《乾》、《坤》之撰如不能互相合于对方，便不能真正地使其自身确立起来。依辩证哲学的话来说，这表明对某一对象的本质性定义必须落在其否定性之中，对立面双方的存在性具有统一与相互依存的一面。

因此，这也就意味着：当《乾》卦之撰显，其所象之德必隐隐地指向仍处于遮蔽状态的《坤》卦，反之亦然。同时，

---

① 船山的“并建乾坤”之说，主要是基于《系辞》中讲的“《乾》、《坤》，其《易》之门”的说法。船山或云：“易者，互相推移以摩荡之谓。《周易》之书，乾、坤并建以为首，《易》之体也；六十二卦错综乎三十四象而交列焉，《易》之用也。”［清］王夫之：《周易内传》，《船山全书》，第41页。

《乾》、《坤》二象之爻的显隐变化所带来的其余六十二卦[①]的实存性是以《乾》、《坤》在本体层面的永恒实体性作为担保的。这也是船山所理解的"《乾》、《坤》，其《易》之门"的意思。只有在此基础上，六十二卦方能随时豁显、形质各异地立于时空之中。六十二卦相对于《乾》、《坤》，就其本质而言，不过是合《乾》、《坤》之阴阳十二爻在六个爻位上不同的排列组合而已；所以，以十二爻为镜面对称的话，一卦之显（如《复》卦）必意味着其下隐藏着与其镜面对称并相反的另一卦之隐（如与《复》卦镜面对称的就是《姤》卦）。[②]船山云：

> 夫阳奇阴偶，相积而六。阳合于阴，阴体乃成；阴合于阳，阳体乃成。有体乃有撰。阳亦六也，阴亦六也。阴阳各六，而见于撰者半，居为德者半。合德、撰而阴阳之数十二，故《易》有十二，而位定于六者，撰可见，德不可见也。阴六阳六，阴阳十二，往来用半而不穷。其相杂者，极于《既济》、《未济》；其相胜者，极于《复》、《姤》、《夬》、《剥》；而其俱见于撰以为至纯者，莫盛于《乾》、《坤》。故曰："《乾》、《坤》，其《易》之门邪！"[③]

---

① 从一个直观角度来看，除了乾坤之外的任何一个卦象，都是乾坤两卦六爻重叠，并以某种秩序或显或隐，显隐的秩序不同则形成了不同的卦象。

② 陈焱：《几与时——论王船山对传统道学范式的反思与转化》，上海：上海人民出版社，2016 年，第 62 页。

③ ［清］王夫之：《四书训义》，《船山全书》，第七册，第 1054 页。

基于这种以《乾》、《坤》两卦十二爻相合的镜面对称逻辑作为《周易》其余六十二卦画卦参照的理论，船山给出了其在认识论上著名的显隐原则。① 此即谭嗣同讲的“一卦十二爻，半隐半见”。对此，船山之说的原文是：

> 还归其故曰“复”。一阳初生于积阴之下，而谓之《复》者，阴阳之撰各六，其位亦十有二，半隐半见，见者为明，而非忽有，隐者为幽，而非竟无，天道人事，无不皆然，体之充实，所谓诚也。十二位之阴阳，隐见各半，其发用者，皆其见而明者也。时所偶值，情所偶动，事所偶起，天运之循环，事物之往来，人心之应感，当其际而发见。②

依照“乾坤并建”的原则，船山认为，卦爻的变化所导致卦象的改变，从本质上说只是一卦显现而另一卦隐去的关系，并不存在一卦消灭则另一卦诞生的情况。从画卦规则的角度来看，在《周易》中的每一卦有六爻而每一个爻位则有阴阳两种情况下，卦爻变化在本质上说不过是六个爻位上的十二阴阳爻之显隐转换。能被观察到的爻是此卦当下呈现的状态或卦象，而未

---

① 陈焱：《几与时——论王船山对传统道学范式的反思与转化》，第 24 页。
② ［清］王夫之：《周易内转》，《船山全书》，第一册，第 225 页。

被观察到的则是依照这十二爻原则，是将要显现或已经显现过的卦象。对照显隐之别，可以豁显《易》卦中所蕴含的矛盾动态变化之义。此正对应于形之上下、道器二元，世界在形上层面十二爻本身可说是永恒不变的，此所谓天道之“诚”。在具体形下层面，因为具体时空情境的变化，现实中就显现为某一具体阴阳二爻相合交织的六爻卦象，并且暗示了隐藏其下的另半面对称相反的卦象变化之可能。就此而言，其余六十二卦卦象的显隐变化，背后所依据的是出于本体层面的《乾》、《坤》两卦十二爻所确立的永恒不变的实体性，此即船山易学之“乾坤并建”。而反之，在形下现实层面，作为表象的六十二卦世界是永恒变化着的，展现为具体卦象。

基于此，就谭嗣同的理解来说，船山那里永恒不变的“十二爻”被他等同于前述19世纪西方物理学中作为运动介质的“以太”，它是现实世界运动与变易的根本基础。这是谭嗣同在《仁学》中，于本体上融合当时欧洲物理学与船山哲学的基本思路，不论是“以太”还是“十二爻”，都是确立世界永恒运动的基础。正是基于这种根本上的动态性，谭嗣同指出，依船山的“阴阳二气之实”与西学之“以太”概念而构造起来的“仁体”有着“冲决网罗”的作用——世界永恒运动，所以无物常驻。

具体来看，谭嗣同在《仁学》中的诠释说，不论是船山的“阴阳二气之实”、“十二爻”，还是西方物理学的“以太”，这些哲学概念都有如下共同特征：

一、具有客观性与实在性；

二、在本体层面上说是不生不灭的，同时，除了交互显隐（运动）性外不再附带任何先定的属性；

三、在人类现象经验层面上可以因为时间、空间以及其他因素的影响而千变万化，但这其中的变化都是经验的、而非先验的或先定的。同时这些在人类现象经验层面上的变化，对其在本体层面的不生不灭不会造成任何影响。

而根据谭嗣同自己的说法，“冲决网罗”就世界观与价值观上说，其核心要义就在于打破任何既成、先定的思想上的束缚。在《仁学》自叙中，谭嗣同说：

> 网罗重重，与虚空而无极。初当冲决利禄之网罗，次冲决俗学若考据、若词章之网罗，次冲决全球群学之网罗，次冲决君主之网罗，次冲决伦常之网罗，次冲决天之网罗，次冲决全球群教之网罗，终将冲决佛法之网罗。然真能冲决，亦自无网罗；真无网罗，乃可言冲决。故冲决网罗者，即是未尝冲决网罗。循环无端，道通为一，凡诵吾书，皆可于斯二语领之矣。①

由上述引文出发，并对照前述他对“以太”与“仁”以及“船山阴阳二实”的界定，谭嗣同显然认为任何先定目的与永恒不

① ［清］谭嗣同：《仁学》，《谭嗣同集》，第 312 页。

动的属性特质都不应该存在于本体层面。如果它们存在，那么就将成为现象层面思想发展变化的网罗与阻碍。换言之，除了客观性、实在性与变易交互性（“通”）之外，谭嗣同的“仁体”别无其他价值规定原则。而对照来看，不论是上承自横渠气论的船山之易学“十二爻”显隐认识原则，还是当时以“以太”为核心西方自然科学的世界观，都强调在这个具有客观实在性的世界的本体层面除了永恒与变易（交互、运动）之外，不存在其他任何固定不变的先定之性与价值原则。从这个意义上说，类似程朱之“天理”概念这样先定式与本质性的价值预设，也就是谭嗣同在价值层面上需要破除的“网罗”。

就此言之，谭嗣同也可以被看作是一个相对主义者，因为他在本体层面放弃了对于任何实体性、客观性与永恒性的价值预设。既然没有超越于时间层面的价值实体的存在，那么这一判断也就意味着一切价值、本质都会在时间之中发生变异。由此可以得出，一切网罗（任何试图进行先验性与绝对性价值设定的尝试）从根本上说都必然会被冲决。同理，《仁学》本身的“冲决网罗”之说也最终会在时间之中失去价值而被冲决。反之，正因为其可被冲决，也就表明这些网罗（价值、本质）本身不具有本体层面那种恒常性的价值。谭嗣同用这样一种看起来是循环论证与自相矛盾的方式，表达了其哲学对于一切固有价值与思想的批判，其中也体现了释教万物虚妄的思想倾向。

从这个意义上，我们才能理解谭嗣同讲的“然真能冲决，亦自无网罗；真无网罗，乃可言冲决。故冲决网罗者，即是未尝冲决网罗。循环无端，道通为一，凡诵吾书，皆可于斯二语领之矣”这段话的思想内涵。从西方近代哲学与自然科学的角度上说，这种在形上本体层面消灭先定本质、实体、价值与目的的思想进路，显然是与自康德与牛顿以来在自然界中取消了上帝作为造物主之地位的哲学结论有关，这一点最终归结到与谭嗣同同时代的尼采关于价值虚无主义的那个著名论断——“上帝死了！”

另一方面，从中国思想传统的角度来看，谭嗣同的“冲决网罗”思想则与船山的《乾》、《坤》十二爻显隐认识原则有关。船山“阴阳二气之实”的宇宙论思想，所批判的乃是以程朱理学为代表的将“天理”作为先定本质、价值与目的的传统宋明道学世界观，而这也是自两汉以来古代中国社会纲常名教系统的形上价值基础，直至晚清依然是王朝正统价值体系的基石。

船山的《乾》、《坤》十二爻显隐认识原则以及“阴阳二气之实”的宇宙论思想所批判的恰是以程朱理学为代表的，将“天理”作为先定本质、价值与目的的传统宇宙观。因此，船山的“十二爻”显隐动态世界观及其道学传统的批判，从根本上说也冥合于欧洲哲学近代以来消灭抽象本体的发展方向，符合 19 世纪以来现代价值变革的潮流，而这种中西哲学之间的冥合被谭嗣同敏锐地把握到了，并落实于其《仁学》一书的主旨之中。

从这个意义上说，谭嗣同的哲学，在形式上尽管依然使用中国哲学的传统范畴为核心（譬如“仁”），但其理论实质却利用了欧洲哲学的认识论革命与近代自然科学之成果，并借助中国哲学传统资源中王船山对于程朱理学内含的“先定本质”之世界观所进行的原创性形上学批判，这是典型的“旧瓶装新酒”做法。所以，船山所强调具体与变化的世界观以及进化日新的宇宙论模型，在谭嗣同的这一批判性理论体系的确立中，起到了联通中学与西学的桥梁纽带作用，进而完善了其变法维新思想的中国哲学基础。谭嗣同云：

> 陈伯严之言曰：“国亡久矣，士大夫犹冥然无知，动即引八股家言：天不变道亦不变。不知道尚安在，遑言变不变耶？”窃疑今人所谓道，不依于器，特遁于空虚而已矣。故衡阳王子有“道不离器”之说，曰：“无其器则无其道，无弓矢则无射之道，无车马则无御之道，洪荒无揖让之道，唐、虞无吊伐之道，汉、唐无今日之道，则今日无他年之道者多矣。”又曰：“道之可有而且无者多矣，故无其器则无其道。”诚然之言也。信如此言，则道必依于器而后有实用，果非空漠无物之中有所谓道矣。今天下亦一器也，所以驭是器之道安在耶？今日所行之法，三代之法耶？周孔之法耶？抑亦暴秦所变之弊法，又经二千年之丧乱，为夷狄盗贼所掺杂者耳。于此犹自命为夏，诋人为禽，亦真不能自反者矣。故变法者，器既变矣，道之且无

者不能终无，道之可有者自须亟有也。①

从传统的道器范畴上讲，因为在本体层面并不存在先定永恒的价值，所以谭嗣同认为，一切的价值属性与原则（“道”）都是具体时空境遇下的产物（“器”），传统意义上“天不变道亦不变”的结论是站不住脚的，应该根据具体的现实情况决定当下所应该遵循的抽象原则。因此他用船山的“道不离器”、“无其器则无其道”的说法表明，在当前的现实时势之下，被看作是“禽兽”的洋人才是先进的“华夏”，而自命为“华夏”的大清朝在当时的欧洲面前其实已落后为“禽兽”。

因此，既然时代的主流已经变为西学之器，自然没有不学西学之道的道理。所以，船山哲学中的“器在道先”、“道随器变”的观点，从根本上说也就是为谭嗣同学习西方、冲决名教之网罗的思想主张在中国古代哲学传统方面提供了理论依据。

综上所述，相对于曾国藩、郭嵩焘等第一代湖湘士大夫，船山哲学对于谭嗣同的意义要更为现代化。所谓现代化也就是说，如果在曾国藩、郭嵩焘那里的船山哲学还是以一种传统中国学术面貌出现的话，那么到了谭嗣同这里，借助与西学的相互砥砺、格义与创造，王船山的学术转换出了一套令人惊讶的现代思想面貌。谭嗣同在《仁学》中还借由这个现代化的船山，通过旧瓶装新酒的方式，构建出了一套虽然不完整但可以

① ［清］谭嗣同：《兴算学议·上欧阳中鹄书》，《谭嗣同集》，第179页。

接续近现代西方思想的中国哲学话语体系。

所以，船山哲学中的一些核心内容（道随器变、乾坤并建）可以说是谭嗣同等人开展戊戌变法的指导思想之一，与西学（近代自然科学的世界观、以太）、佛学（主要是华严宗）一起构成了谭嗣同哲学的三大支柱。从历史背景上看，甲午战败后的大清王朝所面对的时局，与甲申年之后的大明王朝有太多的相似之处。因此经由谭嗣同的解读与发掘，两百年前的船山哲学在精神气质、实学世界观、宇宙论与变化日新的历史观上都能很好地契合19世纪末大清王朝对于现代意义上的思想与政治变革的需求，并进而表现出后世所谓的“启蒙”[①]特质，并落实在谭嗣同的维新主张之中。

当然，有当代学者指出，谭嗣同对于船山哲学的解读存在着粗疏和随意的问题，这一点笔者也表示同意。但不论其对船山哲学的现代性解读存在多少问题，有着多少“矛盾与混乱”，[②]有一点我们都必须承认，那就是在对中国哲学传统的启蒙性诠释方向与现代性革命上，谭嗣同是先行者。同时，在后文中我们也将看到，谭嗣同所开创的将船山升格为中国古代哲学传统的代言人并以之接续西学这一进路，经由梁启超与章太炎等人的进一步继承与发扬，将会对整个20世纪的中国思想与革命的发展方向产生深远的影响。

---

① 冯契：《中国近代哲学的革命进程》，第1页。

② 李泽厚：《中国近代思想史论》，第196页。

第三章 “排满革命”与船山升格运动

一、作为清末革命派精神领袖的王船山

在光绪皇帝支持下由谭嗣同领衔的戊戌变法被慈禧太后轻而易举地扫灭，谭嗣同等人于北京宣武门外菜市口被斩首，中国自上而下的政治改革之路宣告失败。扼杀变法的老太后及其所代表的清廷保守势力成了当时中国政治变革的最大阻碍。于是，在青年一代知识分子心里，推翻清廷也就渐成了“变法”这个概念成立的必要条件。所以，在19世纪末到20世纪初的这段时间里，为谭嗣同的热血所唤醒的新一代青年知识分子，将革命与反清联系在了一起。同时，因为清廷统治者的异族属性，“排满”与推翻清廷的统治也就成了这些革命者的核心理念。

对于这一“排满”与“革命”之间的思想逻辑，章士钊总结说：

> 吾国乡曲之间，妇孺之口，莫不有“男降女不降”、“老降少不降”、“生降死不降”之谚。而见满人者，无不呼为“鞑子”，与呼西洋人为“鬼子”者同。是仇满之见，

> 固普通人之所知也。而今日世袭君主者，满人；占贵族之特权者，满人；驻防各省以压制奴隶者，满人。夫革命之事，岂有外乎去世袭君主、排贵族特权、覆一切压制之策者乎？是以排满之见，实足为革命之潜势力，而今日革命者，所必不能不经之一途也。居今日而言教育普及，又孰有外于导普通仇满之思想者乎？①

上述引文源自1903年章士钊在《苏报》对邹容《革命军》一书的介绍。而《革命军》直言不讳地鼓吹“排满革命”推翻清廷，是后来引发“《苏报》案”的关键导火索。“《苏报》案”的最终结果是宣传“排满”的章太炎入狱、《革命军》作者邹容自行投案惨死沪上工部局狱中，作为《苏报》主笔的章士钊也同样受到牵连，仅以身免。② 当时，对以章士钊为代表的这些知识分子来说，鼓吹与推动“排满革命”的阻碍，除了政治

① 章士钊:《读〈革命军〉》(一九〇三年九月六日),《章士钊全集》(第一卷),上海:文汇出版社,2000年,第28页。

② 章士钊、章太炎等人之所以能在《苏报》上鼓吹“排满革命”，很大程度上是因为当时《苏报》报馆处于上海公共租界之中，拥有治外法权。除了《革命军》外，引发“《苏报》案”的另一导火索是章太炎在刊于《苏报》的《驳康有为论革命书》中写下了“载湉小丑、未辨菽麦”等语。载湉是光绪皇帝的名，因此引起了清政府的全力干涉。清政府一开始要求公共租界当局“引渡”章太炎等人，但经过一番争议，西方列强并未同意。最后根据所谓的《公共租界章程》，由上海县令汪瑶廷与公共租界的西方官员共同审理此案，判处章太炎监禁三年，邹容监禁二年，投入由工部局管理的上海提篮桥监狱，“罚作苦工，限满释放，驱逐出境”，(转下页)

牢狱之外，[①] 还必须要解决的一个问题是：在那个时代如何确立“排满”理论的思想合法性？这一点不只是强调自明亡以来“男降女不降”等民谚就能解决的问题。章士钊所谓“而见满人者，无不呼为‘鞑子’，与呼西洋人为‘鬼子’者同”的说法，在华夷之辨的理论上说，就是力图证明这里的“辨”应以种族血缘而非文化与价值观作为划分。这一点显然不同于以曾国藩为代表的上一代汉族士大夫阶层以大清为华夏正朔、欧洲人为夷狄的华夷之分。

所以，对于章士钊这一辈知识精英来说，伴随着“排满”主张的提出，必然要求一种对于传统价值次序在思想认识上的彻底变革，而并非只是传统意义上的造反。在某种程度上说，此间的清末革命派与太平天国运动是类似的，在造反的同时追求一种对正统价值在意识形态上的颠覆。

对章士钊这样在儒家传统中完成开蒙的知识分子来说，他们在这一刻所遇到的思想吊诡在于：反对君主、颠覆皇权从根本上说乃是违背以忠孝为核心的儒家道德原则的。自董仲舒以

（接上页）而《苏报》则被查封。从后世的角度看，如果章太炎等人被“引渡”给清政府则基本必死无疑。类似情况可见1903年记者沈荩因为揭露《中俄密约》清政府的卖国细节后被绞死的结局。章士钊：《苏报案纪事》（一九〇八年），《章士钊全集》（第一卷），第357—422页。

① 在“《苏报》案”中，不管“洋人鬼子”是出于什么目的，但他们确实保护了这些年轻的革命者免于落入“满洲鞑子”之手。对于清末的革命者们来说，这种由半殖民地所带来的主权分裂实际上也在政治上逐渐地将“大清”与“中国”这两个概念割裂开来。

来，三纲五常、君臣父子的名教传统垂两千年，这是中国知识分子所不能绕过、必须直面的精神藩篱，即前文中谭嗣同所谓的“网罗”。

换言之，清末的民族革命派不仅要从政治上挑战大清的统治合法性，还必须在思想上超越宋明以来的名教与道学传统。从逻辑上说，要解决这一问题，要么彻底摒弃传统儒家的整套价值观念，要么想办法在儒学的理论框架内重新证成或者发现“排满”比“忠君”具有更高的优先性。而在晚清民国的历史进程中，传统儒家意识形态的彻底崩溃甚至要晚于清廷的倒台（虽然中间经过了太平天国的冲击），从辛亥革命之后的“打孔家店”开始，直到1919年的五四运动方才实现。所以很自然地，20世纪初，相较于政治上的激进变革路线，章士钊及当时其他的“排满革命”者在思想上贯彻着一条相对温和的变革路线，因为当时最为紧迫的问题就是救亡而非启蒙。① 尽管他们已经开始批判名教传统，但还是力图在儒学范式内证明华夷之辨在价值上要高于君臣之义。他们唤起明末神州陆沉的惨痛历

① 所以，当代有一种观点认为，中国革命的启蒙一面始终未及完成，在此作为一家之言姑且列出。如李泽厚指出：“由于中国近代始终处在强邻四逼、外侮日深的救亡形势下，反帝任务异常突出，由爱国而革命这条路又为后来好几代人所反复不断地在走，有特别是长期处在军事斗争和战争形势下，封建意识和小农生产意识始终未认真清算……科学与民主这个中国民主革命所尚未实现的目标，仍然是今天的巨大任务。”李泽厚：《中国近代思想史论》，第320页。

史记忆，[①] 并试图在中国哲学的框架内而非使用西方舶来的思想来解决“排满革命”在思想上的合法性问题。

在上文中我们看到，第一次鸦片战争以来面对“古今中西”之争的大变局与太平天国运动带来的意识形态冲击，以曾国藩为代表的第一代湖湘士大夫集团的政治变革思想的核心目标依然是扶植名教。在曾国藩的语境中，名教与清廷的统治合法性显然是一体的。但随着中国近代史的发展，政治变革必然趋向于越来越激进的革命。这一点也体现在船山升格运动之中。

自曾国藩始，及其后来者郭嵩焘、谭嗣同等关于船山的论述，从中隐约可见一股中国哲学自我扬弃与变革的潮流。从洋务派到维新派再到革命派，在政治上它们显现的面目越来越激进。所以，曾氏借助船山的礼学与史论给出应对时变之方案，其核心主张乃是重立名教、维持清王朝大的政治框架，但对船山思想中的反清论述则采取了暧昧沉默的态度。

---

① 鲁迅曾回忆道：“时当清的末年，在一部分中国青年的心中，革命思潮正盛，凡有叫喊复仇和反抗的，便容易惹起感应。……别有一部分人，则专意搜集明末遗民的著作，满人残暴的记录，钻在东京或其他的图书馆里，抄写出来，印了，输入中国，希望使忘却的旧恨复活，助革命成功。于是《扬州十日记》、《嘉定屠城记略》、《朱舜水集》、《张苍水集》都翻印了，还有《黄萧养回头》及其他单篇的汇集，我现在已经举不出那些名目来。别有一部分人，则改名‘扑满’、‘打清’之类，算是英雄。”鲁迅：《坟·杂忆》,《鲁迅全集》(第一卷)，北京：人民出版社，1981年，第220—221页。

而到了19世纪末，船山的这部分华夷之辨高于君臣之序论断则被重新拿了出来，因为其正符合章士钊与章太炎等人激进的“反清排满”思想的需求，并为他们在儒学框架内提供了理论依据。船山云：

> 是故智小一身，力举天下，保其类者为之长，卫其群者为之邱。故圣人先号万姓而示之以独贵，保其所贵，匡其终乱，施于孙子，须于后圣，可禅，可继，可革，而不可使夷类间之。①

这就是说，华夏君主之位合法性的第一条是“保华夏之类”、“卫华夏之群”。在此前提下，君位“可禅，可继，可革”，在各姓王朝之间轮换完全没有问题，但就是不能落入“夷类”之手。

这是儒家传统中前所未有的激进提法，结合清末的历史局面，时人因此也就可以说，所有不直接对清廷“夷类间之”的政治秩序进行革命的主张，显然都是不够彻底的。所以，船山哲学中最具战斗力与革命性的部分，在清末民族主义者的相关论述里彻底苏醒了。

一方面，从对于甲申之变、神州陆沉惨痛教训的总结出发，船山对宋明传统在华夷之辨的问题上有着根本性的反

① ［清］王夫之：《黄书》，《船山全书》，第十二册，第503页。

思——从价值观上提出了华夷之辨要高于君臣之序的观点。而这一点，在政治立场上仍忠于满洲皇帝的洋务派与维新派思想那里，却是需要刻意隐晦的。因此，从曾国藩到谭嗣同，对于船山哲学的阐发都是不彻底的，而不彻底的理论阐发自然很难产生现实影响，这可能也是洋务运动与戊戌变法各自失败的原因之一。

另一方面，就中国近现代哲学史而言，从曾国藩、郭嵩焘等主导的洋务运动到谭嗣同推动的维新变法，它们在政治改革上的失败也呼唤着一种具有彻底革命性的理论，而他们此前对船山哲学的升格，也就促使人们在戊戌变法失败之后，关注到了其思想中最激进与彻底的民族革命部分。而从船山哲学的思想特质来说，其本身诞生于明清之际天地崩解的大变局中，并以反清与华夷之辨为其根本，所以它的完整面貌也只有在彻底反对清廷的暴动革命中才能绽放出来。

同时，基于清末革命派在当时的思想需求，船山的华夷之辨可谓正应所需，恰是他们的民族革命理论得以在儒学传统中找到思想根基的关键——反清的理论逻辑与反清的革命主张在这个历史节点上通过《船山遗书》达到了统一。就此言之，船山升格运动的现实影响，要直到船山的华夷之辨高于君臣之序的思想被清末革命派以其激进的革命思想揭示与宣扬之后才彻底显现。

从当代的眼光来看，这也是船山哲学在其《遗书》重刻后第一次造成了重大的、直接的、具有革命性意义的现实影响，并使得其在今时今日的哲学史中获得了可以比肩于朱子学与阳明学地位的重要原因之一。面对三千年未有之大变局，《船山遗书》可能是当时知识分子所能从传统哲学中挖出的少数几种立等可用的，兼容救亡（反清革命）① 与启蒙（接续西学）、民族性与现代性的经典文本资源之一。相较于清代儒学在发展方向上所包含的偏于技术化与教条性的问题及其所带来的某种缺憾与停滞，② 船山哲学所拥有的激进民族主义与斗争精神，显然是其为当时的民族革命者所看重的关键。章士钊说：

> 船山之史说，洪论精义，可以振起吾国之国魂者极多。故发愿申说以告世之不善读船山之书，深辜船山之意者。③

这里章士钊所讲的振起国魂，显然是指华夏民族主义的精神。

① 如侯外庐指出：“船山之学，盛于清末策论时代。当时争诵船山史论，以求膺识时务之选。其注意民族革命者，则专论船山华夷思想，以为反清的号召。”侯外庐：《船山学案》，长沙：岳麓书社，1982 年，第 1 页。

② 章太炎指出：“清世理学之言，竭而无余华；多忌，故歌诗文史楛；愚民，故经世先王之志衰（三事皆有作者，然其弗逮宋明远甚）。家有智慧，大凑于说经，亦以纾死，而其术近工眇踔善矣。”章太炎：《訄书（重订本）·清儒第十二》，《章太炎全集》03，上海：上海人民出版社，1982 年，第 166 页。

③ 章士钊：《王船山史说申义》（一九〇三年），《章士钊全集》（第一卷），第 169 页。

而这一点显然也是章士钊整个船山研究的核心所在——强调以民族革命的现实政治取向为引领。对此，另一位“排满革命”者杨毓麟曾道：

> 王船山氏平生所著书，自经义史论以至稗官小说，于种族之戚，家国之痛，呻吟呜咽，举笔不忘，如盲者之思视也，如痿者之思起也，如瘖者之思言也，如饮食男女之欲一日不能离于其侧，朝愁暮思，梦寐以之。虽以黄梨洲之刚侠，至其沈酣没溺，持此为第一义，谛为毕生归根立命之所。①

又云：

> 胜国（亡国）以来，船山王氏，以其坚贞刻苦之身，进退宋儒，自立宗主，当时阳明学说遍天下，而湘学奋然自异焉。②

明末清初遗民大儒不少，但其中以种族家国为饮食男女之欲，朝愁暮思并坚持始终的，只有王船山一人。如黄梨洲，早年刚侠，晚年眼见康熙朝政治渐渐稳定，也不免妥协，最终允许弟

① 杨毓麟：《新湖南》，《杨毓麟集》，长沙：湖湘文库编辑出版委员会、岳麓书社，2012年，第31—32页。

② 杨毓麟：《新湖南》，《杨毓麟集》，第32—33页。

子万斯同为清廷修《明史》，[①]这显然是其承认清廷统治合法性的标志。只有船山至死不与清廷有任何往来，从这个意义上说，船山学及其思想气质确实特出。同时，这种绝对不投降、不妥协、不让步，持此为第一义的精神，显然也是清末民族革命派知识分子在面对19世纪末中国危殆之时局高唱救亡的思想音调所必需的依凭。若以此作为标准来看，船山在1840年之前的儒学传统中是独一无二的，这也是为什么我们可以说晚清以来船山哲学出现了持续性的升格，而其他如佛学、墨学与心学只是出现过短暂复兴的原因所在。

既然时局已经到了瓜分豆剖的危殆之际，革命也不是请客吃饭、温情脉脉，那么清末革命派显然需要最激进、最彻底的理论指引并辅以最激进、最暴烈的手段（如杨毓麟就曾参与行刺摄政王载沣）。因此，在近代民族革命派眼中，毕生坚持反清主张的王船山成为了其反清排满、革命暴动思想的理论先驱与精神领袖。对此，清末革命派在知识界的领军人物章太炎总结道：

> 季明之遗老，惟王而农为最清。宁人（顾炎武）居华

① 从黄梨洲写给弟子的送别诗来看，其对于弟子万斯同为清廷修《明史》这种确立当朝正统的举措并未反对。诗云：“史局新开上苑中，一时名士走空同。是非难下神宗后，底本谁搜烈庙终？此世文章推婺女，定知忠义及韩通。凭君寄语书成日，纠谬须防在下风。”[清]黄宗羲：《己未送万季野贞一北上诗》，《黄宗羲全集》（第二十一册），《南雷诗历》卷二，杭州：浙江古籍出版社，2012年，第851—852页。

> 阴，以关中为天府，其险可守。虽著书，不忘兵革之事。其志不就，则推迹百王之制，以待后圣，其材高矣！征辟虽不行，群盗为之动容，使虏得假借其名，以诳耀天下。欲为至高，孰与船山榛莽之地，与群胡隔绝者？……黄太冲以《明夷待访》为名，陈义虽高，将俟虏之下问。……（梨洲）以死拒征，而令其子从事于徐叶间，谅曰明臣不可以贰，子未仕明，则无害于为虏者。以《黄书》种族之义正之，则嗒焉自丧矣。①

又云：

> 兄弟少小的时候，因读蒋氏《东华录》，其中有戴名世、曾静、查嗣庭诸人的案件，便就胸中发奋，觉得异种乱华是我们心里第一恨事。后来读郑所南、王船山两先生的书，全是那些保卫汉种的话，民族思想渐渐发达。②

章太炎是清末民族革命者中的干将，曾因为“《苏报》案”蹲过政治牢狱，为了革命曾经“七被追捕、三入牢狱”，③同时也

① 章太炎：《说林上》，《章太炎全集》04，第 118 页。

② 章太炎：《在东京留学生欢迎会上之演讲》（一九〇六年七月十五日），载于章念驰编订：《章太炎演讲集》，上海：上海人民出版社，2011 年，第 7 页。

③ 鲁迅：《关于太炎先生二三事》，《鲁迅全集》（第六卷），北京：人民文学出版社，1981 年，第 567 页。

是近代学术大家。从上述引文来看，章太炎与杨毓麟一样，升格船山的价值标准只有一个：那就是其绝不与清廷妥协的精神气质。依章太炎看来，船山的这一面在明末大儒中是独一无二的。

所以，如前所述，作为清末革命派的代表，章太炎并不关注此前晚清寻求变革的开明士大夫们所普遍注目的船山史论或实学方法论，而更为看重的是船山详论华夷之辨与华夏民族思想的《黄书》。根据他以这本书作为标准对黄梨洲的上述评论来看，显然在“反清排满”的绝对性与纯粹性问题上，惟有船山可以作为“最清”的标准。① 由此，船山思想升格为清末革命者之理想人格的寄托。② 从这个意义上说，只要有人矢志亡清，则船山精神不死。

① 当然这个“最清”的论断本质上还只是一个反映章太炎政治立场的论断，不是其基于学术研究得出的结论。后世朱维铮对章太炎的这一说法就曾质疑道：“章太炎衡论晚明三大遗老，说是‘季明之遗老，惟王而农为最清’。但看了他《自题墓石》，末署‘有明遗臣行人王夫之’，却令人想到他的《永历实录》。曾经充当南明桂王政府外交官的他，当然不会不知道这个政府从上到下都皈依天主教，当然不会不知道掌握实权的皇太后以教名‘玛利亚’著称，也当然不会不知道由玛利亚皇太后主持的御前会议，曾决议派庞太监赴梵蒂冈请求支援桂王政府。然而这一切，在《实录》中毫无踪影。他‘最清’吗?”朱维铮:《走出中世纪》，第 54 页。

② 章太炎云:“世乱则贤愚混，黄宗羲学术计会，出顾炎武下远甚。守节不孙，以言亢宗，又弗如王夫之。然名与二君齐。”章太炎:《非黄》，《章太炎全集》04，第 124 页。

二、船山哲学对清朝统治合法性的瓦解

章太炎云：

> 昔扬灵于洞庭，有而农（船山）与曾生（曾静）。建《黄书》而为律，植攘夷以为经。①

那么在船山《黄书》中的这个“为律”、“为经”的攘夷思想，其核心内容是什么呢？章太炎道：

> 衡阳王而农有言：“民之初生，统维建君，义以自制其伦，仁以自爱其类，强干善辅，所以凝黄中之絪缊也。今族类之不能自固，而何他仁义之云云？”悲夫！言固可以若是。②

章太炎抓住了船山对于传统儒学“仁义”等核心概念的革命性新诠释。从发生学上说，船山指出，儒家之文明造作的原初目的就是维持华夏自身的民族性。所以，仁义忠孝之类的价值原则必须在“凝黄中之絪缊”与“固我族类”的前提之下才可适用。而这正好打中了清廷利用儒学传统确立其统治秩序之合法

---

① 章太炎：《沈荩哀文》，《章太炎全集》04，第226页。

② 章太炎：《中夏亡国二百四十二年纪念会书》，《章太炎全集》04，第188页。

性的最重要一点——忠君。

从理学正统的意识形态来看，清朝政治合法性的核心是建立在儒家“忠君”原则基础之上的。清末革命派借助船山哲学对瓦解清朝政治合法性的作用也是从这一方面入手的。从中国历史上看，唐宋之后，伴随着每一个王朝的兴起，不论是汉族还是少数民族政权都会在儒学传统话语的基础上构建其自身的政治合法性，使其治统与儒家道统达成某种统一。从清代的历史来看，爱新觉罗家的帝王曾一度在儒学框架内很好地找到了解决儒家道统与其异族治统合法性的依据，并借助文字狱在意识形态上进行了全面的落实。如在《大义觉迷录》① 中，雍正帝认为：

> 自古帝王之有天下，莫不由怀保万民，恩如四海，膺上天之眷命，协亿兆之欢心，用能统一寰区，垂庥奕世。盖生民之道，惟有德者可为天下君。此天下一家，万物一体，自古迄今，万世不易之常经。非寻常之类聚群分，乡曲疆域之私衷浅见所可妄为同异者也。《书》曰：“皇天无亲，惟德是辅。”盖德足以君天下，则天锡佑之，以为天下君，未闻不以德为感孚，而第择其为何地之人而辅之之理。此民心向背之至情，未闻亿兆之归心，有不论德而但择地之理。又曰：“顺天者昌，逆天者亡。”惟有德者乃能

① 《大义觉迷录》是一本很有意思的著作，因为其中清楚地表明清代统治者在表面的政治话语之下所秉持的内在思想逻辑与潜规则，因此该书后来被乾隆帝查禁也就不足为怪。

顺天，天之所与，又岂因何地之人而有所区别乎？我国家肇基东土，列圣相承，保义万邦，天心笃佑，德教弘敷，恩施遐畅，登生民于衽席，遍中外而尊亲者，百年于兹矣。夫我朝既仰承天命，为中外臣民之主，则所以蒙抚绥爱育者，何得以华夷而有更殊视？而中外臣民，既共奉我朝以为君，则所以归诚效顺，尽臣民之道者，尤不得以华夷而有异心。此揆之天道，验之人理，海隅日出之乡，普天率土之众，莫不知大一统之在我朝。……（曾静）不知本朝之为满洲，犹中国之有籍贯。舜为东夷之人，文王为西夷之人，曾何损于圣德乎？《诗》言"戎狄是膺，荆舒是惩"者，以其僭王猾夏，不知君臣之大义，故声其罪而惩艾之，非以其为戎狄而外之也。若以戎狄而言，则孔子周游，不当至楚应昭王之聘。而秦穆之霸西戎，孔子删定之时，不应以其誓列于周书之后矣。①

雍正帝这段驳斥曾静的上谕比较清楚地说明了清前中期的爱新觉罗帝室是如何在儒家传统哲学的基础上构建自身统治合法性的思路。雍正指出，首先，儒家认为统治合法性的基础在"德"（文化、文明、儒家的价值认同）而非"地"（血统），而明亡清兴显然昭示着"德"的转移。其次，即便从"夷狄"的概念上说，这也只是个华夏范畴内的地域性概念，类似籍贯而

① ［清］雍正帝：《大义觉迷录》，《近代中国史料丛刊正编》，第三十六辑，第351—352册，台北：文海出版社，1969年，第1—5页。

并不需要加上文化、民族或血缘属性。因此，从儒家的价值次序上说，明辨人禽与华夷的标准显然应该是内在的道德人伦（譬如忠君）观念，而非血缘、地域、族属等客观的东西。

雍正的这段论述纯然是在儒家的典籍与理论框架内完成的。他在儒家学理的基础上，确立了对清室作为异族王朝卓立于华夏之上的统治合法性，完成了清朝自入主中原以来在政治上的意识形态自洽与体系化建构。① 因此，基于上述逻辑，雍正帝进一步指出：

> 夫人之所以为人，而异于禽兽者，以有此伦常之理也。故五伦谓之人伦，是缺一则不可谓之人矣。君臣居五伦之首，天下有无君之人，而尚可谓之人乎？人而怀无君之心，而尚不谓之禽兽乎？尽人伦则谓人，灭天理则谓禽兽，非可因华夷而区别人禽也。②

在雍正帝看来，不论华夷都是人，其异于禽兽的关键在于伦常（根据儒家的价值观）。所以，华夏与夷狄的区分就不是先天的，而是看有没有达到“尽人伦”的标准。同时，儒家人伦

① 有当代史家研究指出，在《大义觉迷录》中，“雍正对曾静引经据典，说明某个想法所出何处时尤其感兴趣，因为这么一来，雍正也可在字句间寻道理，予以驳斥，证明满洲皇帝对古圣先贤学说的精微之处也是不含糊的”。（美）史景迁著，温洽溢、吴家恒译：《雍正王朝之大义觉迷》，桂林：广西师范大学出版社，2011 年，第 179 页。

② ［清］雍正帝：《大义觉迷录》，《近代中国史料丛刊正编》，第三十六辑，第 351—352 册，台北：文海出版社，1969 年，第 21—22 页。

纲常的第一条就是“君臣”。因此，既然满洲是君、汉族士庶是臣，那么后者就应该尽到“忠君”这一基本的伦常之理，无论时移世易，这一条是永恒不变的。这也体现了清朝对统治华夏的合法性建构的具体叙事逻辑：因为明室失德，女真族的爱新觉罗氏才以其自身之德而登上帝位，进而要求汉族士庶的忠诚，这从儒家伦常原则上说是完全合理的。在这个意义上说，汉族士庶忠于满洲皇帝，这个行为本身是汉族士庶自身人伦价值的确立与体现，若非如此则无别于禽兽。

历史地看，除了依赖军事暴力之外，在思想上，清朝统治者在解决自身入主华夏的合法性问题上是比较成功的。雍正皇帝的这套理论是完全基于儒家的价值内核构建的，这些政治合法性的话语叙事与儒家体系（名教传统）达成了很好的融合。清中前期相对稳定的政治局面（当然雍正帝对此居功至伟）以及晚清在受到西方列强冲击内外交困的前提下，依然能够依靠以曾国藩为代表的汉族士大夫集团镇压太平天国运动，并维持相对稳定的政治局面超过半个世纪，这些足以证明雍正帝的这套建基于儒学纲常名教体系之上的政治合法性叙事的成功之处。① 如上所述，对于在儒学思想背景之下完成启蒙的章太炎等人来说，这显然构成了一个理论挑战。

---

① 这套将儒家意识形态、清王朝与华夏文明捆绑的话语体系，在清末的经典表述，来自洋务派的最后一位健将张之洞。他说：“吾闻欲救今日之世变者，其说有三：一曰保国家，一曰保圣教，一曰保华种，夫三事一贯而已矣。保国、保教、保种，合为一心，是谓同心。保种必先保教，（转下页）

而王船山之所以被章太炎等人认作"排满革命"的精神领袖，关键就在于他近乎先觉地对上述雍正帝的这套叙事逻辑在儒学框架内作了批判。正如章太炎基于《黄书》所指出的那样，儒家的诸多人伦德目本身并不是最基础普世的价值。确立儒家人伦价值的前提，必须建立在汉族的种族血脉这类客观存在的基础上。换言之，人伦作为抽象概念是需要具体现实的物质基础（种族、血统、衣食）来承托的。根据船山的这一说法，清廷的剃发易服政策使得汉族本身作为价值实体的客观存在受到动摇，即章太炎所谓的"今族类不能自固"，因此也就谈不上后续的君臣人伦之仁义。

所以，章太炎也将客观分殊方面（种族、血统、衣食）的物质属性放在精神价值属性（道德人伦）之先，若汉族在种族、血统、衣食等客观方面沦落为夷狄，则其精神方面的人伦价值也就无从谈起。章太炎认为：

> 吾尝谓文明之民，其初生蕃也，一旦皆为台隶，浸被逼遁逃入山，食异而血气改，衣异而形仪殊，则未有不反其故。王船山《思问录》盖惧之矣。①

（接上页）保教必先保国。……故国不威则教不循，国不盛则种不尊。……今日时局，惟以激发忠爱、讲求富强，尊朝廷、卫社稷为第一义。"[清]张之洞：《劝学篇》(同心第一)，上海：上海书店出版社，2002年，第4—5页。

① 章太炎：《菌说》,《章太炎全集》08，第10页。

而章太炎提到的这个观点，在船山的《思问录》中是这样说的：

> 故吾所知者，中国之天下，轩辕以前，其犹夷狄乎！太昊以上，其犹禽兽乎！禽兽不能全其质，夷狄不能备其文。文之不备，渐至于无文，则前无与识，后无与传，是非无恒，取舍无据，所谓饥则呴呴，饱则弃余者，亦植立之兽而已矣。魏、晋之降，刘、石之滥觞，中国之文，乍明乍灭，他日者必且陵蔑以之于无文，而人之返乎轩辕以前，蔑不夷矣。文去而质不足以留，且将食非其食，衣非其衣，食异而血气改，衣异而形仪殊，又返乎太昊以前而蔑不兽矣。①

在船山看来，中国与夷狄原本无别，分殊之始在轩辕黄帝奠基华夏文明，才使得华夏民族有了“文”。而船山所谓的“文”，其中核心的元素就包括衣食这样具体的外在物质性基础。《传》曰：“黄帝尧舜垂衣裳而天下治。”② 只有在这个物质文明（服饰、器物、礼仪）相对于夷狄有着进化的前提下，精神性的“仁义”价值才能被确立起来，华夏概念才真正进入历史。

---

① ［清］王夫之：《思问录》内篇，《船山全书》，第十二册，第467页。

② 黄寿祺、张善文：《周易译注》，上海：上海古籍出版社，2006年，第533页。

从这一点上说，船山对于“人”或者说“人性”的定义，摒弃了传统宋明道学的先验性诠释进路，而是落于历史发生学的范畴来进行说明。因此，从实然层面上说，华夏文明屡次沉沦于夷狄之手又再次复起的情况（“乍明乍灭”）是一个很自然的事情。同时，这种由物质发生学意义上的分殊入手，将华夏定义为人而将夷狄定义为禽兽的华夷之辨说法，也就直接抽掉了上述以雍正皇帝为代表的、使用宋明以来正统的儒家道德伦常原则来为清朝政治合法性进行辩护的理论基础。

因此，在清末革命者那里，船山的“华夷之辨”思想建构与叙事逻辑具有非常高的价值。这意味着：除了西方舶来的启蒙与民族革命思潮之外，在传统的中国哲学材料文本与话语体系内，他们同样可以找到颠覆清朝统治合法性的思想资源。并且，船山华夷之辨的这个表述还可以接续当时已经开始传入的欧洲民族主义叙事。正是通过对这两者的结合，章太炎确立了“排满革命”在哲学上的理论根据。同时，这也可以看作其所开创的、有别于古代华夷之辨的近现代汉民族主义思潮的理论源头。

另一方面，基于当时传入不久的达尔文进化论，再结合上文中船山的“虽同源而出，但衣食血气改后，华夏为人、夷狄近禽”的历史发生学叙述，章太炎指出：

> 赭石赤铜箸乎山，莙藻浮乎江湖，鱼浮乎薮泽，果然貜狚攀援乎大陵之麓，求明昭苏而渐生为人。

> 人之始，皆一尺之鳞也。化有蚤晚而部族殊，性有文犷而戎夏殊。含生之类，不爪牙而能言者，古者有戎狄，不比于人，而軵近讳之。①

因为人与禽兽、华夏与夷狄从进化论上说是同源而出的，只是进化时间有所先后（“化有蚤晚”），所以人与禽兽、华夏与夷狄之间统治与被统治秩序的倒转从实然上说是完全可能的。华夏在文明进化上相对于夷狄的领先地位并不具有绝对性，它并非永恒不变的天理。

但同时，从价值应然上说，就“华夏”或“人”的角度来看，这种现实上的倒转却又是完全不可接受的。章太炎认为，清朝自立国华夏以来的“剃发易服”政策，就是这种现实上的华夏与夷狄应然秩序上下倒置带来的结果。因此从价值判断上说，清朝的统治就是一个彻底的错误——作为实然结果的“剃发易服”是对于“人”以及“华夏”这两个概念在价值应然层面上的巨大羞辱，从根本上说，也是对儒家意义上的、同禽兽有所区别的“人”概念的巨大羞辱。这构成了章太炎倡导“排满革命”的思想动因。他说：

> 支那总发之俗，四千年亡变更。满洲入，始鬄其四周，交发于项下，及髋髀。一二故老，以为大辱，或祝发

① 章太炎：《检论》卷一《原人》，《章太炎全集》03，第356页。

> 箸桑门衣以终。……共和二千七百四十一年，秋七月，余年三十三矣。是时满洲政府不道，戕虐朝士，横挑强邻，戮使略贾，四维交攻。愤东胡之无状，汉族之不得职，陨涕涔涔，曰：“余年已立，而犹被戎狄之服。不违咫尺。弗能翦除，余之罪也！”将荐绅束发，以复近古。①

这里“一二故老，以为大辱，或祝发箸桑门衣以终”显然是指船山。②同时，章太炎的剪辫行为，也昭示着其基于“排满革命”的现代民族主义意识形态的完全形成。而这背后的两大推动力显然是西方的进化论（关于近代中国学者对进化论的接受问题可参见本书第八章第二小节）以及上述船山对于华夷之辨内涵的新诠释。

因此，从哲学史上看，经由清末革命派的理论建构，船山哲学对于清末“排满革命”思想的形成起到了重要支撑。以章太炎的民族主义思想为准绳，1840年后西方入侵中国危如累卵的局面，所有的责任都将归于清朝统治者对华夷价值应然秩序的颠倒。

这是其“排满革命”的逻辑起点——颠覆清朝统治者成为

---

① 章太炎：《訄书（重订本）·解发辫第六十三》，《章太炎全集》03，第347页。

② 船山终身都未剃发留辫。《清史稿》云：“惟夫之窜身猺峒，声影不出林莽，遂得完发以没。”赵尔巽等撰：《清史稿》，卷四百八十《列传》二百六十七，第43册，北京：中华书局，2014年，第13107页。

了当时振兴中华并免于被西方文明吞没的必要条件。[①] 在章太炎看来，从船山基于发生学意义上的人禽之辨主张并结合西方进化论的视角来看，中国首先就是一个种族（种姓）概念，作为文明之中国的存续必须依赖于作为种族之中国的存续。所以，一定要先将这个让“种族之中国”无法是其所是的根源排除掉，才能论及其他。

这构成了“排满革命”的哲学基础。章太炎创造性地将船山《黄书》与进化论相结合来论述“排满革命”意义，在这一点上，时人（包括谭嗣同与康有为等在内）无出章太炎之右者。[②] 当然，从船山研究的层面上说，章太炎、章士钊等人的

① 关于章太炎在这一方面的历史影响，有当代学者指出：“章太炎是‘反满’革命领袖，且为‘反满’革命理论宣传家，他在清朝最后十年的言说，对于清帝国历史终结起到了不可估量的作用。孙中山后来强调，所谓辛亥革命，就是一批先知先觉鼓吹起来的。这一批先知先觉中，章太炎无疑是个重要角色。他的‘反满’革命理论主要不是对清朝晚期政治现实的批判，而是从历史上论证满洲人对中国或汉人所犯下的罪恶，从历史层面抽空满洲人政治统治合法性。”笔者案：章太炎“反满”的这一否定统治合法性的理论进路无疑肇端于船山。参阅马勇：《章太炎〈清建国别记〉整理说明》，载于章太炎：《章太炎全集》（第二辑），上海：上海人民出版社，2014 年，第 396 页。笔者案：除特别注明外，本书章太炎著作引文页码一律为 1982 年上海人民出版社出版的《章太炎全集》。

② 关于这一时期章太炎的此种特出的中西结合的理论风格，有当代学者指出：“近代中国资产阶级在其革命的英雄时期，也是总要把刚学会的欧洲资产阶级的新语言，在心里翻译成中国传统的旧语言。如何把外国新语言（即资产阶级革命）译成本国语言（即古典传统文化），是当时满肚子封建文化的知识分子所心向往之而不能摆脱的病症。章太炎当年所以大受欢迎，在革命派中赢得如此受人尊重的地位，除了坐牢等革命气概外，与这一点也大有关系。”李泽厚：《中国近代思想史论》，第 392 页。

上述立场较之前述谭嗣同与郭嵩焘的说法实际有所后退。相对于前文中谭、郭等人对于船山历史哲学与方法论的重视，这两位章先生更看重船山“华夷之辨”中的民族主义口号与宣誓的革命价值而缺少细致的学理分析。

在前文中可以看到，面对西方思想与文明汹涌冲击的现实，谭、郭等人更多地是通过对以船山为代表的中国传统中异端性思想资源的解读与利用，来为整个中华文明找到变革与应对的方向。当然曾国藩、郭嵩焘与谭嗣同等人都有一个默认的思想前提：清王朝也是中华文明与儒家政治体制的产物，因此中华文明在当时所遇到的来自西方的总体性冲击，可以具体化为清王朝在现实上所面临的存亡绝续问题。因为清王朝在意识形态上与道学传统的高度绑定，所以照这个逻辑继续推论，如果大清是个错误，那么支撑大清的整个宋明道学（名教传统）的思想责任也同样无可推卸，所以保名教就需要保大清。

以今天的理论视野来看，这个着眼点也是合乎逻辑的。从思想传承上看，明清乃是一体。依前文中雍正皇帝在《大义觉迷录》中的说法，自正统宋明道学的逻辑出发，我们已经很难从儒家的学理上否认满人统治中原的合法性。① 这一点从上述黄梨洲终究允许弟子为清室修《明史》的历史事实也可以得到确证。所以，洋务派的改革之论更关注于船山在方法论、世界观层面对于宋明道学传统的反思，而谭嗣同等人的变法也要借

① 可以说，雍正皇帝在《大义觉迷录》中表现出来的儒学修养，及其对于儒家思想的理解显然已经达到了一个儒家士大夫的要求。

助光绪皇帝之名开展。

名教与大清的深度绑定也正如前文雍正所述，既然“五伦”原则作为天理不可改易乃是绝对的，①那么对于其自诩的完全以儒家原则建立起来的这个大清王朝，汉族士庶又有什么理由不竭尽忠诚呢？除了剃发易服之外，明清在很多方面确实可以一体看待。②如果“明亡清兴”意味着“食易气改”的文明末日，那么如何解释历史上明清在科举、政制以及市民生活、民族文化方面的颇多相似与承继之处呢？而清末遇到的道学方面的相关思想与理论问题，其实船山在明末就已经遇到并提出了。因此，我们可以说，明清两代的这种变与不变之间的理论与价值合法性当中的纠结，最终在晚清的历史大变局中迎来了总爆发。

暂借历史唯物主义的辩证逻辑来总结的话：面对西方入侵的历史大变局，若以曾国藩、郭嵩焘、谭嗣同等的扶清思潮为“正”，章太炎、章士钊、杨毓麟等的反清革命思潮为“反”，则整个思想流变的“合”题本身才应该是近代整个宋明道学传统与中国传统王朝政治体系的终结与重建之关键。从历史与思

① 依照朱熹的看法，如君臣之类的伦理关系具有某种先验性。这也是雍正皇帝强调君臣原则的正统道学依据。朱子云：“如未有君臣，已先有君臣之理；未有父子，已先有父子之理。不成元无此理，直待有君臣父子，却旋将道理入在里面！”［宋］黎靖德编：《朱子语类》，第六册，卷九十五，北京：中华书局，2007年，第2436页。

② 当代有学者经过研究后认为：“明清士大夫在生活实践及信仰领域存在着连续而非断裂的思想状态。”吴震：《明末清初劝善运动思想研究》，台北：台大出版中心，2012年，第508页。

想的内在逻辑上说，船山学的升格与异军突起实是时人对追寻这一“合”题的回应。从曾国藩到郭嵩焘再到谭嗣同乃至章太炎，船山哲学在晚清的发展与流变及其升格过程也展现了这一“正—反—合”过程中所指向的道学与名教传统的终结。

同时，这也是中国近现代哲学家借助船山对后道学时代的中国哲学接续西学进行重建的必经之路。因此，船山升格运动实际从一个具体层面展现了近现代中国革命的内在历史逻辑。正如马克思所言：

> 人们自己创造自己的历史，但是他们并不是随心所欲地创造，并不是在他们自己选定的条件下创造，而是在直接碰到的、既定的、从过去承继下来的条件下创造。……在这些革命中，使死人复生是为了赞美新的斗争，而不是为了拙劣地模仿旧的斗争；是为了在想象中夸大某一任务，而不是为了回避在现实中解决这个任务；是为了再度找到革命的精神，而不是为了让革命的幽灵重行游荡。①

通过对华夷、君臣、理气等既往概念的诠释与重构，船山的《黄书》几乎是先知先觉地抽去了后来雍正帝对于清王朝统治合法性的辩护之理论根据，将宋明道学中构建社会体制基础的

① （德）马克思：《路易·波拿巴的雾月十八》，中共中央马克思恩格斯列宁斯大林著作编译局编译：《马克思恩格斯选集》（第1卷），北京：人民出版社，1972年，第603—605页。

伦理概念在价值领域的先验性诠释，改易为具有经验性、历史性的具体实在对象，这一变化为中国近现代以来章太炎等人的政治与思想革命理论提供了重要的哲学依据。因此，诚如马克思所言之逻辑，章太炎等人让船山在清末复活也不是为了复兴大明，而是为了赞美民族革命。

从哲学理论上说，船山的相关论述抽去了一些道学传统上的教条性束缚，代之以新的实学世界观与价值观。在这一实学世界观下，依他的“器先于道”论断，明清易代而夷狄主华夏的历史结果在实然层面与自然哲学层面上是完全合理的。内华夏而外夷狄秩序不是永恒不变的天理，因为华夏本身也是在漫长的历史时光之中由夷狄变来的。正如上述船山所言：“故吾所知者，中国之天下，轩辕以前，其犹夷狄乎！”

所以在华夷分殊的事实层面上，船山与朱子的理解正好相反。华夏之为华夏，并不是因为有先天绝对的华夏之理所规定而成就的，① 在现实历史之中，华夏也是从夷狄发展过来的。那么，自然地，华夏退化为夷狄或被夷狄打败也是完全可能的。但在应然价值秩序上，满人统治华夏则又全然是不合理与不合法的。船山这里讲的秩序的应然合法性，来自黄帝造作文明、衣裳、血气、食物这些历史事实与现实物质基础，而非“天理”这样的先天必然之法则。

它驳斥了以雍正为代表的清廷官方，以先天应然层面上的

① 朱子曰：“盖一治必又一乱，一乱必又一治。夷狄只是夷狄，须是还他中原。淳。”《朱子全书》（修订本），第十四册，第 118 页。

儒学忠君美德来证明其统治合法性的逻辑。船山指出，华夏的定义在历史层面源自三皇五帝的华夏种姓、血统、服饰礼仪等具体现实之物。这一思想视角背后蕴含着船山“器先于道”的世界观与价值理念，这是船山哲学从实际出发对于宋明道学思想之先天形上传统的重要扬弃，而这一理论革命最终在章太炎那里转化为反清革命。

当然，以章太炎等人为代表的清末革命派，从具体理论上并不关注船山的整个华夷之辨论述背后所蕴含的上述对于儒学世界观的改易与变革的“合”题，他们所求的只有政治革命。① 尽管如此，此间的民族革命思想在问题意识上却已经有了启蒙的元素，脱离了传统士大夫的思想范式并有意无意地推动了近代中国哲学开始迈过旧道学的藩篱，继续向前发展。所以，后世常以启蒙哲学先驱目之以王船山，就在于其思想中所蕴含的这种基于实学与历史的革命性特质，这些特质构成了可以和欧洲的启蒙哲学进行某种平等对话的中国传统元素，同时启蒙性也正是中国近现代哲学革命的思想特征之一。

总之，有清一朝在“华夷之辨”上所蕴含的诸多矛盾及其所带来的深层次的意识形态问题，已成了当时思想界的“皇帝新衣”。同时这也是自佛学传入以来，儒学所面临的又一个大危机。而船山则早在清初就洞见并揭破了这件“新衣”。同时，

① 章太炎对于近代革命的影响显然要大于其学术成就。鲁迅说：“我以为先生的业绩，留在革命史上的，实在比在学术史上还要大。”鲁迅：《关于太炎先生二三事》，《鲁迅全集》（第六卷），第 565 页。

从另一方面来看，船山在《黄书》中所强调的“食易气改”的文明末日，其中的大半原因实应由道学本身负责，所谓“肉腐出虫，鱼枯生蠹”。①

历史地看，以程朱理学为核心的道学传统在明末已走到了尽头，但整个清代在官方层面基本继承了这套已经僵死的价值观，甚至出于维持统治的考虑而所加强。如雍正皇帝对于忠君一伦的先验性价值的强调，使得明末已经出现的传统儒家哲学内部所蕴含的保守、陈腐的趋向更进一步地加深，而其中的变革之机则被压缩得更为致密。

因此，所有的这些理论与思想问题最终苟延残喘到了清末才最终彻底爆发，并构成了这一时期船山升格运动背后的思想逻辑。

三、船山哲学的启蒙诠释及其争议

晚清以来对于船山的升格并不只有外在的政治原因，也有中国哲学自身发展的内在逻辑。自明末以来已处于变易临界点上的中国哲学，也正孕育着全新的、具有近代特质（恰好可以接续西方哲学的）的思想范式。在宋明道学传统遇到危机并且迎来不可避免之终结的前景之下，船山哲学先知先觉地给出了一个在后道学时代，儒家应该如何发展与重建的方向。这也是

① ［清］王先谦：《荀子集解》，北京：中华书局，2010年，第6页。

近现代以来一般将船山认作是启蒙哲学家的重要原因。这一评价诞生于19世纪末，以谭嗣同为渊薮，章太炎为代表。

将船山哲学诠释为启蒙思想，其路线在具体内容上，首先是将西方的民权思想与船山哲学相比附，使得王船山在理论上表现出一副类似于西方近现代启蒙思想家的面貌。如谭嗣同指出，船山有“兴民权之说”。其云：

> 三代以下无可读之书。更以论国初三大儒，惟船山先生纯是兴民权之微旨；次则黄梨洲《明夷待访录》，亦具此义。①

不独谭嗣同，同为维新派的梁启超也指出船山思想有讲求平等、抑制独裁的启蒙性维度：

> 《读通鉴论》、《宋论》两编，史识卓绝千古，其价值至今日乃大显，无俟重赘。抑《黄书》亦《明夷待访录》之亚也，其主张国民平等之势力，以裁抑专制，三致意焉（吾昔抄录《读通鉴论》、《宋论》、《黄书》中发民权之理者，凡三四十条，文繁不备征）。黄、王之轩轾，吾盖难言之。②

那么，这里谭嗣同与梁启超的“民权”、“平等”、“抑制独裁”

① ［清］谭嗣同：《上欧阳中鹄》（十），《谭嗣同集》，第503页。

② 梁启超：《论中国学术思想变迁之大势》，上海：上海古籍出版社，2001年，第107—108页。

是从何种意义上来说的呢？更具体地问，作为维新派代表的谭嗣同与梁启超到底是在什么意义上将船山的相关思想理解为“兴民权”之类具有启蒙性质的概念呢？这到底是船山哲学中切实存在的特质，还是清末学者出于自身的政治企图，有意无意地对其作出的过度诠释？这些问题都指向了前述维新派升格船山背后所蕴含的政治动机。

除了上述维新派通过宣传船山的“兴民权”主张以推动其君主立宪制的改革之外，以章太炎为代表的民族革命派走上了另外一条升格船山的道路。如前所述，章氏以西方近现代民族主义思想来诠释船山之旨，并以船山为近现代中国民族主义的渊薮。同时，“民族主义”这个概念本身实际上是一个西方的思想“舶来品”，又与启蒙概念密切相连。启蒙运动是伴随着欧洲国家反对罗马教廷的教权，确立本民族语言、价值、传统的历史进程而同时兴起的。章太炎说：

> 衡阳者，民族主义之师。①

船山哲学在章太炎那里构成了近代西方民族主义中国化的重要切入点，成为清末民族革命派革命叙事的一个抓手。如前所述，相对于谭嗣同与梁启超，倡导“排满革命”的章太炎更侧

① 章太炎：《王夫之从祀与杨度参机要》，《民报》，第二十二号，载于《中国近代资料丛刊》（第二辑），《民报》，第六册，北京：中华书局，2006年，第3464页。

重于借助船山《黄书》中的相关说法来进行现代意义上的汉民族主义的话语建构，为其推翻满洲贵族统治的政治主张服务。章太炎认为，谭嗣同、康有为、梁启超等维新派谓船山“纯是兴民权之微旨”的启蒙性说法是存在一个“排满革命”大前提的。他说：

> 康氏之门，又多持《明夷待访录》，余常持船山《黄书》相角，以为不去满洲，则改政变法为虚语，宗旨渐分。①

就前述章太炎借由船山哲学所提出的“排满革命”逻辑来看，船山《黄书》的核心内容，是确立了一个以轩辕黄帝为初祖、围绕着华夏民族血缘纽带展开的价值系统。这一点超越了韩愈以来，儒家基于孔子所确立起来的旧道统体系，并且解决了雍正帝假借程朱理学以确立清朝政治合法性，并将华夏、名教之兴亡与大清之存续捆绑在一起的问题。② 就此言之，20 世

① 章太炎：《章太炎先生自定年谱》(影印)，上海：上海书店，1986 年，第 6 页。

② 王船山对于他的这套价值传统有别于原有的经学传统有着非常清楚的自觉。并且这就是其理论目的所在，对此他将这种区分以答问体的方式加以给出。船山云：“述古继天而王者，本轩辕之治，建黄中，拒间气殊类之灾，扶长中夏以尽其材，治道该矣。客曰：‘昔者夫子惩祸乱，表殷忧，明王道，作春秋。后儒绍隆其说，董、胡为尤焉，莫不正道谊，绌权谋。今子所撰，或异于是，功力以为固，法禁以为措，苟穷诸理，抑衍而论其数。虽复称仁义，重德化，引性命，探天地之素，恐乖异乎春秋之度也！’”[清] 王夫之：《黄书》，《船山全书》，第十二册，第 538 页。

纪以来中国革命中救亡压倒启蒙的时代逻辑，以及以章太炎为代表的清末革命派为什么会忽略思想启蒙的原因，①实肇端于前述船山在《黄书》中所要求的以黄帝代孔子的儒学价值观革命的优先性。在器物、血脉、衣食层面上复归华夏，是一切的基础，然后才是启蒙或封建之类的意识形态变革问题。照此逻辑，章太炎所倡导的推翻满人统治的民族革命必然是要优先于维新派所主张的民权革命的。

而辛亥革命的胜利与戊戌变法的失败也证明，那股看不见的时代浪潮最后更青睐的是选择了船山哲学中救亡（民族革命）部分的章太炎与章士钊，而非钟意于船山哲学中启蒙（反思道学）部分的梁启超与谭嗣同。但不论最终是救亡压倒启蒙，还是启蒙压倒救亡，都不会改变时人进一步升格船山的意愿与结果。

此外，维新派与革命派的斗争还体现在章太炎与维新派的另一位代表人物康有为的论战之中。戊戌变法失败后，康氏流亡日本，成立“孔教会”继续倡导变法，并日渐趋于保守，坚持拥护光绪皇帝。他发表《答南北美洲诸华商论中国只可行立宪不能行革命书》，坚持“保皇”的思想路线并主张维持清室的帝国制度，认为以光绪皇帝为中心的君主立宪体制与民权运

① 在这一时期，启蒙工作反而是由相对保守的梁启超所完成。李泽厚指出，梁启超“在二十世纪初的主要作用在于，他做了当时革命派所忽略的思想启蒙工作”。李泽厚：《中国近代思想史论》，第435页。

动可并行不悖。[①] 对此，章太炎撰《驳康有为论革命书》予以反击。他以船山《黄书》中的服饰、饮食、历史文化等华夷之辨标准分殊满汉，力倡华夏之民族主义，反对康有为的“保皇”主张。章太炎说：

> 夫满洲种族，是曰东胡，西方谓之通古斯种，固与匈奴殊类。虽以匈奴言之，彼既大去华夏，永滞不毛，言语、政教、饮食、居处，一切自异于域内，犹得谓之同种也耶？[②]

可见，船山的《黄书》在理论上为章太炎的“排满革命”与现代民族主义思想提供了一套新的、以民族血统确立华夷的价值体系与叙事逻辑，绕开了康有为忠君保皇的立宪主张中以儒家传统上的“中国而为夷狄则夷之，夷而有礼义则中国之”来坚

---

① 康有为对于清室帝制一直持明确支持态度，而谭嗣同在这个问题上则比较模糊。一方面他希望废除八旗制度，但同时又对光绪皇帝有类似君臣知遇的情感。康有为指出：“且倡革命者，必以民权自立为说，公举民主官吏为言，近引法、美，切乎时势，合乎人心；当水深火热之余，莫不信之望之。夫民权自由之与革命，分为二者也。欧洲十余国，皆有民权，皆能自由者，除法国革命外，余皆有君主。然则必欲予民权自由，何必定出于革命乎？革命未成，而国大涂炭，则民权自由且不可得也。是故真有救国之心、爱民之诚，但言民权自由可矣，不必谈革命也。”康有为：《答南北美洲诸华商论中国只可行立宪不能行革命书》，张荣华编：《中国近代思想家文库·康有为卷》，北京：中国人民大学出版社，2015年，第300页。

② 章太炎：《驳康有为论革命书》，《章太炎全集》04，第173页。

持清朝正统性的主张①。

《黄书》对于清末革命派的理论意义由此可见一斑，这也体现了《黄书》相对于宋明道学乃至整个儒学传统来说所具有的极高的原创性（异端性）价值。尽管我们可以从一个宽泛的角度来说，船山依然秉持着儒家传统，但他在《黄书》中的相关思想，经由章太炎的诠释，对于明清以来的名教价值体系的破坏是巨大的。

当然，我们也可以将船山哲学中的这种具有类西方民族主义思想的异端性特质，看作其思想中的“启蒙性”之显现。但从章太炎对船山哲学与西方进化论的嫁接方式来看，事实情况可能正好相反。这种以极端的民族主义与社会达尔文主义为前提，借助《黄书》构建民族主义叙事逻辑的理论建构，最后得出的只会是更为保守的理论主张。这反而与“启蒙”意蕴大相径庭。章太炎的思想在辛亥革命之后滑向文化保守主义也印证了这一点。

历史地看，在以章太炎为代表的推崇船山哲学的清末革命者中，除了他本人之外，还有一些人也同样在辛亥革命后转向

① 康有为在满汉差别上的立场总体与雍正帝在《大义觉迷录》中的说法类似，即认为满汉的区别，只是出生籍贯上的差异。他指出：“夫夷夏之别，出于《春秋》。然孔子《春秋》之义，中国而为夷狄则夷之，夷而有礼义则中国之。……然则孔子之所谓中国、夷狄之别，犹今所谓文明、野蛮耳。故中国、夷狄无常辞，从变而移。当其有德，则夷狄谓之中国；当其无道，则中国亦谓之夷。……所谓满、汉者，不过如土籍、客籍，籍贯之异耳。”康有为：《答南北美洲诸华商论中国只可行立宪不能行革命书》，张荣华编：《中国近代思想家文库·康有为卷》，第311—312页。

了文化保守主义者的方向，如熊十力。这里事实与理论之间的吊诡就在于，当时挂着“启蒙”招牌的船山哲学倡导者们为什么最终会走向某种文化保守主义？若暂且抛开启蒙不谈，从近现代意识形态的划分来看，则船山哲学本身及其相关的民族主义诠释，实际可以说是不同于宋明道学传统的另一种近代中国文化保守主义路线的基石。

之所以对于船山哲学的诠释会指向上述“启蒙”与“保守”的两重性结论，是因为前述强调的船山哲学中存在某种“类西方近代”的特质本身，乃是清末以来的学者们通过西方学术“反向格义”①诠释船山哲学所致。实际上，我们并不能就简单地给船山哲学扣上启蒙的帽子，当然船山思想中确实存在一些与西方近现代启蒙哲学类似的论断，但从整体上说却并不能将这两者等同起来。

那为什么最终船山哲学在清末获得了启蒙的赞誉呢？众所周知，明清之际，甚至在更早的时代之中，不是没有其他中国思想家提出过与船山类似的启蒙主张。关于这个问题，章太炎在前文中已经给出了一个标准答案：“王而农最清”。船山与顾亭林、黄梨洲的最大不同，就在其思想意识上对清廷的决不妥协。如前所述，他个人始终都不承认满人入主中原之后的历史

① 根据刘笑敢的定义，所谓“格义”就是借用本土概念来解释外来佛学的术语，而近代的反向格义是以欧洲哲学概念来解释中国本土术语，并认为这会导致“方枘圆凿”的问题。刘笑敢：《“反向格义”与中国哲学研究的困境》，《南京大学学报》（哲学、人文科学、社会科学版）2006年3月，第76页。

可以在儒家世界观的层面上获得其价值合法性。换言之，王船山并不认为清王朝在意识形态上可以继承宋明道学传统。

所以，问题的关键根本不在理论本身，而在于船山本身反清思想立场的彻底性与坚定性，这对秉持绝对反清立场的章太炎来说很重要。对照来看，反清思想没有那么极端的梁启超在明末清初诸多大儒之中就更推崇黄梨洲，他将《明夷待访录》的学术价值排到了《黄书》前边，认为“抑《黄书》亦《明夷待访录》之亚也”。

船山对清王朝价值合法性的坚决拒斥态度，对以章太炎为代表的清末革命派有着现实政治意义。反过来说，作为明亡后最后一个也可能是唯一一个绝对意义上的孤臣孽子，《船山遗书》近乎失传的历史现实也表明：清朝统治者借助于正统儒学的思想资源在意识形态领域对于汉族反清思想的压制，在历史上获得了近乎完全的成功。

另一方面，从哲学史的角度来看，船山哲学在晚清复显与升格本身就可以说明，近代以来以道学传统为代表的中国哲学所面临的危机和变局与明清之际有着相似之处。① 而从谭嗣同、章太炎等人从基于现实政治的角度出发的宣传，同样也给后世

① 当代也有学者注意到了明清之际与晚清（近代）在所面临的思想与时代问题上所具有的相似性。如陈卫平从中西文化比较的研究进路出发，认为：“明清之际中西文化比较是近代中西文化比较的胚胎。”陈卫平：《第一页与胚胎——明清之际的中西文化比较》，桂林：广西师范大学出版社，2015 年，第 250 页。

的船山学研究带来了重要影响：在此后的一段时间内，中国学界比较教条地以这个思路来阐释船山——将船山哲学机械地等于启蒙与民族革命。上述“兴民权”抑或是“民族主义”的启蒙性诠释，毋庸置疑地升格了船山在哲学史上的地位，但也造成了刻板印象，影响了后世很长一段时间内对船山哲学的研究取向与历史定位。

当然，自谭嗣同至章太炎对船山哲学的升格，是一种基于政治考量而非学术研究，他们比附于“兴民权”之类启蒙概念的做法，在当时也不是没有反对者。这其中最为典型的反对意见来自曾作为章太炎革命同志的刘师培。他针对所谓“兴民权”的说法提出了尖锐的批评。

刘师培认为，船山的相关说法在学理上恰是和西方以卢梭为代表的民权思想背道而驰的。从欧洲的思想谱系上说，船山在政治上的态度更接近于相对保守、依然维护君主制的霍布斯，而非激进的启蒙运动代表人物卢梭。他指出：

> 船山之说，于立君主之起原，言之甚晰，但于立君主之后，则仅以通民情、恤民隐望之君，而于庶民之有权，尤斥之不遗余力（如《通鉴论》卷二十一云“以贤治不肖，以贵治贱，上天下泽而民志定。泽者，下流之委也，天固于其推崇也。斯则万世不易之大经也。卷八复以天下之权移于庶人为大乱”），与卢氏（指卢梭）民约之旨大殊。……船山既知民之不可弱，而复言权之不可分，则所

> 谓通民情、恤民隐、公天下者，不过防民罹虐政，起倡革命耳，以之保人君私产则可，以之谋万众公益则奚可哉？盖船山惑于名分之言，复鉴于民情之难恃（《读通鉴论》卷二十一力言丘民之不可恃，其言曰："盗贼可君，君之矣；妇人可君，君之矣；夷狄可君，君之矣。民之违天常，拂至性也，无所不至"），故仍以治民之责望之君，所谓民约者，乃霍氏（指霍布斯）所言之民约，而非卢氏所言民约也。①

刘师培指出，船山尽管要求限制君权，但其实也同样"防庶民之有权"。从具体内容上说，船山对于君权的限制本质上不是为了"兴民权"，而是为了"兴臣权"、"立藩镇"。换言之，船山的理想政治方向，既非"君主专制"也非"兴民权"，而是只要能去除夷狄，则一种地方诸侯与中央政府共治天下的政治模式也是可行的，甚至是更为合适的。所以，刘师培认为：

> 船山之学，多出横渠，然杂采尹洙之说。以为扶植中区，屏斥夷貊，必设险守国，以重方镇之权。意欲宰制天下，分割河山，以兵政为区划。……复重敛民财，以足军食。财赋之区，征财尤巨。一若奠宁中夏，非是莫由。至于民生休戚，则坐视不一言。故行其说者，祇足为大吏攫

① 刘师培：《中国民约精义》，载于《刘师培全集》，第一册，北京：中共中央党校出版社，1997年，第589—590页。

权之助。此王氏之失也。①

刘师培的这段引文，针对的就是船山在《黄书》中褒扬藩镇攘夷之功，称赞齐桓、晋文等春秋霸主，认为这也是天子圣人政治合法性来源的思想立场。同时船山也指出，上迄嬴秦下至赵宋，覆亡的核心问题就在这一姓专制。②这一点是常常被“兴民权”一脉抓住作为证据试图阐扬船山之学为典型“启蒙”式的言论。但刘师培指出，船山反对“一姓专制”的主张，是不是就能等于谭嗣同、章太炎讲的“兴民权”与“民族革命”，这是值得商榷的。

① 刘师培：《非六子论》，《天义》，第八、九、十卷，一九〇七年十月三十日，载于万仕国、刘衡校注：《天义·衡报》（上），北京：中国人民大学出版社，2016年，第161页。

② 船山《黄书》中的相关段落是这样说的：“是故孤竹夒燕，淮夷病杞，郯瞒、义渠侮齐，宋而窥河、渭，然而天子不能命伯。列侯之强大者矫激奋起，北斥南征，故斩令支，轹卑耳，拓西戎，刘潞氏者，犹赫赫然震矜其功以张赤县之帜。彼其左旋右携，夸武辟疆者，虽不足以与圣王权衡三维，裒领八极之盛心，而圣人犹将登进之，为稍持其祸而异于澌灭也。是以周之天子赐肵俎，锡彤弓，命随会，放黻冕，贺任好，播金鼓，而不见讥于春秋。故曰‘其事则齐桓、晋文，其义则某窃取之矣’，盖进之也。……是故智小一身，力举天下，保其类者为之长，卫其群者为之邱。故圣人先号万姓而示之以独贵，保其所贵，匡其终乱，施于孙子，须于后圣，可禅，可继，可革，而不可使夷类间之。”笔者案：正如前述曹道衡所言，这里“可禅，可继，可革，而不可使夷类间之”的显然是华夏九五之位，但“可禅，可继，可革”之候选人也并非民众，而是齐桓、晋文这样的一方诸侯。［清］王夫之：《黄书》，《船山全书》，第十二册，第503页。

这里刘师培批评的关键，打个比方说就是：斯大林作为一个社会主义者反对新自由主义的经济制度，而希特勒作为一个纳粹也反对新自由主义的经济制度，但你不能就此认为希特勒和斯大林一样是一个社会主义者。显然，我们并不能这么简单地来思考问题，“非黑即白”会导致以偏概全的逻辑错误。

所以，刘师培认为船山在批判皇帝中央集权专制的同时，实际上通过“攘夷”原则①从思想意识形态上提出了加强藩镇诸侯的割据性力量的主张；②他的观点与“兴民权”没什么直

① 船山在《黄书》中认为，华夷原则应该是孔子作《春秋》的核心原则，也就是儒家的核心原则。船山指出：“昔者，周之衰也，訾谐替，刺雅兴，镐京沦，东都徙，号祭存，纲纽佚，诅盟屡私，数圻日兼，故抱器服而思烹溉者，日恻恻然移玉之为忧。而圣人之所深长思者，或不在此，作《春秋》，明王道，内中夏，外戎狄，疑号者正其辜而终徕之，外会者斥其贱而等摈之。”[清]王夫之：《黄书》，《船山全书》，第十二册，第502页。

② 刘师培针对的应该是船山在《黄书》中的这一说法：“迨于孤秦，家法沦坠，胶胶然固天下于揽握，顾盼惊猜，恐强有力者旦夕崛起，效己而劫其藏。故翼者翦之，机者撞之，腴者割之，贰人主者不能藉尺土，长亭邑者不能稾寸金。欲以凝固鸿业，长久一姓，而偾败旋趾。……汉承其敝，古型秦轨，白黑兼半，而强干植条为数百年之计者，亦自创异意，冥合十九。侯王封君，兼城占籍，铸兵支粟，不为禁戒。故长沙可以支三粤之侵叛，而燕旦受封制册之中，所以防遏獯鬻氏者三致意焉。”笔者案，从这段文字中可以非常清楚地看到，船山在批评秦朝一姓专制的同时，通过西汉长沙国独立对抗南越以及汉武帝时燕王刘旦防备匈奴的史实表明了他对分封藩镇制度在对抗异族夷狄上积极一面的认可。[清]王夫之：《黄书》，《船山全书》，第十二册，第504—505页。

接的关系，反而是推崇权臣，有利于封疆大吏割据一方。在此，刘师培指出了自金陵本《船山遗书》重刻以来所一直存在的问题，就是学界对于船山哲学的理解是否存在因为一些外在的政治目的而教条性地断章取义，没有从一个实事求是的视角来理解其相关言论。同时，他也从当时所推崇船山之学的具体内容出发，认为此前以曾国藩为核心的湖湘士大夫集团对于《船山遗书》的刊刻与推崇存在着非常强的政治动机（关于这一点本书第一章中已有详述）。他说：

> 王氏论政，鲜创辟之言词，惟欲重方镇之权，则病民莫甚。……湘军诸帅，素服膺王氏之书。及秉节钺于东南，挟其积威，潜操重柄。……则生杀之权操于大吏，而无辜之民遂多枉死。郡邑之吏，视大吏之意为从违。吏治不举，莅民若至，而小民之困愈增。加以既重养兵，乃筹巨饷，厘金之暴，普及于东南。……是则咸、同以降，所行之策，多出王氏所言，然人民罹害，一至于斯，足证方镇分权之治，最不利于民生。①

从历史上看，晚明与晚清所面临局势有类似之处，都是外有异族强敌、内有农民起义，同时中央政府积弱无力、财政接近崩溃之情势。而晚清之所以不同于晚明没有被农民起义摧垮的关

① 刘师培：《非六子论》，《天义》，第八、九、十卷，一九〇七年十月三十日，载万仕国、刘衡校注：《天义·衡报》（上），第163—164页。

键原因之一，就在于自咸同以来，有以曾国藩为代表的地方实力派士大夫集团的崛起，以类似藩镇的形式，自收钱粮厘金、自养军队镇压了太平天国起义。①

从这个意义上说，支持加强藩镇力量的船山哲学确实契合曾国藩等人的政治利益。从历史上说，正如刘师培所言，湘军在镇压太平天国运动的过程中，荼毒东南，灭村屠城，征收厘金，也确实称得上“人民罹害”。但反过来讲，也正是放出了藩镇这个怪兽，使得晚清没有如晚明一般迅速覆亡，而又坚持了半个多世纪并迎来了革命的20世纪。从一个大的历史视角来看，当时的中国从思想变革到物质基础的现代化，大都肇端于湘军、淮军、楚军这些晚清的半军阀与半独立的地方势力集团。若历史上的晚清如晚明一样迅速崩溃，则近代中国将走向何方，是否会面临更为糟糕的政治局面尚未可知。

所以，考虑到以曾国藩为代表的湖湘士大夫集团以及其后的北洋军阀集团通过洋务运动给旧中国留下的现代化与工业化种子，进而诞生了最早一批中国产业工人——这似乎也在某种程度上印证了船山的观点——藩镇对专制王朝自然是绝对的不利、对于当时的百姓也并无好处，但却可能有利于面对异族、正处于生死存亡之际的华夏文明本身。刘师培的批评还表明，自曾氏兄弟刻书以来发展到19世纪末的船山升格运动，在深

① 当然晚清没有如晚明一般财政崩溃的另一个重要原因是，其在西方列强的帮助下建立了一个现代的海关制度，确保了财政收入。

层次上有着晚清汉人军阀集团崛起的现实原因。这里刘师培的思维模式，是默契于某种历史唯物主义逻辑的。① 因此，清末维新派与革命派因为自身的政治动机，以船山为“兴民权”先驱的说法，实际上和曾国藩一样，都是出于某种政治目的对船山哲学作出有意无意的歪曲。

同时，从后世历史来看，随着辛亥革命的胜利，关于船山的民族主义论述的宣传与鼓吹便迅速地偃旗息鼓，这也表明了船山升格运动与现实政治格局是密切相关的。② 而上述那个被刘师培认为存在着很大误读的“兴民权”之说，反而在此后的船山哲学研究中日渐壮大，这又带来了另一种的误解。③

① 刘师培确实是汉语世界最早的几个介绍马克思主义的知识分子之一，但当时的刘师培是否彻底掌握了历史唯物主义的方法论，依然是值得怀疑的。

② 关于这一点，梁启超在辛亥革命之后有过总结：“‘攘夷排满’是（船山思想）里头主义之一种，所以给晚清青年的刺激极大。现在事过境迁，这类话倒觉得无甚意义了。”梁启超：《中国近三百年学术史》(新校本)，北京：商务印书馆，2011 年，第 102 页。

③ 当然，从更大的历史区间上说，在 20 世纪船山思想研究发展的进程之中，也不断地有学者反对将一些近现代欧洲哲学与思想的概念加诸于船山，但这些声音最终只是作为一股股伏流淹没于 20 世纪中国思想与哲学现代化的大潮之中。20 世纪 60 年代曾有学者指出：“在主张‘小人’应该‘以力养君子’的王船山看来，农民反对地主的残酷剥削和帝王、官府的苛政都只是‘私心之恩怨’，这是‘大逆不道’……这比同时的顾炎武、黄宗羲要落后得多。……但近来有些同志论述到王船山的思想时，却常常强调他‘天下非一人之私也’(《黄书·宰制篇》)；‘可禅、可继、可革’等话，说他‘富有革命性’的思想。(见《哲学研究》1963 年第一期所载在湖南召开的王船山学术讨论会上有一派的意见)(转下页)

综上所述，尽管曾国藩、谭嗣同与章太炎的内在政治动机不同，但他们都通过升格船山哲学并强调其中某一方面的内容来辅翼其自身的政治主张。所以，若论辛亥革命前的船山升格运动背后的逻辑因果，其关键就在于：面对“三千年未有之变局”的现实情势，在政治上不论走哪条变革之路都好，唯独是不能再坚持以程朱理学为核心的名教传统的老路了。

而就当时所有可资利用的各种传统哲学思想资源来看，在变革名教的问题上，船山的哲学是其中走得最远与批评最为激烈的，同时他也是离晚清最近的具有思想原创性古代哲学家之一。因此，很自然地，其思想的各方面都成为了晚清政治与思想变革运动的理论资源，随之而来的当然还有对其历史地位的不断升格，以至于作为名教传统最后堡垒的清廷也不得不在预备立宪之际允准王船山从祀孔庙。

（接上页）其实，王船山所说的‘天下非一人之私也’一语，并非他自己的创造，早在战国、秦汉之间已有这看法。从《黄书·宰制篇》原文看来，他说这句话也不过是强调‘分兵民而专其治，散列藩辅而制其用’。这不过是针对明末边防大臣如熊廷弼、袁崇焕之不被重用卒致被害死而发，主旨不过反对过度的中央集权而已。‘可禅、可继、可革’也不是什么进步思想。所谓‘可禅’，是指唐虞的禅让；‘继’是指父死子继，兄终弟及；‘革’主要是指汤、武的贵族革命。他除了刘邦、朱元璋等早已被承认是‘真命天子’的历史人物外，并不承认农民起义的领袖可以做皇帝，只是承认统治阶级中这一家和那一家做皇帝可以更迭而已。……如果仅仅看到‘可革’二字就认为有‘革命性’，这未免是望文生义了。”但显然，上述说法及类似的商榷意见基本没有影响20世纪对于船山之学主流的启蒙与革命诠释。曹道衡：《试论王船山思想的几个问题》，《历史研究》1964年第4期，第146—147页。

历史在这里似乎开了一个小小的玩笑，最后清廷恰是以一种最具有名教传统的做法——从祀孔庙，承认了船山思想在变革名教传统上的重要作用以及当时的政治变革之局的不可避免。慈禧太后不得不在光绪三十三年（1907年）屈从于现实压力，顺水推舟地通过升格船山入孔庙从祀，以此来收拾人心。[①] 船山的从祀成功表明：船山升格运动在经历了种种政治与思想曲折之后，最终得到了清廷官方的背书，这一事变蕴含的是当时中国日益迫切并且前所未有的历史变革之几。

四、外一篇：船山从祀公案始末述评

伴随着金陵本《船山遗书》的刊刻与同光之际湖湘士大夫集团对于船山之学的倡导与发扬，船山升格运动除了上文中所详述的思想定位方面的升格，另一方面就是最初由郭嵩焘发起的，在政治上历时将近半个世纪的船山从祀运动及其公案。这是晚清以湖湘士大夫集团为代表的一部分地方政治势力在整个清廷的意识形态层面所发起的、希望将王船山抬入孔庙使之得以与宋明道学的领袖人物朱子、王阳明等并列的运动。

从船山祭祀的缘起上说，早在道光年间，以邓显鹤为首的

① 关于收拾人心这一说法，可以参阅章太炎对于清末船山等明清三大儒从祀的评论。他说：“满洲政府以顾炎武、王夫之、黄宗羲为汉土学者所宗奉。其主纳之两庑，为收拾人心计。”章太炎：《王夫之从祀与杨度参机要》，载于《中国近代资料丛刊》（第二辑），《民报》，第六册，第3463页。

湖南士人就已经在筹划为他建立私祠。① 如第二章第四小节所述，后来这一祠堂由郭嵩焘主导推动，在其罢官回乡讲学的时候建成（其址后来成为著名的船山学社）。② 郭嵩焘认为，王船山在对儒学义理的解析上甚至要超过朱子。③ 因此，他与欧阳兆熊等湖南名士并不满足于私祠而一直谋求在官方层面将船山推入孔庙，以增强湖湘学派以及湖湘士大夫集团在意识形态上的影响力。所以，郭嵩焘在光绪二年（1876 年）正式上疏清廷，要求将船山从祀孔庙。其云：

> 自朱子讲明道学，其精且博，惟夫之为能光佛。……如王夫之学行精粹以之从祀两庑，实足以光盛典而式士林。应恳天恩饬下湖南抚臣、湖南学臣，查开王夫之学行本末事实具奏，并将曾国藩所刻夫之经说及《张子正蒙注》、《思问录》讲明性理之书移送礼部，仍饬部臣会同九卿集议，于表章理学儒臣以光圣化，所裨实多。④

① 户华为：《船山崇祀与近代湖湘地方文化建构》，《湖南大学学报》（社会科学版）2003 年 11 月，第 30 页。

② 根据郭嵩焘的说法，其"在籍时，主讲城南书院，于宋儒张拭祠旁，为夫之建立私祠，率诸生习礼其中，群怀感激奋兴之意"。［清］郭嵩焘：《请以王夫之从祀文庙疏》（光绪二年），《郭嵩焘全集》（四），第 799 页。

③ 郭嵩焘云："至于析理之渊微，惟吾朱子庶几仿佛，而固不逮其详。"［清］郭嵩焘：《船山先生安位告文》，《郭嵩焘全集》（十五），第 675 页。

④ ［清］郭嵩焘：《船山先生安位告文》，《郭嵩焘全集》（十五），第 675 页。

但郭嵩焘的这一奏疏并没有得到当时主管从祀事务的礼部的批准，被直接驳回。在这段公案中，一个值得注意的历史事实是：当郭嵩焘递交这一奏疏的时候，清廷执掌礼部的乃是徐桐（正于此年履新）。① 作为晚清著名的传统理学守旧派，此人对于洋务运动以及任何向西方学习的主张持反对意见。《清史稿》上说他：

> 崇宋儒说，守旧，恶西学如仇。门人言新政者，屏不令入谒。②

相反，曾担任首任清廷驻英法两国大使的郭嵩焘，正是晚清首倡洋务运动并力主向西方学习的开明人物之一。因此，郭氏以船山从祀为契机来推广其学的这份奏疏，实际上可以看成是清廷中央守旧的清流保守派与以湖湘士大夫集团为代表的洋务派之间的一次新旧政治势力在思想意识形态上的交锋。所以，正如许多当代研究者所指出的那样，船山从祀一开始就不是一个单纯的儒家学术范畴内的问题而是政治问题。

同时我们也可以看出，晚清由湖湘士大夫集团发起的船山升格运动，除了试图应对儒学所遇到的思想挑战之外，还有着推动大清王朝政治变革的意义在内。这一点后来也体现在郭嵩

① 赵尔巽等撰：《清史稿》，卷四百六十五《列传》二百五十二，第 42 册，第 12749 页。

② 赵尔巽等撰：《清史稿》，卷四百六十五《列传》二百五十二，第 42 册，第 12750 页。

焘与徐桐在船山从祀问题上的相关争议之中。从祀一案被驳回后，郭嵩焘指出，主要原因是徐桐为代表的清流派对洋务派的抵制，促使他们出于政治目的对王船山从祀一事进行掣肘。因此他很不服气，继续上疏北京恳请一并存档他对于驳回结论的抗辩折子。在这份折子中，郭嵩焘奏云：

> 近闻署礼部左侍郎徐桐以臣出使西洋，为清议所不容，所请应从驳斥，昌言于众，远据曾国藩序文内“醇驳互见”之言议驳。……王夫之遗书经曾国荃在湖北巡抚任内采辑刊刻三百余卷，曾国藩为校订其言考据者十余卷，仅及十年之久，尚未甚显于世，其名至今不出湖南，冀幸此后有读其书而考知其人之学行，以感发兴起者，未宜以臣不肖之故，没其传经翼道之功，使以后永不能复请，有失朝廷阐扬潜德兴世励教之盛心。应恳天恩饬下部臣，附臣此疏于议驳案内，以俟异日公论之定，无任感激悚惶之至，伏乞皇太后、皇上圣鉴。①

上述文字实际是郭氏已经撕破脸面地在指责清流派对人不对事地针对洋务派搞党争。因此，军机处在对郭嵩焘此折的回函中，不得不刻意地澄清此事并坚决地拒绝了他的请奏。其曰：

① ［清］郭嵩焘：《礼部议驳明儒王夫之从祀文庙请饬部存案疏》（光绪三年），《郭嵩焘全集》（四），第837—838页。

> 光绪四年二月二十二日，军机大臣奉旨：“从祀典礼关系綦重，部臣议准议驳，自由公论。郭嵩焘因廷臣议驳明儒王夫之从祀文庙，辄以私意揣测，疑为故意驳斥，并请饬部存案，语多失当，殊属非是。原折着掷还。”钦此。①

此后，郭嵩焘再未直接发起船山从祀的运动。但后续两湖官员上疏船山从祀的行动并未停止。第二次提请船山从祀的运动由湖北学政孔祥霖在光绪二十年（1894 年）发起，结果仍然是遭到礼部驳回。② 直到光绪三十三年（1907 年），御使赵启霖再次奏请将顾炎武、黄宗羲、王夫之三人从祀孔庙，当时清廷正“预备立宪”，经过激烈的争议，因为张之洞的坚持，最后才由慈禧太后发出上谕，准予从祀，此事方才尘埃落定。③

而从最为典型的郭嵩焘第一次上疏以及此后的一系列争议过程来看，郭嵩焘与徐桐除了在如何应对晚清儒学所遇到的思想危机上存在分歧之外，船山在政治与意识形态上的地位升

① ［清］郭嵩焘：《礼部议驳明儒王夫之从祀文庙请饬部存案疏》（光绪三年），《郭嵩焘全集》（四），第 837—838 页。

② 关于第二次从祀始末，参见段志强：《顾炎武、黄宗羲、王夫之从祀孔庙始末新考》，《史学月刊》2011 年第 3 期。笔者案：段志强在复旦大学图书馆发现了官方详细记载从祀一事的曹元忠所编的《三儒从祀录》，且是唯一的一份抄镐本，因此此文颇具参考价值。

③ 关于第三次从祀始末及其中的政治斗争，参见段志强：《孔庙与宪政：政治视野中的顾炎武、黄宗羲、王夫之从祀孔庙事件》，《近代史研究》2011 年第 4 期。

格，还涉及晚清政坛洋务派与清流派之争。

船山哲学可以说是洋务派在扬弃道学传统的立场上构建其政治立场的神主牌，这一方面是因为当时的洋务官员主要以两湖地区的士大夫为主，从地域上说自然遥遵作为清代湖湘实学开山之祖的王船山；另一方面则是由于船山哲学中对道学传统的批判正契合于晚清在内外交困之下呼唤思想与政治变革的大潮流。所以，各方围绕船山从祀的争论，实际上是晚清政治变革与反变革力量之间的一次角力。

同时，郭嵩焘的失败表明，洋务派有限改良的变革努力无法在晚清政坛产生全局性的影响，预示了洋务运动注定失败的命运。另一方面，这也表明：从清廷道学正统的角度来说，船山哲学的异端性程度有多高。因此，船山哲学在政治上的升格实际是无法在同光之际的政治框架内完成的（只要清廷本身还自认有能力维持现状），而显然需要留待外在的革命推进与影响。所以，直到光绪三十三年（1907），清王朝因为革命风潮已经处于风雨飘摇之际而“预备立宪”，从祀一事方才得以尘埃落定。① 从整个晚清对船山哲学的阐发脉络以及升格历程来

① 对此，段志强《孔庙与宪政》一文有比较明确的总结：“单就他们从祀孔庙的历程来看，在传统的框架之下——无论是传经还是卫道、无论是汉学还是宋学、无论是学问经济还是躬行实践——他们都不合乎从祀的标准，也因此被屡次驳回。但是，到了光绪末年的最后一次请祀，整个的政治和思想氛围已经达到了突破传统的临界点，这时三儒才获取了最高统治者的认可。”段志强：《孔庙与宪政：政治视野中的顾炎武、黄宗羲、王夫之从祀孔庙事件》，《近代史研究》2011 年第 4 期，第 133 页。

说，其实发端于曾国藩、曾国荃兄弟对《船山遗书》的刊刻。此后,《遗书》的传播则扩大了船山的思想影响力——不论是在洋务运动还是戊戌变法中，我们都能看到船山哲学的影响。但作为前明遗老，对清王朝来说，船山“前朝旧臣”的身份在政治上仍是一个无法跨越的底线。因此，自郭嵩焘开始的船山从祀之议受阻也是自然之事。

但从另一个视角来看，如前文所述，在乾隆朝还是“语多违碍”的王船山，于同光之间已经能被郭嵩焘公开上疏请求从祀，这一事实本身足以表明船山在时人思想意识中的升格幅度及其所昭示着的历史大变局。因此，王船山在晚清思想学术与政治意识形态上的升格及其争议背后，所展现的其实是中国近现代哲学、政治、思想的剧烈变革，它是管窥中国近现代哲学与思想革命所蕴含的复杂性与多维性的一把钥匙。

第四章　民国时期的船山升格运动

一、王船山在“清学史”中的特殊定位

随着辛亥革命的胜利，“反清排满”的革命运动最终以宣统皇帝退位、中华民国的建立而落下帷幕。但两千年帝制的结束并未改变当时知识分子对中国未来向何处去的思想踯躅；罢黜帝制、建立共和也并未改变西方世界对中华文明鲸吞残食的局面。此后，袁世凯复辟帝制的闹剧与军阀割据的局面也将当时中国的前景推向更为混沌的状态。而随着第一次世界大战的结束，欧陆诸国在凡尔赛和会上赤裸裸地将作为德国殖民地的中国山东青岛转赠日本的行为，使得中国思想界彻底认清了西人“公理正义”背后的强权实质，进而引爆了“五四运动”。

因此，在20世纪的第二个十年里，面对如此时局，中国思想界的革命并未随着清王朝的倒台而结束。以反对“旧礼教”与倡导“民主与科学”作为口号的新文化运动轰轰烈烈地展开。从思想史上看，新文化运动“反孔批儒”的逻辑实是“排满革命”中“保中国”还是“保大清”争论的继续。从政治制度上说，大清王朝虽已终结，但民国初年的混乱局面与

袁世凯对帝制的复辟，使得当时的知识分子看到，要“保中国”，仅仅是推翻现实政治层面上的王朝体制是不够的。“大清王朝”虽然从物质层面已被消灭，但“大清王朝”背后的专制主义意识形态（具象化为孔教）却依然盘踞在人们的头脑中。所以，要“保中国”就不能“保孔教”，这构成了新文化运动的思想逻辑。当代有学者这样来总结新文化运动背后的历史正当性：“要把中国社会推向前进，还要有文化的觉醒和思想的启蒙，即陈独秀说的‘吾人之最后觉悟’……让世人皆知其不能，识其不可，正是新文化运动‘猛勇’攻击孔教的光辉所在。”①

而在全方位地批判传统儒家的同时，新文化运动另一个重要的思想特征是力图以现代的、西方式的“科学”方法来重估以经学传统为代表的中国传统学术，即所谓的“整理国故”。而“整理国故”的内涵用当时的话来讲，“就是在用科学的‘威权’来驱走经学这一‘向来’的‘威权’，使得关于‘中国底学问’的研究受到‘科学的洗礼’”②。换言之，既然“孔夫子”都已经在“科学”的“威权”之下受到了巨大打击，那么也就没什么别的传统中国学术流派、观点、思想可以逃过被以“科学”作为尺度来进行衡量与批判的命运，一切旧的价值都

① 陈卫平：《新文化运动反传统之辨析》，《中国社会科学》2015年第11期，第21—22页。

② 陈卫平：《新文化运动反传统之辨析》，《中国社会科学》2015年第11期，第24页。

将被打碎与重估。

冯契认为，不仅是在价值上，从哲学史的角度来看，新文化运动同样也是一场方法论意义上的由经学向哲学的革命。① 而此种通过传统学术由经学向哲学方法的转型，以推动中国社会思想文化的发展，并接续西方现代文明理念的做法，其实在前述谭嗣同的《仁学》里已经有所体现。而船山哲学也正是前述谭嗣同将经学转为哲学的诠释尝试中的重要思想资源之一。这种对于传统中国学问进行价值重估的做法也是晚清以来中国哲学与思想发展的重要组成部分。

辛亥革命之后，新文化运动的“打孔家店”口号不过是将这种晚清以来就已暗流汹涌的思潮转化为明确的意识形态、思想方法与价值取向，并且还将之形式化与体系化，② 同时具体化为可在现实中被客观衡量的东西（比如废除裹脚、反对包办婚姻等）。不论是思想界当时风行的白话文运动潮流，还是倡导现代诗，甚至将汉语完全拉丁化与废除汉字的提议，都是这一方面革命的体现。

所以，在新文化运动后，中国知识界对待既往整个中国哲

① 冯契将中国近代哲学史上的这一方法论革命的特质概括为：“在批判经学方法的基础上强调归纳、演绎和历史主义以及辩证逻辑的方法。”冯契：《中国近代对方法论的探索》，《冯契文集》（第八卷），第 223、228 页。

② 如果从一个更宽广的视角来看，这一意识形态与价值取向的形式化之落实，不仅表现在思想范式的转换上，同时也表现为近现代的初等与高等教育体制对于传统的私塾、书院与科举制度的替代上。

学与思想传统的研究范式发生了根本性的转变。[①] 从此，人们开始用哲学而非经学的方式与眼光来看待传统，这构成了中国近现代哲学相对于古代哲学的一次大革命。这一点在其时的船山哲学研究之侧重点的变化上也有其典型。

从曾国藩在金陵本《船山遗书》成书时着力推崇《礼记章句》这样偏向经学传统的著作，到谭嗣同之后学界一直来对船山启蒙与民族主义方面著述的重视，都与此背景有关。另一方面，这一时期对在乾隆朝就被早早收入《四库全书》的船山经学考据方面的著述的研究则冷清得多，这显然也可以从一个具体的层面反映近代以来对中国传统学术的研究中，经学范式的没落与哲学（科学）范式的兴起。尽管两百年间近乎隐没无闻，但在从经学到哲学的范式转换后，经由曾国藩到章太炎的几代人的共同努力，王船山已经成为了民国初年论及明末清初乃至宋明道学思想学术之时所不可绕过的人物，船山哲学中的现代性与启蒙性已为时人所公认。

具体上，以胡适的《中国哲学史大纲》为代表，伴随着新

---

① 根据陈卫平的分殊，这一学术研究范式的转变可以具体化为三个方面："第一是在学术观上，科学作为知识体系是按学科构建的。以此精神整理国故，改变了原先各种学科依附于经学的传统，按照现代学科分类来整理传统文化。第二是在价值观上，科学以追求真理为目标。以此精神整理国故，推翻了视经学为最高权威的偶像崇拜，以辨伪求真为取向。第三是在方法论上，科学是通过逻辑推论而建立系统化理论。以此精神整理国故，摒弃了经学的注疏传统，注重逻辑方法和逻辑论证，赋予研究传统文化的理论成果以体系化的现代面目。"陈卫平：《新文化运动反传统之辨析》，《中国社会科学》2015 年第 11 期，第 25—27 页。

文化运动所带来的这种范式上的转换，其时出现了一批现代意义上的、有别于中国传统学案式样论述方式的“学术史”或“思想史”类著作。从现代的视角来看，拥有大量类哲学性著述的《船山遗书》就自然地会在这类著作当中受到重视。辛亥革命之后，船山哲学在“清代的思想史或哲学史”上开始占据重要地位。这也使得船山在人们的思想视域内迅速升格为可以与程朱陆王比肩的历史人物。

那么，这里就自然可以问一个问题：为什么对民国之后的学者来说，在论述中国哲学史的时候，王船山会成为一个“不可绕过”的重要人物？

答曰：若以当时“科学的”或“哲学的”价值评判标准来看，船山学在中国传统学术中有着独特的价值——其思想特征与著述方式非常理论化与体系化，具有大量原创性与思辨性的论述，这一点恰是以经学注疏模式为代表的清代学术所相对缺乏的。所以，在抛却了有清一朝的经学及其注疏传统后，因为中国古代思想资源中仍然存在着船山这样的人物与思想资源，所以，当时对中国传统学术的“哲学化”（以西方意义上的哲学体系作为标准）思考有了阿基米德点。

以新文化运动中的“科学”标准来看，若最终发现中国传统哲学与文化中尽是需要打倒的“妖、鬼”而全无其他价值之物的话，那这种彻底的华夏文化虚无主义结果，显然也不是当时的大多数要求救亡与启蒙的知识分子愿意看到的结果。尽管究其本心来说，那些批判传统的激进西化派可能只是希望为中国传统祛魅，但最终他们却昭示了一种对于传统的彻底颠覆性前景[①]——所以，以胡适为代表的全盘西化派注定不可能成为主流意识。

因此，在“打孔家店”的基础上，“新文化运动”中的一些保守派人物对于“整理国故”的另一个隐含目标与定位是：找到传统哲学与文化当中原本就有的，并被“孔家店”（经学传统）所埋没的，真正经得起现代西方意义上的“科学”（哲学）标准检验的东西，以此作为确立新的具有民族性的思想叙事，以期重建适应于现代世界的、新的中国哲学传统。[②]在这个意义上说，船山哲学显然契合于这一具有革命性的理论

---

① 当时以胡适为代表的自由派知识分子自述只是希望通过“整理国故”将传统还原为“不过如此”，这实际是一种对华夏文化传统的虚无主义态度。在回应梁漱溟的批评时，胡适指出：“整理国故，只是要人明白这些东西原来‘也不过如此’！本来‘不过如此’，我所以还他一个‘不过如此’。这叫做‘化神奇为臭腐，化玄妙为平常’。”胡适：《整理国故与“打鬼”》，《胡适文集》（第4册），北京：北京大学出版社，2013年，第274页。

② 比如，对于“新文化运动”中带来的本国文化学术的价值虚无主义的问题，梁启超就告诫当时的青年人不能将传统彻底贬得一钱不值。他指出：“那沉醉西风的，把中国甚么东西，都说得一钱不值。好像我们几千年来，就像土蛮部落，一无所有。……所以我希望我们可爱的青年，第一步，要人人存一个尊重爱护本国文化的诚意；第二步，要用那西洋人研究学问的方法去研究他，得他的真相；第三步，把自己的文化综合起来，还拿别人的补助他，叫他起一种化合作用，成了一个新文化系统；第四步，把这新系统往外扩充，叫人类全体都得着他好处。”梁启超：《欧游心影录》，载于清华大学国学研究院主编，刘东、翟奎凤选编：《梁启超文存》，南京：江苏人民出版社，2012年，第26—27页。

诉求。

就这一方面来讲，除了上章中论述过的谭嗣同外，辛亥革命后顺着新文化运动的思想大潮，深受谭嗣同影响的梁启超，可以说是现代意义上的船山思想的哲学性研究视角①的真正开创者，正是他奠定了“船山哲学”这一概念。在“五四”前后完成的《清代学术概论》中，梁启超说：

> （船山）感于明学之极敝而生反动，欲挽明以返诸宋，而于张载之《正蒙》，特推尚焉。其治学方法，已渐开科学研究的精神，尝曰：“天下之物理无穷，已精而又有其精者，随时以变，而皆不失于正。但信诸己而即执之，云何得当？况其所为信诸己者，又或因习气，或守一先生之言，而渐渍以为己心乎！”（《俟解》）
>
> 夫之著书极多，同治间金陵刻本二百八十八卷，犹未逮其半。皆不落“习气”，不“守一先生之言”。其《读通鉴论》、《宋论》，往往有新解，为近代学子所喜诵习。尤能为深沉之思以擘绎名理，其《张子正蒙注》、《老子衍》、《庄子解》，皆覃精之作，盖欲自创一派哲学而未成也。其

① 这是冯契的说法，冯契指出：“他（指梁启超）最主要的是注意历史主义的方法。……（梁启超）在学术研究中，进行中西比较、考古发现的实物和历史文献的比较、社会科学和自然科学的比较等。梁启超用历史进化论作理论基础，超越了浙东史学家们。”冯契：《中国近代对方法论的探索》，《冯契文集》（卷八），第223—225页。

> 言“天理即在人欲之中，无人欲则天理亦无从发现”(《正蒙注》)，可谓发宋元以来所未发。后此戴震学说，实由兹衍出。①

有当代学者指出：“梁启超不是20世纪研究清学史的第一人，却是‘五四运动’后重新讨论清学史的第一人。”②把五四运动作为时间节点，实际上也就在方法论上给中国近现代哲学的开端作了断代。这使得梁启超的这本学术著作，有了划时代的意义。尽管周予同曾指出，梁启超的《清代学术概论》从学术源流上说实出自章太炎的《清儒》，③但笔者认为，即使在思想立意与具体内容两方面确实存在某种关系，但《清代学术概论》相对于《清儒》在思想史上依然有着革命性的差别。抛开《清儒》古奥的言辞风格不论，仅从体例上说，章太炎此文依然有着传统学案的影子，譬如还在使用以地域之不同作为分判不同学术流派的研究方法，而梁启超的著述方式已经现代化。

对照上述引文来看，同样是旧学出身的梁启超却显然已经摆脱了学案式的写作窠臼，并开始使用为我们所熟知的当代学术史式样的笔触来进行著述，这不能不说是“新文化运动”影

① 梁启超：《清代学术概论》，第28—29页。

② 朱维铮：《〈清代学术概论〉导读》，载于《清代学术概论》，第32—33页。

③ 周予同说：“梁氏论述近三百年学术史，实是从章太炎《清儒》那里来的。”周予同：《五十年来中国之新史学》(四)，载于朱维铮编：《周予同经学史论著选集》(增订本)，上海：上海人民出版社，1996年，第527—528页。

响的一个体现（当然，梁氏本人在“新文化运动”中也十分活跃）。同时，他在上述引文中的问题意识则更值得注意：船山哲学在概念上的内在联系及其内在的逻辑是怎样的，以及应该如何以“新文化运动”带来“科学的”与“哲学的”之现代化标准来看待与评价船山学术。他强调，船山能不“守一先生之言”并且认为世界“随时以变”的想法，显然近于近代科学研究的精神。

在这一段文字中，梁启超同时提出了一个影响深远的清学史观点，即：后世戴东原的“理欲之说”实肇端于船山“天理即在人欲之中，无人欲则天理亦无从发现”的说法。从史实上说，生活在乾隆朝的戴东原是否读过船山《张子正蒙注》（未入《四库全书》）在两可之间。但从思想与概念发展演进的角度来说，王船山与戴东原针对其时理学僵化的“天理人欲”之说，从人性欲望的自然层面给出的批判进路却是类似的。这表明，他们所面临的问题意识有相同之处，两人的思想从内在逻辑上说，也确实可能存在着某种继承发展关系。

就此而言，梁启超在这里描述的王船山与戴东原的关系，就不是一个经验意义上的事实之学术史，而是一个思想演进上的逻辑之学术史，这显然是一种黑格尔式的历史哲学写作方式。同时，其所谓“盖欲自创一派哲学而未成也”，则显然就是以当时西方体系化的哲学作为标准，对船山学术所作出的检定。进而，在下一章中，我们可看到，整个20世纪中叶的船山研究，几乎就是从各个方面对船山哲学进行体系化建构的过程，究其肇端，实源于梁启超。

从今人的角度来看，以欧洲哲学特别是德国古典哲学的体系化特征来论断中国古代学术，未免会有支离与“反向格义”之嫌。但在梁启超《清代学术概论》的语境中，“科学的”或“哲学的”的分判实是在新文化运动的大背景下，追求进步与解放的中国人思想著述的必由之路，是当时人思想现代化的第一步。所以，王船山是作为那些在中国古代传统中可以被归于“科学的”或“哲学的”范畴的典型人物出现在梁启超的笔下。在鸦片战争之前的清代学者中，得梁氏类似表述的除了王船山只有戴东原。① 这在新文化运动的语境下显然是一种褒奖，可以作为船山升格运动在民国初年展开的证据。

在《清代学术概论》成书之后不久，另一部由1923—1924年间梁氏于清华大学讲授“中国近三百年学术史”课程之讲义结集而成的《中国近三百年学术史》出版。在这部著作中，梁氏更为明确地将船山学术之特质归诸为“哲学的”。梁启超指出：

船山和亭林，都是王学反动所产生的人物。但他们不

① 戴东原与王船山的思想都具有知识性与体系性的取向，梁启超将戴东原与王船山并列的思想动机也正在于此。已经有学者指出，民初学者有意无意地通过对于清代学术史的研究，试图基于中国的朴学传统（主要是戴东原）来构建自身的现代知识论系统，以将古代的儒学传统与西方的“科学知识”概念相接，以达成使中国传统学术近代化之结果。丘为君：《戴震学的形成——知识论述在近代中国的诞生》，北京：新星出版社，2006年，第5—6页。

> 但能破坏，而且能建设。拿今日的术语来讲，亭林建设方向近于“科学的”，船山建设方向近于“哲学的”。西方哲家，前此惟高谈宇宙本体，后来渐渐觉得不辨知识之来源，则本体论等于瞎说，于是认识论和论理学成为哲学主要之部分。船山哲学正从这个方向出发。他有《知性论》一篇，把这个问题提出。①

显然，在梁启超看来，船山哲学的现代性价值在于其与近代欧洲哲学的认识论转向一样，在知识论上有着革命性的洞见，都意识到了形而上学的木体性言说本身其实受到人类认识能力的制约并不具有绝对性。从这个意义上说，依梁氏之言，船山对于阳明学的批判本身，可以比附于康德对于自笛卡尔以来的欧陆理性主义传统的扬弃。所以，船山哲学中的王学批判闪现的是“哲学的”光芒，这是非常典型的新文化运动的叙事方式。但从另一方面说，其实梁启超本人对于新文化运动中表现出的过度“科学狂热”是抱持保留意见的，这与前文中提到的他反对全盘西化的思想态度可谓一体两面。

已有当代学者指出，在第一次世界大战结束前后滞留欧洲的梁启超，对西方运用科学技术于战争给人类文明带来的巨大破坏有着清醒认识。因此，尽管同情“五四”中的学生，但在“一战”结束后梁氏对于新文化运动的“科学万能主义”却抱

① 梁启超：《中国近三百年学术史》（新校本），第96页。

有批判态度。[①] 这一点，在《清代学术概论》与《中国近三百年学术史》中都有所体现，所以，他对船山的定位由“科学的”转向“哲学的”。梁启超似乎寄期望于以船山哲学为媒介，开辟出一条独立于欧洲哲学的中国近现代哲学发展道路。

但不论如何，梁启超依然是站在现代性而非某种民粹主义立场（如义和团）来批判科学主义的。[②] 因此，在他眼里，船山哲学的价值关键是其中可能存在某种启蒙的意蕴，它是完全独立于西方思想而发生的中国式启蒙。这一点显然是除了船山学术之外的大多数中国古代思想学派所没有的。

当然，这种看法也合于“新文化运动”思想界对以宋明道学传统为代表的封建文化批判之需要。在那个年代，一个完整的哲学上的“知识论”体系的建构及其对形而上学的批判是思想“现代化”的前提。基于此，梁启超对船山哲学进行诠释与利用的侧重点（知识论、体系化）显然也有别于我们在上文所看到的，在辛亥革命之前从曾国藩到章太炎对船山研究的偏重（礼学、史论、民族主义）。

梁启超对船山哲学研究重心的转移标志着：自曾国藩以来对船山哲学诠释的泛政治化倾向暂时减弱，船山研究复归相对纯粹的学术象牙塔之中。当然这并不意味着船山升格运动的结

① 朱维铮：《〈清代学术概论〉导读》，载于《清代学术概论》，第 24—27 页。

② 梁启超对于科学的态度在“一战”之后是存在某种暧昧的。他说：“我决不承认科学破产，不过也不承认科学万能罢了。”梁启超：《欧游心影录》，载于刘东、翟奎凤选编：《梁启超文存》，第 5 页。

束。只是原本在时人眼中作为“反清排满”之思想先驱、民族革命旗帜的王船山，转变为了具有西方近代哲学与科学启蒙精神的王船山，这同样也是一种升格。从某种程度上说，其所造成的影响要比因为政治与意识形态上的革命所带来的升格更为深远，它深刻地塑造了20世纪中国哲学发展的一些基本特征。

对这一点，梁启超也是有清醒意识的，他说：

> 自将《船山遗书》刻成之后，一般社会所欢迎的是他的《读通鉴论》和《宋论》。这两部自然不是船山第一等著作，但在史评一类书里头，可以说是最有价值的。他有他的一贯精神，借史事来发表。他有他的特别眼光，立论往往迥异流俗。……“攘夷排满”是里头主义之一种，所以给晚清青年的刺激极大。现在事过境迁，这类话倒觉得无甚意义了。①

由前文可知，晚清对于船山史论的关注与升格主要是以当时的湖湘士大夫为主，在面临西方文明冲击大潮之下，力图在政治上通过变革传统封建王朝体制为华夏文明寻找一条前进的道路；其后，章太炎等人以船山的史论为引子，发扬与凸显其中的民族主义思想。从方法论上说，这些做法依然是将船山学术当作政治变革的武器。在这一点上，清末革命派与曾国藩、郭嵩焘

① 梁启超：《中国近三百年学术史》（新校本），第102页。

等传统士大夫并无不同，只是他们的价值立场与现实目标从此前湖湘士大夫们的“保大清保中国”变成了“亡大清保中国”。

但辛亥之后，船山所讲的华夷种族论述，相对于民国的五族共和体制来说成为了过去式。那种汉族独尊的思想在当时的政治价值，相较于晚清来说有了显著的下降。① 反之，如何在思想观念上接应西方现代文明的冲击，去除两千年来的封建体制在人们心灵中的枷锁，同时反思西方文明本身的问题（主要是受到第一次世界大战的刺激）、重新确立传统文化与哲学的现代价值成为了当时学界的头等大事（当然，这种接续西方、重建传统的进路在谭嗣同的《仁学》里已经有了先声），因为辛亥革命在当时实际上被定义成了一场欧洲式的革命。②

同时，相对于其他中国传统哲学流派，船山哲学从问题意识上更能接续西方哲学的那种系统性与思辨性论述（当然这并不意味着船山没有考据类著作），所以梁启超就更需要强调船山学术是“哲学的”定位。进而，正因为当时这一系列的“现代”问题意识与思想视角的确立，使得王船山这一几乎在晚清之前毫无影响的思想史人物，在民国初年的清学史研究中获得

① 鲁迅曾回忆道：“待到革命起来，就大体而言，复仇思想可是减退了。我想，这大半是因为大家已经抱着成功的希望，又服了‘文明’的药，想给汉人挣一点面子，所以不再有残酷的报复。……据我感得，民国成立以后，汉满的恶感仿佛很是消除了，各省的界限也比先前更其轻淡了。”鲁迅：《坟·杂忆》，《鲁迅全集》（第一卷），第 221—222 页。

② 鲁迅曾回忆道：“但那时（笔者案：辛亥革命时）的所谓文明，却确是洋文明，并不是国粹；所谓共和，也是美国法国式的共和，不是周召共和的共和。”鲁迅：《坟·杂忆》，《鲁迅全集》（第一卷），第 221 页。

了超越其他明末清初的儒者及其后大多数清儒的高规格待遇，实现了巨大的升格。

上述研究显然揭示了梁启超两部“清学史”著作的问题意识。同时这两部“清学史”也定下了民国以降船山哲学研究与发展方向的总基调。在新文化运动之后的中国知识界看来，尽管从思想断代上说可以归于清儒，但船山“六经责我开生面”的原创性意识，使他不同于一般意义上的偏于技术考据的清代“经学大儒”而更接近于宋明儒者。

同时，这一时期，对船山哲学的升格与推崇并非梁启超的一家之言。在另一位近代中国哲学大家钱穆的《中国近三百年学术史》中，对船山学术的开创性意义与价值也给予了特别的关注与评价。并且，钱穆还对船山哲学作了进一步展开，并有着类似的升格性学术史评价。而钱氏之所以撰写《中国近三百年学术史》，正是因其对梁氏在清华的“中国近三百年学术史”课程讲义中的观点有所商榷，随后决定在北京大学开设与梁启超相同主题的清学史课程，并将讲义结集成《中国近三百年学术史》一书。①

① 根据“钱宾四先生全集编辑委员会”的说法：“民国二十年秋，先生初任教于北大，除校方所规定担任中国上古史、秦汉史两课外，先生自选定兼任此课。此一课程，其前梁任公曾在清华研究所开授，编有讲义。任公既卒，北平书肆遂印其书。先生尝购得之，以意见相异，因在北大亦特开此课，并亦自编讲义。”钱宾四先生全集编辑委员会：《出版说明》，载于钱穆：《中国近三百年学术史》(一)，北京：九州出版社，2011年，第1页。

因此，从问题意识上说，钱穆这部书的出发点是批判梁启超的清学史，但在对船山哲学的定位上，他却和梁启超有着相同的立场。①钱穆指出：

> 明末诸老，其在江南，究心理学者，浙有梨洲，湘有船山，皆卓然为大家。然梨洲贡献在《学案》，而自所创获者并不大。船山则理趣甚深，持论甚卓，不徒近三百年所未有，即列之宋明诸儒，其博大闳括，幽微精警，盖无多让。……船山体用、道器之辨，犹之此后习斋、东原诸人理气之辨也。颜、戴不认理在气先，犹之船山不认道在器外、体在用外也。要之则俱为虚实之辨而已。惟船山主观化而渐得其原，其论尤精。后此焦里堂在《孟子正义》颇见及此，颜、戴似尤未及也。②

从上述引文来看，钱穆的思想出发点与梁启超类似，皆是以船山批判宋明道学传统的视角切入，并将其认作清代学术的主轴之一。但在此基础上，钱穆认为，同样是批判传统宋明道学"理在气先"的形上学原则，船山的方法论与着眼点，相对于颜元与戴震等清儒要更进一层。换句话说，王船山的批判要更接近于问题的根本。从具体上讲，钱穆这一论断的根据，来

① 在中国近现代哲学史中，我们还能看到很多观点相左的流派与人物却共同推崇船山的现象。

② 钱穆：《中国近三百年学术史》(一)，第102—103页。

自他基于当时流行的天演论（进化论）对船山的“日生日新之化”的动态（时间性）人性论思想的反向格义。钱穆认为：

> 船山论性最精之诣，在以日生日新之化言，故不主其初生，而期其日成。梨洲谓“心无本体，工夫所至即其本体”，庶与船山论旨差近。然梨洲发此于晚年，未及深阐，不如船山之透明也。
>
> ……
>
> 船山此论，以今意译之，道为天演之现象，善则天演淘汰中继续生存之适应，而性则仅是生物于适应中所得之几种生理也。故性贵于养而期其成，而所以为养者贵于择之精而执之固。若一任其自然，则其所性必有君子之所勿性焉者。然船山此论，与荀子性恶所谓“化性起伪”者不同。船山言善先于性，并不言性本不善，故其养性而期于成也，亦主导而不主抑。①

钱穆与前文中的章太炎一样，使用了当时比较流行的进化论“天演现象”阐明船山对“性与天道”的看法。钱氏的这一说法也非常清楚地体现了船山哲学在时人眼中的两个特征——批判传统宋明道学的形上世界观与接续近现代欧洲哲学思想中进化、动态、强调具体流变历史观的思想特征。就此言之，钱穆

① 钱穆：《中国近三百年学术史》(一)，第105—106页。

与梁启超的看法是一致的，这从一个具体层面构成了他们升格船山的共同理论动因。

我们可以在明末清初找到许多批判道学传统的哲学家，诸如顾亭林、黄梨洲、颜习斋、李二曲等，也可以找到不少接续西学的思想家，如徐光启、方以智、李之藻等；但从近代以降的视角来看，能够将上述两者（批判道学、接续西学）在一个全新的儒学体系中结合起来的，可能唯有船山一人（船山通过利玛窦的著作了解过西学，但却抱持批评的态度）。除此之外，在作为现代新儒家代表人物的钱穆眼中，对船山的这种二元性诠释显然还有将儒家的心性论传统与现代西方思想学术的问题意识、思想进路连接起来的作用与考量。这也符合 20 世纪第一代现代新儒家及其后学一直以来努力从儒家传统中开出民主与科学的问题意识与思想目标。要达成这一目标，在宇宙论与世界观方面，大约只有王船山的哲学能够比较容易地在传统中国哲学的语境下，与西方近代哲学与自然科学在同一叙事层面上来展开对话，而钱穆也正是从这一点切入的。他在这个问题上抓住了船山哲学不同于宋明道学之关键，即船山上承横渠气论对自然哲学与宇宙论之建构给予了充分重视的思想特点。他说：

> 盖船山以日生日成言性，故不喜言损灭，而喜言变动。习斋亦喜言动，然习斋惟本虚实言之，似尚未窥宇宙演化之妙，不如船山之深且大。船山精研《老》、《庄》，所谓“观化而渐得其原”者，涂辙有似于庄生。船山盖入

室而操戈。船山最尊横渠。二人皆精于佛、老，而能辟佛、老以返诸儒，此亦其学术相似之一端也。其后以自然进化之理阐性善者有焦里堂，外此则殊少见。①

可见，钱穆提炼的船山哲学的核心观点“故不喜言损灭，而喜言变动”也正是对着船山哲学中的道学批判而去。自二程以降，正统理学在价值观上讲求天理与人欲之二元对立，彰显天理之法的关键就在“灭杀人欲”，这一哲学原则构成了宋明以来正统理学工夫论的基础，也就是钱穆所言的“损灭”。② 总体而言，相对于西方自然科学与进化论所带有的向前进取、探索未知的精神气质，中国传统的“损灭”的方法论路线则表现得非常消极。

所以，钱穆认为，船山以批判佛老虚无主义对道学传统的思想污染入手，上承横渠的自然哲学进路，同样使用了类似西方进化论的前向、进取、动态的世界观与方法论来诠释儒家传统，进而给出了全新而又积极的“日生日成”人性原则，显然可以契合于具有现代意义的进化论与进步主义历史观，并且将宋明道学传统中消极元素归咎于佛老的精神污染，进而重新建

① 钱穆：《中国近三百年学术史》(一)，第108页。

② 需要注意的是，船山尽管反对“灭人欲”的这种“损灭方法”，但对于“存天理”的道学宗旨却是认同的。船山云：“孔颜之学，见于六经、四书者，大要在存天理。何曾只把这人欲做蛇蝎来治，必要与他一刀两段，千死千休?”[清]王夫之：《读四书大全说》，《船山全书》，第六册，第675页。

立一套积极向前的新儒学思想体系。因此，钱穆对于船山哲学中的这种正向、前进、批判虚无主义消极原则的思想极为推崇。他指出：

> 船山论学，始终不脱人文进化之观点，遂以综会乎性天修为以为说，其旨断可见矣。曰："养其生理自然之文，而修饰之以成乎用"，可谓船山论学主旨。……习斋、东原亦好言礼，然习斋汩于习行，东原溺于情恕，所见似落边际，亦不如船山之圆通。以上所引，乃船山论学关于辨用、理惑之部，以近世哲学术语说之，则关于"修为论"一边之见解也。余观船山平生踪迹所及，止于湘、桂之间，其师友往还极少，声光甚闇。著书亦至晚清始显。然考其议论，同时如浙东梨洲、乾初，河北颜、李，稍后如休宁戴氏，所以砭切宋明理学走入虚玄之弊者，大略皆相一致。可见学术思想，到必变之时，其所以为变者，固自有豪杰大智为之提倡，而风气转动，亦自有不知其然而然者存其间。故得闭门造车、出门合辙，有如是之巧。而船山之博大精深，其思路之邃密，论点之警策，则又掩诸家而上之。①

上述钱穆对于船山人文进化的断语，实际是说船山将儒家的人

① 钱穆：《中国近三百年学术史》(一)，第123—124页。

性论基础由传统道学的形上之“天理”转化为宇宙论上的气化自然之生发，并认为这种生发可以放在达尔文进化论的语境下来加以诠释，可以认作是人类文明进步（“风气转动”）的原动力。在钱氏看来，船山的这一理论革新解决了宋明之“天理”概念过于抽象虚玄的问题，将学风落于实处。

他还认为，船山之道学批判表面上虽与同时代人及其后的一些清儒类似，但其气魄格局与思想深度则远胜之。与梁启超的观点不同，钱穆在此指出，船山学术已具有包涵天理人事、自然大化的体系性原则，这一点显然指向某种近现代哲学特质。更为重要的是，通过船山，在道学“理先气后”二元的形上理论框架之外，钱穆为儒家传统的人性论在发生学上找到了一个具有现代性的新范式，给儒家的性善论加上了一个进化论（姑且不论清末民初的学者是否真的理解达尔文进化论的主旨，还是实际以某种社会达尔文主义目之）意义上的、可以兼容西方自然科学诠释的新儒家世界观。

尽管船山学术在晚清之前几乎毫无影响，但对以钱穆为代表的现代新儒家来说，它显然为20世纪儒家思想的现代转化（接续西方现代思想）提供了重要的理论资源。另外还需要注意的是，在上述引文中，相对于前文梁启超所强调的王船山与戴东原二人在理论上的承继性，钱穆更为重视船山哲学相对于整个清代学术迥然有异的思想特质，即船山哲学本身所具有的原创性因素，并认为这一部分的价值要远超整个清代近三百年的学术传统。

在此，我们也可以看出钱、梁二人对于整个清代学术传统的不同立场。钱穆认为，以船山为代表的明末学术与宋明道学传统存在承继性，而与清代学术的主流却是割裂的，并且这种割裂的直接原因来自清王朝的异族性质及其高压统治，它带来了以文字狱为代表的文化压迫。因此，以戴东原为首的清代考据学实是华夏文化学术在异族统治下被人为扭曲的结果，是一种非正常状态。① 所以，钱穆与梁启超的清学史观点正好相反，他对作为整体的清代学术的评价不高，并认为以戴东原为代表的朴学考据传统从根本上只是“相率逃于故纸堆”。② 从这个意

① 钱穆指出：“明清之际，诸家治学，尚多东林余绪。梨洲嗣轨阳明，船山接迹横渠，亭林于心性不喜深谈，习斋则兼斥宋明，然皆有闻于宋明之绪论者也。不忘种姓，有志经世，皆确乎成其为故国之遗老，与乾嘉之学，精气夐绝焉。……而诸老治学之风乃不得不变。继之以潜邱、西河，此国亡不复后之所谓考据学也。复继之以穆堂、谢山，此国亡不复后之所谓义理学也。彼其所以与晚明诸老异者，岂不在朝廷哉！岂不在朝廷之刀锯鼎镬富贵利达哉！乾隆御制书程颐论经筵札子后有云：‘夫用宰相者，非人君其谁乎？使为人君者，但深居高处，自修其德，惟以天下之治乱付之宰相，已不过问，幸而所用若韩范不免有上殿之相争，设不幸而所用若王吕，天下岂有不乱者，此不可也。且使为宰相者，居然以天下之治乱为己任，而目无其君，此尤大不可也。’夫不为相则为师，得君行道，以天下为己任，此宋明学者帜志也。今曰‘以天下治乱为己任尤大不可’，无怪乾嘉学术一趋训诂考订，以古书为消遣神明之林囿矣。于此而趋风气，趁时局，则治汉学者以诋宋学为门面，而戴东原氏为其魁杰。”钱穆：《中国近三百年学术史》(一)，自序，第1—2页。

② 钱穆指出：“满清最狡险，入室操戈，深知中华学术深浅而自以利害为之择，从我者尊，逆我者贱，治学者皆不敢以天下治乱为心，而相率逃于故纸丛碎中，其为人高下深浅不一，而皆足以坏学术毁风俗而贼人才。”钱穆：《中国近三百年学术史》(一)，自序，第3页。

义上说，船山建立在道学批判上的宏大哲学体系、他的“反清排满”思想立场及其学二百年不传的历史事实，恰能很好地佐证钱穆的这一观点并且反衬出清代朴学方法在思想原创性与体系建构方面的浅陋。总而言之，钱穆与梁启超对于清代学术的态度正好相左，认为清代中前期的学术缺乏鲜活的、具有原创性的精神力量。

尽管对于清代学术的定位存在不同，但是在对船山哲学的评价上，梁、钱二人却相当一致。在此，我们又一次看到了船山升格运动在中国近现代哲学中得到不同思想流派支持的特点。其中的关键，显然是因为船山哲学所具有的现代性问题意识与原创性思想内容。尽管梁启超与钱穆的立场不同，但在他们二人的“清学史”著作中，显然都希望使用现代意义上的问题意识与思想逻辑去重新诠释中国传统学术。而这也是船山哲学进入民国时代之后继续升格的重要原因，它的相关理论特质契合了当时中国哲学的发展大方向。

具体上，梁、钱二人也都认同船山学术中有很多可以契合于现代哲学与科学的东西，在新文化运动的时代大背景下，这是船山哲学的首要价值。其次，两人也都站在现代哲学的角度强调并赞赏了船山对于道学传统的批判，并借用了一些西方哲学的概念来重新诠释船山思想。换言之，至少在五四运动前后的中国学者看来，船山对道学的批判与重构与他们站在现代哲学的立场上对道学传统的批判性视角有相似之处，而这一点不只是体现在船山哲学的问题意识上，还体现在其所内蕴的类于

“现代化”的体系架构上。

梁启超与钱穆都从形式上指出了船山哲学所具有的体系性特征（这在当时被认为是哲学与科学的标志）。因此，综合二人的观点来看，“船山哲学”这个概念就其内涵上说是形神兼备的，它既有新瓶也有新酒——在思想内容上既具有近现代哲学的视角与问题意识，同时在论述形式上还具有类西方哲学的体系架构。而之所以可被定义为体系化的思想，就内涵而言，船山哲学兼及了中国古代思想的各个分支学科，并且被熔为一炉，达到了一门体系哲学所要求的逻辑自洽，而这也正是中国近现代哲学所亟需的构建的理论方向。①

就此而言，船山哲学在“五四”之后的升格从根本上说来

① 20世纪上半叶类似的清学史著作，不止梁、钱二人的这两部作品。还有如谭丕谟的《清代思想史纲》、蒋维乔的《中国近三百年哲学史》等，这两部书也同样是从两位学人所授的大学清学史课程讲义中整理而来。但相对于梁、钱二人的清学史，这两部作品影响相对较小。前者较多使用阶级分析与唯物辩证法的视角与方法进行著述，但过于简略，且较为关注船山的民族主义思想；而后者的著述方式仍然以学派为依据，带有一些传统学案式的写作痕迹，整体篇幅较短，较多关注清代学术人物的传略著述，而于思想学说部分较为简略，仅是泛泛地提及了船山对于阳明学的批判以及其关于人性论的一些说法。唯一值得注意的是，蒋维乔在其书中并不认同将船山与朱子对立起来的提法。他认为船山学的宗旨反而是“归宿于闽”，乃朱子一脉。但这一说法在当时并未产生任何回响。当然在船山升格运动之外，确实还有一条伏线——自曾国藩时代开始，历代皆有学者认为船山实际上是继承朱子学的保守主义传统。关于这一问题可参阅本书第六章第三小节。谭丕谟：《清代思想史纲》，上海：上海古籍出版社，2013年，第38页；蒋维乔：《中国近三百年哲学史》，上海：上海世纪出版集团，2014年，第30页。

源于其本身所具有的“现代性”、“启蒙性”与“体系性”。辛亥革命前，处于民族革命阶段的升格船山的学者们更着重前两点；而辛亥革命之后，新文化运动中的学者们则更偏向于第三点。以辛亥革命为界，船山升格运动的主要推动力由政治革命转向了学术启蒙。

二、船山哲学的“现代性”与“体系化”特征

由上节可知，辛亥革命后，在整个中国学术由“经学化”向“哲学化”转型的历史大背景之下，船山学术作为可与西学在同一个层面比附对照的少数几种传统思想资源之一，其研究范式率先开始向现代意义上的“哲学思辨”转向。因此，专门研究王船山哲学的著作在这一时期纷纷涌现。1935年，第一本使用现代化学术方法进行写作的相关研究著作《船山哲学》出版，作者是嵇文甫。在嵇氏自述的写作动机与目录架构中，可以看到当时学人在船山哲学研究视角上的转向。嵇文甫说：

> 我起初的计划，只想写一本“船山历史哲学”。但是想讲他的历史哲学，就不得不对于他一般的哲学见解先有相当的认识。而船山的哲学见解既然很复杂，且从来没人发挥过，这决不是三言两句可以说明的。因此我只好把题目放宽，分成上下两篇，上篇讲船山一般的哲学见解，下篇讲他的历史哲学。……我想船山哲学的面貌从这里也许

可以约略显露出来。①

如上所述，嵇文甫最初的兴趣是船山史论。史论本是晚清船山研究兴起的重要抓手，这一点显然也影响了嵇文甫最初对于船山哲学的视角。但嵇氏在这里的兴趣，显然已不是如郭嵩焘那般具有现实政治目的——强调“知人论世”或“扶世翼教”，而是纯然历史哲学的立场。

嵇文甫认为，历史哲学就其本质而言，是通过一套先定的世界观、价值观或某种哲学认识逻辑对历史事实所作的诠释。② 这是个非常黑格尔式的理解。顺着这个方向，嵇氏很自然地认为，既然要研究船山的历史哲学，那就“不得不”研究船山一般的哲学见解，也就是必须先研究船山在形而上学与方法论层面的思想态度，这显然是一种欧洲体系哲学式样的思维方法所得出的结论。

---

① 嵇文甫：《王船山学术论丛》，北京：生活·读书·新知三联书店，1962年，第83—84页。

② 嵇文甫指出：“什么是历史哲学？历史哲学乃是对于历史事象的一种哲学探讨，简单说，也就是一种‘史观’。泛观人类历史，首先接触我们眼帘的，只是乱纷纷不相连属的一丛事象。倘若你不以知道和记得这些事象为满足，而一定要进一步的去追求：其内在的关系，其发展的动力，其所指示的意义，其所遵循的法则，这就牵引出历史哲学的问题了。船山是个极深研几的学者，观上篇所述，可知他对于宇宙人生都有根本的见解，卓然自成一家言。他依据那些根本见解去观察历史，因能洞悉各种事象的含义，而认识历史发展的进程。”嵇文甫：《王船山学术论丛》，第122页。

这同时意味着：船山的相关思想内容可以较为自然地或比较容易地被建构为西方式样的体系哲学。上文中提到的梁启超与钱穆已经意识到了这一点，这也是船山哲学所潜藏的现代性价值所在。而嵇文甫则在《船山哲学》一书中具体落实了这一点，船山哲学因此在辛亥革命后受到了人们的瞩目，并且在中国近现代哲学发展史上具有案例典型的意义。

同时，嵇文甫认为，船山在明末清初诸家中最特出的地方是其学“极深研几”。① 换言之，也就是船山在抽象深奥的哲学理论方面有独特幽微的发挥与建树，② 因此其反复使用“极深研几”这个词来形容船山哲学的独创性与深刻性。还需要注意的是，在《船山哲学》一书中，嵇文甫的这种体系化视角不仅表现在其对船山哲学本身的研究，同时也体现在其力图对王船山在整个宋明道学传统中的位置进行重新厘定、联系与贯通。③ 所以，他并没有简单、孤立地处理船山的理论，而是将

① 嵇文甫认为：“在清初诸大师中，能极深研几，切实做穷理功夫的，怕没有谁比得上王船山先生吧。”嵇文甫：《王船山学术论丛》，第 85 页。

② 《传》曰：“夫《易》，圣人之所以极深研几。”这句《易传》上的话主要是表述圣人通过《易》探究世界之中最深刻与微茫的真理。［魏］王弼注，［唐］孔颖达疏：《周易正义》（标点本），北京：北京大学出版社，1999 年，第 285 页。

③ 嵇文甫指出：“‘王船山’这个名字，一直为学界所津津乐道。但是浮慕其名者多，认真研究者少。任取一点，随意发挥。究竟船山学术思想的整个体系怎么样，他在中国思想史上占怎样的地位，他和各派思想有着怎样的联系，在他那浩瀚的理论中‘精华’与‘糟粕’怎样错综交织着，恐怕非更加深入具体地钻研一番是搞不清楚的。”嵇文甫：《王船山学术论丛》，序言。

其放在宋明道学这一宏大的哲学史背景下，与宋明诸子的学问对照而论。① 他指出：

> 综合他（案：指船山）整个的理论体系，而判断他在中国近古思想史上的地位，可以说他是“宗师横渠，修正程朱，反对陆王”。②

嵇文甫的这一观点实际上暗含着一个思想预设，即：如果以船山哲学为切入点，并且认同上述这一哲学史定位，那也就意味着：宋明道学传统可以在哲学史上进行黑格尔《哲学史讲演录》式的体系化梳理，并且可以构建一个思想谱系，以研究其中哲学发展与演变的内在逻辑。而落实嵇文甫这一想法最为典型的著作，就是在后世产生重要影响的冯友兰《中国哲学史》。这本书同嵇文甫的《船山哲学》一样，出版于 20 世纪 30 年代。

所以，通过这种具有现代性意义的体系化大视角，针对船山哲学的体系化特征，嵇文甫围绕着船山对“天”、“性”、“理”、“欲”等道学概念的新诠释作了理论展开。相对船山的

① 嵇文甫指出：“船山所讨论的问题是宋明以来道学家的问题。但道学在清代早成强弩之末，到现在更是过时的东西了。什么天人，性命，体用，动静……船山对于这些问题，固然有些新见解，固然还可以给我们许多有价值的东西。”嵇文甫：《王船山学术论丛》，第 85 页。

② 嵇文甫：《王船山学术论丛》，第 109 页。

“历史哲学”，他将这一部分内容称作“性理哲学”，并将其具体分为“天人性命论”与“理势常变博约论”两部分。[①] 嵇文甫指出，船山的哲学体系是由“性理哲学”与“历史哲学”两部分构成的。同时，这个分殊船山哲学体系的模型，又可以接续到整个宋明道学发展与流变的大传统，构成了一条典型的中国哲学史发展线索。[②]“天人性命论”对应的是形而上学维度的论述，而“理势常变博约论”对应的是方法论层面的论述，这些部分都是西方式的体系哲学中所必须要有的理论拼图。

另一方面，因为“性理哲学”这一部分从写作目的上说，可以看作是论述船山历史哲学的预备性章节，因此嵇文甫所关注的几个主要概念，就问题意识上说也皆与历史哲学有关，在逻辑上可以承继与贯通，这就更展现了船山哲学的体系性特质。譬如关于船山哲学中的“天”概念，嵇文甫是从天人关系的角度来展开的，他指出：

> 船山把“人之天”从“天之天”、“物之天”区别开来，确定我们所讲的乃“人之天”。言“天”而不离

---

① 嵇文甫：《王船山学术论丛》，目录。

② 嵇文甫指出：“若船山，则反对陆王，修正程朱，而别宗横渠以创立一个新学派者也。假如用辩证法的观点来看，程朱是‘正’，陆王是‘反’，清代诸大师是‘合’。陆王‘扬弃’程朱，清代诸大师又来个‘否定的否定’，而‘扬弃’陆王。船山在这个‘合’的潮流中，极力反对陆王以扶持道学的正统，但正统派的道学到船山手里，却又另变一副新面貌，带上新时代的色彩了。”嵇文甫：《王船山学术论丛》，第 121 页。

> “人”，这正是儒家人本主义的见解。因此他一方面“绝地天通”，指斥那班用术数去妄窥天意的“九黎乱德”！另一方面他指斥那班纯任自然的是“僭于天之天”，“滥于物之天”。①

嵇文甫这段话实际是说，船山认为自然界（天之天、物之天）既不存在人格命定意义上的目的论，同时也没有可以主宰每个人的天意（在此前提下，才可以数窥天）。但这个“天”又并非纯粹与人类无关的完全自在的自然，“人之天”依然有其意义，自然的秩序与人伦的秩序仍然具有某种价值统一性，这就是船山理解的“天人合一”。嵇文甫指出：

> （船山云）人伦之序，天秩之矣。顾天者，生夫人之心者也，非寥廓安排，置一成之型于前，可弗以心酌之，而但循其轨迹者也。人各以其心而疑天，天生夫人之心而显其序，则缓急先后轻重取舍之节，亦求其心之安者而理得矣。(《续左氏族传博议》、《辟司徒之妻》)
>
> （嵇文甫说）天就在人心中，心安即理得，并没有一成之型，这就是所谓“天人合一”之学。②

在嵇文甫看来，之所以船山会使用这种没有“一成之型”的

① 嵇文甫：《王船山学术论丛》，第 87 页。
② 嵇文甫：《王船山学术论丛》，第 88 页。

“天人合一”论来处理天人之间关系，是因为他使用了一种动态而鲜活的立场来看待天人关系。这也就是我们非常熟悉的船山的“命日受性日生”之说。嵇文甫指出：

> 向来言性者，不管主张性善，性恶，有善有恶，无善无恶，他们总把性看作固定的，只在初生时受了个一成之型，以后再不变动。在这种理论中，性和学，天和人，先天和后天，截然分开，不相干涉。船山却不然。他看性和命，亦即天和人，息息相关，并且变化日新，生生不已，完全是活动的。自初生以至老死，一时，一刻，一瞬，一息，都在受命，都在成性，固然他依旧主张性善论，但像他所主张这样活动的发展的性善论，从前却还没有见过。……船山最崇拜张横渠。横渠讲天人合一处比诸儒格外紧切有力。……这些地方当然影响船山不少。即“继善成性”之说，横渠讲法亦和程朱颇有差异，船山也该受他一点暗示。但把“命日受性日生”这个理论明白展开，无论如何，不能不说是船山的特殊贡献了。①

嵇文甫从船山“天人合一”的定义出发，认定其合一性来自船山对天人关系之间活动性的认识。因为人与世界之间是动态交互、生生不息的，所以天人之间的关系并无“一成之型”（如

① 嵇文甫：《王船山学术论丛》，第95—96页。

天命目的论或自然无为论）。这也就是说，关注天人关系不能只限于某一个片面的固定不变的恒常性维度，而必须将动态运动的双方在时间与历史之中看作一个变化而又统一的对象来处理。嵇文甫指出，船山眼中的“天命”与“人性”是在不断交互运动变化中显现的，他用这个思路来解释儒家的“继善成性”之说，这也是船山哲学体系的核心所在。他说：

> 我们可以知道船山的根本思想只是八个大字，就是：天人合一，生生不息。由此推下去，则理与势合，常与变合，动与静合，体与用合，博与约合……成为一贯的体系。①

嵇文甫这里所讲的由此“推下去”就是从船山总的天人二元矛盾辩证的本体论原则出发（“天人合一，生生不息”），通过现代哲学的诠释确立起一个大的体系。在这个二元合一、动态辩证特征的体系之下，嵇文甫归纳的船山认识诸原则都具有类似的二元辩证逻辑，其核心是：两个矛盾对立的概念，根据具体情况运动变合，在历史与时间之中构成某种具有统一性的辩证关系。当然，嵇文甫的这些说法背后有着黑格尔—马克思一系辩证哲学的影响，这是显而易见的事情。

欧洲的辩证哲学原则在船山这里，被嵇文甫总结为“理与

---

① 嵇文甫：《王船山学术论丛》，第 98 页。

势合，常与变合，动与静合，体与用合，博与约合”——抽象原则的把握与具体情况的认识是同世界运动变化的现实情况相结合的，这是一种与黑格尔—马克思一系的认识论中理论与实践、抽象与具体、相对与绝对的对立统一辩证运动类似的、强调过程性的认识方法，体现了船山哲学中所蕴含的辩证哲学思维。① 嵇文甫认为，船山的认识方法与其人性论的原则一样，都具有二元统一又变动不息的特征，二元辩证构成了他所总结的船山哲学体系的根本原则。

在嵇文甫看来，上述“性理哲学”也是船山历史哲学在本体论与方法论上的依据，贯穿于整个哲学系统之中。譬如，船山对于“郡县代封建”论、“朝代兴亡”论以及“华夷分野”论的认识与论述，无一不体现了其“理势合一”的方法论原则。② 而我们可以发现，“郡县代封建”论对应着现代哲学中的政治哲学问题，而船山对“朝代兴亡”背后的历史哲学诠释，主要是着眼于推动历史事件前后继起的辩证逻辑，最后的“华夷分野”则可以看作是清末以来为人所重视的船山民族主义思想影响的一个延续。

---

① 用嵇文甫自己的话说，就是：“向来儒生多讲理不讲势，而所谓英雄豪杰却又讲势不讲理。于是乎一方面流于空疏迂腐，一方面流于纵横变诈。而船山却另提一种意见，把理势统一起来。”嵇文甫：《王船山学术论丛》，第 98 页。

② 嵇文甫认为：“船山天人合一、理势合一、常变合一的见解，贯串其整个思想。既可用以论古今因革，朝代兴亡，同样的亦可用以论华夷文野问题。谁都知道船山民族思想最为强烈。”嵇文甫：《王船山学术论丛》，第 148 页。

从这个意义上说，嵇文甫实际上是以船山的“理势合一”论为核心，用一个庞大的思想体系串联起了整个晚清对于船山学术次第关注的各个侧面（史论、实学理论、华夷关系等），从而给出了一个船山哲学体系。但这种系统性的建构，就其理论根源上讲，不能说是完全来自船山哲学内部。仅从历史哲学的角度来说，其更多的是对黑格尔哲学的一种比附与模仿。譬如，就其对“理势合一”概念的诠释来说，嵇文甫直承有着黑格尔的影响。他说：

> 船山最卓绝的历史见解，最足引人注意的，是他论古今制度的因革。他认定三代社会情形和后世整个不同，认定各种社会制度不是孤立而是相互联系的，认定在随时变革的制度中自有一定的过程和趋势。……黑格尔说：“一切存在都是合理的，一切合理的都是存在的。”封建原来也只有一种道理，但是后来时势变了，成为不合理的了。“势相激而理随以易”。“郡县之制，垂二千年而弗能改矣。合古今上下而皆安之。势之所趋，岂非理而能然哉?”郡县制度存在了，他是合理的了，也正是因其合理所以存在。①

从这段引文来看，嵇文甫对于船山历史哲学中的“理势合一”

① 嵇文甫：《王船山学术论丛》，第 124 页。

论原则进行诠释的思想逻辑，实际来自黑格尔对思维与存在之间对立统一关系的把握（思维与存在也是马克思主义对于哲学基本问题的看法）。就黑格尔历史哲学上说，因为存在的就是合理的，所以现实的历史与制度必定表征着具体的时代思潮，而反之也可以说，那个时代的历史发展之所以如此，背后也必定有其合乎历史逻辑的思想意识发展。① 嵇文甫据此认为，船山的历史哲学与黑格尔的历史哲学有着更深层次的共通点。他说：

> 他（船山）依据他的天人合一论、理势合一论，把天理和人情事势打成一片，拿活生生的现实历史去充实它的内容。所以他的天理是具体的，是活的。……最妙的是他所谓"贞一之理"与"相乘之机"。从各种"相乘之机"中，也就是从各种不同的历史条件中，那个"贞一之理"步步实现，形成它发展程途上的各阶段……在这里使我们联想起黑格尔的"宇宙精神"。那"宇宙精神"也是通过各种不同的历史时期而显示出各种不同的原理。如波斯、希腊、罗马……都在其一定的历史时期中作为"宇宙精神"的代表而出现。如果用船山的理论来说，也可以说

① 黑格尔指出："哲学的任务在于理解存在的东西，因为存在的东西就是理性。就个人来说，每个人都是他那时代的产儿。哲学也是这样，它是被把握在思想中的它的时代。"（德）黑格尔著，贺麟译：《法哲学原理》，北京：商务印书馆，1979 年，第 12 页。

> 他们都是“继天立极”，而在一定的“相乘之机”下，去实现那“贞一之理”的。①

所以，嵇文甫以“天人合一”、“理势常变”为抓手，扣住动态性这一特征作为船山哲学体系的核心研究进路，说到底，其背后的思想范式就是黑格尔的“历史发展是绝对精神（嵇文甫称为“宇宙精神”）的辩证展开，而历史是外在化了的精神的具体表现过程”的辩证哲学观点。② 因此，嵇文甫对于整个船山哲学体系的建构与诠释，从本质上说，是对黑格尔哲学体系的一个模仿。

从当前的视角来看，我们实际并不能就此断言船山在确立其思想之时本就具有类似“体系化”或者“宇宙精神”的清晰意识或自觉。③ 尽管从某些思想细节和具体内容上说，王船山

---

① 嵇文甫：《王船山学术论丛》，第 161—162 页。

② 黑格尔指出：“精神的变化过程的另一方面，历史，是认识着的、自身中介着的变化过程——在时间里外在化了的精神；不过，这种外在化也同样是对外在化自己本身的外在化；否定者即是对它自己本身的否定者。这个变化过程呈现一种缓慢的运动和诸多精神前后相继的系列……对那些成系列的精神或精神形态，从它们的自由的、在偶然性的形式中表现出的特定存在方面来看，加以保存就是历史。”（德）黑格尔著，贺麟、王玖兴译：《精神现象学》（下卷），北京：商务印书馆，1997 年，第 274—275 页。

③ 笔者认为，参照上述注释中黑格尔对于历史的精神哲学之诠释，一个非常明显的事实是，即使船山的“贞一之理”在其“性日生命日降”的原则之下具有某种往而即新的活动性，但这种活动性，显然与黑格尔所定义的精神的辩证运动与表现为具体“历史”的自我展开没有关系。（转下页）

与黑格尔对于历史的视角确实具有某种相似性，譬如船山的“天人关系”当中有着二元对立统一特质，以及历史哲学中有“理势相乘之机”这样的说法等等。但能否就此便有些任意地比附于黑格尔的一些经典哲学概念，然后直接解释说船山也有类似的哲学体系？这种做法从今天来看依然是值得怀疑的。并且，它是否会带来对船山哲学本来面貌的遮蔽（譬如，嵇文甫的《船山哲学》对船山在传统学术中的“小学”、“经学”等方面的研究就比较忽视），① 则又是另一个值得商榷问题了。

不过，在中国哲学史学科处于初创阶段的20世纪30年代，嵇文甫的研究方法毋庸置疑地对其时中国传统上围绕经学诠释展开的思想研究范式的现代转换有着里程碑式的意义。但反过来说，也正因为从船山原有的著述中强行抽出“哲学”的材料并以黑格尔的范式来完成所谓的“船山哲学体系”，使得

（接上页）因为从目的性上说，黑格尔的精神概念将通过历史最终复归其自身或者说完成（展开）其自身的真理性（绝对性），而船山的“贞一之理”及其“性日生命日降”活动性，连嵇文甫自己也指出，更多的是继承了儒家“继善成性”的思想，只是在船山那里这个“善”不是一成不变的，而是根据“相乘之机”显示为各种不同的样貌，但从目的论上说，他的相关说法与儒家性善论还是一脉相承的，而性善论整个理论取向与黑格尔哲学是大相径庭的。

① 至少嵇文甫本人对于这种体系化的研究范式的理论合法性并不抱有怀疑，也不太在意船山思想的其他方面，并且他以此来判断船山在中国哲学史上的价值与地位，这或许也能从一个层面反映当时中国哲学史研究的时代特征。嵇文甫指出：“船山学术是不太容易理解的。他的著述，在清朝埋没了许多年，最初得到赏识的只是和当代那种考据学风相适合的几种‘稗疏’，而这实在不过是船山学术的绪余。”嵇文甫：《王船山学术论丛》，序言。

嵇文甫的《船山哲学》给读者留下了这样一种印象：作者似乎在用船山的“相乘之机”与“贞一之理”来说明黑格尔的“宇宙精神”，并试图通过这种方式来确立船山相关思想在历史哲学上的价值与意义。

而相对于嵇文甫在将船山哲学“体系化”过程中的“以船山注黑格尔”的问题，另一位20世纪中国的黑格尔研究大家贺麟对“将船山思想的体系化及其与黑格尔相关思想的比较研究”的态度要自然得多。尽管与嵇文甫一样，他也意识到船山哲学蕴涵的“类黑格尔”特征，但贺麟却并未直接从方法论或体系层面将之明确地比附于黑格尔哲学，而是首先揭示了船山史论背后蕴含着的基本方法论原则。在明确了这一前提性区分之后，他才将船山的史论称作历史哲学。在写于1946年的《王船山的历史哲学》一文中，贺麟道：

> 船山是先钻研经学，得出他的哲学原则，然后再将之应用于历史方面，以完成他的历史哲学。现在我们要进而简要地介绍他的基本哲学思想。
>
> 概括讲来，王船山的基本思想是一个不偏于一面的一元论或合一论，在各种对立的双方中，他要力求其偏中之全，对立中之统一。他的一元论，不是孤立的单一的一元论，而是一种谐和的调解对立、体用兼赅的全体论或合一论。而他的合一论也并不是漫无区别的混一论或同一论，而自有其体用主从之别。大体说来，他的思想是以理为

体、物为用的理学，以心为体、物为用，知为主、行为从的心学。①

同嵇文甫一样，贺麟也将船山的哲学体系分为基本原则（纯粹哲学、世界观、方法论）与历史哲学两部分。但在处理船山哲学中的基本问题之时，贺麟却并没有让黑格尔有只言片语的出场，而是仅围绕着船山哲学的一般性特质来展开叙述。如果说嵇文甫的船山哲学研究更多地利用了欧洲哲学的视角与方法来使中国传统哲学现代化，那么贺麟在这篇文章中对船山哲学的相关研究表明：当时的中国学者也可以抛开将中国古代哲学作为欧洲近现代哲学的注脚的那种方法论，而纯然以现代的视角重新诠释古代哲学的相关概念。这也是我们今天比较熟识的中国哲学学科对传统材料的一种处理方式。可以说，从民国学者对船山哲学的研究中，我们能够窥见中国哲学学科在建立之初是如何确立起本学科研究的“祖宗家法”的。

此外，同样是将船山哲学与黑格尔哲学相比较，在嵇文甫的研究范式中，中国哲学传统并不具有比较的主体性——在他所给出的“船山哲学体系”中，其“体系化”与“历史哲学”的参照物与衡量标准实际是黑格尔的方法论原则。②黑格尔

① 贺麟：《王船山的历史哲学》，载于贺麟：《文化与人生》，上海：上海人民出版社，2011年，第256—257页。

② 当然这一点从思想上来说是源自新文化运动甚至清末对于传统学术的价值重估思潮。

是“主”与“原创者”，而船山是“仆”与“模仿者”或“跟随者”。

相对地，贺麟的船山研究则重新确立起了中国传统哲学的主体性原则，他的研究仍沿用传统的中国哲学概念来构建话语体系，并通过现代哲学的运思方法与诠释使之现代化，以此凸显船山哲学所具有的现代性意义。并且，他还力图表明这一现代性意义所具有的非欧洲哲学式的特质。因此，在这一以船山哲学为主体的视角之下，黑格尔哲学在贺麟的《王船山历史哲学研究》中反而成了一个阐述船山哲学与思想体系之现代性价值的具体例证。

换言之，从对船山哲学的研究出发，贺麟希望揭示的是某种超越并贯穿于中西哲学的“元哲学”内容，并且以黑格尔哲学为旁证来支撑船山哲学中所蕴含这一“元哲学”的普世性。贺麟指出：

> 船山的历史哲学之富于辩证思想，最新颖独创且令我们惊奇的，就是他早已先黑格尔而提出“理性的机巧”（The Cunning of Reason）的思想。王船山（1619—1692）生在黑格尔（1770—1831）之前约一百五十年，但黑格尔哲学中最重要创新的“理性的机巧”之说，却早经船山见到，用以表示天道或天意之真实不爽，矛盾发展且具有理性目的。……理性的机巧表现在历史上或人物方面，就是假个人的私心以济天下的大公，假英雄的情欲以达到普遍

> 理想的目的。黑格尔还将此概念应用来解释自然历程和量变质变的关系。他指出假借自然的事变（如机械历程、化学历程及有机历程等）以达到精神的目的，假借迟缓的量变以达到突然的质变，都是理性的机巧的表现。……黑格尔这一种看法，在王船山的历史哲学里，我们只消将黑格尔的理性或上帝换成王船山的天或理，便不惟得到印证默契，而且得到解释和发挥。①

“理性的机巧”是黑格尔提出的一个著名的历史哲学概念，贺麟则通过分析指出，船山的“天”或“理”在概念上都完全可以直接替换“理性的机巧”。换言之，至少从历史哲学这一方面来看，船山时代的中国哲学在思想深度上是领先于同时代欧洲哲学的。王船山在这个问题上的洞见，在西方哲学史上要到两个世纪后的黑格尔那里方才触及。

从贺麟的说法来看，王船山与黑格尔实际是不约而同地从人类思想最普遍的角度，发现了历史哲学中具有的一些“元哲学”性质的东西，并体现在各自的哲学叙述之中。因为贺麟是以船山哲学作为主体来论述的，而且船山的著述时间早于黑格尔，所以同嵇文甫的视角正好相反，贺麟的思考进路不是“王船山注黑格尔”而是“黑格尔注王船山”，这也就是他所讲的黑格尔与王船山的“默契”。在1941年完成的《论假私济公》

① 贺麟：《王船山的历史哲学》，载于贺麟：《文化与人生》，第263—264页。

一文中，能清楚地看到贺麟的这种船山哲学诠释方式。他说：

> 王船山批评秦始皇说："天假其私以济天下之大公。"……秦始皇的一切私心、私智、私力，皆被那无声无息、施无言之教的"天"，利用来作为"济天下之大公"的手段与工具。因此王船山这种说法，不仅可提供我们对于目前这亘古未有的世界大变局和对于这变局中戏剧式的世界史人物一个新的超脱的看法，而且实默契了黑格尔历史哲学中一个主要概念，并且也给我们一个很健全的宇宙观。
>
> 王船山这句话中"天"这一概念，最为困难。在信仰宗教的人看来，天就是有人格有意志的上帝，在相信宿命论的人看来，天就是盲目的命运。我们还是采纳宋儒"天者理也"的说法，将船山所谓"天"解释作支配自然与人事的天理天道，也许较合他的本意。换成现代的名词，天就是指"宇宙法则"而言。宇宙法则就是黑格尔历史哲学中所谓理性。黑格尔认为理性是世界的主宰，整个历史都是理性逐渐实现的历程。①

由上述引文可知，在贺麟这里，黑格尔历史哲学的相关概念不过是对船山相关思想的一个注释，用黑格尔的概念是为了能更

① 贺麟：《论假私济公》，载于贺麟：《文化与人生》，第68—69页。

好地帮助作为现代人的我们理解船山的宇宙观（历史观）。在这个意义上说，是作为我们（读者）之“同代人”的黑格尔“默契”于作为“古人”的船山，现代（西学）思想默契于古代（中学）传统。这也表明：20 世纪 40 年代前后，当时中国知识界的思考模式也已经完全现代化了。贺麟的上述说法等于是默认读者对黑格尔的相关哲学概念（如“理性的机巧”等）的了解要远大于他们对船山思想中的相关传统中国哲学概念（“天”或“理”）的认识，因此他才会使用“以黑格尔注释船山”的论说方法。①

但从另一方面来说，也正是由于船山与黑格尔在这一方面的“默契”，才使得船山思想可以“借助”黑格尔哲学在时人心中（至少在贺麟那里是这样）获得更进一步的地位提升。贺麟认为：

> 以上只就船山历史哲学中最有创新的部分，亦即默契于黑格尔的部分，也就是他的辩证观和对理性的机巧的看法，略加发扬，以见船山在哲学上的贡献之大、地位之高。②

就贺麟的上述说法来看，我们不能说前述嵇文甫的“以船山注

① 这也就是上文提过的刘笑敢所分析的那个时代中国哲学界的“反向格义”问题。

② 贺麟：《王船山的历史哲学》，载于贺麟：《文化与人生》，第 267 页。

释黑格尔”同贺麟“以黑格尔注释船山”的思想进路乃是矛盾的——两者之间的差异与变化更多地体现为：在新文化运动之后欧洲哲学全面进入中国的大背景之下，中国近现代哲学研究方法的流变、发展与确立过程。

所以，尽管从具体方法上说，贺麟是“以黑格尔注船山”，但实际他用这种方式只是为了证明船山思想中同样有着现代哲学的问题意识，强调的是中国哲学的民族性中所潜藏的现代内涵，这对于民国时代的学者来说是相当宝贵的思想资源。因此，贺麟才会说船山“在哲学上的贡献之大、地位之高”。他的这一评价表明：这种现代性元素在中国古代哲学传统中是十分稀缺的，但确实又是当时中国近现代哲学所亟需的。所以，他才将船山思想中“默契于黑格尔的部分”称为“船山历史哲学中最有创新的部分”。

当然，贺麟在这里评价船山“创新”的标准从本质上说还是现代与欧洲式的，或者从具体上说，也就是根据新文化运动所强调的“科学”评价标准而给出的。因此，黑格尔与王船山这两个在现实历史中没有任何交集的中西思想家才有可能是“默契”的；同时，黑格尔的相关哲学概念也才有可能作为一个标准来凸显王船山历史哲学的思想高度。就此而言，民国时代嵇文甫与贺麟的船山哲学研究以及上文中所提及的为当今的一些学者所反复诟病的20世纪初对于中国传统哲学的“反向格义”式研究，实是中国哲学现代化的一个标志。

因此，20世纪30—40年代的船山哲学研究，也可以从一个侧面揭示“新文化运动”后的中国哲学与中国哲学史研究的“现代化”进程，以及其中的“民族性”与“现代性”路线之争。而从嵇文甫到贺麟对于王船山历史哲学的诠释方向的变化，也隐喻着这样一个思想事实：既然以“新文化运动”之后的标准来看，王船山与黑格尔面对同一个问题可以给出“默契”的回答，那么中国近现代哲学及其背后的中国古代传统也同样可以与欧洲哲学在“现代的语境”①下，在同一个思想高度上展开平等的对话。

所以，借助船山哲学，20世纪30—40年代的中国哲学已经可以在研究内容上打破欧洲独享的“现代性”诠释特权，确立起一些基于华夏自身精神传统的文化与理论自信。②

三、船山哲学在民国时期的唯物主义诠释路线

除了嵇文甫、贺麟将王船山与黑格尔在历史哲学上进行比

① 笔者案：这种王船山与黑格尔的“默契”，用他们自己的历史哲学方法来解释的话，可以说是：他们的思想也都是“现代”背后的那个“理性的机巧”或“天命”用以“济天下之大公”的手段与工具。

② 这种借重欧洲思想重立现代中国哲学的想法，在梁启超的思想中可见端倪。梁启超指出：“却还有很要紧的一件事，要发挥我们的文化，非借他们的文化做途径不可。因为他们研究的方法，实在精密。所谓‘欲善其事，必先利其器’，不然，从前的中国人，那一个不读孔夫子？那一个不读李太白？为甚么没有人得着他好处呢？”梁启超：《欧游心影录》，载于清华大学国学研究院主编，刘东、翟奎凤选编：《梁启超文存》，第27页。

附与对照研究，以揭示出一套近现代意义上的“船山哲学体系”之外，20 世纪 30—40 年代另一条船山哲学研究的思想进路，是使用近现代欧洲哲学的形式方法，利用船山庞大的思想资源从正向构建“哲学体系”。

比起嵇文甫与贺麟使用黑格尔哲学在内容上进行的参照与比附，这一思想进路更注重在形式层面上将船山哲学建构为一个具体、严密与完整的现代哲学系统。这方面的第一本相关著作是王孝鱼撰写于 1934 年的《船山学谱》。①

从成书时间上说，王孝鱼的这本《船山学谱》(1934 年)还要早于嵇文甫的《船山哲学》(1935 年)。但从体例上说，这本书相对于《船山哲学》来说并不是完全的现代哲学类著作，而更类似于传统上的《条贯》摘抄与现代学术笔记（思想综述）的混合体。② 同时，该书还加了很大篇幅的船山之《年谱》

---

① 根据《船山学谱》的出版说明：“‘本书自序撰于一九三四年（甲戌）’，当刊于其后不久。据家属提供的作者回忆材料，‘九一八’事变前，作者与金毓黻在沈阳合组东北学社，主编《东北丛刊》。《焦学三种》和《船山学谱》先后成稿，‘由个人出资印行各五百部’。”王孝鱼：《船山学谱》，出版说明，北京：中华书局，2014 年，第 1 页。

② 王孝鱼在此书凡例当中指出：“本书仿《陆子学谱》、《薛子条贯》之例，将船山言论之涉及哲学者分类纂辑。但古人著书不轻立论，只将原料清出，未敢加以组织。态度虽属谨严，而对于往哲既未尽抉潜导幽之功，对于来学复未有开卷即得之益。……予虽不敏，窃取斯意，将每类思想融会贯通，熟思至再，然后排列。复于每段首尾各加联络之语，使一堆散沙之材料宛如一篇有结构之论文，庶乎船山思想可调理井然呈现于读者之前。此种体裁尚属试作，组织不密在所难免，但期尽忠实介绍之责而已。”王孝鱼：《船山学谱》，凡例，第 9 页。

与《传录》的相关内容。①

一方面，从著述规范来看，《船山学谱》可以看作中国哲学从古代学案式写作，向现代哲学思辨论述性著作的过渡产品。它既不同于传统的学案，但又与现代哲学著作围绕着问题意识，结合具体方法论原则展开理论分析的写作方式不一样。就此而言，这本书可视作一个探索如何建立中国哲学学科著述与研究规范的半成品。王孝鱼本人对于这一点也有自觉。他说：

> 船山思想博大精深，文字复沉郁莞结，胎息古奥，故读者往往炫于其文之汪洋浩瀚而不易得其条理节文。先生之学多年不显，或亦以此。本书因之除少数联络语外，间有以己意诠释著语稍多之处，总期有便读者，非敢唐突古人。
>
> 惟本书目的，专以阐发先生思想之原来面目为主，其他探讨引申、比附参证之功，尚为有待，如有大雅补我不足，是所深望。②

但另一方面，从实质内容上说，该书已给出了一个大略完整与

① 所以，笔者依旧将嵇文甫的《船山哲学》作为现代船山哲学研究的开山之作。

② 由于没有找到王孝鱼《船山学谱》的标点本，因此本书所有相关引文为笔者自行点校。王孝鱼：《船山学谱》，凡例，第9—10页。

严密的船山哲学架构体系。更为重要的是：与嵇文甫、贺麟不同，王孝鱼对于在中国哲学研究中展开民族性方向的要求更高，其船山哲学研究一开始就力图摆脱对欧洲哲学概念的依赖，而仍旧使用道学传统的话语体系并以现代的思维方式与逻辑加以串联，这也体现了当时的学人对于如何彰显中国哲学民族性的一个运思方向。王孝鱼道：

> 书中所立各目，大半为历来理学家之熟语，不敢以西洋哲学名词强为粉饰。文中申解亦本此旨，见仁见智，是在读者。①

当然，王孝鱼在此书中为船山所立的“各目”，其思想侧重与框架条理完全是以现代哲学的体系架构整理而成的，这也体现了其自身思想背景中的欧洲哲学影响。只是，这一点隐而不显地藏在这些名目背后，不像嵇文甫与贺麟那样直接使用“黑格尔”或“理性的机巧”之类的概念。

所以，我们可以说，到了20世纪30—40年代，现代的、欧洲化的哲学学术运思方式实际上已经内化进了当时中国学人的研究与思想之中。这是新文化运动以及辛亥革命后中国学界现代化的一个体现，就此言之，中国哲学学科之所以在那个时代诞生有其历史必然性。以王孝鱼为例，他在求学时代便

---

① 王孝鱼：《船山学谱》，凡例，第10页。

已学习欧洲哲学，这在潜移默化当中显然也塑造了其现代化的哲学思考模式。他们这一代学者与梁启超、章太炎、刘师培等旧学出身的上一辈知识分子，在思想教育背景上是完全不同的。[①] 对此，他本人同样也是有所自觉的。他说：

> 病愈之后，转学津门，讲习西哲名著，益觉先生（指船山）之学条理细密，体大思精，在古代哲人中实为特出之才。居恒谓历来理学诸儒，偏重行为修养，乃于宇宙心性认识论等诸大问题，皆未能从纯粹知识方面作严密之探讨、精细之阐发，大都零碎语录，简略不详，随性而谈，不加组织。自宋儒提倡道学以来，理学之书，虽汗牛充栋而皆烂翻旧账，不脱前人科臼。求如船山先生之说理深邃，鞭辟入里，新有创发完成统系者，实难其选。[②]

我们可以看到，尽管王孝鱼极力避免使用西哲名词，但从思想形式上早已将欧洲哲学（现代哲学）的思考范式内化于心，并将宇宙论、认识论等看作是哲学研究的核心内容，所以他对船山哲学的研究是典型的“旧瓶装新酒”模式。

---

① 直到谭嗣同与梁启超那一代中国学人，他们的青少年时代还是在完全的传统中国学术与私塾科举体制下度过的。而王孝鱼那一代出生于世纪交替前后的学人，至迟到中学阶段就已经开始接受现代的学科式基础教育，这种从小烙印的现代学科思维模式，显然也对整个中国哲学学科的现代化转型具有不可忽视的影响。

② 王孝鱼：《船山学谱》，第 7 页。

由“旧瓶装新酒”的标准来看，相对于历史上的其他宋明道学人物，船山在这一方面可以对接的现代思想资源是极为丰富的。因此，同嵇文甫、贺麟二人由船山的历史哲学出发从具体到一般逆向构建与论述船山在元哲学上的思想体系不同，王孝鱼是从最基础的宇宙论与认识论出发，由一般到具体正向地对船山哲学进行体系建构的。这种从根本观念出发，进而构建起宇宙论与认识论的运思方式，是非常典型地对于西方近代理性主义哲学与自然科学分科的体系架构的一种模仿。① 如王孝鱼认为：

> 先生哲学自成系统，条理绵密，无不有其中心思想为之贯穿。其注重实用，亦然自有其根本观念焉。根本观念为何？曰：惟器论。……从来谈妄言虚之弊，莫不由孤立道于日用事为之外，名为尊之，而实弃之于恍惚空冥无所依据之地。于是道之真义亡，而数千年来理学之讲求，不过为咬文啮字、呫哔章句之小技，以启书生无用之讥。故

---

① 以近代欧洲大陆理性主义的代表人物笛卡尔为例，其哲学的根本原则就是普遍怀疑的方法，基于此，笛卡尔通过“我思故我在”的命题构建起心物二元、上帝创世的宇宙论框架，并且希望基于这一宇宙论框架确定无疑地推论出所有学科的确定性，形成以哲学为主干，各门科学为分枝的大全式学科知识系统。从《船山学谱》一书的目录中也可以看出笛卡尔哲学对其形式的影响：“卷一根本观念，卷二气化论，卷三心性论，卷四修养论，卷五识知论，卷六历史进化论”。王孝鱼：《船山学谱》，目录。

> 欲根本的阔清旧习，非重新估定道之意义不为功，道者何？先生曰："治器者则谓之道。"又曰："道者器之道，道无其器则无其道。"以今语释之，则道者为一种方法，而能由吾人经验中之一时间，引导吾人于他时间而有价值者也。换言之，即某一种困难问题之解决方法是也。①

在上述引文中，王孝鱼的论述形式显然是仿照笛卡尔以"普遍怀疑"作为根本观念的哲学运思范式，进而将船山哲学体系的根本观念定为"惟器论"。他对于船山"惟器论"的这段诠释——"道无其器则无其道，以今语释之，则道者为一种方法，而能由吾人经验中之一时间，引导吾人于他时间而有价值者也"，用现代哲学的表述来讲就是：船山哲学的宗旨乃是建立在具体时空范畴的经验实在基础之上的。所以他认为，船山在宇宙论上是具有"实有"立场的。王孝鱼道：

> 惟器论，先生之真理论也。认真理为解决某时间某问题之一种应付方法，而反对虚托孤立道于形器之外。故一切以形器为依归、作用为主宰，而依有生常遂为先生宇宙论之根本义。认现象万物为实有而不容少疑，一切生命为绵延不断而不容或息。破无尊生，而人生之意义于以确立；破无立有，而科学之根据于以大定。重形器故依有，

① 王孝鱼：《船山学谱》，第 111 页。

> 重作用故常生，此一贯之义也。①

从上述引文中，可以看到新文化运动对王孝鱼的影响及其思想视角的内在逻辑结构。因为船山基于具体时空经验的哲学方法论与现代科学的世界观有相类之处，所以王孝鱼认为“科学之根据于以大定”。但反过来说，之所以船山哲学被他诠释为如此这般，同样是他一开始就希望在传统中国哲学的思想资源中找出“科学之根据”的缘故。而船山在相关领域的论述显然给出了回答这类问题的传统思想资源，因此船山也就被他升格为传统中国哲学中“赛先生”的代表。于是，在其基于现代哲学体系化的运思方法下，船山哲学之“惟器宗旨”与“宇宙论基础”也就显露出来了。进而，王孝鱼展开了对船山哲学现代价值的阐发。他说：

> 先生于道体主惟器，于宇宙主依有，于气化主日新，皆与吾国之传统思想大不一致，而实皆先生思想之中坚。主惟器，故重工具而不尚空谈；主依有，故重实在而不尚虚无；主日新，故重变动而不尚虚静。……用必以人为依，而先生重用不重体，此其所以依人而建极也。依人而建极，即人本主义也。……人道之流行，以官天府地裁成万物，亦以人建极之谓也。②

---

① 王孝鱼：《船山学谱》，第119页。

② 王孝鱼：《船山学谱》，第145—147页。

王孝鱼认为“道体主惟器”是船山的本体论宗旨，“于宇宙主依有”则是船山的宇宙论核心，而“于气化主日新”是船山对于世界的认识论立场，这三者呈现出非常清楚的逻辑递进关系，构成了一个完整的哲学体系。所以，从这个以“惟器论”为核心方法的体系出发，王孝鱼在伦理学上得出了船山的人本主义目的论——依人建极。

众所周知，“人是目的”这个命题是现代启蒙哲学的标志性口号[①]，船山哲学的启蒙意义于此得以豁显。同时，这种对传统中国哲学素材的现代化论说方式，相对于前人（如谭嗣同、梁启超）在理论建构上说，也臻于较为圆融成熟的地步，而并非只是此前谭、梁那般比较随意并伴有直觉式样的简单比附。

此外，从思想架构来看，王孝鱼此书的问题意识起点是“科学的根据”。因为这一切入点，所以船山的“惟器论”与“依有的宇宙”才成了重要的运思基础，这显然呼应了新文化运动以来学界对于“赛先生”（科学）的渴求。而最终他的相关

① “人是目的”这个命题严格意义上说是一个概括。康德本人的说法是：“在对每一个目的所使用的手段中，我应该把我的准则限制在对每一个主体都是作为一个规律的普遍有效性的条件上，这也就等于说，目的的主体，即理性存在者自身，一定不要被当作行为的所有准则的根据，也因此一定不要只被当作手段来对待，而是必须被当作使用所有手段的最高限制性条件来对待，即同时被当作一个目的来对待。”（德）康德著，孙少伟译：《道德形而上学基础》，北京：中国社会科学出版社，2009年，第74—75页。

研究指向的结论是“人本主义”，这也是对新文化运动以来学界所崇尚的“德先生”（民主）的呼应，同时也是谭嗣同、章太炎以来用“民权”诠释船山之说的进一步发展。尽管王孝鱼著述之时，新文化运动已过去近二十年，但在其影响下成长起来的新一代学人的研究与思考方式，仍然深刻地带有“新文化运动”的精神烙印。

另一方面，可能是因为王孝鱼“不敢以西洋名词强为粉饰”的思想自觉，所以尽管其在形式上大量使用近现代欧洲哲学的体系架构，但却始终没有如嵇文甫与贺麟那样，直接拿黑格尔哲学的概念与船山进行相互格义。同时，基于王孝鱼的“科学之根据”与“宇宙论”的思想进路，他后续对船山哲学作出“唯物论”的结论也是顺理成章。这一点正好可与前述嵇文甫、贺麟对船山哲学的自黑格尔历史哲学之“唯心论”诠释交相对应，构成一对矛盾。

站在哲学史的角度上说，这种二律背反式的诠释路线，一方面表明船山哲学内涵的丰富性，另一方面也意味着尽管秉持不同思想立场，当时各自研究船山哲学的学者都有其自身的思想片面性，存在管中窥豹的问题。

在王孝鱼完成《船山学谱》的三年后，张西堂的《王船山学谱》成书。① 此书的思想进路与《船山学谱》类似，也是

① 根据张西堂的《王船山学谱》之自序落款，此书成于1937年。王云五主编，张西堂编：《新编中国名人年谱集成·第五辑·明王船山先生夫之年表》，自序，台北：台湾商务印书馆，1978年，第2页。

由船山哲学中的宇宙论切入，并以此为基础展开论述与系统构建。但相比于王孝鱼，张西堂对船山基于“实有”的宇宙论定位就要更进一步——他直接将其定义为唯物论。张西堂指出：

> 宇宙之起源本为实有而非虚无，先生此说可谓近于唯物论一方面。①

从体系架构上说，张西堂的《王船山学谱》要比王孝鱼的《船山学谱》更为庞大详尽。在着重论述哲学思想的同时，基于唯物论的视角，他还看到了船山的体系中所具有的中国哲学各个理论方向的诠释可能，② 并且着重分析阐述了船山哲学的时代背景。张西堂指出：

---

① 王云五主编，张西堂编：《新编中国名人年谱集成·第五辑·明王船山先生夫之年表》，第 35 页。

② 张西堂指出：“先生之学对于四部，造诣俱深，阐述亦明，经学则有诸经稗疏等书，史籍则有《读通鉴论》等书，诸子则有《老子衍》、《庄子解》等书，文学则有《夕日》、《永日》、《绪论》等书，深宏博赡，较同时黄、顾诸儒固有过之而无不及；而于哲学思想、政治思想，先生创建之卓，议论之精辟，尤非黄、顾诸儒所能望其项背；以清初论，先生实不愧为当代一大思想家，非梨洲、亭林、夏峰、二曲所能企及也。兹于先生之学，（一）先述其思想渊源，（二）次论其时代背景，（三）再述先生之哲学思想，（四）先生之政治思想，（五）先生之经学，（六）先生之史学（附）诸子之学，（七）先生之文学。（三）（四）两项，为先生学术思想之最重要者，稍详述焉。”王云五主编，张西堂编：《新编中国名人年谱集成·第五辑·明王船山先生夫之年表》，学述，第 21 页。

先生（指船山）生当明末清初之际，感异族之侵逼，痛神州之沦亡，其思想之发生，自与时势有关。当时古学复兴，西学输入，亦有相当之影响。夷考其详，盖有六端可述者：

（1）道学时文之反动：当时学者痛愤明代之亡多由学术空疏之故。

（2）古字古音之研究，明代中叶以后，文字学研究之风，颇日甚于一日。

（3）藏书刻书之渐盛。明代藏书刻书之风极盛，为清代考证学发达之一因。……先生虽僻处衡湘，窜身猺蛮，然如刘近鲁有高阁藏书六千卷，先生岁一游之（详《师友记》），亦必受藏书之赐也。

（4）历算诸学之输入。……先生之友方以智亦崇信泰西天文之学以为“补开辟所未有”（见《通雅》卷首），先生亦长于历算之学（见《尚书稗疏》），于西学之输入亦当受其影响，此其四。此就学术方面可得而言者也。

（5）明代乱亡之影响。明代既亡，清以异族入主中国，当时诸儒多举义兵以谋恢复，志不得遂，自不能不为经世之论，固不止于归咎明末学术之空疏也。……先生之著《黄书》，大阐民族主义，后复著为《噩梦》，专论治术，由眷怀故国之情而衍为经世之论，固其宜也。此其五。

（6）经济改革之影响。明代之亡，由于流寇之兴，而其原因，固由政治窳败，亦实原于商业稍盛、农民困苦之故。先生于《噩梦》、《读通鉴论》，皆尝论流民之所由起，而主张抑豪强，贱商贾，恶俭吝，且以人欲天理，非有绝对之分。其他政论与当世之经济情形，亦多有密切之关系。此其六。就政治方面可得而言者也。

先生之学术思想，所以发生自原由，非止一端。吾人既略知其思想渊源及其时代背景，合而观之，庶几可以明查其故也。①

在张西堂所重视的上述船山哲学的六点特征中，除去前文已经叙述过的若干主流看法外，比较值得关注的是（3）、（6）。因为他在（3）中看到了船山思想形成的客观物质条件，而（6）中则比较少见地提及了船山的经济学思想以及明清易代背后的经济因素，②这两点皆具有比较鲜明的历史唯物主义色彩。

此外需要指出的是，（4）存在明显的错误。从现有材料分析来看，船山在思想立场上基本没有受到方以智父子和当时传

① 王云五主编，张西堂编：《新编中国名人年谱集成·第五辑·明王船山先生夫之年表》，第26—30页。

② 此前，对于船山经济思想的研究性著作不是没有，但比较少见。典型的如，勇立：《王船山学说多与斯密暗合说》，发表于当时的《东方杂志》第三卷（出版时间大约在1904年下半年）上，比较简单地讨论了船山经济思想中与《国富论》相似的几个观点。

教士带来的西方自然科学的影响。[①]不过，尽管张西堂在这一点上的分析存在一些主观性的因素，但其关注船山思想形成的现实物质条件与社会关系所使用的历史方法论，深具唯物论的色彩。更为重要的是，他用唯物论的视角从本体层面上批判了自晚清以来一直较为主流的（如上文中的王孝鱼所持的观点）对于船山哲学宗旨是“惟器论”的思想判定。他说：

> 先生之于物，固极重视之，然而终曰“心无非物也，物无非心也”。心物一元论之色彩极明。明末清初之际，中国哲学思想尚无所谓纯唯物论，故先生虽以宇宙起原于实有，而极重视乎物。所谓天下惟器论，固非先生对于宇宙本体最终之论调也。先生之学多渊源于《易》与横渠。……先生受《易》与横渠之影响甚深，其于事物固亦当以为一物而两体，而持道器相须，理器一元，心物一元之说也。[②]

① 根据笔者目前的研究所见，船山对于方以智父子治学方式的直接评论在其书中只有一处，而且还有意地将其方法与西学区分开来，认为不是方氏父子受到西学的影响而是西学正合于其学说，而这也正合于船山对西学的排斥。船山云：“密翁与其公子为质测之学，诚学思兼致之实功。盖格物者，即物以穷理，唯质测为得之。若邵康节、蔡西山则立一理以穷物，非格物也。按近传泰西物理、化学，正是此理。”[清]王夫之：《搔首问》，《船山全书》，第十二册，第637页。关于王船山与方以智的交往，可见尹文汉：《王船山与方以智的交往——兼及船山相关诗作之分析》，《船山学刊》2015年第6期；此外，王船山对于西学的排斥态度，可见陈卫平：《从王夫之对西方科学的态度谈起》，《读书》1984年第10期。

② 王云五主编，张西堂编：《新编中国名人年谱集成·第五辑·明王船山先生夫之年表》，第38—39页。

张西堂的上述说法实乃卓见，其对于船山宇宙论的分析相对于王孝鱼来说更为细致。他认为，不能简单地把中国传统的“器”同西方哲学的“物”等同起来。中国传统哲学中“器”与“物”的内涵依然有精神性的因素，因此以纯唯物论作为衡量标准，张西堂阐明了船山惟器论背后所蕴含的传统思想资源中与西方唯物论不同的部分，指出了船山“道器相须，理器一元，心物一元”的哲学原则。因此船山的“唯器论”并不是西方哲学意义上的“唯物论”。

从这个层面上说，船山哲学近于唯物论，但并非完全的唯物论。就此而言，若过度推崇船山的“唯器论”，并以之为某种“唯物论”，反而会导致我们片面地看待船山哲学。所以，尽管张西堂使用了类似“唯物论”这样的近现代欧洲哲学术语，但其对船山哲学的诠释，相对于立志不用“西洋哲学名词”的王孝鱼，反倒是更为全面与客观，而并非只是简单地给船山哲学贴上某个现代哲学式样的标签。同时，这也表明张西堂对西方哲学相关概念的把握要强于王孝鱼。此外张西堂在引文中以“纯唯物论”作为标准，究其根源，还是因为他对船山哲学的思想起点与价值评断标准乃是以近现代自然科学作为参照的。

这里张西堂所使用的“纯唯物论”标准，指的是自然科学意义上的机械唯物论，而非辩证唯物论。同前文所述的诸位学者类似，他对船山具有动态性的“人性论”与“进步史观”的重视与推崇，显然也是因为这个观念合于现代自然科学的“进化”与“可知”观念所致。他指出：

> 先生深受《易传》与张子之影响。《易传》曰：“富有之谓大业，日新之谓盛德。”张子曰：“日新者久无穷也。”故先生更以富有与日新相关联，而谓“知其富有者惟其日新”，日新者富有，富有者日新……（船山）所谓日新之化，即所谓宇宙之进化也。今日之风雷，非昨日之风雷；今日之日月，非昨日之日月。形虽不变，质则已迁，天地之化诚日新也。先生此论，在今日观之，亦极合近代科学家之所说也。
>
> 先生更有两种意见在今日犹觉其极有价值。其一为论文明进化。……从来皆称颂古代之文明，而先生则以为治三代之民难，治后世之民易。不“泥古道高而菲薄方今”，此由其论天地之化日新，而灼见文明之进化也。……其二为论物质不灭。……（船山）所论如谓“汞见火则飞，不知何往而究归于地”，非“散尽无余”，与近代科学家物质不灭之说实极相吻合，亦极为明显非曲为附会也。①

自谭嗣同以来，船山“人性日新”观点几乎都会受到研究者的重视，这显然也同清末以来的社会与政治的变革需求有关。而

① 王云五主编，张西堂编：《新编中国名人年谱集成 · 第五辑 · 明王船山先生夫之年表》，第 45—49 页。

张西堂可能是历史上第一个具体将这一思想与《易传》“富有之谓大业，日新之谓盛德”、横渠之“日新者久无穷也”关联起来的学者。

就此言之，船山的“人性日新”论仿佛一个连接器与转换器，将古老的中国哲学典籍中的一些思想与观念，翻译为20世纪中国学人所急需的、富有现代性哲学价值意蕴的思想资源。通过船山，自《易》以来的中国思想传统亦可以合乎逻辑地开出具有近现代自然科学性质的“宇宙进化学说”与“物质不灭原则”。这就是张西堂讲的“先生更有两种意见在今日犹觉其极有价值”的思想根据，也揭示了其升格船山的内在理论动因。

以上张西堂对船山哲学的阐述表明，中国哲学的话语体系与逻辑架构是可以建立在具有科学化的思想元素之上的，这体现了中国古代思想资源中所具有的现代性元素，并且这些元素展现了传统中国哲学中所具有的民族性与原创性。这些事实表明，中国古代的哲学资源在近现代以及未来，依然具有强大的生命力。因此，张西堂通过对于船山哲学的建构与诠释，利用传统中国哲学的材料，给出了一个接续现代哲学问题与思想叙事的范例。譬如，以船山的“华夷之辨”为例，张西堂指出：

先生（指船山）之论天人之关系也，曰：“天道人情，凝于仁，著于礼。本仁行礼，而施之无不顺，皆其实然之德也。”（《礼记章句》卷九，页三七）又曰：“礼之一本于天，而惟体天德者，为能备大顺之宝，以治政安君，而天人无不顺也。三代之英，所以绍大道之公而继天立极也。乃推求其本，则一言以蔽之曰仁。……仁与《中庸》之言诚一也。……仁当笃于父子，仁以自爱其类。凡同类者，不可相贼；而异类者，不可以骤云博爱也。今之说曰：“必先言民族主义，而后言世界主义。”先生之言爱有差等，亦可谓提倡民族主义，此一说也。①

上述引文的核心在倒数第二行的“今之说曰”，由前文可知，船山的“华夷之辨”思想乃是清末民族革命与民族主义思想的重要理论来源。而辛亥革命的爆发本身（尽管其发生具有历史偶然性）显然也是这一晚清以来民族革命进程的理论意义归集。②

在辛亥革命之后，根据张西堂的说法，经由船山哲学的中继与转介，儒家的“爱有差等”原则也可以继续转化为20世纪初所流行的民族主义意识形态。这显然给出了一个现代意义上的中华民族概念如何在古代思想传统上肇端而出的范例，是

① 王云五主编，张西堂编：《新编中国名人年谱集成·第五辑·明王船山先生夫之年表》，第114—116页。

② 对于这一点，陈旭麓指出：“从满洲贵族统治中国的那天起，中国人民就开始了反满斗争，至此才结束了满洲贵族在中国268年的专制统治，也基本推翻了两千余年来在中国的封建帝制，这是辛亥革命的最大功绩。”陈旭麓：《辛亥革命》，《陈旭麓文集》（卷一），第111页。

一个对传统文化进行创造性转化与创新性发展的成功典型，而不是简单地仅如此前的章太炎那般借着船山的概念来喊反清革命口号。进而，通过儒家的“爱有差等”原则，人们甚至可以重建儒家（或者说，重建古代中国传统）在现代哲学话语体系中的普世性基础，此即张西堂所说的“后言世界主义”。

另一方面，张西堂通过船山对“天人”与“仁义”概念的创造性诠释，阐明了近代民族主义思想在中国古代哲学中的理论合法性，这反过来也可以证明中国传统哲学中蕴含着的现代价值，并且也是其可以继续在未来存续发展的理论生命力之所在。应该说，张西堂的这一结论极为贴合新文化运动以来中国学界的理论需要。

从一个大的理论视野来看，张西堂之所以能做到这一点，是因为其以宇宙论为基础的船山哲学诠释架构非常贴近于自然科学的世界观。相对于洋务派的“名教”、维新派的“实学”、民族革命派的“华夷”，他是以此前梁启超在清学史中对船山哲学的“科学的”论断作为先导。到了20世纪30年代，“科学”显然是这一时期人们升格船山哲学的首要关键词。而在张西堂通过“纯唯物论”（机械唯物论）与自然科学的标准将船山哲学的基本原则判定为“道器相须，理气一元，心物一元”后不久，另一位著名的中国哲学学者侯外庐基于马克思主义的视角指出：船山哲学的这一“理气一元”基本宇宙论的动态变化原则，其背后有着辩证法的要素。而王船山与马克思有着思想契合这一点，显然也进一步升格了船山在当时学人心中的地位。1942 年，侯外庐在《船山学案》[①] 中写道：

> 他（指船山）有时把“理”作泛神论看……（船山认为）所有之实的“气”，是生化不息的东西（范畴）。神亦在这范畴中，理亦在这范畴中。他于是将宋明儒的理学（超生化的主宰）否定，而建立了他的生化史观。……他的来生往化论，虽有循环论的色彩，但重在变化哲学，其内容含有辩证法的要素，而和宋明理学的不变哲学相反。[②]

可以看到，侯外庐基于马克思主义的思想立场所给出的船山哲学研究框架，主要是从唯物辩证法角度来构建的。他对船山与传统宋明道学家的论述，具有鲜明的恩格斯“辩证法”与“形上学”矛盾对立的哲学史逻辑。

他认为，船山的“理气论”具有辩证唯物主义的要素。与张西堂从自然科学（机械唯物论）的视角将船山认作是“近唯物论”的论断不同，侯外庐认为，船山可以被认作是一个马克思主义语境下哲学史上的“唯物主义哲学家”。他在晚年时

① 关于《船山学案》的成书时间，侯外庐在 1982 年回忆说：“这本小册子是我在四十年前写的。其时正逢船山逝世二百五十周年。”侯外庐：《船山学案》，新版序，长沙：岳麓书社，1982 年，第 1 页。但经过笔者查阅，这一版《船山学案》正式出版时间应该是在 1944 年前后。

② 侯外庐：《船山学案》，长沙：岳麓书社，1982 年，第 25—26 页。

曾道：

> 这位十七世纪中国的思想巨匠（指船山）并没有受到人们的足够重视，甚至学术界对他的丰富思想遗产也还缺乏真切的了解。我当时正撰著《中国近世思想学说史》，尝试着运用马克思主义的观点和方法去掘发船山遗留的思想宝库，着重探索了他的哲学思想，发现他是中国历史上具有近代新世界观萌芽的杰出唯物主义哲学家。①

侯外庐得出上述观点的关键依据在于：船山宇宙论的核心概念“絪缊之气”，与马克思主义的物质定义②是可以紧密地结合在一起的。他说：

> “絪缊”二字在张载理学中指“太和”或二气本体之

---

① 侯外庐：《船山学案》，新版序，长沙：岳麓书社，1982年，第1页。

② 马克思主义哲学传统中最经典的物质定义实际上来自列宁。列宁指出：“如果你们认为人感知的是客观实在，那么就需要有一个关于这种客观实在的哲学概念。而这个概念很早很早以前就制定出来了，这个概念就是物质。物质是标志客观实在的哲学范畴，这种客观实在是人通过感觉感知的，它不依赖于我们的感觉而存在，为我们的感觉所复写、摄影、反映。”从客观实在性，不依赖于感觉独立存在的方面说，船山的“絪缊之气”确实可以说是唯物的。（俄）列宁：《唯物主义与经验批判主义》，载于中共中央马克思恩格斯列宁斯大林著作编译局编：《列宁专题文集》（论辩证唯物主义和历史唯物主义节选），北京：人民出版社，2009年，第35页。

> 所涵，船山注张载《正蒙》一书，则有新义，颇近哲学上的“物质”范畴。……（船山的）“絪缊”或气，好象是“从远观火”的实有块，颇当哲学上的物质范畴，而不是科学上的物质。物质是多种多样的实在，包含着极丰富的内容，而有一定的自然规律，即天地人物消长死生自然之数，归著充调的联结运动。①

应该说，上述引文中侯外庐的说法，在思想上，可以看作是张西堂以科学与机械唯物论对于船山哲学所作的“近唯物论”判定的一个发展。从《船山学案》的成书年代来说（新中国成立之前），这是非常具有原创性的。

它融合了中国哲学与马克思主义哲学的理论成果，也代表着一个在中国传统哲学领域如何落实马克思主义中国化的理论运思方向。从欧洲哲学的视角来说，马克思与恩格斯对物质运动的辩证思考范式，确实要比近代自然科学的机械性物质不灭原则更加贴近于对船山“絪缊之气”概念的诠释。因为“絪缊”一词本身更多地指向“气”自身的内在运动，②这一点与

---

① 侯外庐：《船山学案》，长沙：岳麓书社，1982年，第23—24页。

② 根据船山自己对这一概念定义：“絪缊，二气交相入而包孕以运动之貌。”而对于这句话，当代有学者指出：“这里‘包孕’一词既形象又贴切，它犹如阴阳二气孕育于母胎之中，絪缊使受精卵成长为胎儿。”［清］王夫之：《周易内传》，《船山全书》，第一册，第596页；以及，张立文：《正学与开新——王船山哲学思想》，北京：人民出版社，2001年，第112页。

马克思主义哲学强调物质所具有的、作为第一性的辩证运动特质是相似的。并且，除了以马克思主义的“物质”概念来诠释船山的宇宙论之外，侯外庐还使用了马克思主义的哲学基本问题（思维—存在）范式[①]来揭示船山的认识论原则所具有的唯物主义属性。侯外庐指出：

> 宋明以来的理气观，是中古烦琐哲学的中心论点。这在船山的生化论中建立了崭新的命题。黄梨洲说，“离气无理”，“离器而道不可见”。顾亭林说，“离器而道无可寓”。船山之学更富哲学，故他的论据比黄顾二氏更为确实详明。他肯定气为第一次的，理而第二次的。这一思维与存在的关系问题，在船山学说中是最光辉的。（船山云：）“气者，理之依也。气盛则理达。”……此言“理”依存于“气”，即思维依存于存在。客观世界的道理依赖于客观世界本身而存在；没有客观世界，就没有关于客观

① 当然从严格意义上讲“道、器”问题是否可以和“思维—存在”问题在思想上完全对应，从今天的角度来看也是值得怀疑的。因为，恩格斯所提出的思维与存在的关系问题，就其根源上说，是与欧洲的宗教哲学传统密切相关的。恩格斯指出：“因此，思维对存在、精神对自然界的关系问题，全部哲学的最高问题，像一切宗教一样，其根源在于蒙昧时代的狭隘而愚昧的观念。但是，这个问题，只是在欧洲人从基督教中世纪的长期冬眠中觉醒以后，才被十分清楚地提了出来，才获得了它的完全的意义。”（德）恩格斯：《路德维希费尔巴哈和德国古典哲学的终结》，载于中共中央马克思恩格斯列宁斯大林著作编译局编译：《马克思恩格斯全集》（第21卷），北京：人民出版社，1965年，第317页。

> 世界的道理。①

如此，通过将船山之“气”认作“物质”的诠释进路，侯外庐使得船山哲学的基本架构完全纳入了辩证唯物主义的体系之中。同时，侯外庐还使用了马克思主义经典的“唯物—唯心”两军对阵的哲学史范式，来定位王船山在整个中国古代思想史与哲学史中的位置。他指出：

> 王夫之对过去的唯物主义学说的继承和发展是很清楚的。他一再赞扬王充为“知言”或“得理”，对张载从自然观出发的唯物主义观点大体吸取，而有进一步的发挥和改造。他对当代学者有扬有抑，如对泰州学派思想，因学说派系之异趣而批判独多；对方以智父子的自然科学知识，又因他们富有贡献而特别表示推崇和赞许。②

需要注意的是，侯外庐的《船山学案》成书于新中国诞生前。所以，他应该是最早使用恩格斯经典的“两军对阵”③式样的思考范式梳理中国哲学史的学者之一。而借用这一范式，相对

① 侯外庐：《船山学案》，长沙：岳麓书社，1982 年，第 47 页。

② 侯外庐：《船山学案》，长沙：岳麓书社，1982 年，第 132 页。

③ “两军对阵”这个表述来自今人陈卫平对马克思主义传统这一关于哲学史研究的思想范式的概括。陈卫平：《从突破“两军对阵”到关注“合法性”——新时期中国哲学史研究之趋向》，《学术月刊》2008 年第 6 期，第 33 页。

于当时一般意义上的船山哲学研究，侯外庐给出了一些颇具原创性的哲学史视角与结论。如上所述，根据“唯物—唯心”两军对阵的哲学史范式，他认为汉代儒者王充在哲学史上对于船山的影响，可能要比宋代的张横渠要大得多（尽管相对于横渠，船山著作中很少提及王充）。①

进而，王充→张横渠→王船山在侯外庐的思想视野内构成了一条贯穿整个中国古代哲学史的唯物论发展线索，并且他以船山作为这条哲学史线索的集大成者。在中国思想界，侯外庐应该是最早提出这一线索的专业学者，这一点比起在下一章中我们即将讨论的1949年后中国哲学界基于“日丹诺夫范式”所提出的类似观点要早得多。侯外庐指出：

> 船山书中，可以说从孟子起（如论性善）没有不在他的批判之下，惟于王充，一再称为“知言”或“得理”。我最初还不觉得十分重要，以为这是反对变复、灾异等迷信方面应具有的心印处，后来经过一番仔细比较，才知道二王学术渊源是有一条红线贯穿着，比他所尊许的张载，在他思想中有更多的脉络可寻。②

---

① 侯外庐指出：“他（指船山）的直接传统，在我看来，已经不是理学，虽然有张载理学的外貌。他所谓‘先我而得者，已竭其思’，影响了他的学说的人，实在不是张载，在方法论上是老庄和法相宗，在理论上是汉代一位唯物主义者王充。”侯外庐：《船山学案》，长沙：岳麓书社，1982年，第8页。

② 侯外庐：《船山学案》，长沙：岳麓书社，1982年，第17页。

此间侯外庐所谓的“一条红线”，从具体上说，就是他发现船山与王充对于历史上的“神异迷信”都极有理性批判精神，而这种理性批判性特质显然是启蒙、科学精神以及唯物主义思想的体现。他以此为准绳，借助恩格斯“唯物—唯心”两军对阵的哲学史判定标准，彰显了从王充到王船山在哲学史上的唯物论特征，揭示了中国古代哲学史在唯物论方面的内在逻辑线索。侯外庐认为：

> 王充的《论衡》一书，富有批判精神，在中国思想史上敢于提出问题（最棘手的时代问题）而诉诸理性认识，实最出色。他几乎没有一篇不是反对武断与盲从的，如对于邹衍五行灾异之说，对于汉儒谶纬三统之论，皆攻击无遗。这一点船山是同其精神的。他反对陈抟以来的太极图说，反对星相家、变复家、方术家诸不合科学之论，亦不一而足。……他关于这些理性以外的穿凿附会，不是斥之曰“邪说”，便是非之曰“妖妄”，与王充相似。①

理性原则与辩证法，外加对于迷信与独断的批判，显然构成了侯外庐重视船山哲学的思想根源，这些也都是马克思主义看待哲学史人物的基本价值评判立场。而有了这些界定，王船山在

① 侯外庐：《船山学案》，长沙：岳麓书社，1982 年，第 17 页。

马克思主义视角下的哲学史定位，也就自然超越了其他古代的中国哲学家，这构成了 20 世纪 40 年代之后，在马克思主义的思想视野内学界继续升格船山的主要理论动因。

总之，通过观察上述三位学者（王孝鱼、张西堂、侯外庐）的船山哲学研究，可以发现：尽管他们基于不同的思想视角，并且对于船山哲学的诠释与评价存在差异，但他们都强调了船山哲学中的理性（科学、元哲学）元素，同时也都认为这一点是船山哲学中的科学的或者说启蒙式的标志，具有唯物主义特征。

相对于嵇文甫与贺麟由历史哲学出发的“黑格尔哲学式”思想进路，基于这一“理性”、“唯物”与“科学”的视角，王、张、侯三位学者对于船山哲学的定位与诠释更契合于由笛卡尔开启的近代欧陆哲学体系架构——以本体论、宇宙论（自然哲学）层面上的世界观与方法论作为基础，层层展开，并最终在船山思想中揭示出了一个完整的哲学体系。即便是作为马克思主义者的侯外庐未脱离这一路线。

从广义上说，马克思主义也是欧洲近现代哲学发展的一个结果，同样在欧洲理性主义哲学的大传统之中。相对于嵇文甫与贺麟由历史哲学出发的“黑格尔哲学式”的比附性诠释进路，王孝鱼、张西堂以及侯外庐的船山哲学体系更为正向、严密、完整与庞大。此外，他们的“理性”与“科学”视角同时也凸显了宇宙论与自然哲学在船山的体系中所具有的重要意义。

不过，自然哲学恰是黑格尔哲学中比较次要与薄弱的部分。若过于强调船山与黑格尔在自然哲学上的相似之处，那么从“唯物—唯心”两军对阵的角度来讲，船山就是一个唯心主义者了——至少，这一论断是可以从前文贺麟的诠释中合理地推论出来的。① 那这就与后来侯外庐等人对于船山哲学的唯物主义或者唯器论定位矛盾了。

从船山哲学本身来说，相对于唯心主义的集大成者黑格尔，其在思想气质上确实也更为“唯物”，并契合于自然科学式的世界观（最为典型的一点是船山不同意程朱理学“理在气先”的目的论世界观）。所以，顺理成章地，秉持着黑格尔的辩证法并颠倒了黑格尔思维与存在关系的辩证唯物主义，才是那个能最好地接续与贴合船山哲学的西方哲学立场，这就带来了马克思主义立场上的船山哲学诠释。所以，从唯心主义过渡到唯物主义进而来到马克思主义，船山哲学的升格历程在这段时间内的发展逻辑契合于近代以来的欧洲哲学的发展次序以及欧洲哲学流派在 20 世纪上半叶中国思想界的流行次序。

正因为船山哲学本身的这种唯物论特征，所以从整体上说：不论是王孝鱼、张西堂的相关说法，还是侯外庐的“唯物

① 嵇文甫本人的思想立场姑且不论，依当时的马克思主义者（如胡绳）的标准来看，贺麟乃是一个标准的唯心主义者，尽管贺麟本人对此不置可否。参阅胡绳《一个唯心论者的文化观——评贺麟先生著〈近代唯心论简释〉》，与贺麟《答谢幼伟兄批评的三点》，二文皆载于贺麟：《近代唯心论简释》，北京：商务印书馆，2011 年，第 309—340 页。

论”进路，它们从体系结构与思想逻辑的严密程度上，都要强于嵇文甫与贺麟由历史哲学出发的“黑格尔哲学式”的唯心论诠释。在王孝鱼、张西堂与侯外庐的视角下，船山哲学更能彰显现代哲学的思想特征与逻辑架构，其内在的理论说服力更为强大、思想现代化的程度更高。

同时，在这条“唯物论”的进路中，侯外庐的诠释又比王、张二人要更为完善与彻底。当然，这一点部分归功于马克思主义世界观与方法论本身。在下文中我们还会看到，正是在马克思主义的“唯物论”判定中，20世纪的船山升格运动达到了最高峰。① 而除了上述所讲的“唯物—唯心”分歧之外，我们也应该看到，在新文化运动后，从梁启超与钱穆开始，不论是嵇文甫、贺麟，还是王孝鱼、张西堂、侯外庐，不管他们的思想立场或者预设的理论视角有多大差异，但却都试图对船山进行现代哲学诠释，这是自晚清以来一再发生的哲学史现象。

① 当然最大的争议也就是船山哲学是否可以被定义为“唯物论”，或者用任何现代哲学名词来加以严格地规定——这种立论方法是否具有思想合法性？侯外庐后来回忆说：“我在书中对于船山思想的评论，在学术界产生了不同的反响。有人表示同意我的看法，有人表示不同意我的看法。和我争论最多的，莫过于熊十力先生。他不同意说王船山是唯物论者，主张他是理学家。我也不同意他的看法。于是，我们在书信中往复讨论，彼此诘难，始终都未能说服对方。解放以后，我一直保存着熊先生给我的十余封信函。不幸的是，在十年浩劫中，这些论学书札亦被洗劫殆尽。至于我给熊先生的那些书信，是否复存人世，不得而知。倘其幸存，我很希望把它附入本书，作为研究船山思想的资料。”侯外庐：《船山学案》，新版序，长沙：岳麓书社，1982年，第1页。

同时，他们也都认为，船山哲学的这种体系化的思想特征对于近现代以来的中国哲学研究与发展至关重要。

总之，对于船山之学的体系化论述是以“船山哲学”这个概念的提出为标志的，它彰显了中国哲学学科在民族性上的价值内涵建构，使得现代意义上的中国哲学概念得以成立（关于这一点具体可见本书第七章）。就此言之，今天我们讲的中国哲学，最初的那一部分具有民族性的世界观、方法论及其话语体系与问题意识，是站在船山哲学的基础上构建起来的。

第五章　1949年后“日丹诺夫范式”影响下的船山升格运动与中国哲学的现代化

一、船山哲学的“民族性”与“普遍性”诠释路线之争

1949 年新中国成立后，整个中国哲学界与思想界也焕发出新的面貌。相对于旧时代，哲学上最为重要的变化，就是彻底以马克思主义为指导来开展理论研究，并全面向苏联学习研究哲学史的方法。张岱年在 1957 年总结道：

> 解放以来中国哲学史的研究方向主要表现于三点：第一，承认思维与存在的问题是中国哲学的首要问题。……既然思维与存在的问题在中国哲学中也是首要问题，所以中国哲学史也是唯物主义与唯心主义的斗争的历史，而其斗争的领域也是与西洋相类似的；第二，承认社会存在决定社会意识，在研究哲学思想的时候必须运用阶级分析的方法，也就是认为，唯物主义与唯心主义的斗争是阶级斗

争的反映；第三，学习苏联哲学界的先进经验，学习苏联学者研究哲学史的方法。①

从今天的角度来看，上述张岱年所指出的三点其实与新中国成立前中国哲学学科所面临的合法性问题乃至 1840 年以来整个中国近现代哲学发展所处“古今中西”之争的大背景是一脉相承的。就第一点来看，承认马克思主义思维与存在的关系问题是中国哲学的首要问题，其实是预设了一个前提，即：中国哲学与欧洲哲学（至少是直到 20 世纪初的欧洲哲学）有着共同的、具有普遍性的“元哲学”问题意识，如此也就不存在所谓的“中国有没有哲学的问题”。

从当时的语境来看，马克思主义关注的思维与存在的关系问题之所以可以直接套在中国哲学史上，主要在于张岱年所说的第二点：也就是历史唯物主义原则——社会存在决定社会意识——既然中国和欧洲都处于“阶级社会”，那么基于相同的社会存在形式（阶级社会的某个阶段），认为中西哲学作为各自社会意识的组成部分，共享具有普遍性的核心问题意识范畴（思维与存在、唯心主义与唯物主义的斗争、经济基础和上层建筑）也就是很自然的事情。

而这一思想进路落实到具体运思层面，就形成了所谓的

① 张岱年：《关于中国哲学史的范围问题》，载于赵修义、张翼星等编：《守道：1957—1957 年中国哲学史实录与反思》，上海：上海人民出版社，2012 年，第 117—118 页。此书在下文中简称《守道》。

“日丹诺夫范式”，即20世纪40年代，苏共中央书记处书记安德烈·亚历山德罗维奇·日丹诺夫（Андре́й Алекса́ндрович Жда́нов）为苏联哲学界编撰出版的《欧洲哲学史》所定下的研究基调与基本范式。① 笔者并未找到对应这一范式俄文的原始翻译，仅根据20世纪50年代中国学者的表述，引用其核心内涵如下：

> 科学的哲学史，是科学的唯物主义的世界观及其规律底胚胎、发生和发展的历史。唯物主义既然是从与唯心主义派别斗争中生长和发展起来的，那么，哲学史也就是唯物主义与唯心主义斗争的历史。②

根据当代学者的考证，这一公式化定义的最初源头是“苏共中央书记日丹诺夫在讨论亚历山大洛夫的《西欧哲学史》会上的讲话”，③ 这就是“日丹诺夫范式”的来历。而从苏联马克思主

① 传统上一般称之为“日丹诺夫定义”。但笔者认为，就其在很长一段历史时间内对于中国哲学的影响来看，实际上乃是起着研究范式的作用，故而将其称作范式（paradigm）。

② 石峻：《论有关“中国哲学史”的对象和范围的讨论及其目前存在的一些问题》，载于《守道》，第104页。

③ 陈卫平：《从突破“两军对阵”到关注“合法性”——新时期中国哲学史研究之趋向》，《学术月刊》2008年第6期，第33页。笔者按：此处原文中对于日丹诺夫的职位标注可能有误，应为“苏共中央书记处书记”。日丹诺夫曾经被认为是斯大林的接班人，主管苏联的意识形态工作，但最终早于斯大林去世。

义哲学研究的发展来看，日丹诺夫这套对哲学史研究的看法，实际来自《联共（布）党史简明教程》中斯大林对社会意识的定义。① 这同时也是张岱年讲的第三点“苏联学者研究哲学史的方法”。他在 20 世纪 50 年代曾经撰文指出：“日丹诺夫关于哲学史的定义是科学的，正确的，是我们哲学史研究工作的指南。这个定义揭示出哲学发展的基本规律，指明了哲学史的中心内容，规定了哲学史研究工作的主要方向。”②

那么，从具体内容上说，在中国哲学史中找出“唯物主义与唯心主义斗争的历史”线索也就成了当时学界所面临的主要理论问题。张岱年在 20 世纪 50 年代对于船山哲学的研究正是根据这一问题意识开展的——确立一套全新的、基于马克思主义思想叙事的中国哲学研究话语体系，而船山哲学研究则是当时落实这一范式与问题意识最主要的抓手和典范之一。同时，依照“日丹诺夫范式”来看，王船山可以被定性为在中国哲学史上具有革命性与进步性的“唯物论”方面的典型人物。张岱年说：

---

① 斯大林指出：“形成社会的精神生活的泉源，产生社会思想、社会理论、政治观点和政治设施的泉源，应当到思想、理论、观点和政治设施本身中去寻求，而要到社会的物质生活条件、社会存在中去寻求，因为这些思想、理论和观点等等是社会存在的反映。”联共（布）中央特设委员会编，中共中央马克思恩格斯列宁斯大林著作编译局译：《联共（布）党史简明教程》，北京：人民出版社，1975 年，第 128 页。

② 张岱年：《关于中国哲学史的范围问题》，载于《守道》，第 116—117 页。

> （王船山）是17世纪中国的杰出的唯物论者，对于唯物论的发展曾经有过卓越的贡献。①

同时张岱年将船山定义为“唯物论者”的理论根据，则来自其运用“日丹诺夫范式”对于明末清初社会性质的阶级分析。张岱年指出：

> 王船山的哲学思想是明清之际唯物论的最高成就。何以明清之际会产生唯物论思想呢？何以王船山能达到唯物论的世界观呢？这从当时的社会历史条件、当地的阶级斗争与民族斗争的情况来看，是不难理解的。②

从马克思主义思想发展史的角度来说，运用“日丹诺夫范式”来处理哲学史实际上是对列宁的“哲学的党性”原则的教条式运用。列宁认为：唯物主义与唯心主义在社会意识上的二元对立，本质上对应着以压迫阶级与受压迫阶级为代表的社会存在上的二元对立。③ 在这一问题意识之下，因为中国历史上存在

①② 张岱年：《王船山的唯物论思想》，载于张岱年著，刘鄂培主编：《张岱年文集》（第四卷），北京：清华大学出版社，1995年，第187页。

③ 列宁在评价经验批判主义的时候指出：“在经验批判主义认识论的烦琐语句后面，不能不看到哲学上的党派斗争，这种斗争归根到底表现着现代社会中敌对阶级的倾向和意识形态。最新的哲学像在两千年前一样，也是有党性的。唯物主义和唯心主义按实质来说，是两个斗争着的党派，而这种实质被冒牌学者的新名词或愚蠢的无党性所掩盖。”（转下页）

着“阶级斗争”的情况，① 所以根据“党性原则”也就自然可以得出：中国古代在思想意识层面存在着唯物主义与唯心主义的哲学路线之争。

就此言之，20 世纪 50 年代中国哲学界事实上的核心问题意识是：应该怎样在中国传统哲学的领域内揭示与阐明唯物主义与唯心主义两条哲学路线的斗争，并且把两派哲学史线索分殊清楚。在这一问题意识的引领下，对船山哲学的诠释与研究就有了典型意义。因为处于明清之际激烈变革（阶级斗争）的社会背景下，又对道学传统具有强烈批判精神的船山哲学，在“日丹诺夫范式”的观照之下能够比较清楚地被归于唯物论的线索之中。进而，学界就可以此为基础，揭示出整个中国哲学史上唯物主义与唯心主义的两条哲学理论路线的斗争形态。张岱年说：

> 明代末年，统治阶级与农民的矛盾达到了极其深刻的程度，因而爆发了农民革命。但清兵入关以后，情势起了重大的变化。汉满之间的民族矛盾特别激化了，成为当时

（接上页）（俄）列宁著，中共中央马克思恩格斯列宁斯大林著作编译局编译：《唯物主义与经验批判主义》，北京：人民出版社，2015 年，第 378 页。

① 这一历史观也是新民主主义革命理论的一个基本前提。毛泽东指出：“中华民族的发展（这里说的主要地是汉族的发展），和世界上别的许多民族同样，曾经经过了若干万年的无阶级的原始公社的生活。而从原始公社崩溃，社会生活转入阶级生活那个时代开始，经过奴隶社会、封建社会，直到现在，已有了大约四千年之久。”毛泽东：《中国革命和中国共产党》，《毛泽东选集》，第 2 卷，北京：人民出版社，1991 年，第 622 页。

> 的主要矛盾。当时汉族人民反抗清朝统治集团的斗争极其炽烈，表现了雄壮英勇刚毅不屈的气概。在反清的义军中，有农民、手工业者、小商人，也有中小地主。当时的豪族大地主，除了少数也参加了民族抗争以外，大部分投降了清朝统治集团，企图与清朝统治集团勾结起来，共同盘据在汉族人民的头上。……清兵入关以后的情势就是这样：一方面是中小地主与农民，一方面是清朝统治集团和投降的大地主，两者之间展开了激烈的斗争。在这场斗争中，中小地主阶层的一部分思想代表，不得不面对现实，不得不放弃唯心论的幻想，因而达到了唯物论。①

由于哲学上的“党性原则”对于“反动统治阶级→唯心主义”与“受压迫革命阶级→唯物主义”的固定搭配，因此具有反清主张的王船山也就因其小地主的阶级划分，被归于反抗压迫阶级（大地主与满洲贵族）的唯物主义（小地主、农民）阵营。② 但如果我们仔细分析上述引文，就会发现：张岱年在这

① 张岱年：《王船山的唯物论思想》，载于张岱年著，刘鄂培主编：《张岱年文集》（第四卷），第 187 页。

② 这种阶级划分并非源于列宁，实际上来自毛泽东对于当时中国的阶级分析所得出的模板。毛泽东指出：“现阶段的中国社会里，有些什么阶级呢？有地主阶级，有资产阶级；地主阶级和资产阶级的上层部分都是中国社会的统治阶级。又有无产阶级，有农民阶级，有农民以外的各种类型的小资产阶级；这三个阶级，在今天中国的最广大的领土上，还是被统治阶级。”毛泽东：《中国革命和中国共产党》，《毛泽东选集》，第 2 卷，第 638 页。

套话语体系上使用“日丹诺夫范式”与“哲学的党性”原则为王船山进行哲学史定位的时候，其所着眼的研究主体其实还是船山的民族主义思想。

尽管张岱年在叙述逻辑上已经非常努力地向“日丹诺夫范式”靠拢，但其根本的思想关注点依然是清末以来船山哲学研究所固有的那一套民族主义的东西。就此言，船山哲学本身的特出之处，以及清末以来人们对于船山的哲学史定位（启蒙、民族革命），外加既往丰富的历史研究积累，使得船山哲学在当时至少可以兼容“日丹诺夫范式”的外在形式，这让张岱年的中国哲学研究在面对“日丹诺夫范式”时有了思想腾挪的余地，也拉开了 1949 年后船山升格运动的序幕。

因此至少从船山升格运动的角度来说，中国哲学史从 1949 年前到新中国成立后并不存在断裂。尽管话语体系与叙事逻辑发生了重大变化，但其具体的研究内容与问题意识却具有一致性与承继性。另一方面，就中国近代史的角度来看，自 20 世纪三四十年代以降，基于中国革命的现实情况，从毛泽东提出的“反帝反封建”的新民主主义革命话语体系出发，升格船山哲学也是具有现实意义的。因为毛泽东所讲的“反帝”这个概念本身就强调与突出了现代意义上的爱国主义与民族主义精神，这一点正可以接续船山哲学中以“华夷之辨”为核心的民族主义思想。

所以，尽管使用了马克思主义的理论架构，但张岱年在 50 年代对于船山哲学研究的着眼点与切入点，依然承接着清末以来至20世纪上半叶的船山研究的传统。他只是将船山哲学当中的“华夷之辨”转化为了现代意义上中华民族的爱国主义（民族主义）精神，这在20世纪50年代初来看，也同样是非常正面积极与需要弘扬的。因为新中国本身就是“反帝反封建”的新民主主义革命所孕育出的国家。①同时，依照“日丹诺夫范式”所定下的历史唯物主义线索，船山民族主义产生的根源，又来自明末清初的社会大变局，是当时的阶级斗争在人类精神上的体现，这本身合乎马克思主义社会存在决定社会意识的叙事逻辑。就此言之，以上种种显然构成了20世纪50年代初船山升格运动的内外动因。

经过张岱年的努力，以马克思主义的方法论原则作为指导，通过辩证唯物主义与历史唯物主义，能够将船山哲学诠释为一个相当完整自洽的理论体系，并且其对船山哲学的解读也能很好地合乎中华人民共和国立国的政治基础。总之，张岱年在50年代初对船山民族主义思想的日丹诺夫式解读，可被视作一个初步的中介与试探，成为新中国成立后中国哲学界在

① 有历史学者指出：“在西方诸多引进思想之中，我认为除了‘科学主义’之外，近代‘民族主义’思潮大概对中国学界的影响最大，其支配作用从民国初年的明末清初思想研究中即已初现端倪。到了上个世纪30年代，更是因日本入侵而达于鼎盛。但这些因现代帝国主义入侵所表达的‘民族主义’忧患情绪，却大多建立在满汉冲突的历史记忆之上，使用的还是驱除鞑虏、恢复华夏的传统表述。”杨念群：《明末清初思想文化研究范式的转移——以近百年相关讨论为中心》，《清史研究》2018年第3期，第135页。

方法论与话语系统上向着“日丹诺夫范式”靠拢的先导之作。张岱年指出，在“日丹诺夫范式”之下的王船山的哲学史面貌是：

> 王船山坚决地肯定物质世界的独立存在与他的参加民族斗争的实践是不可分的。在艰苦炽烈的民族斗争中，他认识到客观实际是必须用积极的努力才能加以变更的，而不是可以由主观的幻想随便抹煞的。唯心论者否认客观的实在，势必逃避现实斗争因而贻民族斗争以莫大损害。为了坚持有效的民族斗争，不得不首先清算当时流行的主观唯心论。这就是王船山反对主观唯心论的理论斗争的实际意义。①

进而根据马克思主义哲学“思维与存在”的问题意识，张岱年指出：

> 关于心与物的关系，王船山的基本观点确然是唯物的，他认为人是天地之所生，天地在先，人在后。……天地在先而无心，人有心而在后。王船山还说过：“原心之年自生，则固为二气五行之精，自然有其良能，（良能者神也。——原注）而性以托焉，知觉以著焉。（性以托，

① 张岱年：《王船山的唯物论思想》，载于张岱年著，刘鄂培主编：《张岱年文集》（第四卷），第194页。

故云具众理。知觉以著，故云应万事。——原注）”心是二气五行之所生的。显然，王船山认为物质在先而精神在后。①

张岱年认为，在中国哲学史上，船山哲学是一个很好的范例，能够将“唯物主义与唯心主义的斗争是阶级斗争的反映”这条“哲学的党性”原则与其自身哲学的基本逻辑很好地结合起来。

他将船山反清、反对异族统治的斗争哲学表述为受压迫阶级反对统治阶级所展开的唯物主义反对唯心主义的斗争，清末以来作为研究热点的船山民族主义思想就此被张岱年转为了“日丹诺夫范式”下“唯物—唯心”的叙事逻辑。当然，如前文所述，由于船山对客观实在有着十分重要的论述与关注，同时将这些内容诠释为唯物论也不是在20世纪50年代才开始的（这条路线的开创者是侯外庐）。因此，可以说张岱年在20世纪50年代是“接着讲”地推进了民国以来船山哲学的研究。在某种程度上，张岱年的相关研究实际是前文中所揭示的自谭嗣同以来“西学与船山互格”运思路线的发展，毕竟马克思主义也是“西学”。

从船山哲学研究的角度来说，相较于20世纪上半叶的嵇文甫、贺麟、王孝鱼等人，张岱年借助“日丹诺夫范式”从一

① 张岱年：《王船山的唯物论思想》，载于张岱年著，刘鄂培主编：《张岱年文集》（第四卷），第199页。

个全新的角度揭示了船山哲学相对于道学传统的内在发生学逻辑。只是这一逻辑被包裹在上承列宁的苏俄马克思主义的话语体系之下，暂时掩藏了其所具有的中国哲学本身的发展内涵。如张岱年认为：

> 作为中小地主阶层的思想家，船山何以能坚强地站在唯物论的阵营，以最大的力量捍卫并且发展了唯物论呢？这是由于当时民族斗争的炽烈，这是由于当时投降派大地主与一切受压迫的中小地主、劳动人民的矛盾之深刻。当时的中小地主知识分子，经历亡国的惨痛，身受异族残酷的压迫，为了求生存求发展，为了进行有效的斗争，就掌握了唯物论的武器。当时的爱国人士，虽然反抗清朝的武装斗争遭受了暂时的失败，但始终不放弃民族复兴的信心，所以，虽然暂时停止了武装战斗，却更勇气百倍地，在文化领域内，在思想战线上，进行了气势宏伟的斗争。首先攻击了那足以模糊民族意识消蚀斗争情绪的佛教思想，其次便清算了那令人陶醉于主观幻想而忽视客观实际的陆王唯心论，其次更检讨了那令人沉溺于传统教条而怀想绝对观念的程朱唯心论，这样来巩固唯物论的坚实基地，以作为民族复兴的学术思想的准备。这便是王船山唯物论世界观的实际意义。①

① 张岱年：《王船山的唯物论思想》，载于张岱年著，刘鄂培主编：《张岱年文集》（第四卷），第199页。

可以看到，在上述一整套马克思主义话语体系的论述之中，有几个关键词却是“日丹诺夫范式”和列宁的“党性原则”所没有涉及的，这就是“爱国主义”、“民族意识”、“民族矛盾”及其与王船山的道学批判之间的关联性。就此而言，张岱年在20世纪50年代用马克思主义的话语体系所强调的船山哲学，其着眼点从根本上说与晚清以来的郭嵩焘、章太炎等人并无二致。

从一个大的历史叙事角度来看，这也契合于1921年中国共产党成立以来对马克思主义中国化发展的一个基本宗旨——求得中华民族的独立、解放与复兴，并确立一套全新的思想文化与哲学传统。① 从这种对峙西学、重立新统的视角出发，以船山升格运动为线索，19世纪下半叶的郭嵩焘、谭嗣同，20世纪上半叶的章太炎，与新中国成立后的张岱年其实是一脉相承的。

① 这也是毛泽东在20世纪40年代对于“新中国”概念的具体表述。毛泽东指出：“我们共产党人，多年以来，不但为中国的政治革命和经济革命而奋斗，而且为中国的文化革命而奋斗；一切这些的目的，在于建设一个中华民族的新社会和新国家。在这个新社会和新国家中，不但有新政治、新经济，而且有新文化。这就是说，我们不但要把一个政治上受压迫、经济上受剥削的中国，变为一个政治上自由和经济上繁荣的中国，而且要把一个被旧文化统治因而愚昧落后的中国，变为一个被新文化统治因而文明先进的中国。一句话，我们要建立一个新中国。建立中华民族的新文化，这就是我们在文化领域中的目的。”毛泽东：《新民主主义论》，《毛泽东选集》，第2卷，第663页。

另一方面，新中国成立初期的中国哲学学科，整体上依然沿着清末以来的思想脉络在向前推进与发展，只是外在话语体系包装上，为“日丹诺夫范式”所主导。从上文中张岱年所提的新中国成立以来中国哲学的三个主要研究方向来看，他是把“日丹诺夫范式”与“党性原则”看作现代意义上的、具有普世性与科学性的思想原则在使用的。

而从思想继承性的角度来说，20 世纪 50 年代之后“日丹诺夫范式”指导下的船山哲学研究，其思想内核延续了新文化运动所倡导的“民主”与“科学”的发展方向。所以，中国近现代的思想与哲学革命在 1949 年后依然在推进。就作为中国哲学家的张岱年个人来说，他将现代意义上的普世性或科学性方法与中国哲学传统相结合的做法也并非始于此时，他在解放前就有这样的想法。在其 1937 年完成的《中国哲学大纲》中，张岱年指出：

> 今日以后，将必有新的中国哲学出现。但中国的新哲学与中国的旧哲学之间，是必有其相当的联续的。将来的中国新哲学，固然必是西洋哲学影响下的产物，而亦当是中国旧哲学的一种发展。①

显然，新中国成立后张岱年的这一构建“新的中国哲学”的思

---

① 张岱年：《中国哲学大纲》，北京：中国社会科学出版社，1982 年，第 587 页。

想更为成熟了，只是上述所谓在“西洋哲学”影响下的“新的中国哲学”被具体化为“日丹诺夫范式”的方法论原则与叙事逻辑，这一点可从其船山哲学研究中见出。

当然，张岱年这种结合中西（马克思主义也是欧洲哲学的一种）来创造“新的中国哲学”的提法，在当时并非没有反对意见。如时任北京大学哲学系教授的汪毅就曾指出：

> 马克思主义教导我们：哲学是反映一定阶级利益的世界观，是阶级斗争的工具，因此，我们在分析一个哲学家的哲学思想时，我们必需深入到他那个时代的背景，他思想的阶级根源，这样的具体分析是有必要的；只有这样细致的分析，我们才可以比较深刻地理解到一种哲学的历史真象。但是，这只是研究工作的一个方面。假如我们的研究工作仅仅做到此处为止，那我们就看不出一个民族哲学的传统……各个民族的哲学还蕴藏了各个民族的精神力量。任何一个哲学家，只要够格称为一个哲学家，他都会对他自己民族的哲学传统加添一份新的东西，他都会对后人的心思有所启发。所以，我们哲学史工作者就不特有义务去分析一种哲学思想在当时阶级斗争中所起的作用，我们还有义务来指出这样一种哲学在哪些方面丰富了哲学传统，值得后人继承下来。①

① 汪毅：《一个问题，一点意见》，载于《守道》，第 99 页。

汪毅在上述引文中提出的问题，针对的正是张岱年所讲的新中国成立以来中国哲学研究的三点主要内容。如前所述，以“日丹诺夫范式”与“党性原则”为核心，“中国哲学”概念的“哲学”部分的正当性可以被确保，因为马克思主义显然足够“哲学”（即便以欧洲哲学的语境来看），也足够“民主与科学”（即便以新文化运动的语境来看）。

但汪毅的疑问显然是落在这种所谓的（根据张岱年设想的）“新的中国哲学”的“中国”部分。用本书的问题意识来讲也就是：在使用马、恩、列、斯的方法论（如阶级分析）以及其他近现代西方哲学话语体系论述中国哲学的时候，如何确保中国的哲学传统中的民族性部分（即中国之为中国的部分）。这是新文化运动以来中国思想界面临的老问题，只是到了20世纪50年代的汪毅与张岱年这里，这个问题被转化为在马克思主义大框架下的“日丹诺夫范式”与“民族精神”之争。其争论核心还是自20世纪上半叶以来一直存在着的中国哲学学科中的普遍性与民族性问题，以及这种二元对立如何消弭或兼及的问题。

同时，汪毅的上述批评也体现在当时他对船山哲学的研究之中。如前所述，既然船山是中国哲学学科与“日丹诺夫范式”结合的先导，那么自然当时相应的质疑与商榷也会从船山这里开始。

与张岱年一样，汪毅对船山哲学研究也是由民族主义部分切入，但他却不愿意过度地使用“思维与存在”或“唯物与唯心”之类的说法来论述，而更强调船山思想的内在理论价值，以及清末以来的船山研究对中国革命的促进作用与思想积累。在1955年发表的《王船山的社会思想》一文中，汪毅认为：

> 王船山学说的成就，无疑的，主要是他唯物论的世界观；但他的社会思想，有如“维新运动”著名的领袖之一谭嗣同所说：“君统盛而唐、虞后无可观之政矣，孔教亡而三代下无可读之书矣！乃若区玉检于尘编，拾火齐于瓦砾，以冀万一有当于孔教则，则黄梨洲《明夷待访录》，其庶几乎！其次为王船山之遗书，皆于君民之际，有隐恫焉。”这固然已经是五六十年前地主阶级一位先进分子的评价。不过，即在这个评价里，我们仍然可以看出，这位五六十年前的“革新党”，还是能够从实际政治斗争的意义上，去接受王船山在社会思想方面的贡献的。这些贡献主要是：一、他建立了一个发展的历史观，指出历史的发展，有它自己的，必然的道路；从而破除了神秘主义对于历史科学的影响。二、他在中国历史上，第一次本着实事求是的态度，论述了古代的社会，打破了儒家传统中所渲染的三王盛世的观念，推翻了复古主义的理论根据。三、他光辉地提出了人性发展的学说，结束了古代形而上学的，有关人性善恶的争论。四、他大胆指出了“动”与“欲”的重要性，因而在这个问题上，使他成为清代思想

> 家反道学运动的先锋。王船山最杰出的贡献是：他把这些思想，全部贯穿了爱国主义的精神，毫无保留地为祖国，为人民而服务。这也就是他这些思想之所以能在中国近代史上，发挥积极作用的关键。①

从今天的眼光来看，汪毅所用的“社会思想”这一概念，其内涵是相当模糊的。从上述引文来看，他的这个说法包含了船山的“历史观、社会发展、人性论以及对于道学保守禁欲主义立场的批评”，这些内容几乎涵盖了清末以来船山研究的各个主要方面，并以船山的爱国主义（民族主义）思想来加以串联。

另一方面，这也表明他始终不愿意从张岱年所强调的“思维与存在”这样的马克思主义的基本哲学问题出发，来对船山哲学作出界定。显然，这也是他在中国哲学研究方向上一直强调的，对民族哲学传统的承续要高于回答普世哲学问题的理论取向。当然，在中国哲学史上，“思维与存在”也确实不是被人们关注的主要问题。

不过，对于汪毅的这些质疑，张岱年的回应也比较强硬。在对汪毅《一个问题，一点意见》一文的回复中，张岱年指出：

> 解放以来，中国哲学史研究的方向是否正确呢？汪毅

① 汪毅：《王船山的社会思想》，《文史哲》1955年3月，第25页。

> 同志在《一个问题，一点意见》一文中表示了怀疑。……汪毅同志着重中国哲学的特殊性，反对硬把西洋哲学的模式套在中国哲学思想上，这是很好的。但是他过分夸大了中国哲学的特殊性，因而就不正确了。……中国古代哲学有自己的特殊性。忽视中国哲学的特殊性，硬把西洋哲学的模式套在中国哲人的头上，是不对的。但是过分夸大了中国哲学的特殊性，以至抹煞中国哲学与欧洲哲学的一般性，也是不对的。思维与存在的问题是哲学的根本问题，这是中西哲学所共同。唯物主义就是主张物质在先，唯心主义就是主张思维第一，这也是中西哲学所共同的。理论是如此，实际的材料所呈现的情况也是如此。①

相对于民族性，20 世纪 50 年代的张岱年显然偏向于强调中国哲学研究的普遍性。但更为值得注意的是，我们在这里又看到了与此前相似的一幕——在中国哲学史领域内，即便张岱年和汪毅在思想立场上有着原则性的分歧，但他们都在试图利用船山哲学来证明自己的观点。如同几十年前的洋务派与清末革命派以及梁启超与钱穆一样，尽管各自在立场上针锋相对，但对船山的推崇与升格却十分一致。

太平天国运动以来，船山哲学研究就仿佛一个大舞台，兼容并承载了当时中国哲学研究中的普遍性与民族性取向，这一

① 张岱年：《关于中国哲学史的范围问题》，载于《守道》，第 117—118 页。

点直到新中国成立初期也没有发生变化。应该看到，汪毅在船山研究中所强调的中国哲学的“民族性”，其实是20世纪上半叶以来船山思想的体系化建构的一个延续，它反映了“古今中西”大背景之下的中国哲学学科初建时的整体特征与样貌。

当然，20世纪50年代汪毅与张岱年围绕着船山思想诠释的争论背后，又有其特殊的时代背景，即新中国成立后“日丹诺夫范式”对中国哲学研究范式全面训规之际带来的理论震荡。因此，可以说当时对船山哲学的研究依然是受外在的政治与思想变革制约的，这一点也是晚清以来船山哲学研究的常态。

即便汪毅突出了民族性，但其对于船山所谓“社会思想”的概括，从理论视角上看也是现代化的。被他称为“社会思想”的船山的“历史观、社会发展、人性论以及对于道学保守禁欲主义立场的批评”这些概念定义，实际也都可以在西方近现代思想与哲学中找到渊薮，并不完全是纯然“民族性”的，而他的“爱国主义”提法更是如此。此处，汪毅与张岱年最大的分歧无非是：我们是否必须从“思维与存在”的角度来理解船山哲学。

所以，在此我们又要重复此前得出的那个结论，船山哲学中有诸多特质契合于自西方而来的现代思想元素，这使得其在19世纪下半叶至20世纪上半叶“救亡图存”的大背景下，如同一个编译器，将中国知识分子“救亡图存”所需要的近现代欧洲思想范式如“民族主义”与“科学的世界观”、“党性原则”等等，转换为能够接续中国传统的话语体系与叙事逻辑。

自梁启超与钱穆的清学史开始，再到嵇文甫与贺麟将船山与黑格尔相比附，直至王孝鱼、张希堂，再到张岱年与汪毅，对船山哲学的诠释变得越来越现代化，这也昭示着中国哲学的思维方式越来越现代化。从思想发展上说，在船山哲学研究中导入“日丹诺夫范式”与列宁的“党性原则”，只是这种“现代哲学化”诠释的又一个新的发展阶段，其所辅翼的是当时刚刚诞生的全新的国家与民族意识，同在戊戌年与辛亥年间的船山哲学所遇到的诠释逻辑一样，它们都深受政治时事的影响。

此外，从中国革命的角度来看，汪毅与张岱年在这个问题上争论的关键在于：近代以来中国“救亡图存”是否是为了保存“民族性”意义上的“中国”？若答案是肯定的，从这个意义上说，则不论是“黑格尔主义”、“马克思主义”还是“列宁主义”，这些具有普遍性的哲学或思想传统都是为这个目的服务的。而新中国成立后教条式地使用“日丹诺夫范式”与列宁的“党性原则”实际有抹煞这个目的之可能。这也是汪毅强调的“我们还有义务来指出这样一种哲学在哪些方面丰富了哲学传统，值得后人继承下来”所针对的问题。

从汪毅的角度来看，我们需要看到船山的民族主义思想在兼容“日丹诺夫范式”的同时，更值得继承的是其中使得中国之为中国的部分，他讲的“社会思想”也是根据这一问题意识展开的。从这个意义上说，中国近现代哲学所面临的一个特殊问题，是当现代意义上的中国哲学在与现代意义上的欧洲哲学

（包括马克思主义）对接的时候，中国作为半殖民地国家所带来的“救亡图存”的问题意识，并没有与之对应的现代欧洲思想与哲学传统可以兼容，而必须基于本民族的思想资源，自行进行现代化的理论创新与构建。

自谭嗣同以来，“救亡图存”的问题意识被推崇船山的学者们包裹在“民族主义”与“进化论”的框架内，但其发挥的却是自船山的“华夷之辨”理论。新中国成立后，在“日丹诺夫范式”与列宁的“党性原则”的视角之下，这个问题（如张岱年的诠释）的本质被模糊地等同于阶级斗争，而阶级斗争背后则又是恩格斯所界定的“唯物—唯心”与“思维—存在”的哲学根本问题。①

但细究起来，在当时包括张岱年在内的中国哲学研究中，马克思主义的话语只是徒具其形，并未涉及中国近现代哲学的民族性问题。所以，张岱年所总结的中国哲学在新中国成立初期的三个研究方向中，尽管从字面上说没有一个是与清末以来的“救亡图存”与高扬民族主义原则有关的（这看起来似乎造成了某种思想断裂）；但这并不只是“日丹诺夫范式”与列宁的“党性原则”所带来的结果，实际上也是以近现代欧洲哲学话语体系重建中国传统所必然会面临的“民族性”叙事缺失的

① 即便从马克思主义的框架来分析，十月革命也并不存在反对殖民主义的问题，毕竟沙俄本身就是列强。所以，从某种意义上说，十月革命其实并没有中国革命来得彻底，这种不彻底性使得苏俄（后来的苏联）在诞生的时候就埋下了最终解体的种子。

问题。因为在欧洲的传统里根本找不到近代中国“救亡图存”的理论渊薮和类似的历史情境，即便在“十月革命”的思想内涵中也找不到完全对应的思想内容。①

所以，如果全然转向讨论那些与“思维—存在”有关的普遍性方向，则中国近现代哲学中的“救亡图存”这一块最具民族性特色的思想内容在张岱年的船山哲学研究中也就缺失了。汪毅的批评实际上指出了张岱年对于船山的这种片面性认识。而我们此前的研究也表明，船山哲学很好地兼容了“民族性”与“普遍性”（现代性、西方性）的二元统一问题。当汪毅将“唯物—唯心”与“思维—存在”这样的问题放在一边之后，在船山哲学中，他依然能够找到足够的材料，并以一种现代意义上的叙事逻辑指出：由船山的“爱国主义的精神”出发，从“社会思想”的角度举起船山哲学中的“民族性”旗帜，可以补上近现代中国革命中最为重要的“救亡图存”这一块内容在哲学上的拼图。

就此而言，船山哲学对于中国近现代哲学的意义可能是独

① 近代欧洲诸国的民族主义与革命传统与同时代中华民族意识的觉醒与中国革命在激烈程度与性质上并不能完全等同。中国革命本身具有独特性。正如毛泽东所指出的那样：“中国无产阶级身受三种压迫（帝国主义的压迫、资产阶级的压迫、封建势力的压迫），而这些压迫的严重性和残酷性，是世界各民族中少见的；因此，他们在革命斗争中，比任何别的阶级来得坚决和彻底。在殖民地半殖民地的中国，没有欧洲那样的社会改良主义的经济基础，所以除极少数的工贼之外，整个阶级都是最革命的。”毛泽东：《中国革命和中国共产党》，《毛泽东选集》，第2卷，第644页。

一无二的，因为它兼容了“民族性”与“普遍性”，并且回应了近现代以来中国革命“救亡图存”目标在理论建构上的需求。即便在当时反复强调“思维—存在”作为哲学基本问题之意义的张岱年，也承认船山哲学中有着重要的民族性维度——“巩固唯物论的坚实基地，以作为民族复兴的学术思想的准备。这便是王船山唯物论世界观的实际意义”。这构成了张岱年与汪毅争论的核心。而这种兼顾“民族性”与“现代性”的双重思想特质对于当时中国哲学学科确立自身的定位来说，有着很大的帮助。所以，中国学界在20世纪50年代之后继续升格船山是顺理成章的事情。

二、中国哲学史讨论会（1957年）对船山哲学史定位的升格

从后世的角度来看，上述张岱年与汪毅围绕着船山的哲学史定位所展开的讨论及其背后中国哲学学科的“民族性”与“普遍性”孰优孰先或者说如何互相兼容的问题，实际只是当时学界对于如何在中国哲学研究中使用“日丹诺夫范式”与“党性原则”相关讨论的一个缩影。①

1957年1月，中国哲学界响应中宣部“百花齐放、百家争

① 而对于中国当时的外国哲学（主要是欧洲哲学）研究来说倒没有这个问题了，因为“日丹诺夫范式”本身就是针对欧洲哲学史所提出的。

鸣”的号召，在北京大学哲学系召开了著名的中国哲学史座谈会讨论这一问题。根据当时还是研究生的华东师范大学教授赵修义回忆：

> 这次会议尽管是一次中国哲学史问题的讨论，但是重点在方法论，聚焦于日丹诺夫哲学史定义到底是否正确。会上冯友兰、贺麟等众多学者对日丹诺夫定义的质疑，对哲学史研究中的教条主义的批判，无疑是一大突破。①

这次会议的争论核心是由冯友兰所引出的，他指出，在中国哲学研究中，应该如何平衡“日丹诺夫范式”与“党性原则”所要求的“阶级性”与接续中国本民族哲学优良传统的“继承性”之间的关系呢？这个问题后来成了中国哲学史研究上著名的“抽象继承法”公案。②冯友兰在论述其提出的“抽象继承法”原则的过程中，使用了船山与宋明道学诸子的思想继承关系作为例证，并着重作了说明，随后便引出了与会学者围绕着船山与道学诸子的哲学史定位而产生了一系列争论。

因此，在这一历史阶段，我们需要问的是：为什么在中国

---

① 《守道》，前言，第 4 页。

② 根据当时与会者的回忆，其实“抽象继承法”这一概念名称本身并不是冯友兰自己提出的，而是来自当时中国社科院哲学所学术秘书吴传启的戏称。梁志学：《我的回忆》，载于《守道》，第 517 页。

哲学史研究中是应该拥护还是反对“日丹诺夫范式”的讨论中，船山哲学会具有如此重要的地位？它被升格到了决定与落实整个中国哲学史研究方法的高度，并使得当时的学界常常围绕着与船山哲学有关的某一具体问题来展开争论。作为具体哲学史材料的船山哲学本身，对于“日丹诺夫范式”与冯友兰的“抽象继承法”来说，到底有何特出之处？

具体言之，这场争论的起点，是冯友兰在会上针对“日丹诺夫范式”发出的一个质疑。他提出，即便中国古代哲学史上存在唯物与唯心两条思想线索之间的斗争，其斗争双方很多时候也不是如“日丹诺夫范式”强调的“两军对阵”那样泾渭分明、矛盾对立的。他说：

> （两军对阵）这样的处理，是把问题简单化了，是只看到问题的一面。唯物主义与唯心主义是一个东西（哲学）底两个对立面。……这几年来，我们处理中国哲学史中的唯物主义与唯心主义斗争底问题；只强调于其互相排斥，而没有注意于其互相影响，互相渗透。①

进而，冯友兰在《中国哲学遗产的继承问题》这篇文稿中，根据上述结论对于当时的中国哲学史教学与研究给予了批评，并提出了著名的“抽象继承法”。他说：

① 冯友兰：《关于中国哲学史研究的两个问题》，载于《守道》，第 67 页。

> 我们近几年来，在中国哲学史的教学研究中，对中国古代哲学似乎是否定的太多了一些，否定的多了，可继承的遗产也就少了。我觉得我们应该对中国的哲学思想作更全面的了解。
>
> 在中国哲学史中有些哲学命题，如果作全面了解，应该注意到这些命题的两方面的意义：一是抽象的意义，一是具体的意义。……在了解哲学史中的某些哲学命题时，我们应该把它的具体意义放在第一位，因为这是跟作这些命题的哲学家所处的具体社会情况有直接关系的。但是它的抽象意义也应该注意，忽略了这一点，也不够全面。①

综合上述引文来看，冯友兰的“抽象继承法”实际是说：如果不以“日丹诺夫范式”教条地看待中国哲学史的材料，则中国哲学史上的许多思想可以通过“抽象继承”的方式确立起现代性的意义；若非如此，则在“唯物—唯心”的框架内，大部分中国哲学传统和材料都将被彻底否定，并划在哲学史研究的范畴之外。

冯友兰认为，由于在中国古代哲学传统中，唯物主义与唯心主义的关系并非泾渭分明的“两军对阵”而是“互相影响，

① 冯友兰：《中国哲学遗产的继承问题》，载于《守道》，第260页。

互相渗透”——非常复杂地缠绕在一起的。① 因此，应该将其中好的、进步的部分抽象出来并加以继承，而不应该由于其中有一点唯心主义成分就抛掉全部，这等于是倒洗澡水的同时把婴儿也一起倒掉了。这就是冯友兰提出的“抽象继承法”的基本逻辑。

这一说法一经提出，就引起了与会者激烈的讨论。赞同者有之，持中者有之，批评者也有之。在相关讨论中，因为冯友兰在论述这一观点时多次使用了船山与道学诸子关系的相关材料来说明问题，使得后来有一部分争议转而围绕着如何评价船山哲学在道学传统中的定位展开。譬如，在讨论唯物主义线索与唯心主义线索之间的关系问题时，冯友兰拿船山与道学诸子之间的思想传承关系举例说：

> 宋明道学在开始底时候，基本上是唯物主义的。周敦颐和张载底哲学思想都认为“气”是第一性的。到了后来，程朱就倒向唯心主义。王夫之（船山）撇开了程朱，

① 冯友兰指出：“在这几年的工作中，我们总认为要说明斗争底情况，必先划出一个明确的阵线。在这阵线上，唯物主义与唯心主义‘两军对垒’……各自继承着各自底传统，各自发展，像两条平行线一样，为各自阶级利益服务。……现在看来，这样的处理，是把问题简单化了，是只看到问题的一面。唯物主义与唯心主义是一个东西（哲学）底两个对立面。它们相互排斥，而又互相影响、互相渗透，这就是两个对立面底矛盾与统一。”冯友兰：《关于中国哲学史研究的两个问题》，载于《守道》，第 67 页。

> 直接继承张载，建立了他底唯物主义的伟大思想体系。这个发展底线索，是很清楚的。我们在教学工作里，就是这样说的。
>
> 可这只是一方面。另一方面是，王夫之继承张载，但并不是简单地继承，并不是照原样回复到张载。他撇开程朱，也不是简单地撇开。他是经过程朱而又撇开程朱，经过程朱而又继承张载。在历史底辩证发展中，在人类认识底辩证发展中，“经过”并不是简单的事情。“经过”包涵吸收其合理的部分而去其糟粕，“经过”包涵着提高。①

根据上一小节可知，即便在具体问题上有所争议，但张岱年和汪毅都认为将船山的思想立场归于唯物主义线索是没有问题的。换言之，船山在“日丹诺夫范式”之中具有唯物主义定位，乃是新中国成立初期学界的一个明确共识。冯友兰也正是在这个共识的基础上指出，即便是当时在“日丹诺夫范式”中确定无疑的“唯物主义者”王船山，从道学传统上说，其思想来源也并不仅限于唯物主义线索上的濂溪（周敦颐）与横渠（张载）。在船山哲学中，作为“唯心主义者”的程朱也是有影响（冯友兰谓之“经过”）的。船山在继承横渠的同时，还吸收了程朱唯心主义思想中的部分合理内核。这种“经过”与“继承”本身就体现了“抽象继承法”的逻辑而非“日丹诺夫

① 冯友兰：《关于中国哲学史研究的两个问题》，载于《守道》，第67页。

范式”的“两条线索截然相反并斗争”非此即彼的逻辑。因此，他总结道：

> 哲学的发展是辩证的，哲学如果要如实地全面地把哲学的发展写出来，它本身也应该是辩证的。我们过去只看见“两军对垒”，认为唯物主义和唯心主义都各自继承自己的传统，这就是把“发展”看得太简单，看得不全面，这也不是哲学“发展”的真正面目。这样处理，就不是唯物的，也不是辩证的。例如把王船山看成是仅只是继承张横渠，仅只是反对程朱，忽略了王船山经过程朱而又否定程朱的事实，这就是不全面，也就是不辩证。①

所以，冯友兰认为，根据“抽象继承”这一原则对船山与道学诸子的上述定位，从马克思主义的角度说也是符合辩证法“否定之否定”原则的，这构成了“抽象继承法”的方法论基础。冯友兰指出，至少在中国哲学的传统中，唯物主义（如横渠、船山）与唯心主义（如二程、朱子）并不是两条简单截然对立的平行线，它们在思想继承与发展上实际存在着相当复杂的关系。因此，对相关哲学家进行“唯物—唯心”教条式的简单判定，反而容易遮蔽这些哲学家的原始思想面貌。这个问题不仅针对程朱如此，就连作为“唯物主义者”的船山也是如此。

---

① 冯友兰：《关于〈两个问题〉的补充意见》，载于《守道》，第 75 页。

根据“日丹诺夫范式”的原则，若作为“唯物主义者”，则船山的哲学当中就不应该有任何唯心主义成分，但事实上这种绝对性在船山的论述中从未存在过。对此，冯友兰举例道：

> 首先要肯定的，就是：我们所要继承的，主要的是中国哲学史中的唯物主义思想（也就是有唯物主义性），有人民性，科学性，进步性的思想。照我的想法，这些“性”就是代表这些思想的命题的抽象意义所表示的。
>
> 举个例说，在宋明道学中，程朱主张“理在气先”，王船山、戴东原主张“理在气中”。“理在气先”是一个唯心主义的命题。无论从它底意义底哪一方面看，它都是错误的。这些命题，只可成为批判的对象，不发生继承的问题。“理在气中”是可以继承的命题，但这不是说它底全部意义都可以继承。把它底全部意义作为一个整个看，这个问题也是很荒谬的。……中国哲学中所谓气，并不就是物质，而是物质的一种；这种物质实际上是没有的。所以，若就这个命题的整个意义说，这个命题也是荒谬的。但是这个命题涵蕴的有一个意义，就是物质是有规律的，规律就在物质之中。这就是这个命题的抽象意义，也就是这个命题所表示的思想的唯物主义性。这个命题的其他部分，是在其具体意义（具体是对抽象而言），是我们要加以批判的。我们对于“理在气中”这个命题加以分析批

判，就可以成为继承的东西。①

这里冯友兰抓住的问题核心是：因为道学传统所讲的“理在气中”的“气”不能完全等同于马克思主义“物质”，而仅是“物质的一种”，它实际上“还是没有的”，这等于说“理在气中”的“气”其实并不完全具有马克思主义所定义的“物质”的“客观实在性”。所以，基于这一概念分殊，“日丹诺夫范式”对王船山在中国哲学史上的唯物主义定位根据又从何而来呢？

换言之，若真正绝对地以马克思主义的标准作为“唯物—唯心”的判断依据，则船山也不能被定为“唯物主义者”。在这一标准之下，他和二程、朱子的哲学史定位应该是一样的。反过来说，若我们认可学界并不需要那么绝对地来定义“唯物—唯心”的判断标准，则在事实上就等于认同了船山对“唯心主义者朱熹、二程”等的“抽象继承”问题，即承认程朱的哲学思想中也可以存在一些能够继承的、有价值的东西。

总之，在船山与程朱的哲学史关系问题上，若认同冯友兰的“抽象继承”在方法论上的有效性，则“日丹诺夫范式”将被归谬。进一步推论的话，如果对新中国成立以来中国哲学界所认为的最具典型性与进步意义的王船山哲学在哲学史上的唯物论判定（如上一小节中张岱年就是这样定义的）造成动摇，

① 冯友兰：《关于中国哲学遗产继承问题的补充意见》，载于《守道》，第268—269页。

那么中国哲学史上“唯物”路线中的其他哲学家的“唯物主义”定性又该如何确保呢？

正是根据“日丹诺夫范式”与“党性原则”，船山才成为了“进步的唯物主义者”，所以，若继续归谬，岂不是说“日丹诺夫范式”本身在中国哲学史中的有效性与真理性应该受到质疑。而这其实又是一个基于经验事实的质疑，因为当时已有许多与会学者指出，从学界对于“日丹诺夫范式”现有的运用经验来看，最大的问题就是：在中国哲学史的材料中，从“唯物—唯心”二元的角度来看，需要被抛弃的唯心主义阵营的人数过多①而唯物主义阵营的人数过少②，这实际上已经影响到了当时各个大学的中国哲学史教学与研究③。特别是在“日丹诺夫范式”所定义的需要明确“党性”的核心领域，如“自然

① 这是任继愈的观点，他指出：“如果照目前一般的理解，社会历史观方面，马克思主义哲学以前完全是唯心主义的地盘，没有唯物主义的地盘。特别是在中国哲学史方面感到困难，有些有价值的东西本来应当作为哲学史的对象的，也只能忍心抛弃，因为它没有唯心和唯物主义的斗争。”任继愈：《中国哲学史的对象和范围》，载于《守道》，第91页。

② 这是周辅成的观点，他指出：“我们对于唯心主义的态度不正确，实际是使我们遭受损失。我们不但不能从中取得教训，而且我们还会把许多具有进步意义的思想家，也划在他们的阵营内。结果，唯物主义阵营内，好似只有孤零零的少数人。”周辅成：《必须重视祖国哲学遗产的特点与价值》，载于《守道》，第271页。

③ 这是洪谦的观点，他认为：“在‘百家争鸣’以前，学习哲学史的重点放在唯物主义派别或唯物主义哲学家，对于唯物主义以外的哲学派别或哲学家只是极其简单地提到。”洪谦：《谈谈学习欧洲哲学史的问题》，载于《守道》，第82页。

观”与“认识论”问题上，中国哲学史中的唯物主义材料实在太少了。① 为了解决上述问题，还有一部分学者在提交的论文中，试图去证明中国哲学史中有足够多的唯物主义材料可以契合于“日丹诺夫范式”。

在与会者的相关论述中，冯友兰在上述引文中用到的“周张→程朱→船山”之间“唯物主义→唯心主义→唯物主义”的线索，显然就是支撑其观点的核心材料。因此，评论者的突破点也同样选在这里。当时就有学者认为，以船山作为总结的这条哲学史线索，因为其中具有“批判性”的“辩证法因素”甚至超出了所谓“朴素的唯物主义阶段”。如张岱年讲：

> 假如说，宋代及明清的唯物主义都是所谓“朴素的”唯物主义，那就更有问题。我们说某种哲学史朴素的，就是说他是简单的……所以叫做朴素的唯物主义，就是说它并不是以对于唯心主义哲学的批判为根据的。……显然，宋代与明清的唯物主义并不是简单的，并不是自发的，而是以对于唯心主义的分析批判为出发点的。张载的唯物主义从批判佛教开始；王廷相的唯物主义从反驳程朱学派的客观唯心主义出发；王夫之的唯物主义更是以对于程朱陆

① 这是任继愈的观点，他说：“和欧洲哲学史的发展比较起来，中国哲学中最丰富的是社会历史观方面的材料。因为这一方面过于丰富，相形之下，显得自然观和认识论方面的材料太少。社会、历史、伦理方面的材料有许多不属于哲学史的范围，在具体运用时，不免发生困难。”任继愈：《中国哲学史的对象和范围》，载于《守道》，第93页。

> 王唯心主义的批判为基石；戴震思想的批判性尤为显著。宋明清的唯物主义哲学是战斗性的，是批判性的，是战胜了唯心主义而建立起来的。……许多唯物主义者，特别是张载和王夫之，对于客观辩证规律有较为深刻的认识。①

同时，不仅是张岱年，只要是在会上力图证明中国哲学史中有着“辩证法因素”以及“唯物—唯心”两条线索的斗争内容，并企图回应冯友兰前述质疑的学者，如任华、②朱启贤、③胡

---

① 张岱年：《关于中国唯物主义思想的几个问题》，载于《守道》，第156—157页。

② 任华在会上指出：“我觉得中国哲学史中唯物主义与唯心主义的斗争，在某些点上，比西方的还要鲜明些。大家知道，在西方古代哲学史上，柏拉图路线与德谟克利特路线的斗争，一方面很鲜明，但另一方面又不是很鲜明。因为柏拉图和德谟克利特虽然反映了两个不同集团的对立思想，但他们的著作很少彼此牵扯，因此不是很鲜明的针锋相对的斗争。但是在中国则不同，先秦有儒墨之争，汉代有王充与董仲舒的斗争，以后有神灭、神不灭的争论，更后有王船山反对宋明理学的斗争，这些斗争始终都是针锋相对的，非常鲜明的。这应当说是中国哲学中的特色。……这也可以算是中国哲学史的一个特点，甚至可以说是一个优点。”任华：《谈谈哲学史研究中的教条主义倾向》，载于《守道》，第253页。

③ 朱启贤认为：“（中国）哲学的继承，有时候是一个体系的继承。但有时候也并不是如此。可能只是继承某一个体系中的某某个别命题。这种个别的命题可能是核心的命题；但也未始不可以是非核心的命题。可以是事实判断的命题；但也未始不可以是价值判断的命题。……譬如王船山。他从张载方面有所继承，从程朱方面也不是没有所继承，都有所肯定，有所否定，而自己以‘道者器之道，器者不得谓之道之器也’这个新命题为核心建立了他的新系统。由于这个核心便是靠近张载，反对程朱，从而说他是经过程朱，又抛开程朱，而继承了张载，也未始不可以。”朱启贤：《关于中国哲学遗产的继承问题》，载于《守道》，第290—291页。

绳[1]等也都会用到冯氏所引出的这段与船山有关的材料，进而引起了激烈的讨论。

作为20世纪最重要的几位中国哲学史家之一，冯友兰显然并非是随意地选择这段船山的材料来证明其观点的。他把握到了船山哲学是厘清这一问题的关键，因为船山在“日丹诺夫范式”下的重要哲学史定位，所以这使得他若能在船山这一点上取得突破，则对于当时修正“日丹诺夫范式”对中国哲学史学科的影响将有着关键性的帮助。冯友兰说：

> 程朱从张载底基础上转向唯心主义，与张载对立起来。王夫之又从程朱底基础上转向唯物主义，与程朱对立起来。在一种意义上，程朱否定了张载，王夫之又否定了程朱，这就是否定之否定。否定之否定，并不是简单地回复到原来的肯定，而是经过了否定，包涵了其中的合理的部分。[2]

---

① 胡绳指出：“唯物主义驳斥了唯心主义的根本观点，提出了与之对立的观点，但同时又利用了对方所提供的某些思想资料，加以改造，这种情形在哲学史上是常有的。……张载把物质性的‘气’看做万物的本源，而程朱则说‘气’之如何形成万物是由‘理’来决定的，认为‘理在事先’。张载的哲学思想中已经有‘理’这一概念，程朱在唯心主义观点上发展了这一概念。后来的王夫之等人继续探讨‘理’和‘气’的关系，发挥了‘理在事中’的主张。王夫之等人是在根本原则上驳斥了程朱，而又从唯物主义原则出发利用和改造了程朱提供的思想资料，所以他们能够比张载的唯物主义走得更远一点。”胡绳：《关于哲学史研究》，载于《守道》，第448页。

② 冯友兰：《关于中国哲学研究的两个问题》，载于《守道》，第68页。

冯友兰认为，即便在将“唯物—唯心”作为对立的两条线索展开论述之时，根据马克思主义的辩证逻辑，也一定是要通过趋向否定之否定螺旋上升的辩证过程最终达成唯物主义战胜唯心主义的结果。这实际暗示：将“日丹诺夫范式”的两条线索截然对立的僵化处理模式是反辩证法的。

而在将“抽象继承法”这个范式落实到中国哲学史，特别是宋明道学史的时候，“周张→程朱→船山”可以构成一个完美的经过否定之否定达成对立面之统一的哲学历史发展圆圈。① 因此，冯友兰在指出“周张→程朱→船山”内在的否定之否定的辩证逻辑圆圈的同时，也就归谬了学界原先对船山哲学的唯物主义定位。换言之，原本为学界所公认的“日丹诺夫范式”在中国哲学史研究中成功运用之典范的“王船山的唯物哲学体系”，反过来变成了表明“日丹诺夫范式”在中国哲学史研究中违背唯物辩证法原则的教条性使用的关键性证据。

因此，围绕着“抽象继承法”以及冯友兰对于船山哲学“非唯物主义”的哲学史判定，当时即有学者从维护“日丹诺

① 这也是列宁对于哲学史的观点。他指出：“哲学上的‘圆圈’：是否一定要以人物的年代先后为顺序呢？不！……人的认识不是直线（也就是说，不是沿着直线进行的），而是无限地近似于一串圆圈、近似于螺旋的曲线。”（俄）列宁：《谈谈辩证法问题》，载于中共中央马克思恩格斯列宁斯大林著作编译局编：《列宁专题文集》（论辩证唯物主义和历史唯物主义节选），北京：人民出版社，2009年，第151—152页。

夫范式”与“党性原则”的角度对其进行了激烈批判。这些批判者中最重量级的人物是时任中央政治研究室哲学组组长的关锋。针对冯友兰的“抽象继承法”，关锋指出：

> 贺先生（指贺麟）和冯先生（指冯友兰）一般地谈继承哲学遗产，而不分唯物和唯心，这不是偶然的；而是和他们在不同的程度上否认唯物主义和唯心主义的鲜明界限、敌对性有着有机联系的。①

又说：

> 把唯心主义者和唯物主义者假定为“二把手”和“大把手”的关系，于是引出结论说：“唯物主义者与唯心主义者有时是‘青出于蓝而胜于蓝’的关系，不是红与白的关系。”我看这就直截了当地否认了唯物主义和唯心主义的界限。马克思和黑格尔是“青”“蓝”关系还是“红”“白”关系？恐怕只能说是后者，而不是前者。就是王夫之经过程朱而否定了程朱，也不能说程朱是“蓝”，而王夫之是“青”。唯物主义者曾经作过唯心主义者的学生，而他终于成了唯物主义者，就表示他抛弃了他的老

① 关锋：《关于哲学史上的唯物主义和唯心主义的斗争问题》，载于《守道》，第214页。

师，背叛了唯心主义原则。①

在关锋看来，对于王船山是否为“唯物主义者”及其哲学是否对于唯心主义有着某种继承性的问题，争论核心显然不在于哲学本身，而在唯物主义与唯心主义的关系定位问题。换言之，关锋在此对于冯友兰的批评，也就不仅是一个关于中国哲学学科上的某一学术观点的商榷，而是一个政治定性。关锋指出：

> 但是，哲学毕竟不是超政治的，这样或那样的哲学观点归根到底总是直接或间接支持一定的政治观点。政治对于哲学斗争也不是漠不关心的。所以哲学斗争和政治斗争常常联系起来。
>
> 唯物主义和唯心主义在根本原则上是完全相反的。它们之间的斗争是“你死我活”（当然不是人的死活）、“我立你倒”，没有妥协的余地。唯物主义者和唯心主义者妥协了，那是意味着一方放弃了自己的思想原则，向对方的思想原则投降。唯物主义和唯心主义的斗争都是要从根本上摧垮对方。②

① 关锋：《关于哲学史上的唯物主义和唯心主义的斗争问题》，载于《守道》，第212—213页。

② 关锋：《关于哲学史上的唯物主义和唯心主义的斗争问题》，载于《守道》，第210页。

从上述引文来看，关锋的相关主张代表了新中国成立初期中国哲学研究中的官方立场，它显然不仅来源于“日丹诺夫范式”与列宁的“党性原则”，从更直接的理论源头上说，还源自毛泽东在20世纪40年代对“哲学”概念的定义。毛泽东指出：

> 什么是知识？自从有阶级的社会存在以来，世界上的知识只有两门，一门叫做生产斗争知识，一门叫做阶级斗争知识。自然科学、社会科学，就是这两门知识的结晶，哲学则是关于自然知识和社会知识的概括和总结。此外还有什么知识呢？没有了。①

从这个意义上说，冯友兰的“抽象继承法”及其对于船山哲学的重新定位挑战了这个当时意识形态上的“阶级斗争”红线。这一点在“抽象继承法”提出的第一时间就引起了人们的注意和警惕。当时作为与会者的汪子嵩，在改革开放后回忆道：

> 尽管冯先生（指冯友兰）的话说的很委婉，但当时人们的阶级警惕性都很高，一听就知道他所说的哲学命题的具体意义就是指哲学的阶级性，即哲学是属于哪个阶级，为哪个阶级服务的。他现在要抛开哲学的具体意义，只讲它们的抽象意义，这不是要抛弃哲学的阶级性吗，当时有

① 毛泽东：《整顿党的作风》，《毛泽东选集》，第3卷，第815—816页。

> 谁敢附和他呢。参加讨论的人都从这点上批判他的“抽象继承法”。冯先生孤军奋战，再三列举许多哲学史上的命题，说明它们确实具有一般的哲学意义，这正是哲学史应该重视研究的对象。但事关“哲学的党性原则”，直到会后许多年，冯先生的“抽象继承法”还是一个被批判的靶子。①

汪子嵩最后总结说，因为特殊的时代背景，导致了新中国成立前三十年政治与哲学不分的问题，而1957年的这次会议则是其中一次短暂的自由争鸣，②此后的哲学研究又完全陷入政治性影响之中。但笔者以为，如果从近现代船山升格运动的角度来看，对于这一段历史，我们可以问的另一个问题是：为什么在这样一种政治观点全面渗透哲学研究的时代大背景下，船山哲学会首当其冲地成为各个时期的争议焦点？一如《船山遗书》在晚清与民国所遭遇的处境一样，它始终处于政治与学术争议纠缠的中心，且这种状况似乎并没有因时移世易而改变，甚至是中华人民共和国成立这样开天辟地的政治大事件也未对其造成影响。

从前文的研究来看，自曾国藩、曾国荃兄弟重刻《船山遗书》以来，对船山哲学的研究实际上始终与近现代中国政治运动紧密相连，自洋务运动、维新变法到“排满革命”，再到20

① 汪子嵩：《一次争鸣的讨论会》，载于《守道》，第501页。
② 汪子嵩：《一次争鸣的讨论会》，载于《守道》，第497页。

世纪上半叶的“新文化运动”，对于船山哲学的政治性或革命性解读都在其中发挥了重要的推动作用，而船山哲学的升格反过来也展现了自洋务运动以来，中国近代诸多的政治运动所包含的内在思想变革逻辑，这并不是新中国成立之后才有的情况。新中国成立后的船山哲学的研究，尽管表现形式不同，但也依然适用这条与现实政治密切相关的诠释路线。就此而言，面对现代西方世界的冲击，自洋务运动以来中国近现代社会与思想的变革，并未随着中华人民共和国的成立告一段落，而是仍然在承续与发展的。

仅就中国哲学史学科而言，在 1949 年前后，尽管从物质到精神都有着很大的变化，但在这一方面也是一以贯之的。所以，从本书的问题意识来看，我们才需要问：在 1957 年座谈会上船山哲学到底有何特出之处？船山的相关研究论述，为什么会对在中国哲学史研究中确立或者反对具有政治意义的“日丹诺夫范式”的争论中起到如此重要的作用？其与中国近现代哲学所面临的“民族性”与“现代性”之争有什么内在关联？从一个相反的视角来看，上述问题又可以表述为：在这一历史阶段的政治性或革命性影响，从哪些方面主导了船山哲学的研究方向？并且其与前述的洋务运动、“排满”运动、五四运动乃至于新文化运动等诸多政治与思想革命有何内在的联系？

这就又回到了本小节开头的那个问题——新中国成立之后，为什么围绕着船山思想与及其与宋明道学历史上的周、张、程、朱之间的定位，会直接由冯友兰的“抽象继承”概念引爆为一场超越中国哲学史学术公案层面的政治风波？

基于上述这一整套问题意识，笔者认为，船山在20世纪50年代初之于“日丹诺夫范式”的政治意义与理论价值之所以如此重要，其关键就在于：只有通过船山，当时的学者才能比较合理地使用“日丹诺夫范式”来完成宋明道学传统在中国哲学史上的辩证逻辑圆圈。

从上述张岱年、任华、朱启贤、胡绳等人的说法来看，当时如果需要在中国哲学史上从维护“唯物—唯心”的逻辑线索出发的理论证明，必定围绕着船山对宋明道学进行批判的相关材料展开——在对这个问题的讨论中船山的相关论述是不可或缺的证据。那么一旦冯友兰的“抽象继承法”从理论上试图击破这一最强点（即表明船山哲学相对于程朱理学也有着继承关系），那么他所遭遇到的批判也将是空前激烈的。

因此，在1957年中国哲学史会上，正是从关锋对冯友兰的批判开始，整个会议部分地演变为了对于冯友兰的“抽象继承法”的“批判会”。① 而冯友兰在受到关锋的批评后，显然也意识到了“抽象继承法”对于“日丹诺夫范式”的修正，触碰到了“唯物—唯心两军对垒”与“哲学具有阶级性”的政治红线。所以，他当即回应说：

① 赵修义指出：“据‘总结’披露的资料，时任中央政治研究室哲学组组长的关锋发言之后，整个会议就气氛大变。有些老教师发言就有些保留了。以至于有些与会者觉得，座谈会成了对冯友兰和贺麟的批判会。”赵修义：《不该湮没的一次“百家争鸣”的尝试》，载于《守道》，第561页。

> 我们所要继承的主要是中国哲学史中的唯物主义思想，有人民性，科学性，进步性的思想。我原来认为这是理之当然，所以就没有特别提出。因为没有提出，就显得我不分唯心与唯物，只要是抽象东西都可以继承。……我的提法有很大的片面性。这是形而上学的思想方法在作祟。大家提的意见给我的帮助很大。关于这个问题，我还要继续研究。①

冯友兰关于“抽象继承法”的上述自我批评、解释与后退，也标志着1957年中国哲学史座谈会所带来的对“日丹诺夫范式”与“党性原则”如何运用于哲学史研究中的路线争论的终结。另一方面，由于此后学界在中国哲学史研究上重新面临政治高压的态势，所以，在1957年之后，中国哲学史研究中也就只有王船山等少数几位在“日丹诺夫范式”之下被明确定性为“唯物论者”的中国古代哲学家的思想可以作深入讨论。换句话说，这意味着，船山哲学研究是当时罕有的几个受到政治束缚与影响较少的中国哲学史研究方向，也是证明“日丹诺夫范式”与“党性原则”的范式可用于中国哲学史诠释的重要依据材料之一。

当然，1957年后中国哲学界的主要问题意识也就着重转到

① 冯友兰：《关于中国哲学遗产继承问题的补充意见》，载于《守道》，第568—569页。

了如何更好地将“日丹诺夫范式”用于叙述中国古代哲学史的发展，以及如何回应1957年会议中所提出的在“日丹诺夫范式”下如何更好地研究中国哲学史的具体问题——比如中国哲学传统中“自然观”与“认识论”方面的唯物主义因素缺乏问题该如何解决等。

在此前提下，1961年，冯友兰转变立场，专门利用船山哲学的相关思想材料写了一篇名为《王夫之的唯物主义哲学和辩证法思想》的论文，为“日丹诺夫范式”在中国哲学史研究中的合法性进行了辩护。文中的三个主要小节标题是“王夫之唯物主义的自然观”、“王夫之唯物主义的认识论与方法论”以及“王夫之的辩证法思想”——基本对应于前文所引用的任继愈在1957年座谈会上所提出的三个方面的疑问。在这篇文章中，冯友兰对王船山的哲学史定位是：

> 这个时期的进步的知识分子，在失败的惨痛教训中，检查明朝灭亡的原因。他们认为一个主要原因是道学唯心主义的空虚脱离实际。他们在世纪斗争中，不能不与实际发生联系，在实际斗争的锻炼中他们都在不同程度上倾向于唯物主义。
>
> 在明清之际，复杂的社会矛盾的情况下，出现了中国哲学史中一个最大的唯物主义哲学家，王夫之。①

① 冯友兰：《王夫之的唯物主义哲学和辩证法思想》，《北京大学学报》1961年第3期，第19页。

参照前文中冯友兰在1957年通过“抽象继承法”对船山思想的相关说法，我们可以看到：当冯氏在受到批判之后转变立场重新使用日丹诺夫话语体系来对道学传统进行批判之时，船山哲学还是他所能找到的证据材料中的最强点。他为王船山所加的诸如“最大的唯物主义哲学家”等断语也表明了：船山的相关论述对确立“日丹诺夫范式”在中国哲学史上的理论合法性地位具有重要意义。同时，这从另一个侧面也表明了他自己此前提出的“抽象继承法”选择从船山这一点上突破“日丹诺夫范式”的做法颇有些釜底抽薪的味道。

所以，自1957年中国哲学史会议后，维护船山哲学在“日丹诺夫范式”中的定位，在某种程度上也就等于是维护“日丹诺夫范式”在中国哲学史中的合法性，这使得船山哲学升格为“日丹诺夫范式”在中国哲学史中进行研究叙事的根本“量纲”。这也构成了1957年之后相当长的时间内，船山哲学研究在中国哲学史中一枝独秀、持续升格的根本原因。

三、船山学术讨论会（1962年）与船山升格运动的高峰

1957年中国哲学史座谈会伴随着冯友兰对“抽象继承法”的自我检讨而落下帷幕，教条地使用“日丹诺夫范式”来研究中国哲学史成了当时的主流。冯友兰也转而开始以“日丹诺夫

范式”来诠释中国哲学史，并投入了很多精力在船山哲学的研究之上。如前所述，在“日丹诺夫范式”之下，除了王船山之外，其他大部分重量级的中国古代哲学家都应该被归入唯心主义的阵营。因此冯友兰指出，由于在宋明道学传统中作为唯心主义线索主将的朱子之哲学具有“方面广、问题多、体系大、分析细”的特征，所以若去掉船山，则道学传统的唯物主义阵营中就没有可与之抗手的人物了。①

不止是冯友兰发现了这一问题，宋明道学这一历史阶段“唯物—唯心”两条路线的失衡情况在当时也已被许多学者所察觉。如萧萐父指出：

> 邵雍、二程等的唯心主义，流行一时；而张载为代表的唯物主义，“信从者寡”。②

但在“唯物—唯心”两军对阵的诠释进路中，根据“日丹诺夫范式”，唯心主义传统是应该受到批判并最终被唯物主义传统所压倒的。所以，若没有船山哲学，则朱子哲学本身的重量级地位（冯友兰所谓“方面广、问题多、体系大、分析细”）使

---

① 这是冯友兰当时对朱子哲学的概括。冯友兰：《对船山哲学的一些看法》，《三松堂全集》，第13卷，郑州：河南人民出版社，2001年，第173页。

② 萧萐父：《王夫之哲学思想初探》，载于湖北省哲学社会科学界联合会、湖南省哲学社会科学界联合会合编：《王船山学术讨论集》（上），北京：中华书局，1965年，第11页。

得它完全可以压制宋明道学传统中的大部分唯物主义派别，[①]这种情况显然会使得整个道学传统的发展与流变无法合于上述唯物压倒唯心获得胜利的哲学史范式。对此，冯友兰也不讳言：

> 在朱熹的时候就发生了反道学的斗争。从唯物主义立场反对朱熹的有陈亮、叶适。不过他们的体系不大，讨论的问题也不多。[②]

因此，从“唯物—唯心”两条路线斗争与批判朱子唯心哲学的角度出发，对于宋明道学的哲学史诠释，必须找到一个同样“方面广、问题多、体系大、分析细”的唯物主义哲学家来做出平衡，压住唯物主义方面的阵脚。

就“日丹诺夫范式”而言，在道学传统中，一个对峙于朱子传统的唯物论哲学体系的出现应该是一种哲学史必然。进而，纵观整个宋明道学，唯有船山哲学当得起这个唯物主义线索领军人物的历史角色。如前所述，船山的体系可以对峙于朱子这一点，本身也是自曾国藩以来中国近现代哲学界的共识。从“日丹诺夫范式”出发所提出的上述结论，只是由马克思主义的视角再次确证了这一点，接续了晚清民国以来的船山升格

① 宋明道学传统中可以与朱子学双峰并峙的阳明学也是在唯心主义线索上的。

② 冯友兰：《对船山哲学的一些看法》，《三松堂全集》，第13卷，第173页。

运动。冯友兰指出：

> 王船山是唯物主义阵营中反道学的主将，是挂帅的。他的哲学思想的特点也是方面广、问题多、体系大、分析细，因而担负了反道学的历史任务。①

冯友兰这里讲的“反道学”就是“反程朱理学”。他的这个说法将船山的体系抬升到与朱子哲学同等的地位。如前文所述，晚清的郭嵩焘与谭嗣同也有类似的说法，但显然冯友兰给出的上述哲学史评价是最高的。由于“日丹诺夫范式”在当时中哲学界的影响，冯友兰对于船山的哲学史评价也可以说是近代以来最高的。前文就已讲过，尽管前述郭、谭等人的评价背后也同样有着深刻的政治与现实影响，但毕竟他们同时代的思想反对者也不少（由前述“船山从祀公案”可见一斑），并未如20世纪60年代初那样，借由“日丹诺夫范式”使船山哲学在中国传统哲学的研究中获得了近乎独尊的局面。从哲学史上说，一个伟大的传统的开启也必然意味着另一个伟大传统的终结，正因为船山哲学在思想特点上也具有“方面广、问题多、体系大、分析细”的特点，所以它才能担负“反道学的历史任务”。

冯友兰的上述说法实际意味着：从“日丹诺夫范式”的角度来说，船山哲学最重要的哲学史价值就在于它基于唯物论与

① 冯友兰：《对船山哲学的一些看法》，《三松堂全集》，第13卷，第173页。

辩证法对整个宋明道学传统进行了批判、总结与扬弃。这一点，使得其能够贯彻“日丹诺夫范式”的哲学史批判逻辑。在中国近现代哲学革命到来之前，船山哲学对中国最后一个古代思想传统（宋明道学）作了盖棺论定式的彻底批判，起到了承上启下的作用。

自郭嵩焘以来，直至20世纪60年代的冯友兰，此种批判逻辑被不断地落实到对船山哲学的系统性阐发中，并在新中国成立后的“日丹诺夫范式”下达到了一个新的哲学史高度。所以，在“唯物—唯心”两条路线斗争的范式中，如果没有船山的唯物主义体系，则对宋明道学传统的哲学史结论将无法落实当时“唯物主义最终将扬弃、总结或战胜唯心主义”的公理。

因此，相对于郭嵩焘与谭嗣同只是出于思想观念与政治体制变革之需要对船山哲学所做的升格；从20世纪60年代的思想视角来看，对船山哲学的重视与升格，除了前述的“反传统”革命动机之外，显然还带有更深层次落实列宁式的哲学史逻辑与理论内涵的目的——它代表着中国哲学史中又一个圆圈的完成。① 冯友兰指出：

① 这也是冯契的观点，由列宁的思维发展螺旋上升的说法出发，冯契指出：“我们可以把先秦以后到清代（即从荀子到王夫之）的哲学发展过程看作是一个大圆圈，而这个大圆圈又是由若干小圆圈构成的。……从张载到王夫之，也可以说是一个小圆圈……最后王夫之对‘理气（道器）’之辩和‘心物（知行）’之辩作了批判的总结，达到了朴素唯物主义和朴素辩证法的统一，使气一元论体系取得完成的形态。”冯契：《中国古代哲学的逻辑发展》（下），《冯契文集》（第六卷），第357—360页。

> 他（指船山）仍然是清算了宋明道学。因为他把道学所提出的问题都谈到了，而且大部分问题都给以唯物主义的解决，只是有一小部分问题未解决好。①

“清算”这个词很重要，表明了船山在道学传统上对朱子的批判乃是唯物主义对唯心主义的最终胜利。正是基于这一点，当冯友兰转换立场站到支持“日丹诺夫范式”一边的时候，船山哲学也就成了其论证“日丹诺夫范式”在中国哲学史研究中所具有的真理性的主要材料。

从更宏阔的理论视野来看，因为其唯物主义的定位，所以在那个时代，船山哲学必然是作为重点推进的哲学史研究方向来对待的，并且这条以王船山为总结的中国古代哲学史上的唯物主义线索，它不仅是一个哲学史观点，同时也是一个政治论断，这是毛泽东本人亲自下的结论。②

① 冯契：《中国古代哲学的逻辑发展》（下），第177页。

② 毛泽东说：“中国教育史有人民性的一面。孔子的有教无类，孟子的民贵君轻，荀子的人定胜天，屈原的批判君恶，司马迁的颂扬反抗，王充、范缜、柳宗元、张载、王夫之的古代唯物论，关汉卿、施耐庵、吴承恩、曹雪芹的民主文学，孙中山的民主革命，诸人情况不同，许多人并无教育专著，然而上举那些，不能不影响对人民的教育，谈中国教育史，应当提到他们。但是就教育史的主要侧面说来，几千年来的教育，确是剥削阶级手中的工具，而社会主义教育乃是工人阶级手中的工具。”毛泽东：《教育与劳动相结合的原则是不可移易的》（1958年8月），《毛泽东文集》（第七卷），北京：人民出版社，2009年，第398页。

在 1957 年后，尽管对“日丹诺夫范式”的使用出现了一些教条主义的情况，但有着唯物主义定位的船山哲学却成了中国哲学史研究领域内的显学。这也意味着：研究船山在当时可以较少地受到教条性的束缚，① 而这一点在已经被打为“客观唯心主义”的朱子哲学研究上是不可能的。所以，当时整个中国哲学学科，将研究讨论的舞台搭在了船山哲学中也是合乎情理的事情。

1962 年，中国哲学界以王船山去世二百七十周年的名义在长沙召开了一次全国性的学术研讨大会，这在那个年代是非常难得的。这次研讨会前后，主要围绕着“日丹诺夫范式”所着重的几个具体方面如“自然观”、“认识论”、“历史观”、“阶级性”等展开对船山哲学的研究。这些研究方向也应对着 1957 年中国哲学史会议中一些学者所提出的问题：如中国哲学史研究在“自然观”、“认识论”等马克思主义所重视的论域范畴中缺乏思想材料等等。所以，这次研讨会可以代表 20 世纪 60 年代初的中国哲学界，在“日丹诺夫范式”之下，对于 1957 年

① 正如当时武汉大学校长李达在 1962 年船山学术研讨会的开幕词中所言：“王船山是中国历史上一个杰出的唯物主义者。在宋明以来，唯心主义理学以及佛教、道教理论占统治地位的条件下，王船山继承以往的唯物主义思想的优良传统，高举唯物主义旗帜，对唯心主义和神秘主义进行批判斗争，对我国传统的唯物主义和辩证法的思想都有所发展。这是难能可贵的……但王船山的哲学思想，毕竟是十七世纪的时代产物，其中有多少科学的成分，在历史观方面有没有唯物主义因素，都是有待于研究的问题。”《王船山学术讨论集》(上)，北京：中华书局，1965 年，开幕词，第 2 页。

会议中所提出的一系列问题所作出的系统性回应。由此可见，以船山哲学研究作为思想舞台，从1957年到1962年的这两个会议存在着明确的思想继承性，同时这种继承与发展也反映了中国哲学史研究在这一历史阶段中的发展与变化。

首先，在自然观方面，对1957年北京中哲史会议上的相关质疑作了比较系统地研究与回应，其核心人物依然是冯友兰。借由船山哲学的相关概念，他在1962年的会议上指出：

> 王夫之的自然观首先肯定客观实在的真实性。道学家讲所谓“诚”，“诚”有真实无伪，完全无缺的意思。王夫之指出客观实在正是这个样子。①

“客观实在性”是马克思主义的物质定义之基础，在1957年中国哲学史会议上受到关锋激烈批判的冯友兰显然认识到了在中国哲学研究中确立这一概念的重要性，并且船山哲学在这一方面也给了他构建相关理论的思想依凭。进而，冯友兰从对船山之“诚”的辩证唯物主义论述出发，由“器”与“气”的概念切入，展开了相关论述。他说：

> 他（指船山）指出，事物的原理原则就在事物之中，不能离开事物而单独存在。他得出结论说：“据气而道存，

① 冯友兰：《王船山的唯物主义哲学和辩证法思想》，载《王船山学术讨论集》(上)，第175页。

离器而道毁。”①

冯友兰认为，在船山这里，“客观实在的根本是‘气’”，②“客观实在的具体内容，就是事物、就是‘器’”。③随后，他展开了“道—气”与“道—器”这两对范畴的辩证性，并引入了“理气先后”、“阴阳”、“絪缊”等传统的道学概念来解决问题，这就又回到了纯粹的道学传统研究范式之中。从船山的“气”概念出发，冯友兰指出：

> 王夫之指出气是永恒运动的。他说：“太极动而生阳，动之动也；静而生阴，动之静也。废然无动而静，阴恶从生哉！一动一静，阖辟之谓也。由阖而辟，由辟而阖，皆动也。废然之静，则是息矣。”(《思问录》内篇）这就是说，动和静并不是平等相对待的。动是绝对的，是无条件的；静是相对的，有条件的。④

因此，尽管处于“日丹诺夫范式”的框架之内，但借助船山哲学，冯友兰运思的根本内容依旧来源于道学传统。在马克思主义“客观实在”与“永恒运动”的物质定义之下，船山哲学

① 冯友兰：《王船山的唯物主义哲学和辩证法思想》，第180页。
② 冯友兰：《王船山的唯物主义哲学和辩证法思想》，第178页。
③ 冯友兰：《王船山的唯物主义哲学和辩证法思想》，第179页。
④ 冯友兰：《王船山的唯物主义哲学和辩证法思想》，第181页。

“一动一静，阖辟之谓”的世界观毋庸置疑地具有唯物辩证的意义。由于世界观是“日丹诺夫范式”进行“唯物—唯心”判断的首要标准，所以被这一标准判定为唯物主义的船山哲学作为一个思想舞台，使得冯友兰得到了一定的自由度来继续他自身的宋明道学研究与运思。而船山哲学研究开辟的这点自由空间也被当时学界的其他学者所利用。如关于“气”的概念，嵇文甫在1962年会上指出：

> 船山所谓“气”夹杂有非物质因素。现在流行的看法，是把中国传统哲学中所用“气”这个字作为一个物质范畴来看，因而把那些主张唯气论，将“气”放到第一位的学者，都列入唯物主义阵营，这大体上是对的。但我们必须认清，过去学者使用这个“气”字，并不完全像我们现在使用“物质”这个概念一样，它里边往往夹杂些非物质的因素，带有神秘气味。就如船山，在《张子正蒙注》里边，论气无生灭，以反对佛老的虚无思想。……可是说着说着，就离开“有形者”，说到那“絪缊不可象”的地方。①

可见，在“日丹诺夫范式”所定位的船山哲学中，当时的学者通过唯物主义这把大伞，可以比较自由地展开对于类似“气”

① 嵇文甫：《王船山的唯物主义思想及其唯心主义杂质》，《哲学研究》1959年第4期，第26页。

这样的传统哲学概念的讨论。虽然其立论前提来自马克思主义的物质范畴，但嵇文甫在上述研究中所揭示的关键结论恰是在辩证唯物主义范畴之外的。他对于船山气论的神秘主义理解，从今天的角度来看也是有价值的。

反之，对宋明道学其他主要哲学家的思想（如朱子或阳明）却是不可能进行类似研究的。自1957年中国哲学史座谈会后，因为对“日丹诺夫范式”的教条性使用，针对朱子学或阳明学，当时的研究方向主要在如何批评其中的唯心主义错误观点。[①] 所以，仅从“絪缊不可象”这一道学概念的研究上说，唯有依托船山哲学才可能推进。恰巧船山哲学又体系庞大，涵盖了宋明道学传统的各个领域，因此“借船山以为说”也就是非常自然的事情。

此外，对于1962年的中国哲学界来说，相对于张横渠、陈龙川、王廷相等其他被定为唯物主义阵营的道学人物来说，船山哲学在文本材料数量方面也是具有优势的。总之，因为其唯物主义定位，船山哲学成为了当时整个宋明道学乃至中国哲学史研究得以正常开展的一个思想庇护所。

除了中国古代哲学史上唯物主义线索总结者的定位，当时人们升格船山一个更为重要的原因是：在“日丹诺夫范式”中，作为传统中国哲学中唯物主义发展最高峰的船山哲学本身

① 如关锋指出：“(相对于船山)朱熹则不可同日而语，因为朱熹是唯心主义者，从根本上错了。”关锋：《关于进一步研究王船山哲学思想的问题》，载《王船山学术讨论集》(上)，第158页。

也具有巨大的原创性价值。这一点也是官方非常看重的。同样是在 1962 年的研讨会上，关锋指出：

> 王船山思想是一个博大的体系。就他的哲学来说，是中国旧唯物主义哲学的高峰。王船山继承了中国历史上的唯物主义和辩证法传统，批判了唯心主义——特别是宋明理学唯心主义，并在一定程度上对形而上学作了批判，创立了一个新的唯物主义哲学体系，可以说，他把唯物主义和朴素辩证法在若干环节上、在一定程度上结合了起来。……王船山提出了许多新问题，回答了前人不能回答或不能深刻回答的问题，从总体上（不是每一个问题）看，他超过了以往的唯物主义哲学家。……戊戌政变时期的中国资产阶级的改良主义者以及后来的资产阶级革命家，在哲学上也没有超过王船山。①

在关锋看来，“日丹诺夫范式”之下的王船山的哲学史定位：就是马克思主义传入之前的中国哲学中最为进步与革命的唯物主义思想。在这一点上，清末以来的中国近现代哲学也没有可能超越船山哲学。同时，上述定位也意味着：代表“中国旧唯物主义哲学的高峰”的船山哲学是马克思主义传入中国之前的最后一个旧唯物主义哲学发展阶段，代表着道学传统终结之后

① 关锋：《关于进一步研究王船山哲学思想的问题》，第 158 页。

的中国哲学进步性的（唯物的）那一面，这显然在当时的中国哲学史研究中具有重大理论的意义与政治价值。它使得作为新中国核心意识形态的马克思主义在传统文化领域找到了一个具有民族性的理论立足点。对此，萧萐父在 1962 年的船山研讨会上有比较清楚的概括。他说：

> 明清之际，一代启蒙学者，如顾炎武、黄宗羲、方以智、颜元等，都具有反对宋明道学唯心主义的共同思想倾向，又各有其独特的贡献。王夫之和他们并列，而在哲学方面的理论贡献是较为突出的。他的贡献，主要在于认真地回答了传统哲学问题，坚持了唯物主义路线，而与当时唯心主义发展的高峰——理学和心学“相比较而存在、相斗争而发展”，从而把我国源远流长的唯物主义传统，提高到一个新的水平。①

因此，基于这一逻辑，如果要拉一条中国哲学史中的唯物主义发展线索，那么横跨古代与近代并直至现当代的中国哲学史流变发展过程就应该是：“船山的唯物哲学→中国化的马克思主义哲学（如毛泽东的矛盾哲学、实践哲学）”，而对应的唯心主义发展线索则显然是：“程朱陆王哲学→近现代资产阶级唯心主义（如贺麟的哲学）”。并且，带有进步性与启蒙性

① 萧萐父：《王夫之哲学思想初探》，载《王船山学术讨论集》（上），第 59—60 页。

的船山哲学还是中国哲学在西方传统之外独立发展的唯物主义理论方面的典型代表。如此，再加上近代传入的马克思主义的辩证唯物论哲学体系，便构成了中国哲学框架内完整的由古代到现代的“日丹诺夫范式”之下的哲学史架构。

这也再次表明：为什么在 1957 年的会上，关锋要对冯友兰在“抽象继承法”证明过程中所指出的“船山哲学与程朱思想的继承性”不遗余力地加以挞伐。因为从“日丹诺夫范式”的角度来看，船山哲学在世界观上作为“中国旧唯物主义哲学的高峰”的哲学史结论，同时是联结中国古代朴素唯物主义传统与近现代以来以马克思主义为核心的辩证唯物主义传统的关键枢纽与基本量纲。若这一点被否定，则整个中国哲学史上唯物主义发展线索的内在逻辑将会崩溃。并且，这也将使得马克思主义中国化理论中的传统哲学基础（民族性）受到动摇。因此，对船山哲学的“传统唯物论高峰”定位，不仅在理论上，还在政治上构成了马克思主义中国化话语体系建设的重要组成部分。因此，从“日丹诺夫范式”的逻辑来看，船山哲学这样一个关键性的思想枢纽是必须要存在的，实际上它也应该存在。这体现了近现代中国无产阶级革命在传统哲学上有其思想渊薮。

总之，20 世纪 60 年代初以关锋为代表的对于船山哲学在自然观上的唯物主义判定，不仅是一个事实判断，同时也是一个政治判断。而具有官方背书这一点也是那个时代的船山哲学研究特出于其他中国哲学史研究方向的关键所在，这使得船山升格运动在那一时期达到了历史上的顶峰。

关于“顶峰”论断的一个佐证是：因为唯物主义者王船山对于老子哲学的批判，所以关锋在1962年前后连续写了好几篇文章用以证明先秦的道家传统，特别是老子哲学应该被划归唯心主义阵营。[①] 并且他着重强调：船山对于老子的批判代表着中国古代哲学传统之下的唯物主义对唯心主义批判的最深刻部分。[②] 这里关锋的逻辑是：因为王船山在哲学史中被确定为唯物主义者，所以任何王船山批判的对象都应该是唯心主义者。而王船山批判老子，则可以得出老子是唯心主义者的结论。

这表明，除了上述提到的理论意义之外，船山哲学的批判性在当时还体现了列宁“党性原则”中所要求的那种唯物主义

① 关锋在这个问题上的核心观点是：“老子的世界观的核心是‘道生一，一生二，二生三，三生万物’，‘天下万物生于有，有生于无’。这两个说法是一个意思：天下万物即物质世界是‘道’（即“无”）派生出来的。这显然是‘客观’唯心主义的观点。它并不是老子的个别观点，而是通贯于《道德经》之中，是他回答一系列哲学问题的总原则。所以，老子的哲学体系是‘客观’唯心主义的。在中国哲学史上，对于老子哲学的这个总原则，唯心主义哲学家的态度是服膺它、这样或者那样地发挥它；唯物主义哲学家则批判它——或者实际上砍掉这个哲学体系的头即抛弃老子的‘道’，例如东汉的王充，或者针锋相对地予以驳斥，例如晋代的裴頠、北宋的张载、南宋的叶适、明代的王廷相、明末清初的王夫之。”关锋：《王夫之对于老子哲学的批判》，载于《王船山学术讨论集》（上），第217页。

② 关于老子哲学的这段公案，毛泽东后来在1968年10月的中共八届十二中全会闭幕会上的讲话中也明确给出了自己的立场，他本人认为老子是客观唯心论者，为这场争议画上了句号。

对于唯心主义的战斗性。所以，船山的哲学批判成了在中国哲学史上落实“党性原则”与“日丹诺夫范式”的鲜活范例，也成了划分哲学史上“唯物—唯心”两条线索的量纲性标准。关锋指出：

> 王夫之对老子哲学的批判，站得比较高。他对于老子哲学的批判，从战国以来到马克思列宁主义传入中国以前，可以说是最深刻的批判。研究一下王夫之对老子哲学的批判，对于解决我们关于老子哲学的争论是有帮助的，并且还可以从中取得批判老子哲学以及其他唯心主义哲学的借鉴。①

船山哲学所具有的这种“批判性”也同时从另一个角度解释了：为什么它可以作为“旧唯物主义”的高峰来接续新中国成立之后以马克思主义为指导的中国哲学史研究。如前所述，从“日丹诺夫范式”的逻辑上说，船山哲学作为古代中国哲学传统中最后一个具有批判性、总结性的体系，其本身可以作为一个“清算与评判”古代哲学史的标准与量纲在“唯物—唯心”层面来发挥“判定”整个中国古代哲学各家传统的作用。

所以，当批判过老子的船山的“唯物”哲学定位与老子的“唯物”哲学定位出现矛盾的时候，需要修正与商榷的显然

① 关锋：《王夫之对于老子哲学的批判》，载于《王船山学术讨论集》（上），第217页。

是老子哲学，而非作为哲学史上两条路线“清算之标准”出现的船山哲学。就此言之，当时对船山哲学的唯物论判定，构成了“日丹诺夫范式”在中国哲学史中确立其标准性的阿基米德点——动摇船山哲学在世界观或方法论上的唯物主义判定（就像冯友兰在 1957 年的做法），将直接动摇“日丹诺夫范式”本身的合法性。

因此，面对前述关锋以“唯物论者王船山批判老子，所以老子是唯心论者”的立论，当时占主流的认为老子哲学应该被划归唯物主义阵营的学者（冯友兰又是其中主将之一，曾经与关锋在此问题上有过反复的商榷）① 也不得不对“为什么作为古代中国哲学中唯物主义的集大成者的王船山，会批判同样是唯物主义者的老子”这一矛盾问题给出解释。② 船山哲学在当

① 关于这段老子哲学定位的公案，争论双方的主将仍是关锋与冯友兰。而双方论战的大体时间段也恰是 1957 年中哲史会议后直至 1962 年的船山哲学研讨会召开前。因此，关锋在 1962 年的船山哲学研讨会论文集中，以船山哲学作为评价标准对于老子哲学的唯心主义论断，可以说是他给以冯友兰为代表的“老子唯物哲学派”的最后一击。如上文所述，冯友兰本人在 1957 年中哲史研讨会受到政治批判后，是承认船山哲学的唯物主义定位的。就此言之，下述任继愈的《唯物主义的王夫之为什么反对唯物主义的老子》实际上是力图在一方面承认关锋结论的前提下，在另一方面为“老子唯物哲学派”的立场找到一些论说余地。相关文献除了本书正文中出现的与船山哲学有关的文章外，还可参阅冯友兰《关于老子哲学的两个问题》、《再谈关于老子哲学的两个问题》、《老子二十一章解》等以及关锋《论老子哲学体系的唯心主义本质》、《再谈老子哲学》等。

② 任继愈对这一矛盾的概括是：“按照哲学史发展的一般情况，唯物主义继承唯物主义，反对唯心主义；唯心主义继承唯心主义，反对唯物主义。拿先秦两汉的哲学史看，韩非和王充两个唯物主义哲学家都继承了（转下页）

时的中国哲学史研究中的崇高地位由此可见一斑。

同时，除了“自然观”领域，时人还在“认识论”上（另一个马克思主义中需要判断“唯物—唯心”问题的核心论域）使用船山哲学作为尺度来对整个古代哲学传统进行系统性“清算”。如朱伯崑在1962年研讨会上指出：

> 就中国古代哲学说，明确地提出主观和客观的关系问题，并且把处理这个问题的唯物主义原则，推广到认识论的领域，比较全面地论述二者的互相关系，从而有力地揭露了唯心主义，特别是主观唯心主义的错误，这要归功于十七世纪的唯物主义者王夫之。……总起来说，在主观和客观关系的问题上，王夫之比以前的唯物主义者作出了贡献。他的贡献是在反对唯心主义的斗争中取得的。这表明唯物主义和唯心主义的斗争始终是哲学发展的基本规律。从王夫之反对唯心主义的斗争中，可以看出，作为一个唯物主义者，能否严格地区别主观和客观，坚持唯物主义的原则，是一个带有根本性的问题。……王夫之对于客体不

（接上页）先秦的唯物主义者老子，而反对唯心主义的孔子、孟子。王夫之是明末清初的最重要的唯物主义哲学家，他经常批评释老（释是佛教，老即老子）……这一现象很值得研究。老子是唯物主义者还是唯心主义者，目前学术界还有不同的看法，王夫之是唯物主义者，则已有定论。如果王夫之所指责的老子的哲学的“错误”查明属实，说老子的哲学是唯物主义，就站不住脚。”任继愈：《唯物主义的王夫之为什么反对唯物主义的老子》，载于《王船山学术讨论集》（上），第230页。

> 依赖于主体而存在这一唯物主义的基本原则，曾作出了许多有价值的论述。①

就此言之，除了“进步革命的唯物主义思想体系”这一世界观层面的论断之外，船山哲学在认识论上通过其对整个道学传统的批判，坚持了客观性与反映论的立场（这是辩证唯物主义在认识论上的体现）也使得其符合“日丹诺夫范式”对于哲学史线索“两军对阵”式样的要求以及列宁对于哲学史发展逻辑的“圆圈”界定。

综合上述世界观与认识论两个方面，可以说1957年之后的中国哲学史研究是以船山哲学作为量纲，来定位整个中国古代哲学史的党性标准的。此前关锋对于冯友兰“抽象继承法”的批判便是这方面的一个典型。而前文中所论述的张岱年与汪毅关于船山哲学的“民族性”与“普遍性”之争则可以算是这段绵延十多年的公案的前奏。

最终，当论争的内容超出船山哲学的藩篱，蔓延到老子哲学的“唯物—唯心”判定之时，其问题的核心依然可以如前述围绕冯友兰“抽象继承法”的论战一样被归结为对中国哲学史上的唯物主义线索应该如何来把握与界定的问题上，而船山哲学又是这一把握与界定中绕不过去的关键。

① 朱伯崑：《王夫之论主观与客观——关于十七世纪中国唯物主义者王夫之反对唯心主义斗争的贡献及其局限性》，载于《王船山学术讨论集》（上），第195页、第215页。

从船山哲学本身的特征上说，正是其对于整个古代中国哲学传统所作的全面而又系统的批判，使得它在“日丹诺夫范式”中成为了一个“阿基米德点”，作为坐标原点连结起整个中国哲学传统“唯物—唯心”线索的相对位置，同时这些定位也影响了当时中国哲学史研究的整体取向。而对“日丹诺夫范式”的教条性使用，其负面影响实际上也正是以船山哲学为抓手贯穿于当时的整个中国哲学史研究中。经由船山哲学，整个中国哲学界落实了“日丹诺夫范式”的训规并使之在地化。

当然，上述由船山对于老子的批判而引出的争论，也并非完全没有积极意义。譬如，关锋借由船山对老子哲学批判所作出老子是唯心主义的判定结论，尽管与主流认识相悖，但显然也打开了另一个老子哲学的诠释维度，表明了老子哲学中所具有的多元叙事与诠释的可能性，这一点即便是持有相反立场的冯友兰也不否认。①

① 我们可以说，尽管当时对“日丹诺夫范式”的使用是具有教条性与片面性的，但在此种方法论之下，当时学者所发现的问题却仍然具有相当的理论意义，并非一无是处或纯粹的教条主义。正如冯友兰在反驳关锋“老子哲学唯心说”的相关论点的同时，也承认老子哲学中所存在的矛盾性诠释的事实。而这一点在某种程度上代表着当时的中国哲学研究尽管受到“日丹诺夫范式”教条式的影响，但也依然在探索与前进，并基于新的问题意识中发现了新的问题域。冯友兰说：“还有一个说法，就是说，我们本来承认《老子》书里边有唯心主义的成分，正如甲方（指关锋）也承认《老子》书里边有唯物主义的成分。四十二章所说的‘道生一’就是《老子》书中的唯心主义的成分。它是跟别的章里所说的有矛盾的。”冯友兰：《再谈关于老子哲学的问题》，《三松堂全集》，第 12 卷，第 418 页。

另一方面，1957年以来对于“日丹诺夫范式”的理论质疑，以及关、冯二人随后在中国哲学史各研究领域进行的关于老子哲学的“唯物—唯心”争议所带来的一系列论战，也要求当时的船山哲学研究者必须不断地回应或者消除来自各方面对于王船山的一些具体思想内容的质疑，这同样也推动了船山哲学研究的发展。

此外，除了1957—1962年间在世界观与认识论方面的研究之外，还有一个超越了一般意义上的哲学研究的船山研究维度存在，这就是在历史观与阶级斗争的层面上捍卫“船山哲学的唯物主义判定”的相关论述。这一基于唯物史观物质决定意识、经济基础决定上层建筑的视角，让时人看到：除了哲学之外，船山思想在经济以及社会政治层面也有相当深入的涉猎，这是其他古代中国哲学家所罕有的并且可以很好地对接马克思主义的相关问题意识的中国古代哲学材料。尽管近代以来中国哲学界对于这一问题领域的瞩目，是由马克思主义的唯物史观所开启的，但它也揭示了中国哲学史上原本一直为人所忽视的一些方面内容与视角。

最后，由列宁“党性原则”的要求出发，以马克思主义“经济基础决定上层建筑”、“物质决定意识”的历史唯物主义逻辑为指导对作出船山哲学的“唯物主义判定”，究其根本，还要求对王船山本人在“历史观”与“阶级立场”上作出“无产阶级”或“趋向于无产阶级”的判定。所以，从1962年的船山思想研讨会的主要议题来看，除了上述世界观与方法论的讨论之外，另一个讨论重点便在历史观与阶级立场这两个点上。而从历史唯物主义的角度来看，这两个问题实际可以被归纳为对船山本人“阶级立场”的定性问题。关于船山的唯物论“自然观”、“历史观”与其“阶级立场”之间的联结及相关哲学史意义，嵇文甫首先进行了重要概括，他说：

> 对于王船山的自然观，大家比较一致的认为是唯物的。至于其历史观呢？到底是唯物的还是唯心的？……如果说它的自然观是唯物的，而他的历史观是唯心的，这样显然陷于自相矛盾；反之，如果说船山的历史观是历史唯物主义的，则在马克思以前，还不好这么说。①

在嵇文甫看来，上述历史观的问题同时又与阶级问题联系在一起。他认为：

> 所谓历史唯物主义，其核心问题是阶级斗争。当然“阶级”二字是属经济范畴，主要是由人们的经济地位不同决定的。说某位思想家代表某个阶级，并不一定说他出身于某一阶级，也不管他自己意识到了没有，而只是看他那种思想，在客观上实际符合于某一阶级的利益。……总之，王船山的自然观是唯物的，他也曾把这种唯物主义的

① 嵇文甫：《对王船山历史观的一些粗浅认识》，《江汉学报》1962 年 12 月，第 4 页。

> 自然观运用到对社会历史的探索与考察上。不过，还只是直接而简单地把他的自然观运用到历史观上。其结果仍难免失足陷于唯心论的观点，而尚未达到并且也不可能达到历史唯物主义的境界。我们不应过分要求于古人，但是在理论上也必须划清界限。①

要之，嵇文甫承认船山进步的历史观乃是其唯物主义自然观的一个发展，② 其中具有唯物主义因素，但却又不认为船山的历史观是历史唯物主义的。因为根据马克思主义的基本原则，历史唯物主义必定要求抱有这一观点思想家秉持无产阶级的阶级立场、符合无产阶级的阶级利益，而这一点是船山所没有的（从严格意义上说，在船山所处的时代，中国也没有马克思主义所定义的那种“无产阶级”）。所以，嵇文甫研究认为：

> 从根本上看来，船山究竟没有摆脱封建士大夫的成见，对于农民仍然采取儒家传统的两面看法和怀柔手

---

① 嵇文甫：《对王船山历史观的一些粗浅认识》，《江汉学报》1962年12月，第5页。

② 从具体上说，嵇文甫认为，船山的历史观的唯物主义方面表现在：“王船山有他的历史进化论，他似乎看到社会历史的发展有它的必然性，是不以人们的意志为转移的。……根据船山的看法，虽像秦皇、汉武这样有名的帝王，也不能以主观意志创造历史。在船山看来，不仅秦皇、汉武，即圣人也不能随主观意志立法创制。”嵇文甫：《对王船山历史观的一些粗浅认识》，《江汉学报》1962年12月，第4页。

> 段。……君固然不应该虐民，可是民也不应该叛君。……这就是“彝伦”，就是封建社会不可动摇的天定的秩序。谁要是破坏了这秩序，在君的方面，固然会得到亡国败家的结果；可是在民的方面，其遭受惨祸，更是不堪设想。……鲁迅先生就曾说过，中国历史是“奴隶时代”和“求为奴隶而不可得的时代”互相交替着。然而鲁迅先生是要根本推翻这座“吃人的筵席”，而船山只是要叫人能过着比较好的奴隶生活，不至于“求为奴隶而不可”就是了。这是“改良”与“革命”的差别。船山所斥为“私利之心”的，正是资产阶级民主革命者所要求的民主权利。由此可知，船山尽管有些进步思想，但是要把他太近代化或资产阶级化，恐怕还须斟酌吧。①

从总体上说，嵇文甫认为在阶级性上“船山并未近代化”的看法是1962年会议上比较主流的观点，从今天的角度来看也比较客观。但问题在于，如前文所述，船山哲学在当时又是古代传统中接续现代思想与马克思主义的关键与纽带，若过分否定船山哲学中的无产阶级属性或启蒙气质，则上述哲学史判定又将出现困难。

当时与会学者对于船山的阶级判定也存在着很大的分歧。从发表的会议综述来看（由湖南省社联供稿），与会人员在这

① 嵇文甫：《王船山的史学方法论》，《历史研究》1962年第4期，第121页。

个问题上所提出的说法有“中小地主”、“新兴市民阶层”、“地主阶层反对派”、“自耕农”① 等等不一而足，还有一种在当时受到“阶级分析”观点批判的，认为船山代表“士大夫”立场的主张。② 而之所以在“阶级分析”问题上有那么多的说法，主要也是由于船山哲学体系庞大、说法众多，并且内涵矛盾——上述“阶级分析”的各种观点皆可以从船山的各种著作中找到思想资料的支持。

这一情况说到底，正如嵇文甫所言，是当时的研究者以“太近代化”的方式来研究船山所导致的一种先入为主的思想片面性。而“太近代化”这一点的根源，从今天的视角来看其实还是在“日丹诺夫范式”的教条性使用上。当然，从船山升格运动的大背景上说，这种反向格义式样的诠释路线也并不仅限于新中国成立后，而是自谭嗣同、章太炎以来甚至包括嵇文甫自己在内的船山哲学研究的一贯做法。不过这种情况带来了一个积极的影响是：当时的学者们为了给各自的阶级论断寻找依据，对于船山的著述资料展开广泛而深入的挖掘与研读。

不过，“阶级分析”的最终目的还是为了给船山哲学的“唯物主义判定”确立起“社会存在”上的依据。因此，尽管观点不同，但上述“中小地主”、“新兴市民阶层”等各派的阶级定性，都强调并突出了船山矢志反清的“爱国主义”精神，

① 湖南省哲学社会科学界联合会：《王船山学术讨论会讨论的几个问题》，载于《王船山学术讨论集》(下)，第571—573页。

② 从今天的视角来看，可能这个观点更加接近船山本人的自我定位。

并以此认为他将“民族大义”置于“君臣大义”之上，从而超越了其出身的地主阶级。又因为船山在甲申后还支持过农民起义军的反清斗争，于是也就可以认为他否定了封建的阶级次序，在价值判断上将“爱国主义”精神置于阶级次序之上，而这显然具有启蒙性与进步性。①

从1962年的相关会议综述来看，这也是当时大多数与会者的看法。但这种“因为所以”曲折推理式样的阶级定性也表明：就社会存在的基础而言，船山的唯物主义哲学并不具有历史唯物主义视域之下的阶级典型性，反而更具中国特色，体现了船山哲学中的民族主义特质。会议《综述》也指出：

> 一种意见是较多的表彰和阐扬了船山的民族思想，认为船山强调“夷夏之防”和所谓“殄之、夺之、欺之”的说法，是针对清兵压境、民族危亡的情况而发的，体现了我国各族人民不愿遭受奴役、反抗民族压迫的革命传统，是他的爱国主义的起点。由此而产生船山的民族利益高于一切的思想，把民族大义放在第一位，君臣之义放在第二位，他公开说：“即令桓温功成而篡，犹贤于戴夷狄以为中国。”甚至说：“可禅，可继，可革，而不异类间之。”基于此，船山赞同联合农民军一致抗清，并称道大顺军、

① 当然，由于船山思想的杂驳性，实际上我们也能在其书中找出许多反对农民军的言论。因此，从今天的思想视角来看，正如嵇文甫所言，“太近代化”的诠释方式必然会导致这种自相矛盾的结论出现。

大西军抗清斗争的功绩。①

我们可以看到，这一从船山的“爱国主义”出发，确立其历史哲学在近代意义上的“启蒙性”与“进步性”逻辑并不是全新的。自章太炎以来，以“即令桓温功成而篡，犹贤于戴夷狄以为中国”为代表的船山的华夷之辨高于君臣之义的主张，一直是其思想中被重点关注的几个核心内容之一，它为清末的民族革命者们推翻清朝的统治提供了传统儒学的框架内的理论合法性。只是民族主义这个说法，在新中国成立后被转化为当时马克思主义话语体系中具有进步意义的“爱国主义”或“不愿遭受奴役、反抗民族压迫”的革命叙事。但从思想内容上说，上述两个说法其实没有本质区别，都产生于近现代中国民族复兴、反抗外来压迫侵略的革命大背景。

在此，笔者又要不厌其烦地再次强调，围绕船山哲学的革命性叙事及其话语体系在中国近现代历史上具有连贯性、继承性与发展性，自郭嵩焘、谭嗣同、章太炎的时代直至20世纪60年代皆是如此。而这种通过一位古代哲学家的思想所带来的贯穿百年的连续性，在中国近现代哲学革命中是罕见的。当然，也正是“爱国主义”的定位，使得船山在历史唯物主义大方向上被定位为“地主阶级”的同时，其哲学依然获得了进步与启蒙的评价。因此，诚如关锋所言，尽管船山哲学仍然处

① 湖南省哲学社会科学界联合会：《王船山学术讨论会讨论的几个问题》，载于《王船山学术讨论集》（下），第570页。

于“辩证唯物主义”之前的“旧唯物主义”阶段，但是相对于中国哲学传统中的其他“唯物主义哲学家”来说，基于马克思主义“社会存在决定社会意识”的内在逻辑，船山的“唯物主义哲学”比起其他“旧唯物哲学”又是具有“特殊进步形态”的。这使得当时对于王船山的阶级定位相对于中国哲学史上的其他“唯物主义哲学家”来说，要更进步一些。

所以，以上述阶级分析的结论为基础，对于船山哲学的定位，在其作为“日丹诺夫范式”量纲的同时又超出了“日丹诺夫范式”所能涵盖的思想范畴，呈现出一种中国特色。这一点也是在1957年、1962年两次会上最坚持“日丹诺夫范式”的关锋那里得到明确肯定的。当然，这其中显然也有着构建马克思主义中国化理论的民族性渊源的现实考量。关锋指出：

> 恩格斯说：唯物主义有三种基本形式：（一）古代朴素唯物主义；（二）形而上学唯物主义；（三）辩证唯物主义。某些同志感觉到，既不能说王船山哲学是古代朴素唯物主义，也不能说是形而上学的唯物主义，当然更不能说是辩证唯物主义，因而去探讨王船山哲学的特殊形态，但又恐怕违背了恩格斯关于唯物主义三种基本形式的划分。我以为，这种顾虑是不必要的，可以大胆地去探讨。恩格斯说，唯物主义有三种基本形式，当然完全正确，但并不是说，没有“亦此亦彼”的过渡形态。譬如说王船山哲学有朴素的性质，但不同于古代的朴素唯物主义；它不是形

而上学的唯物主义，而是在若干环节上、在一定程度上把唯物主义和朴素辩证法结合了起来，但没有达到科学的辩证唯物主义。……如此等等，并不与唯物主义有三种基本形式的说法矛盾。①

关锋的上述说法暗示了：从恩格斯“唯物主义的三种基本形式”来看，船山的唯物主义哲学实际上超越了“古代朴素唯物主义”与“近代形而上学唯物主义”并有着一定的“辩证因素”。唯一所差的，仅仅是未达到马克思主义意义上的“科学的辩证唯物主义”（当然船山的时代也不存在科学的辩证唯物主义的阶级基础）。这一评价非常高，并且其最终导向前述1962年船山学术讨论会的著名结论：“船山的哲学体系，博大精深，是中国旧唯物主义发展的高峰”。② 这也是近代以来船山升格运动所达到的高峰！

这一“最高峰”论断中的“民族性”动因，值得引起我们的注意。关锋的“最高峰”说法实不仅只是从中国哲学“唯物—唯心”两条线索的哲学史发展上讲的，还是从船山哲学相对于中国传统“旧唯物主义哲学”以及恩格斯所界定的“唯物主义的三种基本形式”来讲的，表现了马克思主义理论视野之

① 关锋：《关于进一步研究王船山哲学思想的问题》，载于《王船山学术讨论集》（下），第162—163页。

② 湖南省哲学社会科学界联合会：《王船山学术讨论会讨论的几个问题》，载于《王船山学术讨论集》（下），第562页。

下的中国古代哲学本身的民族性价值。

所以，不仅是确立“日丹诺夫范式”本身的需要，同时也可以说是马克思主义中国化或中国化的马克思主义的理论需要，最终将王船山在中国哲学史上升格到了这样的地步。而这一论断也对应着前述船山在阶级分析上所具有的特殊之处——尽管总体上依然是“地主阶级”，但船山依赖其以“即令桓温功成而篡，犹贤于戴夷狄以为中国”（“爱国主义”）的主张，在反封建阶级秩序上取得了思想突破，使得他在阶级立场上向着无产阶级有了一定的靠拢而更具有进步性。关锋认为，这使他的哲学部分地突破了“旧唯物主义”而接近了“辩证唯物主义”，这才是时人眼中船山哲学的真正进步与启蒙之所在，也就是我们今天常说的中国哲学传统中可以进行创造性转化与创新性发展的精华部分。

要之，从1962年衡阳会议达成的共识来看，船山哲学意味着中国传统哲学中可以接续辩证唯物主义（世界观、认识论）的一种具有中国特色的特殊唯物主义传统，它超越了恩格斯对唯物主义的既有分类，代表着中国哲学传统中独特的、具有民族性的、启蒙进步的那一部分内容，同时也构成了当时马克思主义中国化思想中民族性部分的理论来源。

因此，将船山的哲学体系作为典型，也就代表着毛泽东所说的传统文化的“民主性精华”，① 即便是最为维护“日丹诺夫

① 毛泽东指出：“中国的长期封建社会中，创造了灿烂的古代文化。清理古代文化的发展过程，剔除其封建性的糟粕，吸收其民主性的精华，（转下页）

范式”权威意义的关锋，也并不反对由此出发去发掘中国哲学史中的民族性价值以“吸取理论思维的经验教训”。①

总之，1962 年会议所确立的马克思主义方法论体系之下的船山哲学研究范式，因其在哲学史上的种种特殊之处，完美地兼容了“古今中西”（冯契语）的各个方面，回应了中国近现代哲学学科的核心问题意识——既继承了传统的问题领域，又接续了马克思主义的世界观与方法论并部分地超越了当时“日丹诺夫范式”的教条，成为了当时中国大陆研究最为深入的一个传统中国哲学体系，从而使太平天国运动之后开启的船山升格运动达到了巅峰：它既发扬了民族性又接续了现代化的西学，从 19 世纪末谭嗣同以船山哲学接续西方的进化论与以太论到 1962 年关锋基于船山哲学高峰定位落实“日丹诺夫范式”皆是如此。在这百年间，船山升格运动承续着中国近现代哲学革命融通“民族性”与“现代性”的内在问题意识，所以船山的哲学体系对于 1960 年前后的中国哲学学科之存续与发展的贡献与影响也是无与伦比的。

（接上页）是发展民族新文化提高民族自信心的必要条件；但是决不能无批判地兼收并蓄。必须将古代封建统治阶级的一切腐朽的东西和古代优秀的人民文化即多少带有民主性和革命性的东西区别开来。”毛泽东：《新民主主义论》，《毛泽东选集》，第 2 卷，第 707—708 页。

① 关锋：《关于进一步研究王船山哲学思想的问题》，载于《王船山学术讨论集》（上），第 159 页。

四、批判与反思：1976—1981 年间的船山哲学研究

从 20 世纪 60 年代下半叶开始，受政治风潮的影响，研究船山哲学的论文主题集中在其论述历史发展进步以及如何“评法批儒”等问题上，大多具有严重的片面性。随着政治运动的深入，船山哲学研究与当时其他的中国哲学研究一样陷入严重停滞的状态。

直到 1976 年之后，这一情况才有所改变。由于政治运动的结束，中国哲学研究开始拨乱反正，展现了新的思想面貌。新时代的来临，让王船山历史哲学的相关思考再次受到学者的瞩目。借由船山哲学而呼唤新时代新气象成了当时学术界的一个热点。1979 年，喻博文在《过去·现在·未来及其他——从王夫之的治学精神谈起》一文中指出：

> 王夫之以“认识过去、考虑未来、思维现在”的伟大胸襟和气魄，立足于总结明王朝覆灭的历史经验教训……他如此奋发用力是为认识过去，更是为研究那时的现在，也是为思维清初的未来。如《尚书引义》、《周易外传》、《张子正蒙注》、《读通鉴论》等著作，都是在为地主阶级总结过去、认识现在、指示未来。①

① 喻博文：《过去·现在·未来及其他——从王夫之的治学精神谈起》，《西北师大学报》（社会科学版）1979 年第 3 期，第 37 页。

王船山对于历史的深刻洞见正合于20世纪70年代末80年代初的人们呼唤社会变革、思想自由的风气。而喻博文此文之宗旨，也是借古喻今，经由船山的相关言论，呼唤面向未来的新思想与学术之变革。他说：

> 纵观古今，每当社会变革之际，往往有类似的伟大学者出现。……我们今天所处的时代，无论就世界范围说，或就国内情况看，都是一个伟大的前所未有的变革的时代，要求我们有一批学者，不仅总结中国的过去，研究中国的现在，预示中国的未来，而且要总结、研究和预示世界的过去、现在和未来。学术界同志应当有这样的气魄，应当有这样的壮志。这是时代的要求，人民的期望，党交予的任务。①

那么，在喻博文看来，“认识过去、考虑未来、思维现在”的王船山贴合于当时整个社会时代思想变革大风气的治学精神到底是什么呢？答案就是船山面向现实问题的学术创新意识。他指出：

> 王夫之对古代哲学思想、史学理论和政治学说都有发

① 喻博文：《过去·现在·未来及其他——从王夫之的治学精神谈起》，《西北师大学报》（社会科学版）1979年第3期，第39页。

> 展，尤其在朴素唯物主义与朴素辩证法的思想以及两者的结合方面的贡献超越了前人。……王夫之在治学中表现出的这种勇于创新的精神，是对我国伟大学者治学精神的继承和发扬。……今天，我们所处的时代，是一个崭新的时代，各方面都出现了新情况，提出了新问题，要求人们从理论上给予新的回答。……还得要有足够的理论勇气，敢于面向现实，敢于面向真理，不“唯书”、不“唯上”，而唯以追求真理为宗旨。这样，才有可能在学术上别开生面，作出贡献。①

喻博文借由船山治学精神中的创新思想而提出“不‘唯书’、不‘唯上’，而唯以追求真理为宗旨”的说法，显然是针对了此前三十年以来中国社会科学领域陷入的严重教条主义的问题。这一点在中国哲学史学科内，就表现为此前所提到的，自1957年会议之后教条化地贯彻“日丹诺夫范式”的问题。

喻博文借由船山历史哲学与治学精神批判教条主义，呼唤新时代的文章，从一个大的方面也昭示着当时的中国哲学研究力图摆脱“日丹诺夫范式”，迎接新时代的努力。在此前提下，船山哲学因其在“日丹诺夫范式”体系下的典型意义，在20世纪70年代末80年代初作为重要材料参与到大量类似式样的范式转换的讨论中去。此前很长一段时间内，船山哲学是“日

① 喻博文：《过去·现在·未来及其他——从王夫之的治学精神谈起》，《西北师大学报》（社会科学版）1979年第3期，第40页。

丹诺夫范式”之下少数可以进行深入与正面研究的中国古代哲学体系；所以，1976年后，在中国哲学界开始对“日丹诺夫范式”的教条主义使用进行批判的时候，学界的行动也首先在船山哲学的研究中展开。当然，这一时期的中国哲学范式转换不是颠覆性的，其思想进路与方法论的转变依然是在原有问题领域与内容主题的框架内次第展开的，而对船山哲学的再诠释与再思考是其中的主要方面。

同时这也意味着，当学界要求清算此前三十年对“日丹诺夫范式”的教条性使用，并试图将过去一段时期内受到政治运动影响的一些公案进行再研究与商榷之时，人们发现船山哲学是不可绕过的。根据笔者的归纳，在1976年之后的一段时间内，与船山哲学有关的这些“思想与价值重估”式样的中国哲学史讨论，主要涉及三方面的问题：

问题一：王船山是儒家还是法家？

问题二：就作为中国传统唯物哲学总结者的王船山及其哲学来看，“一分为二”与“合二以一”是否皆为唯物辩证法的核心内涵？

问题三：作为“唯物主义哲学家”的王船山是否是真的反（程朱传统唯心主义）理学？

关于“问题一”，主要是针对在20世纪70年代初“评法批儒”政治风潮影响之下，中国哲学界一度有将批评过宋明哲学传统的王船山定性为“法家”的问题。这一观点的核心立场是：船山称颂过秦始皇的郡县制度，并且带有进步主义与反对复古的历史哲学观点。历史上秦始皇执行的正是法家的政治路线，同时法家也与王船山一样提倡历史进步主义。因此，王船山从思想学派上说可以被归类为法家而非儒家。① 这样的结论与逻辑，显然非常教条主义与片面地看待了中国哲学传统中的儒家与法家学派之判教与分类。

1977 年前后，张岂之写了好几篇文章，对这个公案进行了商榷与总结，批判了此前中国哲学史研究上这种片面的儒法教条主义判教模式。张岂之认为：

> 王夫之肯定秦行郡县制，但同时他又指出：“秦之所以获罪万世者，私己而已矣。”就是说，秦“为一姓”而统治天下，要让自己一家的子孙世世代代都做皇帝，结果二世而亡。王夫之敢于说“天下非一姓之私也”，还说：“不以一人疑天下，不以天下私一人。”……这类“反法”言论，是对封建制度的大胆非议，是明末清初民主思想的萌芽。难道一看到这些“反法”言论，便不管历史条

① 关于这种教条主义与公式化的逻辑，张岂之在 1976 年后有过总结：“明末清初之际的进步思想家王夫之（1619—1692 年）曾经被戴上‘法家’的帽子。其理由是他‘尊法’，所以是进步的；既然进步，必属‘法家’无疑。有一个公式：不论任何时候，‘尊法’即进步，而‘反法’即反动。”张岂之：《王夫之是法家吗？——中国思想史考察的一个侧面》，《西北大学学报》（哲学社会科学版）1977 年第 1 期，第 37 页。

> 件和具体内容，给扣上“反动”的帽子吗？关于主张封建主义“法治”的历史人物，即所谓“申、韩之儒”，王夫之并不简单地一概肯定或否定，而是多少采取了了分析的态度。①

依张岂之之言，就“船山称颂过秦始皇郡县制度，尊法，所以他是法家”的观点断言王船山是法家，在逻辑上犯了以偏概全的错误。因为按照同样的研究方法，我们也能发现很多船山批评法家的言论，如此是否就可以说他“反法家”呢？其次，在船山的进步主义历史观与先秦法家思想的历史哲学之异同方面，张岂之认为：

> 在历史观上，王夫之批判了邹衍的五德终始说、董仲舒的三统循环论、邵雍的元会运世说，以及朱熹的“天理”史观。他关于西周“封建”制的分析，关于“战国者古今一大变革之会也”的说明，以及对夏、商、周三代的论断，都远远地超过了韩非在《五蠹》中关于“上古之世”、“中古之世”与“近古之世”的简略说明。特别值得提出的是，王夫之从进化的历史观出发，不承认有古今不变的“法治”。……当然，王夫之的这些论点并不是对于历史辩证法的分析，但他否定有所谓“一成之侀”，痛斥

① 张岂之:《一个反法的“法家”——王夫之》,《历史研究》1977年第3期，第103页。

"'执一'以贼道"，则是有进步历史意义的论断，至今仍可作为我们的借鉴。①

所以，针对上述两点内容，基于船山对法家思想的批判以及船山是"法家"的既有论断，张岂之实事求是地指出：

他（船山）对于"申、韩之儒"的分析与批判，虽然包含着一些封建糟粕，但从主导方面看，他不但批儒，而且多少批判了封建主义"法治"，这些都是他进步思想中的组成部分。如果硬要说王夫之是"法家"，那么，他就应该是一个反法的"法家"，当然这个称号已经有点近乎儿戏了。②

从张岂之归谬的"反法的'法家'"这一矛盾概念来看，就那个时代的中国哲学研究大背景说，上述"儒法分判"的教条主义结论实际是"日丹诺夫范式"在特殊历史情境下被推到极端化的结果，从而导致了选择性地使用材料。事实上，船山批评法家的言论也很普遍，但在那个特殊时代却被有意无意地忽视了。极端的意识形态判定完全压制住了学术本身的面貌。为了强调哲学史上的"两条路线斗争"进而得出评法批儒、儒法斗

① 张岂之：《一个反法的"法家"——王夫之》，《历史研究》1977年第3期，第107页。

② 张岂之：《一个反法的"法家"——王夫之》，《历史研究》1977年第3期，第106页。

争的结论，以至于在最基础的概念定义领域产生了上述的自相矛盾与双重标准。而船山哲学因为在“日丹诺夫范式”体系下所具有的“量纲”定位，显然又是这种片面化、公式化与教条主义论述的重灾区，也是上述中国哲学研究中“自相矛盾”表现得最为明显的领域。就此言之，1976 年后，在中国哲学界批判这种教条主义、公式化的论述，进而复归实事求是学风的努力，其矫枉的重点自然也就落在了对此前三十年间船山哲学研究的再评价之上。这是题中应有之义，也符合思想史发展的内在逻辑。

另一方面，这种学界整体性的拨乱反正与复归学术的思潮，也构成了 1976 年后一段时间内船山哲学研究在中国依然火热的原因。因为船山哲学在此前三十年甚至一百年间在中国哲学史研究上的特殊地位，重新定性船山哲学，显然也有助于让整个中国哲学史研究更快地回到实事求是的轨道上来。可以说，这也是前述喻博文以船山的“求实创新”学风为例，呼唤学风变革的理论初心。

关于“问题二”，涉及的则是自 1964 年以来中国哲学界对于唯物辩证法核心内涵的一个重要争论。这一争论源自于 1964 年 5 月 29 日《光明日报》刊发的艾恒武、林青山合写的一篇文章《“一分为二”与“合二以一”——学习毛主席唯物辩证法思想的体会》。

二人在听了当时中央党校教授杨献珍的讲课之后有所启发，写下了这篇文章。而杨献珍的主要观点则来自他对于与船山同时代的明代哲学家方以智《东西均》中“合二以一”思想的发挥。[①] 其主要观点是：“一分为二”和“合二以一”都是中国古代传统对辩证法中对立统一规律的表述方式。但杨献珍本人并没有就这一观点与认识写过文章，只是在授课时提到，[②] 并且也否认他曾有意指使艾、林二人撰文。[③]

该文刊发后在《光明日报》上引起了大量讨论，赞成与反对者皆有之。但到了同年 8 月 14 日，《光明日报》发表署名“撒仁兴”的《“合二以一”是阶级调和论的理论基础》一文，把这个问题转向了对于杨献珍以及支持“合二以一”论的学者的政治批判，随后，“合二以一”论的说法在整个中国哲学界受到了全面的政治批判。

1976 年后，当年因为支持“合二以一”论而受到批判的学者纷纷恢复名誉。但“合二以一”论本身在辩证法层面是不是合理仍然是一个有待解决的学术问题。正是在这个背景前情之下，1979 年前后又掀起了一场关于“合二以一”论是否具有学

---

① 方以智曰：“虚实也，动静也，阴阳也，形气也，道器也，昼夜也，幽明也，生死也，尽天地古今皆二也。两间无不交，则无不二而一者，相反相因，因二以济，而实无二无一也”(《东西均·三徵》)[清] 方以智著，庞朴注释：《东西均注释》，北京：中华书局，2001 年，第 36 页。

② 对此，杨献珍澄清道：“关于‘合二以一’，我自己仅仅是在课堂上讲课讲到‘对立统一’时，说过中国古代思想家也有了这种认识，当作举例，曾提到过方以智的‘合二以一’。”杨献珍：《关于“合二而一”的问题》，《哲学研究》1979 年第 5 期，第 33 页。

③ 他说：“我自己没有写过关于‘合二以一’的文章，也没有‘唆使’过别人写文章，也没有给谁‘精心地’修改过文章。”同上。

术合理性的大讨论。① 在这一讨论中，萧萐父的《略论王夫之矛盾观中的“分一为二”与“合二以一”》是其中比较具有代表性的著作。

为什么要基于船山哲学来讨论这个具有很大争议的问题呢？萧萐父指出：

> 王夫之的矛盾观，与同时代的方以智相比，可说是更典型地表现了朴素形态的对立统一思想可能达到的理论思维水平。因此，在当前对“一分为二”与“合二以一”问题的再探讨中……对王夫之的矛盾观的主要理论环节及其所运用的“合、分”、“两、一”等范畴的基本涵义作一些剖析，应该说有一定的借鉴意义。②

从今天的视角来看，萧萐父借助船山哲学对这个问题的讨论，最重要的贡献在于：把相关争论拉回了其最初始的中国哲学问题领域，也就是杨献珍最初所思考的那个点——中国古代传统的辩证法中是不是同时具有“一分为二”与“合二以一”两种表达方式，并且它们是否可以对应于黑格尔与列宁关于辩证法的一些说法。

---

① 上述说法主要（日）石川贤作著，袁韶莹译：《中国哲学界关于“合二而一”问题争论始末》，《哲学译丛》1984年第6期。

② 杨献珍：《关于“合二而一”的问题》，《哲学研究》1979年第5期，第26页。

因为杨献珍没有系统化地把相关思考写成论文，此后又迅速陷入了政治风暴中，所以后来的争论反而使问题本身被遮蔽了。如上所述，基于船山在中国近现代哲学研究中所具有的典型性意义，因此，萧萐父对相关问题的研究显然更有助于从源头层面澄清这段公案。同时，在历史上，王船山与方以智相识，两人有着一定的思想交往，因此船山的观点在某种程度上也可以代表明末清初中国学者对于这个问题的一般性看法。这就是萧萐父所讲的“更典型地表现了朴素形态的对立统一思想可能达到的理论思维水平”与“借鉴意义”的含义。

萧氏经过研究后指出，王船山是在两个层面分别来讲“合二以一”与“一分为二”的：

> （船山认为）天下纷纭复杂、不断变化的万事万物，都必然分为阴阳、分为表里，构成“相待而二”的两个方面，两个方面虽然存在差异、对立，却又统一；对这种对立统一的正确认识，在于人具体掌握它的规律和实践。所以说：“合二以一者，既分一为二之说固有。”把事物的阴、阳，表、里等对立面统一起来的矛盾规律，是事物本身必然分为阴、阳、表、里等对立面的客观矛盾所固有的。……王夫之在这里重点论证的是“合二以一”的矛盾规律依存于“分一为二”的矛盾事实。①

① 杨献珍：《关于“合二而一”的问题》，《哲学研究》1979年第5期，第30页。

显然，从船山哲学的视角出发，尽管其朴素的辩证法思想中确实存在着“合二以一”的方面，但“合二以一”与“一分为二”却并不可以等量其观，它们不在一个层面上。因此，在1979年前后，比起简单地对1964年的“合二以一”问题进行翻案的文章，萧萐父借由船山的上述说法实际上既否定了“某些理论权威”（指康生）①那种教条主义地将“合二以一”与“一分为二”完全对立起来的政治化路线，但同时又扬弃了杨献珍在粗略阅读方以智著作之后结合黑格尔、列宁、毛泽东等人的哲学思想所提出的草率独断的结论。

萧萐父认为，杨献珍的结论只是比较简单地将“合二以一”与“一分为二”等同起来，当作一对命题与逆否命题来理解。但根据萧萐父的分析，方以智所讲的“合二以一”从根本上说是受到了佛教形上学的影响，船山在当时就已经对此进行了批判。所以，萧萐父此文实际暗示：尽管后续引发了错误的政治批判，但并不能说当时对于杨献珍的批评在学术上完全没有道理。但错误的核心不在杨献珍的观点本身是否具有政治问题，而在于他误判了方以智的相关思想在哲学史上的意义。萧萐父指出：

> （船山）专从虚实、动静……等对立面的互为消长、互相渗透的辩证同一的关系去说明，克服了张载所说的

① 肖萐父：《略论王夫之的矛盾观中的“一分为二”与“合二以一”》，《江汉论坛》1979年第3期，第26页。

> “一”带有抽象同一性、即同一实体的思想局限；并且得出了重要的结论：所谓“一”，“非合两而以一为之纽也”。即这里的“一”，是指“两段”之间互相联结的一种关系，而不是另有一个什么实体把“两端”统起来或纽结在一起。这显然是对方以智哲学中把“合二而一”的“一”有时理解为“用一贯二”、“用一化二”的“大一”、“真一”这种形而上学观念进行了批判。方以智的哲学体系中有丰富的辩证法，但他的矛盾观颇受天台宗所谓“圆融三谛”之类的貌似辩证法的形而上学思辨的影响。《东西均·三征》篇附记中曾说：“圆∴（音伊）三点，举一明三，即是两端用中，一以贯之。……上一点为无对待，不落四句之太极；下二点为相对待，交轮太极之两仪。”王夫之寄怀好友方以智的诗中曾提到“哭笑双遮∴字眼，宫商遥绝断纹琴”，可见他熟知方以智这方面的见解；“非合两而以一为之纽”，虽只这么一句批评，但可以看出他在矛盾观上的思维水平，比同时代的方以智略高一筹。①

萧萐父指出，问题的关键是，船山对方以智提出的“非合两而以一为之纽”的批评所强调的“合两而以一”的“一”并不是同一实体。“合两而以一为之纽”实际就是杨献珍所理解的“合二以一”。而杨献珍在1979年专门撰文回忆这段公案

① 肖萐父：《略论王夫之的矛盾观中的“一分为二”与“合二以一”》，《江汉论坛》1979年第3期，第31页。

的经过时曾提到，他经由阅读张横渠到方以智的著作最终提出了“合二而一”论——对立面的两者共同构成一个实体之“一”，在他那里，“合”就是构成，一个对象作为现实的实体之“一”由对立面的矛盾双方构成，他认为这个“一”就是世界本身。① 但正如萧萐父在上文所言，张横渠的“不有两，则无一”中的“一”是具有某种抽象同一性的，所以船山才进行了修正。萧氏指出：根据船山对张横渠相关思想的再诠释及其对方以智所给出的批评，我们显然不能说杨献珍的说法完全不存在某种形而上学的倾向（这也是1964年杨氏陷入政治风暴之前，学界对他在学术上的主要批评方向）。

笔者认为，萧萐父的这篇文章，实际上暗示：杨献珍最终没有意识到从张横渠到方以智的著作中的“一”所具有的这种形上抽象同一性，进而导致了他对方以智相关说法的某种误读与误判，显然与其在中国哲学领域缺乏足够的学术训练有关。② 在1979年前后对“合二以一”论的若干学术翻案与商榷

① 杨献珍在1979年撰文回忆自己提出“合二而一”论的经过时提到，他经由张载到方以智的思想，最终得出结论。他说：“《中国思想通史》中阐述张载的哲学思想时，说张载曾说过‘不有两，则无一……’这样的话。这是一种深刻的思想，是‘猜着了’‘对立统一’规律的。这是讲‘一’与‘二’的关系的，就是说，‘一’是由‘二’构成的……毛泽东同志说，‘没有矛盾，就没有世界’，矛盾就是‘二’，世界就是‘一’，正是说的‘一’是由‘二’构成的。”杨献珍：《关于“合二而一”的问题》，《哲学研究》1979年第5期，第34页。

② 杨献珍并非专门研究中国哲学的专家，最多算是中国古代哲学的爱好者。他自承：“我没专门研究中国古代哲学史，但也喜欢翻看一点旧典籍。”同上。

的文章中，萧萐父此文是独辟蹊径的一篇。他借由船山哲学彻底厘清了导致这段中国哲学史公案的问题所在，同时也实事求是地指出：杨献珍所真正想要寻求的中国哲学传统辩证思想之中的“合二而一”论的内涵应该是什么样子。这也可以从一个侧面让我们看到船山哲学在当时的中国哲学研究中所处的重要地位。

最后，关于“问题三”则可以追溯到1957年中国哲学史会议上冯友兰提出“抽象继承法”之时对船山与朱子在中国哲学史上之关系的讨论。概而言之，也就是船山与程朱传统的关系到底是继承发展还是截然对立？本章第二小节中对于1957年会议的相关讨论中对此曾有比较系统的说明，当时的结论是：基于“日丹诺夫范式”，在哲学史上代表唯物主义线索的船山哲学，必须是与以“程朱陆王”为核心的道学主流唯心主义线索相矛盾的。

1976年后，随着政治与思想风气的日渐放开，“两者是否必须是矛盾的”这个问题也就重新进入了学者的视野。这一时期，张恒寿的《略论理学的要旨和王夫之是否反理学的问题》一文可谓是其中的代表作。① 从立意上说，此文并不仅局限于讨论船山对传统理学的立场，而是首先提出了这样一个问

① 此文在1981年发于“河北省历史学会第二届年会”并于次年以《略论理学的要旨和王夫之对理学的态度》刊发于《中国社会科学》1982年第4期，内容基本一致。考虑到本小节所研究的历史上下限，本书援引《河北省历史学会第二届年会论文选》版本，可对照参阅《中国社会科学》版本。

题——根据“日丹诺夫范式”来将整个宋明理学（宋明道学）传统划分为截然对立的两派是否合理？对此，基于他对朱子与横渠相关论述的研究，张恒寿认为整个理学传统的要旨应该是：

（1）世界是真实而不是虚幻的，人的道德在宇宙中有其根源，应以身心性命的修养践履为本，达到优入圣域的境界。

（2）道德修养不局限于内省修身范围，必须和人伦日用、治国淑世的事业结合起来，完成有体有用之学。

这个粗略的概括如不大谬，可以作为衡量某一个学者某一思想体系是否属于理学的标准。……因此想到有的同志，认为应将张载从理学家中单提出来，和王充、范缜等排成一个系统，这是和张载学术的总体精神不相符合的。天道观的唯物论思想，固然是张载思想体系中的一个重要方面，但从整体看，从学术的主要精神看，张载和程朱相同的部分还是主要的。而和王充、范缜相同之处，只是一小部分。①

可以说，张恒寿的上述说法就是针对“日丹诺夫范式”体系下的先秦之后中国哲学史中的唯物主义线索（王充→范缜→张载→

① 张恒寿：《略论理学的要旨和王夫之是否反理学的问题》，载于《河北省历史学会第二届年会论文选》，石家庄：河北省历史学会，1982年，第107—108页。

王船山）本身而去的。但从他总结的要旨来看，这条传统的唯物主义线索其实是站不住脚的。他认为，基于上述要旨的逻辑，对照这条线索中的最后一环（船山哲学）来看，可以得出：

> 船山的大部分著作中，对于身心性命、天人关系、知行关系、道德修养等问题，都有深刻而精辟的理论，其中和上述区别理学标准的第一点相关者甚多……把道德修养放在宇宙本体的基础上，把天人关系紧密结合起来，在这一点上，王夫之自己的主张和他对于理学家的评价是完全一致的。①

因此，张恒寿认为，王船山哲学的精神实质并未背离理学的宗旨，它们不是对立的。同时在具体层面上，张氏也指出船山相对于朱子有着某种继承关系，即便是在船山哲学中最为近人所重的启蒙性命题“天命日生日成”中也是如此。他指出：

> 王夫之曾在《周易外传》、《尚书引义》两书中提出天命日生日成的理论，这是中国哲学史中最卓越的见解，他在《读四书大全》中又重述了这一理论：最后说：“愚于《周易》、《尚书》传义中说生初有命，向后曰日皆有天命，天命之谓性，则亦曰日成之为性，其说似与先儒不合，今

① 张恒寿：《略论理学的要旨和王夫之是否反理学的问题》，载于《河北省历史学会第二届年会论文选》，第109—111页。

> 读朱子‘无时而不发现于日用之间’一语（在《大学》第一章），幸先得我心之同然”，可见他认为自己的创见，在朱熹那里，有一定的渊源，这是更高的推崇。①

如上所述，可以认为张恒寿是在具体学术层面找到了切实的证据，表明冯友兰在1957年所提出的那个命题是成立的，即船山哲学是经过程朱再超越程朱的而并非与程朱截然对立的。张氏指出，若照着船山批判过的人便是与其思想对立者（唯心主义者）的标准来看，那么在船山著作中要找相反的例子也非常容易。譬如，一般我们讲王船山继承横渠、批判朱子，但其实他也称赞过朱子、批判过横渠，这样的句子很容易找到。张恒寿说：

> 他（船山）对张载的个别论说也不完全同意，如他在《思问录》里曾说：“君子之知生者，知良能之妙也；知死，知人道之化也。奚沤冰之足云？张子亦有沤冰之喻，朱子谓其近释氏。”②

就此而言，若依照“日丹诺夫范式”简单地在船山著作中找出批判理学传统的句子，并以此认定船山哲学与朱子学传统截然

① 张恒寿：《略论理学的要旨和王夫之是否反理学的问题》，载于《河北省历史学会第二届年会论文选》，第114页。

② 张恒寿：《略论理学的要旨和王夫之是否反理学的问题》，载于《河北省历史学会第二届年会论文选》，第115页。

对立，这样的做法是非常片面的。张恒寿指出：

> 可见王夫之是真正坚持真理的学者，和一些党同伐异的俗学不同，所以我们不能根据王夫之和程朱某些不同意见，认为他是反程朱的。
>
> 王夫之讲到明代的理学家时说："昭代理学自薛文清而外，见道明执德固，卓然特立，不浸淫于佛老者，唯顾泾阳先生。"如果按照理学中唯物主义的线索讲，王夫之应该以罗钦顺、王廷相为见道最明的。但他却认为薛文清而外只有顾泾阳先生见道明执德固。而薛顾二人，都是程朱学派……
>
> 我们还可以说，王夫之不但不反程朱，而且有些偏助程朱的形迹。比如他对宋代学者，最反对和轻视的是苏氏父子，屡次予以批评。如在《搔首问》中有一段讲到吕留良时，是这样说的："……苏氏岂敢望陆王之肩背者？子静律己之严，伯安匡济之猷，使不浸淫浮屠，自是泰山乔岳。明允说客之雄，子瞻荒淫之长，子由倾险之夫，于文字间面目自露。……朱子与子静争辩，子静足以当朱子之辩者。若陆务观、刘改之，为子瞻余风所煽，固不屑与谈也。"……是就这一事看，王夫之对于程朱是尊为先辈而不是站在对立地位的。①

---

① 张恒寿：《略论理学的要旨和王夫之是否反理学的问题》，载于《河北省历史学会第二届年会论文选》，第 114—116 页。

张恒寿的上述说法表明，在“日丹诺夫范式”中被纳入唯物主义线索之后，学界所理解的船山对于其他中国古代哲学家所作的诠释，可能与其本人真正的观点立场有着天壤之别。当时对于“日丹诺夫范式”的教条性使用，已经导致了相关论断与最基本的材料事实之间出现了背离与矛盾。

如上述引文中所言，作为中国古代唯物主义哲学发展总结者的王船山并没有按照“日丹诺夫范式”的逻辑去认同也是唯物主义者的罗钦顺与王廷相的哲学观点，反而认为唯心主义线索那边朱子派的薛文清（薛瑄）与顾泾阳（顾宪成）“见道最明”。同时，张氏还找到了船山对于范缜的否定性评价，给了使用“日丹诺夫范式”所构造的中国哲学史中的“唯物主义线索”以致命一击。他指出：

> 看一下王夫之对范缜的评价如何呢？王夫之在《读通鉴论》中说：“……夫缜树花齐发之论，卑陋已甚，而不自知其卑陋也。子良乘篡逆之余润而位王侯，见为茵褥而实粪溷；缜修文行而为士流，茵褥之资也，而自以为粪溷。以富贵贫贱而判清浊，则已与子良惊宠辱而失据者，同其情矣，而恶足以破之?”他认为范缜所说树花落地的比喻，是站在贵贱的立场而没有站在道德的立场，这是不能战胜子良的。他最后提出战胜贵族佛徒的办法是“有得于性命之原而立人道之极”，这显然是用理学家的思想评

论范缜的。①

总之，依张恒寿的研究，基于“日丹诺夫范式”体系之下的中国哲学史在先秦之后的唯物主义线索（王充→范缜→张载→王船山）来看，其中作为总结者的王船山，在一些具体的问题上对范缜与张载都是有过比较明显批评的。同时，在思想要旨上，我们还可以找到船山对唯心主义传统那边的程朱理学的一些论点的认同。因此，简单地把中国哲学史中的唯物主义线索概括为（王充→范缜→张载→王船山）是不合适的，并且是与基本的文本材料相矛盾的。

张恒寿的这个结论复归了熊十力在20世纪上半叶对船山的判教——“骨子里仍是宋学精神”。②就此言之，1976年后在“日丹诺夫范式”中具有量纲性质与高峰定位的船山哲学，最终也成为“日丹诺夫范式”在中国哲学史研究中走向终结的重要推手之一。

同时，这也代表着自曾国藩、曾国荃开局金陵刊刻《船山遗书》以来，在一百多年的船山哲学研究中始终萦绕不去的现实政治影响的终结。它预示着曾与中国近现代哲学发展与政治革命休戚与共的船山升格运动已是落日斜阳。

① 张恒寿：《略论理学的要旨和王夫之是否反理学的问题》，载于《河北省历史学会第二届年会论文选》，第116页。

② 熊十力：《十力语要》，上海：上海书店出版社，2009年，第83页。

结论

船山升格运动的终结与影响

第六章　船山升格运动的终结与船山学的诞生

一、回到船山本身：王船山学术思想讨论会（1982年）

1976年后，船山研究在中国哲学界去政治化的标志要归于1982年在湖南衡阳召开的王船山学术思想讨论会。① 时人对此也有清晰的认识，认为这次会议"标志着我国船山学的研究进入了一个新的阶段"②，而其规模与参与人数在当时也是空前的。③ 相对于1962年长沙会议，这次会议在讨论的广度与深度

① 在这次会议之前，各个省的学者还开过一些预备会议。如湖北省哲学社会科学界联合会在1982年9月25—28日，在武昌召开了一次湖北省王船山思想学术讨论会，与会学者50人，收到论文40篇。萧汉明：《湖北省学术思想讨论会综述》，《武汉大学学报》（社会科学版）1982年第6期，第95页。

② 湖南省社科院、湖南省社联、船山学社编：《王船山学术思想讨论集》，编辑说明，长沙：湖南人民出版社，1984年，第2页。

③ 会议综述上说："出席会议的有省内外学者一百三十余人，收到船山研究专著两种，注释、译著等资料七种，论文一百二十多篇。"湖南省社科院、湖南省社联、船山学社编：《王船山学术思想讨论集》，第693页。

上同样有了新的突破，① 参会人员对此前很长一段时间内船山哲学研究中的教条主义做法进行了批判，相关议题主要集中在下述三个方面：

首要的问题是，对于船山哲学是否具有启蒙性的再讨论，② 这可以说是将问题意识拨回到了自曾国藩及谭嗣同以来整个船山升格运动的起点。其次，对于船山哲学启蒙性的再讨论又引出另两个需要商榷的问题：

> 甲：船山哲学是否真正具有近代意义上的唯物论与辩证法内涵？
>
> 乙：船山哲学是否反理学？

---

① 会议综述指出："这次会议是1962年在长沙举行的王船山学术讨论会的继续和发展。与那次讨论会比较起来，这次会议有很大的进展：过去很少有人研究的《周易内传》、《周易内传发例》、《莲峰志》等，都有了专门研究论文；对船山的文学、史学、哲学、美学、辩证逻辑、经济、教育、民族观等方面的研究，出了一批新成果。……研究方法更加科学：学者们除了力求做到自觉运用马克思主义为指导，详细占有材料、言必切理、打破陈说，恢复船山思想原貌外，还注意了船山哲学的范畴研究；与会者自觉地以建设社会主义精神文明为目的而研究船山学术，使会议更具现实意义和时代感。"湖南省社科院、湖南省社联、船山学社编：《王船山学术思想讨论集》，第694页。

② 会议综述指出："这次会议，学者们就船山思想是否具有启蒙性质的问题，分别从哲学、史学、政治、经济、文学等各个侧面进行了深入的探讨。由于目前学术界对十七世纪中国社会性质及其批判思潮的性质有不同认识，从而引起对启蒙概念的不同理解，以及对船山哲学形态、船山思想与宋明理学的关系等重大问题的不同看法。"同上。

总的来看，此前三十多年间船山哲学研究的前提，就是在“日丹诺夫范式”下对这两个具体问题做出的肯定性回答。

最后，会议还对船山的历史哲学是否具有历史唯物主义要素与进步意义进行了探讨，同时也探讨了船山的华夷思想到底是一种现代意义上的爱国主义，还是所谓“狭隘的大汉族主义”。

可以看到，上述三方面问题的争议都与中国近现代革命史中的政治需求密切相关。而 1982 年会议对这些传统教条的批判与质疑本身，也意味着时人开始试着祛除一些外在的要素，重新审视一直以来加在船山哲学头上的那些刻板标签及其所代表的船山升格运动的合法性。① 譬如，启蒙与反理学的标签最早来自以谭嗣同为代表的维新派的视角；对船山历史哲学进步意义及其强调华夷之辨的标签，则与以章太炎为代表的“排满革命”派有关；而船山思想中有着近代哲学意义上的唯物论、辩证法以及历史唯物主义的标签，则源于以侯外庐为代表的中国第一批马克思主义学者，并且与 20 世纪上半叶中国哲学的体系化思潮以及 1949 年后“日丹诺夫范式”在中国哲学界的教条性地位密切相关。

因此，只有摆脱长期存在的上述三方面的影响，才能使研

① 当然，从一个大的历史视野来说，当时整个中国哲学界或者说整个中国学术界都深受政治化的影响，没有人能够逃脱时代的洪流。在这一时代洪流中，但对船山哲学的升格，显然具有非常典型的意义，让我们能看见历史背后的思想逻辑。

究回到船山哲学本身，实事求是地看待船山哲学研究。而与会学者在回顾近现代以来船山哲学研究史的时候，开始模糊地意识到了本文所提出的中国近现代哲学史中存在的船山升格运动现象。当时关于这一点的表述是：历史上是否存在“人人都说船山好”的问题。

单就此次会议的讨论来看，与会学者并非都能接受“人人都说船山好”的结论。因为这就等于承认，中国近现代哲学史上思想立场相左的各哲学派别皆推崇船山哲学，这一点对于刚从日丹诺夫两军对阵范式中走出来的学者们来说是有些不好接受的。仍有一些与会学者要求并强调一种对历史上的那些哲学家的立场判教应该泾渭分明的哲学史逻辑，而“人人都说船山好”的结论显然违背了这一逻辑。这种看法显然是“日丹诺夫范式”影响的孑遗。

最后，关于“人人都说船山好”的问题，会议综述总结道：

> 如何认识船山思想的历史影响？一种意见认为：近百年来，“人人都说船山好”，船山研究成为一种“显学”。清末部议御批船山从祀孔庙，船山哲学成为封建国家哲学的一个组成部分；陶澍、郭嵩焘、曾国藩等都很推崇船山，说明船山思想本身充满了封建糟粕，阻碍了历史的发展。……一种意见认为：并不存在“人人都说船山好”的历史事实。船山著作在清初受到禁刊和焚毁；清中叶只刊

行几种考据性著作；晚清曾氏兄弟主持刻船山遗书，对船山著作进行了歪曲和篡改；甚至江青反革命集团也借船山研究以售其奸。这些都不能归罪于船山思想本身。谭嗣同等利用船山民族思想进行反清革命，才是船山思想历史影响的主流。船山研究的历史，是船山思想中真理颗粒被不断发掘的历史。①

可以看到，当时与会学者对“人人都说船山好”的争议还未上升到对于中国近现代哲学史是否内涵某种逻辑一贯性问题的探讨。从争论的核心来看，焦点问题实际集中在如何处理船山哲学体系中存在的矛盾二元性或多元性诠释问题，而非对于船山哲学的解释史与接受史的内在逻辑进行研究。

在承认船山哲学中存在启蒙与保守（封建）双重元素的前提下，争论双方还是力图将船山哲学诠释归于某种具有排他性的、清晰的价值判断之中。就此而论，尽管人们不再教条式地以“日丹诺夫范式”来思考问题，但它在20世纪80年代初显然还有着一定影响。另一方面，承认船山哲学在理论上具有多元性诠释的可能也可以算是此次“王船山学术思想讨论会”的重要成果之一。会议综述指出：

有的学者提出要建立一门以王船山生平活动与学术思

---

① 李汉武：《王船山学术思想讨论会综述》，《王船山学术思想讨论集》，第710页。

> 想为专门研究对象的船山学，船山学应该像“国际黑格尔学”和“国际朱子学”一样，成为一门世界性学问。①

根据后来与会学者回忆，“船山学”的这一提法最初应该来自方克立。②他的这一说法表明：船山哲学的深度与广度，以欧洲哲学作为比较尺度，可以与黑格尔等量齐观。而在中国哲学传统中，其思想高度则不下于朱子哲学。

当然，这两种对于船山的哲学史评价口径实际皆非方克立首创。如上所述，自 20 世纪上半叶以来，嵇文甫、冯友兰等学者多有类似的提法。从船山升格运动的角度来看，船山学这个概念并未超越此前学界对于船山哲学的整体估价。③

但方克立这个提法的核心突破在于：从学术上讲，船山哲学体系的多元性特质应该与黑格尔与朱子这个级别的哲学传统等量齐观，并可以在中国哲学学科相关研究方向上形成一个新的船山学传统。方克立在这里的价值判断标准已不再是此前的“启蒙”、“华夷之辨”的民族主义或“日丹诺夫范式”等外在的东西，船山学之所以为船山学是由其哲学的体系性与原创性

① 李汉武：《王船山学术思想讨论会综述》，第 711 页。

② 根据陈远宁的说法：“船山学作为一个自觉的科学概念是 1982 年湖南纪念王船山逝世二百九十周年学术讨论会上，由方克立先生提出来的。”陈远宁：《船山学与新文化建设》，《船山学刊》1993 年 01 期，第 136 页。

③ 如前所述，若以“日丹诺夫范式”来看，将船山与朱子等量齐观，其实是一种降格。

的理论价值所决定的。在这一点上，船山哲学与黑格尔哲学、朱子哲学有许多相似之处，都具有包罗万象的庞大思想体系与诸多层面的诠释可能。

以黑格尔哲学为例，青年黑格尔哲学与老年黑格尔哲学在思想上有着巨大或者说近乎自相矛盾的变化，以致后来源自黑格尔哲学的思想传统在理论上可以横跨从马克思主义到普鲁士军国主义之两极；而朱子学的发展从广义上说亦有从朝鲜儒者李退溪的保守主义一直到阳明心学激进的《朱子晚年定论》这样的诠释跨度。所以，方克立的船山学提法也正是从这个层面上说的。

一方面，船山哲学体系在后世诠释的深度与广度上，不逊色于朱子与黑格尔的哲学，而源于船山的这套具有多元性的哲学传统，显然也将是构建未来中国哲学新传统的重要组成部分。另一方面，船山学的提法也预示着此后的船山哲学研究的发展将呈现出非常多元乃至矛盾交织的局面，进而未来的船山哲学研究在深度与广度上也将超越一般的中国古代哲学流派。所以，此前百多年来的那种简单围绕一点、以偏概全、深受革命或政治性话语影响的诠释进路将在未来的研究中退场。

1982 年船山思想学术研讨会对中国近现代哲学史的最大贡献，也是方克立确立“船山学”这个概念的最大贡献，即让船山哲学研究回到船山本身，让中国哲学研究回到哲学本身，并面向未来构建新的具有原创性的中国哲学大传统。

二、船山哲学研究的新方法与新气象

1982年这次船山会议的规模是空前的，其内容不仅止于哲学，还讨论了船山的文学、教育学、经济学等诸多方面思想。限于本书主题，笔者在此主要讨论哲学部分。而从哲学来看，在决意放弃“日丹诺夫范式”之后，与会学者讨论的重点就转到了：如何祛魅百多年来经由船山升格运动带来的对于船山哲学的片面性光环与滤镜，还原船山哲学本身的价值实质。

具体来说，首先祛除的应该是既往船山哲学研究中由“日丹诺夫范式”所得出的教条式论断。这其中最为典型的意见来自张岱年，他以自身极其擅长的概念梳理模式，从船山本人所使用的相关概念出发，重新归纳了船山哲学的基本旨要。他指出：

> 我们研究船山哲学，要了解他的博大精深的学说体系，要认识他多方面的理论贡献，更要了解他的哲学思想的基本精神。何谓基本精神？一个哲学家的学说体系的基本精神就是他们学说体系中起主导作用的中心思想，也就是构成他的学说体系的核心的基本观点，也就是他在人类认识史上的创造性的独特贡献。王船山的哲学思想是深邃而丰富的，因而其基本精神也不是单纯的。这里举出四点：（1）体用胥有；（2）即事穷理；（3）珍生务义；

（4）相天造命。①

从整个思想框架来看，张岱年的上述说法依然坚持了马克思主义指导下的体系性哲学史叙述原则；但在具体的话语体系上，则放弃了“日丹诺夫范式”的运思逻辑，完全复归于船山哲学本身，使得其中的中国哲学民族性得以凸显。

从张岱年所列的上述四点来看，如果暂以现代哲学反向格义的方式来解读，则“体用胥有”实际上讨论的是船山的本体论，“即事穷理”是认识论，“珍生务义”是价值观与精神气质，而“相天造命”则是历史观与自然观。可以说，上述四个部分就是张岱年所设想的全新船山哲学研究范式的基本方面，虽然其内在的问题意识是现代哲学式的，但其所给出的回答内容却是船山式的、是中国哲学式的。在此，张岱年的着眼点不再是既往讨论的船山哲学本身是否具有“启蒙”或“唯物”等标签的问题，而是船山哲学的原创性闪光点应该如何突出的问题。

正是这种源于古代传统的原创性特质，使得船山哲学能够承担起中国近现代哲学融汇民族性与现代性的思想目标。就此言之，1982 年之后人们对船山哲学研究的关注点，主要落在了其是如何通过原创性的运思对传统道学进行扬弃、批判与超越的问题之上。正如任继愈在会上指出的那样：

① 张岱年：《论王船山哲学的基本精神》，《王船山学术思想讨论集》，第 1 页。

> 王船山思想的可贵之处，是他勇于和善于创新，他自称“六经责我开生面”，多方面地发展了中国古代学术思想。①

而张舜徽也表达了类似的看法，他说：

> （船山）在艰难困苦的环境中，而能卓然自立，发愤著书至如此之多，治学范围至如此之广，在中外历史上都是罕见的。今天当他逝世二百九十周年的日子里，隆盛地举行学术讨论会来纪念他，我们除景仰、怀慕之外，更重要的，在于学习他治学的求实精神和博大气象，用以医治今天学术界的虚浮习气和狭隘现象，是很有积极作用和现实意义的。②

正是在上述原则的指引下，整个会议围绕船山哲学展开的具体讨论主要围绕下述两个方面：一是船山哲学原本所蕴含的、在当代依然具有普遍哲学意义的原创性与体系化特质；二是船山哲学中的一些矛盾缺憾的理论成因。在笔者看来，相关学者实

① 任继愈：《伟大的唯物主义者王船山》，《王船山学术思想讨论集》，第13页。

② 张舜徽：《学习王船山治学的求实精神和博大气象》，《王船山学术思想讨论集》，第31页。

际也正是通过这种方式，为百年以来的船山升格运动祛魅并画上句点。

就第一个方面来说，相对于“日丹诺夫范式”教条地强调船山哲学的唯物主义因素，同样是基于马克思主义的视角，1982 年会议上学者们更多关注了船山对于中国传统辩证法的发展，揭示了船山是如何在其哲学中完全基于中国古代思想传统去构建具有现代哲学气质的辩证法体系的。

如萧萐父指出：在船山对于“阴阳絪缊”、“两一分合”、“动静化变”、“内成外生”、“天地始终”、“理势古今”、“器道相须”、“时几消长”、“知行”、“天民”、“己物”①等中国哲学传统中的成对范畴皆有开创性的辩证思考，并以此为基础对于宋明道学进行了批判。他说：

> 王船山的絪缊生化的自然史观、理势相成的人类史观和以理御心、入德凝道的认识理论，闪耀着积极辩证法的光辉，表现出早期启蒙者的人文主义理想，而最后落脚到“贞生死以尽人道”，即正确地认识生和死的客观辩证法，自觉地实现人的主体性作用，发挥人的主观能动性，树立“健”“动”的人生观。他对佛道二教陷入“生死之狂惑”、蔑弃人道的观念和宋明道学“禁动”“窒欲”、扭曲人性的

① 萧萐父：《王船山辩证法思想论纲》，《王船山学术思想讨论集》，第 33—71 页。

理论，进行了猛烈的抨击。①

可见，萧萐父具体贯彻了此前张岱年所给出的新时代船山哲学研究的方法论进路，抛开“日丹诺夫范式”的教条主义论述方式，从船山所使用的概念本身出发重点讨论了船山哲学中的辩证法（成对概念）及其背后相对于宋明道学传统的创新意义。在概念分析的基础上，萧氏更多的是进行学术事实的陈述与分析，而非简单地给出唯物或唯心主义“两军对阵式”的价值判断，让船山哲学自身展开其内涵的多重诠释之可能，这也是1982年会议上学界对于船山哲学的一种主要叙事方式。如方克立在论述船山道器观的时候说：

> 在中国古代哲学史上，恐怕没有哪一个哲学家比王船山更明确地提出过“天下唯器”的命题了。这是王船山研究我国传统哲学中的道器关系问题所得出来的最高结论。对王船山的道器论作肯定的评价，在学术界似乎没有异议，但是，对这一丰富而深刻的学说的内容作不分层次的简单分析的情况是确乎存在的。简单地指出这一学说的唯物主义实质，我们并不能深刻了解它作为认识史的总结、总计的意义，即不能了解它是怎样把前人在这方面的一切积极的认识成果都囊括于其中，把它们作为一个一个认识

① 萧萐父：《王船山辩证法思想论纲》，《王船山学术思想讨论集》，第71页。

阶段和环节的。①

正如方克立所指出的那样，此前的船山哲学研究只是不断地在作价值判断，指出“船山哲学的唯物主义实质”。简言之，似乎将一顶唯物主义的帽子给船山戴上就万事大吉了——他称之为“不分层次的简单分析”。这种简单分析显然遮蔽了船山哲学的真正内涵。基于此，方克立所给出的船山哲学研究新方法实际是将思想臧否的评判标准，从唯物、唯心主义之类的外在尺度转为船山哲学本身的内在逻辑及其所展现的理论突破与原创性。他说：

> 王船山“无其器则无其道”的命题之所以是光辉的，不仅在于他卓越地坚持了道器关系的唯物论，而且在于他深刻地表述了“器变则道变”的辩证法思想。当他用“无其器则无其道”的观点去考察社会历史现象时，他看到随着时代条件的发展变化，治理社会的道理、原则、方法，包括政治法律制度等等都必要不断地更新推移，像朱熹讲的那种“亘古亘今、常存不灭”的道是绝对不存在的。②

我们在这段方克立的评价中看到，他并是不简单地指出了船山“无其器则无其道”之哲学命题的唯物论属性（这在 1982 年也

①② 方克立：《王船山道器论浅析》，《王船山学术思想讨论集》，第 81 页。

算是老生常谈），而是阐明了其中的辩证逻辑以及此种辩证逻辑在中国哲学史上的价值——这一命题是如何批判宋明道学传统的。换言之，在“日丹诺夫范式”之外，他基于中国哲学本身的逻辑传统阐明了船山“无其器则无其道”思想在中国哲学史上的突破性意义，这并不涉及唯物主义或唯心主义的判教。他在中国近现代哲学相关问题意识的基础上进行了就事论事、实事求是的讨论，这也是方克立对自己所提出的“船山学”概念的研究取向的思想期许。

沿着上述“为船山祛魅”的新方法论路线，还有一些与会学者在具体层面提出了许多既往船山哲学研究所存在的问题。这其中最为关键的一个问题的是：王船山的整个哲学，即便从恩格斯的唯物论标准来看也并不是完全没有唯心主义的方面。这一点是此前三十年间的船山哲学研究所未涉及的。换言之，从基本的思想事实上说，讲王船山的哲学体系中完全是唯物主义的，其中没有任何一点唯心主义成分是站不住脚的，这是必须要澄清的。譬如，在最为核心的船山气论问题上，李申指出：

> 全部问题在于王船山缺乏一般的发展观点，而发展是从低级向高级的运动。在王船山看来，天地无始无终。天地开始时怎样，现在也就怎样；现在怎样，天地终结时也是怎样。因此，人类的思维，人们的精神活动，就不是物质世界长期发展的产物，而是气中固有之理。……由于旧的概念的束缚，他虽然实际上否认理是和气并列的存在

物，但他在论述时，却又不得不把理作为一个与气对立的存在物来论述。他说理在气中，又说理主宰着气，使气有秩序；理如此，神当然也如此。张载说，神是鼓动万物运动的，王船山也这样说。这就似乎在气的运动之外，还有一个使气运动的原动力，这就是神。①

显然李申的上述分析是完全基于马克思主义的物质观做出的。而以马克思的“客观实在性”作为物质标准的角度来看，就会发现船山的“气”概念尽管存在唯物主义的物质性元素，但其中也还是有着精神性动因的。刘文英也看到了这一点并指出：

即使在他（指船山）的时代，也还保留着某些落后的甚至唯心主义的杂质。例如，他仍用“气”之清浊聚散解释人的意识及所谓“圣贤”、“愚顽”的区别。有时他还用车之载物比喻形神，并说“心之神居形之间”。至于说“心德良知”是“性中固有之而自知之”更是唯心主义了。②

因此，即便是以现代哲学的眼光来看，简单地将唯物或唯心主义的某一派别归诸船山，显然是抹杀了船山哲学中的二元论特

① 李申：《王船山论鬼神》，《王船山学术思想讨论集》，第118—119页。

② 刘文英：《王船山对中国古代意识论的贡献》，《王船山学术思想讨论集》，第141页。

质，不是实事求是的态度。实际上，船山的整个哲学体系都贯穿了这种二元论。正如龚建昌所总结的那样：

> 关于船山的认识论，建国以来的有关论著，多认为他将气本思想贯彻于认识领域，坚持了一条“从物到感觉和思想”的唯物主义认识路线。对于船山著作中大量存在的实系唯心主义的东西，则往往不很重视，仅以“唯心杂质”或“唯理主义”饰之。这样的评价是不符合船山著作实际的，同时也不利于科学地总结我国哲学思维发展的经验教训。
>
> 全面分析一下船山著作中有关认识问题的论述，我们就不难发现，船山的认识论，有着明显的二元倾向。他明白承认，人的认识有二个来源：一是客观事物的外感作用，一是人心固有的天赋观念。承认前者，使船山倾向唯物论的反映论；承认后者，又使他倾向唯心论的先验论。对于这两个互相对立的方面，船山著作中都有比较充分的阐释和发挥，并力图在自己的哲学体系中，将二者调和、统一起来。①

同时，船山认识论中的二元论特质，又不是孤立地存在某一个具体论题上的，实际是贯穿于船山哲学体系的各个方面，并且

① 龚建昌：《略论船山的二元认识论》，《王船山学术思想讨论集》，第142页。

是互相联系着的。龚建昌进一步指出：

> 船山认识论的二元倾向，有着理论体系上的逻辑必然性。
>
> 船山认识论的二元倾向，直接导源于他的人性观。在人性问题上，船山从“理在气中”的观点出发，强调人性即寓于人的形体之中，反对从肉体之外别寻所谓人性，这和他的气本论思想是一脉相承的。但是船山的人性观，也还有唯心主义的一面。他一方面肯定“习与性成”，一方面又承认“生与俱生”的天命之性。他说：“初生之顷，非无所命也。何以知其有所命？无所命，则仁、义、礼、智无其根也。”对于这种二原成性观点，船山本人作了明确的概括：“成之者性，天地之几也。初生之造，生后之积，俱有之野。”……船山在人性问题和认识问题上的唯心主义倾向，不能不对他的理气观发生影响。他常常赋予“气”以社会道德属性，这就使他的理气观又带上了理本、心本的唯心主义成分。由于船山的理气观具有鲜明的唯物主义特色，故上面这些唯心主义的东西，均可以“杂质”名之。但正是这些“杂质”，为他在认识领域的唯心主义先验论观点开了方便之门。①

① 龚建昌：《略论船山的二元认识论》，《王船山学术思想讨论集》，第161—163页。

因此，揭示出船山哲学体系中所蕴含的这种复杂的二元性与矛盾性，也就瓦解了前述晚清以来围绕着船山哲学的一些带有光环式样的标签与刻板印象（如启蒙、唯物、历史进步等）。

当然，这种“为船山祛魅”的做法，在恢复船山哲学真面目的同时，自然也遭受了一些当时坚持旧有观点的学者的批判。如谷方认为：

> 恩格斯要研究者着重从黑格尔的著作中寻找正确的和天才的东西。我认为这个原则对我们研究哲学史和思想史是同样适用的。
>
> 我们研究王船山和其他一切古代思想家，必须坚持实事求是的原则。我认为，着重从王船山和其他古代思想家的著作中找出积极的富有光彩的东西，是实事求是的一种表现，而且是发扬中华民族优秀文化传统的重要环节。考虑到王船山是我国历史上长期被埋没的一位思想家，他的许多富有价值的思想到现在为止还为许多人所不了解或者了解甚少，在这种情况下，对他思想中积极的一面多作一些介绍，更是必要的。只要这种介绍是符合实际的，是科学的，就不能认为与实事求是的原则相抵触。①

谷方的上述观点也代表着与会的另一批学人的态度，从而导致

① 谷方：《关于王船山思想评价的几个问题——与蔡尚思先生商榷》，《王船山学术思想讨论集》，第 280 页。

了会上出现了泾渭分明的两个阵营。① 反对方的主要意见是：即便我们承认船山哲学存在着某种二元论，但是出于现实需要，选择性地对其思想观点中具有"积极性"的观点与立场进行阐发与介绍也同样是一种实事求是的态度，毕竟唯物主义在当前已经被证明是一种具有真理性的世界观，以这种世界观去指导船山哲学研究，在今天当然是具有"积极意义"的。

这一态度实际仍然体现了一种中国近现代哲学学人在民族性与现代性之间徘徊的焦虑，一些学者担心中国哲学的民族性传统中缺乏现代性意义上的"积极意义"（如理性的、唯物的、启蒙的内容等等）。而这种焦虑也并非只在20世纪下半叶存在，可以说，百年来的船山升格运动就是这种思想焦虑的一个缩影。如前文所述，晚清的谭嗣同就在谈论船山的"气"与现代物理学的"以太"可以等量齐观，而章太炎也拿船山的历史哲学与华夷之辨的"旧瓶"装着社会达尔文主义的"新酒"并以此推动"排满革命"。可以说，他们的标准都是此种具有"积极意义"的现代性，所以，以此为前提对船山哲学的选择性或片面性诠释便似乎也是合理的了。

就此而言，船山哲学在"日丹诺夫范式"之下的中国古代

① 此处可参见李锦全的说法："如有的认为，船山虽然肯定社会的进化，但他的历史观却整个是唯心主义的，没有多少可取的地方。而另一种看法，则认为要说船山的历史观是唯心主义，只是就他最终结果而言，其实他的历史哲学的整个体系，却充满着唯物主义的内容和成果。这里双方评价的差距很大。"李锦全：《论王船山历史观的内在矛盾》，《王船山学术思想讨论集》，第408页。

唯物哲学的巅峰定位，乃至上述引文中谷方“对他思想中积极的一面多作一些介绍，更是必要的”的诠释逻辑，就是几代中国学人在民族性与现代性之间徘徊的“亡国灭种式”的精神焦虑所致（关于这一问题可参阅本书第九章）。[①] 谷方的观点可以说是这种焦虑在20世纪80年代初的一个典型表现。另一方面，上述思想焦虑也是百年来的船山哲学升格运动的重要动因，其中的关键在于：船山哲学中确然地蕴含着一些与古代传统相悖的原创性思想元素与理论资源，因此它们正好能够平复这种焦虑。

但1982年王船山学术思想讨论会上的一部分学者则已经从这种焦虑中走出来，他们意识到：要真正解决现代中国哲学所面临的现代性与民族性（古代传统）之间的矛盾，恰恰不该片面地强调船山哲学中的现代性一面而忽视其民族性，正确的做法是应该经由对船山哲学的深入研究，将两者统一起来并做出理论扬弃。这才是一种对于传统真正具有文化与理论自信的、实事求是的哲学态度。

三、《王船山思想体系》与船山升格运动的终结

从直接的商榷对象上说，谷方的前述言论并不是针对1982

① 当然这并不是说20世纪80年代之后这种焦虑就完全在中国哲学界消失了，只是焦虑对象不再是“亡国灭种式”的思想意象罢了。

年王船山学术思想讨论会上相关讨论而发的，其实应该是冲着此前蔡尚思发表在《光明日报》上的论文《王船山思想体系提纲》去的。以今天的眼光来看，如果说1982年王船山学术思想讨论会的开幕意味着具有多元性的、全新的船山学的诞生，那么蔡尚思在会前所发表的这篇论文及其在同年年底所出版的《王船山思想体系》一书，就是宣告中国近现代哲学史中的船山升格运动终结的标志。

从20世纪中国大陆王船山哲学研究的角度来看，比起嵇文甫20世纪30年代撰写的《船山哲学》与萧萐父、许苏民在90年代初出版的《王夫之评传》这些比较具有代表性的著作，蔡尚思《王船山思想体系》的影响力要相对小一些。但在笔者看来，和其他20世纪主流的船山哲学研究进路相比较，蔡尚思这部书可谓独树一帜。他以一个历史学者的敏锐眼光，从思想史的角度对于百年来的船山升格运动，以及既往船山哲学研究所具有的普遍性问题进行了全面的批判与总结。

在1982年王船山学术思想讨论会开幕时，与会学者应该都已从《光明日报》上看到了蔡尚思所发表的这部书的摘要——《王船山思想体系提纲》，因此才有了谷方在会上的商榷文章。① 而蔡尚思《王船山思想体系提纲》一文及其《王船

① 蔡尚思《王船山思想体系提纲——纪念王船山逝世二百九十周年》一文发表于1982年11月3日的《光明日报》，并被《新华文摘》在1983年第1期全文转载；而衡阳"王船山学术思想讨论会"于同年11月9日开幕。

山思想体系》一书最大的特点是：蔡氏自称站在一个彻底掌握材料、实事求是的基础上颠覆了百年以来主流学界对于船山研究的一些基本看法，进而对20世纪中国哲学界中的船山升格运动进行了颠覆。

谭其骧在为此书所作的《序》中说：

> 在数以百计的研究王船山思想的著作中，蔡尚思同志所著的《王船山思想体系》一书，至少有两点与众不同：一是别人往往只看过船山著作的一部分，遽尔发为议论，而此书作者则是把近五百万字的《船山遗书》从头到尾通读了一遍，分类摘出原始资料后，才根据这些资料进行分析研究，从而得出结论，写成这部书的；二是别人读船山的书都只取其一面，随意发挥，所以所作评价不可能全面，也不可能正确，而此书作者由于全面掌握了体现在船山全部著作中的船山思想的各个方面，所以就能做到正确地阐述船山思想的整个体系，既指出其进步的精华的一面，也指出其落后的糟粕的一面，作出既是全面的、也是实事求是的评价。①

将五百万字的船山著述通读一遍并作为船山哲学与思想研究的起点，这可能是作为历史学家的蔡尚思的船山哲学研究中最为

① 谭其骧：《序》，蔡尚思：《王船山思想体系》，上海：上海人民出版社，2019年，第3页。

特出之处。[①] 基于王船山著述的惊人篇幅，及其文本的复杂晦涩程度，再加上晚清以来各种外在因素对于船山哲学研究的影响，实际上谭其骧所说的此前“只取一面”的船山哲学研究特征本身就是百多年来的常态。

但这种常态对于严肃的学术研究来讲显然是不正常的。可以说，蔡尚思是近代以来第一个全面指出这一点的学者，高寿过百、少年时曾问学于梁启超的他，敏锐地看到了此种船山研究的片面性思想源头实际肇端于清末。他说：

> 研究船山学的资料，真正信而有征的是王船山本人的论著。对于清末以来的“学术权威”对于王船山评价，不要过于迷信，以免束缚自己的思想。……回忆20年代，我曾亲向梁先生（指梁启超）请问如何评价王船山的思想，他答：“王船山在中国学术思想史上是很有价值的伟大思想家，只可惜我至今仍未暇读他的全部遗书。”当时，我觉得梁先生说的话自相矛盾，既未读过王船山的全部遗书，怎么又判断他是一个很有价值的伟大思想家呢？梁先生这种学风，未免有点不踏实！[②]

上述批评是非常直白的。从上文可知，梁启超对于王船山的推

---

① 就笔者目前所见材料，还没有看到第二个学者敢自承通读了《船山遗书》。

② 谭其骧：《序》，蔡尚思：《王船山思想体系》，第5页。

崇，其缘起实际深受谭嗣同的影响。而谭嗣同又是清末以来用“启蒙、民权、进步”这一套近代话语体系诠释船山哲学的第一人，这可以说是20世纪围绕着革命与启蒙话语对船山哲学进行升格的起点。

正如蔡尚思所言，近代以来的这套“启蒙、民权、进步”的话语体系，从一开始就蕴含着最为简单的逻辑矛盾——这样讲的人甚至连现有的船山著作都没有通读。① 相对地，蔡尚思是在通读了《船山遗书》之后才讲的这番话、著的这部书，可见其论断的思想底气。② 正是基于这种全面掌握船山学术资料方才动笔的历史家态度，蔡尚思从另一个角度总结了上述1982年王船山学术思想讨论会上所涉及的船山哲学内涵的二元性问题（启蒙与保守）。他以一个史家的冷峻眼光指出：

> 要从中国学术思想史、文化史等专门史方面去评价王船山，不要误认为什么都是他创新、发明的。王船山超过

---

① 其实在这段历史进程中不是没有学者对此提出过质疑，如前所述，至少在20世纪初就有刘师培，而在20世纪60年代还有曹道衡，他们在不同层面上都有过类似的商榷。

② 蔡尚思回忆说：“我读王船山的著作，是从一九二六年在北京求学时开始的。……直到一九八一年，虽然断断续续地读了王氏的某些著作，但总无法抽出一个较长的时间把《船山遗书》一次读完。因此凡约我撰写有关王船山论文的，我都不敢接受。次年，我腿伤动了手术，出医院后回家休养，才利用这一年多的时间，把太平洋书店出版的《船山遗书》从头到尾翻阅一遍，摘出原始资料一大堆，并根据这资料写出了《王船山思想体系提纲》一文，编著了《王船山思想体系》一书。”蔡尚思：《王船山思想体系》，第4页。

前人的决不以集许多正面问题的大成为限，而其集许多反面问题的大成，也是超过前人的。

不要入而不出，过于偏爱，从而故意为前人辩护。学术思想上的重大问题，谁也保不住谁的！二千多年来的孔圣人，也被批判了，便是明证。①

在具体层面，同样是基于上述对正反两方面问题都要实事求是的态度，他给出了其自身对船山哲学的思想定位。蔡尚思说：

就阶级属性说，有代表市民与中小地主二说。我赞成后说，他是处在大地主与市民之间的，所以他的思想，进步与保守两方面都很突出。

就思想流派说，有法家、儒家、张学、朱学（“归宿于闽”）等说。我以为他是儒家、张学，也颇尊重朱学，而大反法家。他有一个尊孔读经的道统说。

就思想价值说，有偏重政治思想方面的评价，或说他提出的某些命题，具有划时代的意义，或说他反对道学思想体系，终结了宋明道学。或认为他在各方面都是有创见的进步思想家，甚至是革命的理论家。但我以太平洋书店出版的《船山遗书》为根据，却有自己的不同看法。②

① 蔡尚思:《王船山思想体系》，第 5 页。

② 蔡尚思:《王船山思想体系》，第 16 页。

蔡尚思的这段总结实际上颠覆了自清末以来人们已经形成共识的关于船山哲学的一些普遍立场与结论（如船山反对朱学、船山是进步的思想家、有革命性等）。在《王船山思想体系》中，他更是以详实的文本材料证明了上述观点，[①] 并且以承袭自横渠、朱子的保守主义“礼教中心论”来概括船山哲学的核心内容。他说：

> 他有礼教中心论……他根据朱熹所说的“三纲五常，礼之大体，三代相继，皆因之而不变”等语，认为“古帝王治天下之大经大法，统谓之礼”。三纲五常是礼之本原，“夫三纲五常者，礼之本也”。他基本是推崇朱学，而不是

① 蔡尚思在此书中的主要方法论是，对于既往所提的、具有普遍性的对于船山哲学与思想的教条主义与刻板印象之论断，皆找出了船山著述中与之相反的材料内容从而归谬之，并且罗列了清末以来对与船山乃道学传统继承者的相关学者的意见与说法，揭示了百年来被船山升格运动所压制的那一条将船山哲学归于道学保守主义传统的思想伏流。譬如在对于船山到底是朱子的思想继承者还是反对者的问题上，他说：“只要看王船山的《四书训义》、《读四书大全说》等书，便可知他的思想和朱熹是有密切关系的。他还常称朱熹与张栻为‘二夫子’（详见《莲峰志》卷三）。唐鉴《国朝学案小识》称王船山由关（张载）而洛（二程）而闽（朱子）。蒋维乔有鉴于王船山反对‘罗织朱子之过’，以为‘夫子博文约礼之教，千古合符。……圣人复起，不易朱子之言矣’，而肯定‘夫之之学，归宿于闽’（《中国近三百年哲学史》）。嵇文甫则说：‘至对程朱，船山虽然依旧承认他们的正统地位，但是亦予以相当的修正。拿程朱比陆王，他反对陆王而拥护程朱；拿横渠比程朱，他却要舍程朱而尊横渠了。’（嵇文甫的《船山哲学》）此说，较之唐、蒋所言，颇为全面，乃持平之论，值得参考。”蔡尚思：《王船山思想体系》，第 60 页。

> 反朱学的。他主张儒者的道统与帝王的统治，是“天之所临，皆不可窃”。他认为道统是从孔子、颜子、孟子、张载传下来。朱熹也是“深知颜子之学”，成为“旷代不易见之大贤”。朱学失传，“可为长太息”。他同称孔子与朱子为“夫子”，就《四书集注》作《四书训义》。他主要提倡有天理无人欲、有义无利，这是一些崇拜王船山者所未看到的一面。①

基于上述证明，因为船山哲学是围绕着“礼教中心论”展开的，所以，哲学史上对于其“启蒙”的判定显然是存在问题的。由于整个横渠—船山一系的道学传统都以礼学为宗，因此与既有的认识相反，这一派系反而更为偏向保守主义，而非一般意义上人们所理解的内蕴着唯物论与辩证法的思想派别。蔡尚思指出：

> 张载、王船山的思想，都是一面坚持尊孔读经的礼教道统，一面又有不少唯物论与辩证法。张载、王船山基本均是理学中人，而非与理学完全对立者。王船山是基本肯定朱熹者，而非根本反对朱熹者；但也不是有些人说的“专以集注为宗”、“归宿于闽”者。②

① 蔡尚思：《王船山思想体系》，第 17 页。
② 蔡尚思：《王船山思想体系》，第 29 页。

从既往的研究来看，因为“日丹诺夫范式”过于教条地强调了横渠—船山一系中的唯物主义要素，所以也就遮蔽了“以礼为宗”的保守主义维度。而蔡尚思则从前述“礼教中心论”的角度出发，总结指出了船山哲学的根本还在道学传统，甚至是更偏向于保守方面的那部分道学传统。

他甚至在书中特地辟出一个小节道：

> 王船山不是地主阶级反对派，更不代表市民思想；而是封建传统思想家，是明清间的孔子、张载。他不可能具有近代反封建传统的思想。因为只要是封建传统思想家，就不可能是启蒙思想家。现在不少学人都认为王船山是中国的启蒙思想家，我极不以为然，故附说几句于此。①

这显然是对百多年来的船山升格运动所得出的主要结论的全盘颠覆，蔡尚思将王船山哲学的思想定位全盘地摆到了原有观点（从谭嗣同到“日丹诺夫范式”）的反面。自谭嗣同以来，“启蒙、进步、反传统”的诠释一直是推动近百年以来船山升格运动的最大动力，更不要说1949年之后，王船山在“日丹诺夫范式”的框架内作为中国哲学史上唯物主义（进步爱国的无产阶级）线索的主将，是一直站在唯心主义（反动的地主阶级）传统的对立面上。蔡尚思在此直陈其为“明清间的孔子”，而

① 蔡尚思：《王船山思想体系》，第29页。

孔子在“日丹诺夫范式”里恰是被放在唯心主义一边的。

如前所述，1976年后学界虽然在逐渐修正“日丹诺夫范式”的教条，但在前述1982年的王船山学术思想研讨会上，船山哲学“启蒙、进步、反传统”的观点依然还是主流，最多就是强调其同时具有的启蒙哲学与保守主义的二元特征。而蔡尚思的这些说法，实际上直接打翻了这种“启蒙、进步、反传统”的定位，换言之，也就是在根本上抽掉了百多年来船山升格运动的理论基础。

从蔡尚思的研究视角出发，百多年以来的船山升格运动只是近代没有全面读过船山著作的学者们，因为种种缘由对其思想所进行的片面“吹捧”而非船山哲学的真实面貌。①因此，既然王船山并不是启蒙的哲学家而是封建的道学家，那么其在哲学史与思想史中的定位，特别是在明清之际儒林中的地位，也就需要重新评价。所以，在明末清初的思想界，以启蒙作为尺度来衡量的话，王船山的进步性反而不如李卓吾、黄梨洲与顾亭林。蔡尚思指出：

① 蔡尚思说：“清全祖望只肯定黄宗羲是‘自来儒林所未有’，而不提及王船山。欧阳兆熊夸奖王船山‘为宋以后儒者之冠’。谭嗣同则认为‘五百年来，真通天人之故者，船山一人而已’。王闿运称赞他是‘南国儒林第一人’。民国时代，张西堂称赞他‘非梨洲、亭林……之所能企及’。熊十力更尊称王船山为‘汉以来未有其人’。最近还有人对他的学术思想尽量拔高，说什么‘近代中国资产阶级哲学也未能超过它’。可见王船山的学术思想越到后来越被人吹捧得不合事实了！”蔡尚思：《王船山思想体系》，第141页。

> 李贽敢于反对古来的“以孔夫子之是非为是非”；黄宗羲敢于说出“天子之所是未必是，天子之所非未必非”；王船山呢？可就保守得惊人而适得其反了。①

进而，在蔡氏看来，王船山从历史定位上连大儒都算不上，而只能是黄梨洲讲的那种“小儒”。② 他说：

> 嵇文甫曾把黄宗羲与王船山二人进行比较，得出的结论是二人“看法大体相同”……我的看法不同，王船山应属于或至少接近于黄宗羲所斥责的“小儒”这一类型。……王船山之博学精研，不能在黄宗羲、顾炎武之上。尽管他研究面也很广，但读书之多，却不及黄、顾，当时全国藏书之富，湘西哪里比得上江、浙？只是王氏埋头苦

① 蔡尚思：《王船山思想体系》，第 20 页。

② 黄梨洲的“小儒”主要指教条迂腐地忠诚并维护昏庸残暴之君主的那些儒家。其云：“古者天下之人爱戴其君，比之如父，拟之如天，诚不为过也。今也天下之人怨恶其君，视之如寇仇，名之为独夫，固其所也。而小儒规规焉以君臣之义无所逃于天地之间，至桀、纣之暴，犹谓汤、武不当诛之，而妄传伯夷、叔齐无稽之事，乃兆人万姓崩溃之血肉，曾不异夫腐鼠。岂天地之大，于兆人万姓之中，独私其一人一姓乎！是故武王圣人也，孟子之言，圣人之言也；后世之君，欲以如父如天之空名，禁人之窥伺者，皆不便于其言，至废孟子而不立，非导源于小儒乎！”［清］黄宗羲：《明夷待访录》，《黄宗羲全集》，第一册，杭州：浙江古籍出版社，1985 年，第 3 页。

> 研达四十年之久，为顾、黄等所不如罢了。有些人对王船山加以溢誉，如说什么“博大精深”，“掩诸家而上之”；甚至说“五百年来学者，船山一人而已”；“堪称前无古人”，“南国儒林第一人”等等，都未免太夸大了！①

蔡尚思的上述评价是以思想材料、历史事实作为依据而作出的，他揭示了船山升格运动在学理逻辑上的矛盾——那就是被誉为进步启蒙的王船山，实际上是明清之际的儒林群体内相对保守的人物。

这一论断为近代以来的船山升格运动写下了句点。

四、“船山学”的提出及其哲学史隐喻

那么，今天我们到底应该如何评价蔡尚思的上述观点呢？如果我们全盘认同他的意见，那是否意味着整个船山升格运动或者说晚清以来关于船山哲学的相关研究都没有价值和意义？反之，若我们对蔡尚思的观点抱有异议，则又应该如何审视船山哲学的价值与意义，并对他的相关批评进行回应呢？

首先，作为历史学家的蔡尚思，对于相关历史事实与船山著述内容的把握当然是坚实的，得出的相关结论也是实事求是的。但唯独让笔者持保留意见的是，他对于船山哲学的评论似

---

① 蔡尚思：《王船山思想体系》，第27—28页。

乎太过拘泥于船山所处的时代本身。纵观百年来的船山升格运动，主要是基于近现代以来的时代变革所产生的各种外在影响所致，这是相关讨论的前提。而所谓的片面性诠释问题，也来源于这些学术象牙塔之外的影响。就此而言，百年来人们对于船山哲学的讨论，实不仅是在讨论明清之际的哲学，所针对的更是近现代以来的中国所面临的思想与现实问题。

从这个意义上说，至少船山哲学体系中的一部分内容是属于中国近现代哲学的。正如孟子被同代人认为“迂远”，而孟子学却在宋明时代大放异彩一样。所以我们说，孟子学并不完全是先秦时代的学问，而更属于中世纪。对此逻辑，蔡尚思本人也不否认。他说：

> 王船山在中国思想史上有最大贡献而占重要地位的是：对古代唯物主义的集成与对古代辩证法的有所发展，起了进步作用；而他以反对清朝贵族的民族压迫为核心的民族主义思想，在当时也起了一定的积极作用。①

上述说法实际正呼应了本书开头提到的，对中国近现代哲学在民族性与现代性之间所面临的紧张状况，构成了整个中国近现代哲学的基本问题意识。

其次，就上述引文中蔡尚思自己的观点来看，船山“对古

① 蔡尚思：《王船山思想体系》，第28页。

代唯物主义的集成与对古代辩证法的有所发展”的自然观与认识论部分，显然在传统哲学中联结起了近代以来的欧陆哲学与马克思主义所带来的现代性。同时，“他以反对清朝贵族的民族压迫为核心的民族主义思想”所构建的历史哲学基础，又维护了中国哲学传统的民族性。可以说，船山思想体系中的这一部分二元性，完美地回应了中国近现代哲学所面临的问题。

因此，船山升格运动在这个价值意义上是独一无二的，是中国近现代哲学发展中所独有并典型的哲学史现象。从“升格”这一现象出发，我们可以发现，此前这百多年中国近现代哲学史中内在思想发展的整体性与一贯性。换言之，如果从一个黑格尔式的历史与逻辑相统一的视角来看，不论是曾国藩的船山礼学与史学诠释，还是谭嗣同乃至章太炎对于船山的启蒙式理解，直至1949年之后在“日丹诺夫范式”之下的王船山的唯物哲学，它们都应该同属于这一段中国近现代哲学发展的自然历史演进之逻辑。①进而，从曾国藩讲船山“礼学”有扶持名教的作用，到其后谭嗣同对船山哲学的启蒙进步之诠释，再回到20世纪80年代初以蔡尚思为代表的一批学者开始纷纷质疑船山哲学的启蒙性而瞩目于其中的道学保守主义立场，这样一种正反合的思想发展历程，同样也昭示着一条中国近现代

① 将“日丹诺夫范式”与曾国藩放在一个框子里的结论可能有点反直觉，但如果我们设想自己是两百年后的历史家，拉开历史的视野，可能就会得出类似结论。正如今天我们将王船山与黄梨洲等量齐观、归于一类，但离他们的时代更近的全祖望可能会觉得这种看法不可思议。

哲学史的逻辑线索，体现了中国近现代哲学史中的思想能动性与主体性维度。

最后，另一个事实也值得我们注意。尽管船山升格运动在1982年后告一段落，但并不意味着船山哲学就此无人问津。在今天主流的中国哲学史著述中，王船山依然可以独占一个章节，堪与朱子、阳明比肩。

尽管20世纪80年代后，以蔡尚思为代表，中国哲学界普遍承认既有的船山升格运动的学术基础存在相当大的问题，但其后却并没有因此否定已被升格的船山的哲学史地位。[①]这表明，在现当代思想视域之中，船山哲学依然有其内在的、具有现实价值的理论生命力。

正如方克立在1982年所预言的那样，当代的船山学研究正像"国际黑格尔学"和"国际朱子学"一样日渐成为一门世界性学问。船山学这个概念的提出，实际隐喻着从20世纪80年代开始，当中国近现代哲学走出民族性与现代性所交织的网罗后，所面临的新的问题意识与理论挑战——中国哲学的运思如何更具普遍性、原创性并且国际化。一个全新的、国力日渐提升、正复归千年以来旧有国际地位的现代中国，必然在精神层面上要求与其现实政治与经济地位相衬的未来之中国哲学。而在中国近现代哲学史上，因为历史与政治的风云际会而有着

① 对照来看，在20世纪中叶，因为唯物主义倾向，与王船山一样同样享受过一时升格待遇的一些古代中国哲学人物，类似王充、范缜、墨子等在今天似乎又回到了少人问津的状态。

许多争议起落的《船山遗书》，显然是这一未来之中国哲学诞生的重要理论土壤。

就此言之，相对于方克立的船山学概念来说，蔡尚思对船山思想与哲学的评价未免太过局限于历史的藩篱。因为百年来的船山升格运动也就是其思想中的近现代元素逐渐展开的过程。

众所周知，真正深刻的哲学传统无不具有超越其自身时代、与时俱进的思想特质。这也是王船山自己的看法——“道莫盛于趋时”①。就这一点上说，王船山与孔子、孟子、黑格尔、马克思有着更多的思想一致性，他们的著作都为未来的人们提供了无限的诠释可能。

“六经责我开生面”，这个“责”字道尽了百年来的船山升格运动与当前的中国哲学之所以需要王船山的关键所在，体现了船山哲学在今天所具有的思想生命力与民族精神价值。在“救亡”压倒“启蒙”的20世纪，伴随着文明变局与覆亡之焦虑感，学人们仰赖于坚贞不屈的船山精神及其哲学中的一些超时代元素，回应着中国当时所面临的民族性与现代性之间的矛盾与问题。而到了今天，在中华民族精神与文化意识上的生存危机过去之后，人们又面临着中国哲学该如何向前发展的问题，这也依然将借重于船山学。

同时，整个中国近现代哲学革命的一切问题意识的起点，

① ［清］王夫之：《思问录》内篇，《船山全书》，第十二册，第416页。

也必定建立在对古代哲学的批判与对现实问题的回应之上。从这一点上说，这也就揭示了近代以来船山哲学不断升格的又一重要原因——从理论本身来看，王船山是中国古代哲学中最后的、最具批判精神与原创性的学者之一（这一点与船山在中国哲学史上是进步启蒙还是封建保守的定位争议无关）。① 船山哲学的这些思想特质有助于人们回答当前所面临的“未来中国哲学向何处去”的问题；或者从一个更大的思想视域上说，它能够回应：在两千年来基于“天道”、“天下”、“华夷”等观念体系构建起来的古代精神世界崩溃后，在未来的中国哲学中应该如何重建新的中华民族精神世界的问题。

具体言之，船山哲学既是宋明道学传统的继承者，又内涵明清之际批判与启蒙的时代精神，在许多思想维度上都具有双重属性。特别是在如何看待道学传统的问题上，船山哲学提供了许多具有原创性的问题意识与创新点。其借助宋明道学常用的“道、气、理、器、心、物、知、行”等概念系统，通过对道学传统话语体系的批判、转换与创新，提出了许多新的观点主张、构建了新的理论体系。同时，船山还融通与批判了当时的所有的思想与学术领域，构建了一套具有主体性、原创性与现代性的新哲学体系，并以此奠基了后道学时代中华民族精神

① 即便是终结船山升格运动的蔡尚思也不否认这点，并且他甚至认为船山为了创新立异有枉顾思想事实的情况。他说：“王氏好与前哲立异……创新必然要立异，立异是可贵的；但不顾史实而立异，则不可取。”蔡尚思：《王船山思想体系》，第 124 页。

世界的发展方向。

另一方面，以船山哲学为代表的明清之际的思想学术又与宋明道学传统存在着内在逻辑关联，它标志着古代中国哲学在近世到来之前的自我批判、扬弃、重建的思想探索过程。同时，船山哲学所提出的那些新概念、新范畴、新表述又并未如中国近现代哲学中的一些思想流派那样深受西方思想的影响，它体现了中国古代哲学传统所内蕴的扬弃自身、独立走向近世的一种潜能，并为当前以及未来很长一段时间内构建具有原创性与主体性的中国哲学学术体系、话语体系提供了具有典型性的哲学史根据与参照。

从这个意义上说，方克立的“船山学”概念实际上是对未来中国哲学发展方向的一个隐喻，他希望未来的中国哲学能在“船山学”的基础上开出具有民族性、时代性与原创性的理论之花，而蔡尚思的思考从这一点上来说则有所欠缺。

余论

中国近现代哲学革命与船山升格运动

第七章　船山升格运动与中国哲学合法性的确立

一、中国哲学学科初建时期对体系化观念的追求

近代以来的船山升格运动不是孤立存在的，它是中国近现代哲学相对于中国古代哲学之大变革的一个具体表现。如果说，本书本论部分主要回答了“近代以来的船山升格运动就其内在发展上说是如何兴起、发展与终结的”的问题，那么余论部分将要探讨的是“推动近代以来的船山升格运动的外在哲学史动因是什么”的问题。正如导论所述：若依船山历史哲学中的“理势”言之，如果说本论部分讲的是一个作为历史中的“事”的船山升格运动之“理”是如何发展的，那么余论部分想要揭示的是成就船山升格运动的这个“事”背后之“势”是如何变化的，[①]以期“在势之必然处”再见到

① 船山云：“顺逆者，理也，理之所制者，道也；可否者，事也，事所成者，势也。以其顺成其可，以其逆成其否，理成势者也。循其可则顺，用其否则逆，势成理者也。”［清］王夫之：《诗广传》，《船山全书》，第三册，第421页。

“理”，① 帮助我们理解船山升格运动是如何在中国近现代哲学革命中“势相激而理随以易”的。② 进而，我们可以通过这种“理势合一”的方式来管窥中国近现代哲学革命背后的“贞一之理”与“相乘之几”。③

从概念上说，中国近现代哲学作为近现代哲学的一个子集，必然需要包含近现代哲学的一些核心内涵。因此，作为一门学科出现的中国哲学，为了保证其概念定义的合法性，必须同时具有中国之为中国的民族性以及近现代哲学之为近现代哲学的普遍性。这个问题以金岳霖的话讲：

> 哲学有实质也有形式，有问题也有方法。如果一种思想的实质与形式均与普遍哲学的实质与形式相同，那种思想当然是哲学。如果一种思想的实质与形式都异于普遍哲学，那种思想是否是一种哲学颇是一问题。有哲学的实质

① 船山云：“言理势者，犹言理之势也，犹凡言理气者，谓理之气也。理本非一成可执之物，不可得而见；气之条绪节文，乃理之可见者也。故其始之有理，即于气上见理；迨已得理，则自然成势，又只在势之必然处见理。”［清］王夫之：《读四书大全说》，《船山全书》，第六册，第994页。

② 船山云：“势相激而理随以易，意者其天乎！”［清］王夫之：《读通鉴论》，《船山全书》，第十册，第68页。

③ 船山云：“可与知时，殆乎知天矣。知天者，知天之几也。夫天有贞一之理焉，有相乘之几焉。知天之理者，善动以化物；知天之几者，居静以不伤物，而物亦不能伤之。”［清］王夫之：《读通鉴论》，《船山全书》，第十册，第117页。

> 而无哲学的形式，或有哲学的形式而无哲学的实质的思想，都给哲学史家一困难。“中国哲学”，这名称就有这个困难问题。所谓中国哲学史是中国哲学的史呢？还是在中国的哲学史呢？如果一个人写一本英国物理学史，他所写的实在是在英国的物理学史，而不是英国物理学的史；因为严格地说起来，没有英国物理学。哲学没有进步到物理学的地步，所以这个问题比较复杂。写中国哲学史就有根本态度的问题。这根本的态度至少有两个：一个态度是把中国哲学当做中国国学中之一种特别学问，与普遍哲学不必发生异同的程度问题；另一态度是把中国哲学当做发现于中国的哲学。①

根据金岳霖的上述定义，最理想的状态是“中国哲学”既有“哲学”（Philosophy）的实质也有其形式，既有其问题也有其方法。以今天的角度来看，金岳霖讲的这个“方法与形式”就是在说哲学思维的基本特征，涉及的是某种“元哲学”定义；而他讲的“实质与问题”则指的是哲学学科所指向的根本问题意识，在中国古代哲学传统上说，这个问题大约可被概括为：性与天道。而金岳霖的上述对“中国哲学”概念的讨论，如导论所述被今人陈卫平概括为：“中国哲学学科的学科独立性问题，以及中国哲学史学科到底是应该体现中国的民族性还是体现现

---

① 金岳霖：《审查报告二》，载于冯友兰：《中国哲学史》（下），北京：中华书局，2016年，第897—898页。

代性的问题”，① 这也是本书问题意识的渊薮之一。

在笔者看来，“金岳霖问题”的焦点在于：如果坚持“中国哲学的民族性”，那么也正如上述引文所说，只是“把中国哲学当做中国国学中之一种特别学问，与普遍哲学不必发生异同的程度问题”。换言之，在这个定义下的“中国哲学”概念本身乃是自在的或者说自我定义的，并不需要以西人语义上说的“哲学”作为衡量标准。② 反之，若坚持“现代性”，那么势必要以西人的“哲学”概念作为衡量标准。③ 而在中国哲学学科诞生的那个时代，中国哲学界的主流对于“中国哲学”这个概念的判断明显是站在“现代性”这一边的来讲。这一点，也表现在谭嗣同以来的中国哲学家们对船山哲学的“启蒙”诠释之中。

从中国近现代哲学的视角来看，在哲学概念上彰显“现代性”这一点的关键，就落在“系统性（体系化）”这个理论特

---

① 陈卫平：《“金岳霖问题”与中国哲学史学科独立性的探求》，《学术月刊》2005 年 11 月，第 12 页。

② 在冯友兰之前，当时的很多“中国哲学史”类著作实际上就是以这种方式撰写的。根据陈卫平的研究，从本质上说，它们还是传统经学史（如以“五经”为架构）的写作架构，只是换上了“哲学史”的名字。典型的如陈黻宸的《中国哲学史》讲义、陆懋德的《周秦哲学史》、钟泰的《中国哲学史》等。陈卫平指出：“他们试图去除中国哲学史研究当中欧洲哲学的一切印迹，以拒绝欧洲哲学范型，来净化、维护中国哲学史的独立性。”陈卫平：《“金岳霖问题”与中国哲学史学科独立性的探求》，《学术月刊》2005 年 11 月，第 14 页。

③ 毕竟现代化在很大程度上可以等同于某种西方化。

征上。[①]从中国哲学学科初建时期所确立的相关思想流派来看，尽管学术立场有所不同，但现代中国哲学的各个派别显然都醉心于哲学体系的建构（暂时先不说最终是否建成）。以20世纪上半叶中国哲学学科初建时最具有代表性的金岳霖、冯友兰、熊十力、张岱年为例，不论其各自秉承怎样的哲学理念，他们都不约而同地在谈论体系、建立系统，并将之认作是中国哲学会通西学（科学）以及自身所造之全新中国哲学体系的核心特质。他们希望能建立起一套横跨中国与西方、科学与非科学的体系哲学。如金岳霖认为：

> 它（指《知识论》）底目标不是真而是通。一思想系统底一致与否就要看他底各部分是否遵守它本身底标准，如果各部分都遵守该系统本身底标准，我们说该系统一致，也可以说该系统通。照上面的讨论，我们说知识论底目标是通；它不是科学类中的学问，而是哲学类中的学问。[②]

而熊十力指出：

> 此土著述，向无系统，以不尚论辩故也。缘此而后之

① 出于尊重引文原意的考虑，本章节中"系统"一词有时也替换为"体系"，皆翻译自英语system，词源根据详见下一小节"科玄论战"部分。"系统"与"体系"两个概念在本章节中可以互换使用。

② 金岳霖：《知识论》，北京：商务印书馆，2010年4月，第10页。

> 读者，求了解乃极难。亦缘此，而浅见者流，不承认此土之哲学或形而上学得成为一种学。《新论》（指《新唯识论》）劈空创建，却以系统谨严之体制，而曲显其不可方物之至理。①

冯友兰则说：

> “哲学”是各种哲学系统之“极”。于绪论中，我们说，我们的哲学性，是最哲学底。此言别人或不承认，但我们说此话时，是以“哲学”为标准说者。别人不以我们为然，亦必须是以“哲学”为标准说者。②

显然，具有完全不同思想立场的上述三位哲学家，不约而同地将系统性作为确立自身哲学的必要条件，他们将系统性认作某种具有普遍性的元哲学特征。并且这一点成为其哲学讨论的隐含前提——它不是一个需要特意论述、解释的命题，而是一种运思的潜意识——他们将体系化默认为中国哲学能够超越中国古代传统得以真正现代化、获得普遍性的关键所在。③ 而这种

---

① 熊十力著，萧萐父主编：《熊十力全集》（第八卷），武汉：湖北教育出版社，2001年，第127—128页。

② 冯友兰：《贞元六书》（上册），北京：中华书局，2014年，第175页。

③ 对于这个问题的一个比较有趣的反对意见来自冯契。他认为：“在近代，由于现实经历着剧烈变革，思想家们一生变化较大，往往来不及形成严密的哲学体系。因此，我认为对近代哲学不要在体系化上作（转下页）

思想进路在张岱年1937年完成的《中国哲学大纲》中也得到了十分清晰的展现，张岱年在《序》中表示此书就是要“显出中国哲学中的条理系统……本书所谓中国哲学，专指中国系的一般哲学”①。

所以，如本论所述，在古代传统中体系严谨的船山哲学在这一时代获得升格，自有其内在的哲学史逻辑。

二、“科玄论战”的影响与船山哲学对科学主义世界观的容纳

由今天的视角来看，上述这些将哲学默认为某种体系性学术或思维的说法实际是片面的。②但为什么在那个时代，这种

（接上页）苛求……”又说：“中国近代哲学革命也有着缺点。……中国近代哲学家（包括马克思主义者）过分注意哲学作为意识形态的政治功能，对于哲学作为系统理论的科学性质及其与具体科学的联系则未免有所忽视。”这里我们不需要和冯契去争论这个问题的是非对错，但有一点却是可以一目了然的：相对于金岳霖、冯友兰与熊十力对于哲学＝系统（体系）的观点来说，作为其后辈的冯契对于哲学的“系统性的标准”要更高，他认为，对于一种或一个时代的哲学来说，不够“系统性”本身是一种缺点。由此可见“系统性”在冯契哲学中的高度。冯契：《中国近代哲学的革命进程》，第2页。

① 张岱年：《中国哲学大纲》，第17页。

② 一个最简单的反驳是，与金岳霖、冯友兰、熊十力同时代的欧洲哲学家们，都在批判体系化。就现象学和分析哲学这两个20世纪欧洲的主要哲学传统来说，在现象学路线上关于这一问题的一个典型批评来自存在哲学。譬如海德格尔强调：“任何存在论，如果它不曾首先充分澄清存在的意义并把澄清存在的意义理解为自己的基本任务，那么，无论（转下页）

“哲学＝体系”的认知会深入人心呢？

从中国近现代思想史上说，中国人的“体系”观念之形成，最早并不来源于专业的中国哲学学者，反而是来源于近现代以来的第一批中国科学学者。在金岳霖、冯友兰、熊十力、张岱年等人初步奠定各自的哲学体系之前，20世纪初的中国思想界发生过一次著名的“科学与玄学（哲学）”论战。这是“体系”或“系统”概念第一次大规模进入中国人的思想视野。①

（接上页）它具有多么丰富多么紧凑的范畴体系，归根到底它仍然是盲目的，并背离了最本己的意图。”所以，海德格尔认为构建体系相对于追问存在来说显然是次要的。而在分析哲学路线上，如罗蒂认为，以抽象哲学概念构建起某种特殊领域中的描述的体系倾向本质上是一种哲学家们的“自我欺瞒”。罗蒂指出：“系统式哲学的主要错误始终在于这样一种看法，这类问题应该以某种新的（“形而上学的”或“先验的”）描述性或说明性话语（论述“人”、“精神”或“语言”等等）来回答。这种以发现新的客观真理来回答关于证明的问题的企图，这种以某一特殊领域中的描述来回答道德行为者的证明要求的企图，是哲学家特有的一种‘自我欺瞒’。”参阅（德）马丁·海德格尔著，陈嘉映、王庆节合译，熊伟校，陈嘉映修订：《存在与时间》（修订译本），北京：生活·读书·新知三联书店，1999年12月，第13页。（美）理查德·罗蒂著，李幼蒸译：《哲学和自然之镜》，北京：商务印书馆，2003年7月，第357页。

① 借用冯契的概括，所谓“科玄论战”就是1923年春夏间，发生了一场所谓“科学与玄学的论战”，也叫作“人生观之论战”。论战是由张君劢在清华学校给学生做的一篇《人生观》的讲演引起的。他宣称：人生观问题必须由玄学来解决。接着，丁文江在《努力周报》发表《玄学与科学》一文。他以“科学”为标榜，说：“玄学的鬼附在张君劢身上，我们学科学的人不能不去打他。”于是科学与玄学的热烈论战就此展开，争论的中心问题是科学能否解决人生观的问题。参阅冯契：《中国近代哲学的革命进程》，第25页。

主动挑起论战批评“玄学”（哲学）的“科学派”主将丁文江（地理学家）曾说：

> 科学上所谓公例，是说明我们所观察的事实的方法，若是不适用于新发见的事实，随时可以变更。……这是科学同玄学根本不同的地方。玄学家人人都要组织一个牢固不拔的“规律”（system），人人都把自己的规律当做定论。科学的精神绝对与这种规律迷的心理相反。①

丁文江的这段话所针对的是玄学派代表人物林宰平的一段议论。林氏指出：

> 我记得杜威在北京讲演时，他批评柏格森的哲学，起头就说：詹姆士反对哲学系统，始终没有组织系统的野心，从历史上来看，我们总以为自康德、黑格尔以后，世界上不会再有想组织有系统的哲学了，那里知道先有斯宾塞，最近又有柏格森，居然有了这样的野心。现在在君先生的野心可就更大了，他不但想组织一系的学问，还要把科学来统一一切。②

---

① 张君劢、丁文江等：《科学与人生观》，长沙：岳麓书社，2012 年 3 月，第 147—148 页。

② 张君劢、丁文江等：《科学与人生观》，第 118 页。

因此，从思想溯源的角度上说，早在20世纪30年代前后，在中国哲学（史）学科诞生前，如丁文江这样的自然科学学者就已经开始将哲学与“体系化”画上等号，只不过他是从批判的角度上来说的。中国近现代哲学“体系化”特征之渊薮实源于此。同时，丁文江的这一说法也划定了此后很长一段时间内中国哲学界所讨论的系统性或体系性概念的内涵与外延。

从上述丁、林两人的言论来看，不论是科学派还是玄学派，都认同“体系”(“规律”或“system”）是一个包涵一切、永恒不变的东西。区别只在于丁文江认为“体系”可以和“玄学”(哲学）的定义划等号，因此从科学的立场出发（丁文江上述所讲的“公例”类似于今日的思想范式），应该取消这种具有独断性质的思考模式。

而林宰平的意思实际是说，“体系”只是哲学领域内的一部分典型内容，不是全部，完全可以存在没有组织或体系的哲学。同时，丁文江以“科学”作为标准来评价“玄学”(哲学)之合法性的行为本身，也是某种“体系化”的思考模式。换言之，就玄学派的立场看来，丁文江所讲的“科学”本身也是一种门类的哲学。这一点后来被玄学派的另一位代表人物张东荪概括为：“我认为丁先生不是真正拿科学来攻击玄学，而只是采取与自己性质相近的一种哲学学说攻击与自己性质相远的那种哲学学说。”①

① 张君劢、丁文江等：《科学与人生观》，第186页。

所以，科玄两派的争议点实际在于：丁文江认为“科学”概念是最基础的，“玄学”之所以是“鬼”，乃是因为其独断的“体系化”标准与丁氏所谓的“科学”本质相悖。“玄学派”则认为，丁文江的“科学观”就是一种哲学观，从概念层级上说，丁氏的“科学”其实与其所批判的“玄学”处在同一层级之上，并且它们都被包涵在更为基础的“哲学”范畴之下。

因此，体系哲学作为“非科学”的对象，其自身的合法性不应受到质疑。而上述“科玄论战”的争议，显然为随后中国哲学史学科在“哲学体系”的定义上奠定了某种概念边界。

我们可以看到，“科玄论战”的焦点实际上不是“玄学”与“科学”之间的零和博弈，而是“玄学”（哲学）这个概念相对于“科学”是否具有合法性的问题。换言之，当时即便是“玄学派”也承认丁文江所讲的“科学”乃是哲学的一种。“科学”的合法性玄学派并不怀疑，说到底，他们只是想在“科学万能论”那里为“玄学”（哲学）争取生存空间罢了。正如唐钺后来所总结的那样：

> 自丁在君先生发表“凡是用科学方法的研究都是科学（这是大意，原文见他的《玄学与科学》篇中）”的意思以后，许多人大起恐慌，以为这样一来，学术界的地盘，都被科学占尽了。林宰平似乎就是有这样的感想的。他

说："其结果必至天地间无一不是科学罢了。"①

这是当时中国学界的一个普遍性的共识——即科学性的评价标准是独立于一切既往知识之外的、更为基本的东西，它是最基础与优先的。在丁文江的逻辑中，我们可以看到辛亥革命后的中国，科学这个概念本身就意味着现代性、合法性与正确性——科学万能、科学万岁！②

因此，从科玄论战的大背景来看，在当时的中国思想

① 张君劢、丁文江等：《科学与人生观》，第 238 页。

② 20 世纪初的中国思想界的"科学万能"思想是非常值得研究的。当代有学者指出，将近代中国将"科学＝现代性"的思想预设之中实际有一种宗教化的内容存在。"因此，在中国语境中，与欧洲不同，是科学主义而不是科学，才是先行的过程，而科学主义本身又产生于科学活动的效果尚未得以分享、科学精神尚未建立的背景中，这就决定了科学的价值在现代中国首先必须作为世界观的存在性格，同时也决定了它的普及不能通过科学的价值的实际效益以及以试验与理性批判为核心的科学精神本身等手段；相反，它必须作为主义话语、作为世界观的力量，通过服从与信仰的宗教德性来达成。由此，形成了现代中国把科学放置在宗教信仰的框架中加以处理的情况。故而，科学成了一种'信仰形式'或者'一种替代宗教的形式'。……以至于说某某是'科学的'，就等于是在说，某某是正当的。作为一种不断被强化的叙事，科学主义既是新文化运动的旗帜，也是现代国家的合法性的基础。因此，科学并没有局限在科学发明、科学方法等狭隘的范围内，包括'思想、行动、社会组织'等在内的现代社会生活过程的一切方面都被放置在科学的平台上，知识的进步、政治之民主、征服自然的能力、效率的讲求，等等，所有这些构成了西方近世文化的特点的，都被理解为科学的成就。……在这里，科学成了现代性的一面旗帜，对于把步入现代作为自身追求的民族来说，促进科学世界观的形成，就是一件重大的事情。"陈赟：《科学主义与现代世界观的起源》，《社会科学论坛》2006 年第 6 期，第 4—5 页。

界，如果要讲哲学（玄学）或者说要确立中国哲学学科的合法性，首先需要面临的就是如何回应“科学万能论”的问题。在这一点上，上述“科玄论战”中“玄学派”的做法就是把哲学概念范围放大，而将“科学”概念涵摄于“哲学”之下。

所以，在前述金、冯、熊、张四人建立各自的中国哲学体系之时，尽管已去“科玄论战”十多年，但在对中国哲学合法性的定义与自我认知上，他们显然都遵循了以林宰平为代表的“玄学派”为“玄学”（哲学）在“科学万能论”那里争取合法性的理论路线。所以，正是从这一点出发，他们不约而同地将体系化作为中国哲学概念之所以成立的前提条件。就此言之，现代意义上的中国哲学学科的建立，实际深受科学主义的影响，这体现在中国哲学学科初建时对于体系化特征的偏爱。

从某种意义上说，体系化也就是时人认为的科学化与现代化的时代潮流。回顾“科玄论战”，辩论双方实际都认为体系化的形式能够通向真理，所不同的只是在科学之外是否还有能够通向真理的体系化思考范式（比如哲学体系）的争论。

因此，以“科玄论战”为大背景，为了使“中国哲学”这个概念站得住，上述金、冯、熊、张四人不约而同地试图构建起某种“哲学体系”来兼容具有系统性特质的现代自然科学。而这也正是丁文江对于哲学提出批评的关键所在（缺乏体系）。从这个意义上说，在“如何展现中国哲学史学科所内涵的民族性与现代性”① 的问题意识观照下，“体系化”这个看起来好像西方思想舶来品的东西，恰是彻头彻尾的当时中国哲学界用来确立学科民族性的证明。

如上文所言，在“科玄论战”中，“科学”的合法性是毋庸置疑的，科玄两派所争论的，不过是如何在“科学”之下为“玄学”（哲学）争得生存地盘的问题。而要争下这个地盘，从中国哲学学科内部来看，至少有一部分应该落实到对中国古代哲学材料中的体系化特征的发掘之上。基于上述问题意识，我们就能了解船山哲学对于在科学主义大背景下构建中国近现代哲学体系的价值所在。

首先，主要承袭自横渠气论的船山哲学在同科学领域直接相关的宇宙论与自然观方面有着大量的论述，并且这些论述可以接续宋明道学在人性论与伦理学方面的传统。

其次，船山著述还涉及历史哲学、经学考据、美学（诗学）、文学评论、经济学、教育学等诸多方面，这就形成了一个具有典型性的，以哲学上的世界观、价值观为核心并兼具伦理学、美学、历史哲学等诸多展开，涵盖中国古代学术各个领域的思想体系。20 世纪的学人多以船山比于黑格尔，其道理也正在于此，因为黑格尔哲学最主要的特征就是无所不包。因此，在体系上可以比肩于黑格尔的王船山，在中国近现代哲学追求体系化与科学性的大背景下发生升格，是非常自然的事

① 陈卫平：《“金岳霖问题”与中国哲学史学科独立性的探求》，《学术月刊》2005 年 11 月，第 12 页。

情。正如王孝鱼所言：

> 自宋儒提倡道学以来，理学之书虽汗牛充栋而皆烂翻旧账，不脱前人窠臼。如船山先生之说理深邃，鞭辟入里，新有创发完成统系者，实难其选。①

所以，近现代以来的哲学家们之所以要升格船山，显然是因为船山在宋明道学的思想土壤中融入了其自身原创性的系统骨架（即前文中王孝鱼所谓之“完成统系”），这对于具有体系性追求的中国近现代哲学家们来说，显然是非常重要的思想资源。

通过体系化船山哲学，中国哲学界可以一手抓住民族性维持中国哲学的合法性，同时另一手抓住现代性抵挡住科学主义批评。进而，借由船山的体系，传统中国哲学还可以顺利地嵌入现代科学的世界观中。

如本书第二章第五小节所述，在中国近代史上第一次用启蒙进路诠释船山哲学的谭嗣同就以西方物理学中的“以太”概念来反向格义船山日新不已的“气”。西方自然科学与近代哲学由一个或几个基础性概念预设出发，通过理性与逻辑构成思想系统的范式特征，在经过“以太”与“气”之间的转换后，自然也被谭嗣同落实到了其自身的宇宙论架构之中（《仁学》）。因此，这也使得谭嗣同之后的王船山哲学研究与诠释开始有了

① 王孝鱼：《船山学谱》，第7页。

现代哲学的气息与面貌，而这种现代气息又反过来推动了船山哲学在中国近现代哲学中的进一步升格。

再者，在梁启超与钱穆的清学史争议中（见本书第四章第一小节），他们对于船山思想的这种现代性意义也给予了一定关注（当然从体系化的角度说，谭嗣同的《仁学》才是先驱）。但实际上其争议的核心，还在于清代的学术（船山学在此被认为属于清代）是如何继承晚明学术这一问题。梁启超是以船山的道学批判作为佐证（另一个佐证是戴东原之学），来证成整个清代学术相对于道学传统带有启蒙性的继承与批判意义；而钱穆也同样以船山的道学批判思想之不传作为佐证，反过来表明整个清代学术所受到的政治压制、摧残及其与晚明学术之间的断裂。

尽管结论恰好相反，但是梁启超与钱穆在论证各自观点的时候，都努力地将现代哲学的概念与标签赋予船山——体系化、知识论、人文进化等等，进而他们也都得出船山哲学具有“科学启蒙”特质的论断。从今天的角度来看，此间问题的关键并不在于船山哲学是否真正具有“科学启蒙”特质，而是在那个打“孔家店”与倡“德赛二先生”的时代，人们在古代传统中需要船山哲学这样一个具有现代性思想元素的抓手，进而使得中国近现代哲学学科能够在当时科学万能的价值观之中得以确立自身独立的、具有现代性的问题意识。

当然，另一方面，就船山哲学本身而论，可能也正是这种超前的“现代性”，使得其在此前两百年间的古典时代隐没不闻。所以，“科玄论战”后十年，当金岳霖、冯友兰、熊十力、张岱年等开始构建各自的中国哲学体系之时，形式化、抽象化与知识化也就成了他们所默认的现代哲学的基本特征。若以此作为标准，则船山升格运动在那个时代继续发展也就是顺理成章的。

三、中国近现代哲学的实学取向中的船山影响

关于中国近现代哲学学科初创时的特征，除了上述源自科学主义的体系性世界观之外，在方法论上另一个重要的点是：它主要趋向于实践或者说某种实证主义的经验论传统。用中国传统哲学的话讲，也就是有在总体上的实学取向。换言之，即便从科学方法论内部来看，相对于科学主义体系性世界观所带来的形式逻辑方法，20 世纪中国哲学的主要趋向也是偏重于经验实证与对象性实践的方法论。而造成这种情况的原因，既有晚清以来的中国近现代哲学发展的内在逻辑，又有国内外的现实政治与思想影响。

明亡后，清代儒林基于对宋明道学传统的反思与批判而复归实证的汉学。从思想方法上讲，这一复归就是由义理思辨的宋学路线转而变为文本考据的汉学路线。学界一般以为，尽管汉学路线源自以船山为代表的明末清初这一代学者在甲申之后对于宋明传统的反思，但清代中前期满洲以异族临华夏的政治格局及其在思想上所带来的高压局面，则是最终迫使儒家学者

们从追求“内圣外王”的宋学转向“六经皆史”强调实证的汉学的根本原因。上文中钱穆对于清学史上的立场就是其中的典型。

因此，自清末革命风潮兴起，思想趋向革命派的进步学者基于“排满”的意识形态，对于乾嘉以来的考据传统与方法论多有批评。① 然而，清末民初的这一代思想家却又是受教于这一传统而成长起来的。典型的，如章太炎早年在杭州诂经精舍师从朴学大师俞樾。因此，尽管章氏后来因力倡“排满革命”而与乃师决裂，但其毕生的治学方法依然承袭着汉学崇尚实际与实证的学风，这一点为学界所公认。②

再者，如民国初年自由主义的代表人物胡适，以西方的实

① 这其中最为典型的是钱穆，他所提出的清代思想高压与朴学传统之间的因果逻辑在20世纪产生了深远影响。他说：“乾隆御制《书程颐论经筵札子后》有云：‘夫用宰相者，非人君其谁乎？使为人君者，但深居高处，自修其德，惟以天下之治乱付之宰相，己不过问，幸而所用若韩、范，犹不免有上殿之相争，设不幸而所用若王、吕，天下岂有不乱者！此不可也。且使为宰相者，居然以天下之治乱为己任，而目无其君，此尤大不可也。’夫不为相则为师，得君行道，以天下为己任，此宋明学者帜志也。今曰‘以天下治乱为己任尤大不可’，无怪乾嘉学术一趋训诂考订，以古书为消遣神明之林囿矣。于此而趋风气，趁时局，则治汉学者以诋宋学为门面，而戴东原氏为其魁杰。起而纠谬绳偏，则有章实斋，顾曰‘六经皆史，皆先王之政典’，然为君者即不许其以天下治乱为己任，充实斋论学之所至，亦适至于游幕教读而止，乌足以上媲王介甫、程叔子之万一耶！”钱穆：《中国近三百年学术史》(一)，自序，第2页。

② 如胡适就将章太炎的音韵学研究直接归于朴学传统之中。他说：“这是汉学家研究音韵学的方法。三百年来的音韵学所以能成一种有系统有价值的科学，正因为那些研究音韵的人，自顾炎武直到章太炎都能用这种科学的方法，都能有这种科学的精神。”胡适：《清代学者的治学方法》，《胡适文集》(第2册)，北京：北京大学出版社，2013年，第266页。

证科学方法论为标准指出，中国传统中只有清代的汉学传统具有科学精神。[①]他认为，乾嘉学派所使用的考据方法内含“归纳与演绎”并重的欧洲科学方法，[②]应该在当时的思想界加以提倡。基于此，他提出了著名的“大胆假设，小心求证”的方法论原则，[③]对于整个中国思想界产生了深远影响。

因此，20世纪初，以王船山、顾亭林、黄梨洲等为代表的明末清初诸大师之学术，因其上承宋明道学的义理思辨路线，

---

① 胡适指出：“中国旧有的学术，只有清代的‘朴学’确有‘科学’的精神。‘朴学’一个名词包括甚广，大要可分四部分：(1)文字学(Philology)。包括字音的变迁，文字的假借通转等等。(2)训诂学。训诂学是用科学的方法，物观的证据，来解释古书文字的意义。(3)校勘学(Textual Criticism)。校勘学是用科学的方法来校正古书文字的错误。(4)考订学(Higher Criticism)。考订学是考定古书的真伪，古书的著者，及一切关于著者的问题的学问。……‘汉学’这个名词很可表示这一派学者的公同趋向。这个公同趋向就是不满意于宋代以来的学者用主观的见解来做考古学问的方法。这种消极方面的动机，起于经学上所发生的问题，后来方才渐渐的扩充，变成上文所说的四种科学。”胡适：《清代学者的治学方法》，《胡适文集》(第2册)，第261—262页。

② 胡适认为：“汉学家的归纳手续不是完全被动的，是很能用‘假设’的。这是他们和朱子大不相同之处。他们所以能举例作证，正因为他们观察了一些个体的例之后，脑中先已有了一种假设的通则，然后用这通则所包涵的例来证同类的例。他们实际上是用个体的例来证个体的例，精神上实在是把这些个体的例所代表的通则，演绎出来。故他们的方法是归纳和演绎同时并用的科学方法。”胡适：《清代学者的治学方法》，《胡适文集》(第2册)，第263页。

③ 胡适指出：“他们(清代考据学者)用的方法，总括起来，只是两点。(1)大胆的假设。(2)小心的求证。假设不大胆，不能有新发明。证据不充足，不能使人信仰。”胡适：《清代学者的治学方法》，《胡适文集》(第2册)，第274页。

下启具有近现代科学方法论精神的朴学考据传统，所以他们的思想对于当时学界将整个中国学术的话语范式由“经学的”转向“哲学的”（科学的）的革命具有不可忽视的价值。

梁启超就认为明末清初的诸大儒对于宋明道学的批判可以作为思想纽带与清代崇尚实证的学风相接。而明清之际思想界的这种实证与批判的特质为清代学术的发展做了重要的思想准备。① 以此而论，从学术的源流与线索上说，宋元明清乃至民国是可以贯通的。清代学术本身尽管在理论特质上是“复古”的，但正如上述胡适所言，其相对于宋明道学传统在方法论上却是具有启蒙进步意义的是更具科学性的。梁启超对此也有类似的看法。②

① 梁启超从五个方面概括了明末在学术上的新变化：一、以刘蕺山为代表的对于王学（阳明学）的反动。二、以徐霞客与宋应星为代表的对于传统理学所进行的自然科学的反动。三、传教士所带来的欧洲近代自然科学。四、藏书及刻书的风气渐盛。五、佛教净土宗对于禅宗的反动。并且他认为：“以上所举五点，都是明朝煞尾二三十年在学术界所发生的新现象。虽然读黄梨洲《明儒学案》一点看不出这些消息，然而我们认为关系极重大。后来清朝各方面的学术，都从此中孕育出来。我这部讲义，所以必把这二三十年做个‘楔子’，其理由在此。”梁启超：《中国近三百年学术史》（新校本），第 9—11 页。

② 梁启超指出：“‘清代思潮’果何物耶？简单言之，则对于宋明理学之一大反动，而以‘复古’为其职志者也。其动机及其内容，皆与欧洲之‘文艺复兴’绝相类。而欧洲当‘文艺复兴期’经过以后所发生之新影响，则我国今日正见端焉……综观二百余年之学史，其影响及于全思想界者，一言蔽之，曰‘以复古为解放’。第一步，复宋之古，对于王学而得解放。第二步，复汉唐之古，对于程朱而得解放。第三步，复西汉之古，对于许郑而得解放。第四步，复先秦之古，对于一切传注而得解放。（转下页）

根据这一逻辑，船山因其一系列汉学方面的著作及其通过实学方法对于道学传统所做的批判，正好可以上接程朱理学、下启以戴震为代表的清代朴学传统。而朴学传统本身又带有某种现代意义上的科学实证方法论原则，这也正好回应了清末以来西方现代思想的冲击。梁启超在前述对于船山哲学进步性的推崇及其对船山“科学与哲学”的分判依据实在于此。[①] 同时，就经学方法向近代意义的科学（哲学）方法转换上说，王船山是上承宋明下迄清代直至近现代的关键人物，因此他也是经学方法现代化（哲学化）的先驱。在梁启超看来，船山相关汉学著作的实证立场与现代科学方法论有着默契。

其次，除了实证方面之外，如本书第二章所述，晚清以来内外交困的现实政治局面，使得以曾国藩为代表的湖湘士大夫集团迅速崛起，其崇尚“经世致用”的实学学风深刻地影响了中国近代史的发展与走向。湖湘实学传统与源自马克思主义的实践传统共同构成了20世纪中国哲学发展中的崇实倾向。由于以曾国藩、王闿运、郭嵩焘为代表那一代湖湘士大夫遥尊王

（接上页）夫既已复先秦之古，则非至对于孔孟而得解放焉不止矣。然其所以能著著奏解放之效者，则科学的研究精神实启之。”梁启超：《清代学术概论》，第5页、第9页。

① 有当代学者指出，梁启超之所以表彰以戴东原为代表的清代学术方法论，是因为“梁氏从戴学‘求真’的特色中，敏锐地看出它与梁氏所处的时代特色，即由‘五四’时期进步知识分子所强调的‘科学精神’之间，有相通之处”。丘为君：《戴震学的形成——知识论述在近代中国的诞生》，第76页。

船山为近世湖湘实学的开山鼻祖，[①]经由学脉传承，第二代湖湘士大夫的代表人物谭嗣同（如前所述其师欧阳中鹄是推崇船山思想）在其《仁学》一书中对于船山哲学又有着启蒙方面的阐发，进一步拓展了船山哲学在清末的影响力。

① 当然从严格意义上说，湖湘学脉的鼻祖还可以经由王船山上溯至张横渠并归于道学开山之祖周濂溪。

第八章　船山哲学与近现代中国的世界观革命

一、晚清的“道器观”批判与船山的“道在器中”思想

自两汉以来，“三纲五常”作为恒常不变的世界秩序构成了儒学世界观的基础，这也是宋明道学传统的重要组成部分。明清鼎革后满洲贵族为了维护其统治的合法性（可参阅本书第三章第二小节），进一步强化了纲常伦理的地位。曾国藩在起兵镇压太平天国时曾言道：

> 自唐虞三代以来，历世圣人扶持名教，敦叙人伦，君臣、父子、上下、尊卑，秩然如冠履之不可倒置。①

因此，至少在晚清士大夫的历史观中，这套自“唐虞三代以来”未有变化并以“三纲五常”作为核心的伦理价值，已成为了不可僭越半步之名教秩序。从具体的儒学观念上说，这一套

① 《曾文正公全集》(八)，第229页。

秩序的核心内容可以被概括为“天不变，道亦不变”①的“天道观”。在具体上，“人伦、君臣、父子、上下、尊卑”这些秩序体现的就是永恒不变的“天道”。基于宋明道学的一般诠释中，这里的“道”也就等于作为万物当然之根据的“理”。②朱子在释《易传》“形而上者谓之道，形上而下者谓之器”一语时曾说：

> 形是这形质，以上便为道，以下便为器，这个分别得最亲切，故明道云：“惟此语截得上下最分明。”又曰：“形以上底虚，浑是道理；形以下底实，便是器。”③

根据朱子的看法，这个作为“理”的“形上之道”又是超越万物之上的绝对性概念与具体的“形下之物”（器）相应，④其相对于具体之物不仅在时间上先在，⑤同时在逻辑上也是先在

---

① 这个说法来源于董仲舒，构成了两汉之后儒家天道观的基础之一。其云：“道之大原出于天，天不变，道亦不变，是以禹继舜，舜继尧，三圣相受而守一道。”［汉］董仲舒：《举贤良对策》，载于［汉］班固撰，［唐］颜师古注：《汉书》卷五十六《董仲舒传第二十六》，第八册，北京：中华书局，1962年，第2519页。

② 朱子曰：“道只是事物当然之理，只是寻个是处。大者易晓。”［宋］黎靖德编：《朱子语类》，第二册，卷二十六，第660页。

③ ［宋］黎靖德编：《朱子语类》，第五册，卷七十五，第1935页。

④ 朱子曰：“‘形而上者’指理而言，‘形而下者’指事物而言。”同上。

⑤ 朱子曰：“未有天地之先，毕竟也只是理。”［宋］黎靖德编：《朱子语类》，第五册，卷七十五，第1页。

的。[1] 由这一论断可知，“道”或者“天道”概念在道学传统中是具有永恒性、先天性的绝对法则，而“器”则是存在历史变易的、有具体形状的、[2] 具有成毁变化的现实之物[3]。抽象的道（形以上底虚）要先于具体的器（“形以下底实”），道、器是有明确区别的两个不同层次的东西。[4] 因此，在现实历史层面，朱子认为，尽管具体的历史时势会有盛衰消长，但作为“天道”之具体展开的“纲常”却是永恒不变、不会磨灭的。朱子曰：

> 纲常千万年磨灭不得。只是盛衰消长之势，自不可已，盛了又衰，衰了又盛，其势如此。……但这纲常自要坏灭不得，世间自是有父子，有上下。羔羊跪乳，便有父子；蝼蚁统属，便有君臣；或居先，或居后，便有兄弟；犬马牛羊，成群连队，便有朋友。[5]

因此，前述曾国藩所讲的“秩然如冠履之不可倒置”的名教次

---

① 朱子曰：“有此理，便有此天地；若无此理，便亦无天地，无人无物，都无该载了！”同上。

② 《传》曰：“形乃谓之器。”黄寿祺、张善文：《周易译注》，第 519 页。

③ 朱子曰：“可见底是器，不可见底是道。理是道，物是器。”［宋］黎靖德编：《朱子语类》，第二册，卷二十四，第 597 页。

④ 朱子曰：“道器之间，分际甚明，不可乱也。”［宋］朱熹：《答黄道夫》，《晦庵先生朱文公文集》（卷五十八），载朱杰人、严佐之、刘永翔主编：《朱子全书》（修订本），第二十三册，第 2755 页。

⑤ ［宋］黎靖德编：《朱子语类》，第二册，卷二十四，第 597—598 页。

序之永恒性，实际是程朱理学基于其自身“道器”观念所构建出来的——现实中作为形器“人犬马牛羊”会有不同，但其背后的“君臣父子”之道却客观独立、永恒常在，这构成了宋明以降之“名教”概念的核心内涵。

这一由“道虚器实”、“道恒器变”、“道先于器”、“道本器末”等道器价值秩序所构建的历史观，贯穿于明清士大夫的意识形态之中。因此，当19世纪中叶，中国被卷入马克思所讲的世界历史的洪流之中并面对不可避免的大变局之时，首先动摇的就是这套作为朱子学核心内涵之一的“道恒器变”、“道器相分”的历史观体系。

不过，中国古代哲学史上对这套具有“永恒性”的“道不变而器变”、“道器相分”之“道器观”的批判，却并不是在第一次鸦片战争之后才开始出现的。甲申陆沉的现实，使得以王船山、黄梨洲等为代表的启蒙哲学家在明末清初之际就已对相关问题进行了反思与讨论。然而，他们的哲学在清代前期却又重新归于沉寂，直到乾嘉之际才陆续又有学者开始审视这一“道虚器实”、“道恒器变”、“道先于器”、“道本器末”所构建的历史观中存在的问题。

如章学诚指出：“道者万事万物之所以然，而非万事万物之当然也。人可得而见者，则其当然而已矣。”① 这一说法直接拿掉了朱子以道（也就是曾国藩讲的“人伦、君臣、父子”）

① ［清］章学诚：《原道上》，《文史通义校注》（上册），北京：中华书局，2014年，第140页。

作为当然之理的基本立场，① 削弱了道的先天性与永恒性。这里的“所以然”意味着“道”与事物具有内在的、隐而不显的联系，“道”并非某种与具体事物相离的、完全独立的外在“所当然”的先天之理。② 基于此，章学诚认为“古人未尝离事而言理”。③ 这样，与“道器二分”的原则正相反，他重置了理事之间的关系，将具体之事作为抽象之理的基础，加强了理事（道器）之间的内在联系，将道器关系设置为“道依于器”。④ 这也是后来章学诚提出他著名的“六经皆史”命题的哲学渊薮之一。

此后，作为中国近代哲学之前驱 ⑤ 的龚自珍更是在总结嘉

① 朱子曰：“理，只是事物当然底道理。”［宋］黎靖德编：《朱子语类》，第四册，第 1391 页。

② 在朱子的语境下，这个所当然的理或者道是完全在具体之物（器或气）之外的抽象对象，这保证了其不受具体之物变易的影响而具有永恒性意义。朱子曰：“夫聚散者，气也。若理，则只泊在气上，初不是凝结自为一物。但人分上所合当然者便是理，不可以聚散言也。”［宋］黎靖德编：《朱子语类》，第五册，卷三，第 37 页。

③ ［清］章学诚：《易教上》，《文史通义校注》（上册），第 1 页。

④ 章学诚云：“道不离器，犹影不离形。后世服夫子之教者自六经，以谓六经载道之书也，而不知六经皆器也。”［清］章学诚：《原道中》，《文史通义校注》（上册），第 154 页。

⑤ 这是冯契的说法。在他之前，学界对于龚自珍思想的研究一般集中在文学方面，而冯契意识到了其思想对于中国近现代哲学的重要意义。他说：“在鸦片战争前夕，龚自珍在对‘衰世’的批判揭露中……个性强烈地要求挣脱封建束缚，这是中国近代人文主义的开端。正因为此，龚自珍成了中国近代哲学的第一个先驱。”冯契：《中国近代哲学的革命进程》，第 29 页。

道之间朴学传统的代表人物阮元的思想时指出：儒家典章制度必须落于现实具体层面，所以为学最忌遁于空虚，而阮元之学，实事求是，是为天下所宗。① 他说："出乎史，入乎道，欲知大道，必先为史。"② 在龚自珍看来，历史本身就是充满变化而非永恒不变的，他说："自珍少读历代史书及国朝掌故，自古及今，法无不改，势无不积，事例无不变迁，风气无不移易。"③ 这说明，不存在所谓"道恒"的先天预设。同时，他的上述说法也破坏了朱子以来"道器相分"的立场，而更趋向于"道在器中"的世界观，这是此后晚清动摇宋明以降"天道永恒"之历史观的一个重要的思想切入点。

因为"道在器中"，同时"器随时变"，所以这就指向了"天道（在历史中）可变"的结论。当然，尽管有一些思想先觉者在第一次鸦片战争的前夜就已经开始意识到了自程朱以来的恒常之历史观已不可持续，但"道恒器变"观念在时人思想中的最终摇动，还是要等到两次鸦片战争以及太平天国运动对名教传统的巨大冲击之后。如本书第二章所述，在湖湘士大夫集团挟平定太平天国之功提出"重立名教"而倡洋务运动、刊

① 龚自珍说："公（指阮元）精研七经，覃思五礼，以为道载乎器，礼征乎数，今尺古尺，求累黍而易诬，大车小车，程考工而易舛。故大而冢土明堂，辨礼之行于某地，小而衣冠鼎俎，知礼之系乎某物。莫遁空虚，咸就绳墨，实事求是，天下宗之。"［清］龚自珍：《阮尚书年谱第一序》，《龚自珍全集》，上海：上海古籍出版社，1999年，第226页。

② ［清］龚自珍：《尊史》，《龚自珍全集》，第81页。

③ ［清］龚自珍：《上大学士书》，《龚自珍全集》，第319页。

刻《船山遗书》之际，一批具有西方游历经验、了解西方思想的士人也开始为洋务运动构建思想与哲学基础。尽管同光之际的洋务派在历史观上依然不敢直接提出“天道可变”的主张，但他们试图将“道”与“器”更为紧密地联系起来，强调“道在器中”、“道随器变”的历史哲学逻辑。

既然“道在器中”，那么“器”在洋务思想中的地位就比宋明道学传统中有了明显提升。所以，在此基础上强调学习西方的技术、器物并变法自强的洋务运动作为一场政治改良也就在传统哲学的话语体系内有了意识形态上的依据。

反之，从晚清保守派的角度来看，洋务派以学习西方器物作为基础的这套新道器观的话语系统，将会动摇名教传统根本。一旦道器观念发生了变化，则后续提出的思想主张就有可能会进一步动摇“人伦、君臣、父子”这些基础价值秩序的永恒性，因此洋务运动对于名教传统来说是非常危险的。所以，为了在提倡洋务的同时又不过分刺激保守派，洋务派这才提出了“中体西用”的说法。如洋务思想的代表人物郑观应指出：

> 夫道，弥纶宇宙，涵盖古今。成人成物，生天生地。虽《中庸》、《周易》已详，要非俗儒所能知，亦非后天形器之学所可等量而齐观也。《易》独以形上形下发明之者，非举小不足以见大，非践迹不足以穷神。自《大学》亡“格致”一篇，《周礼》缺“考工”一册，古人名物象数之学流徙而入于泰西。其工艺之精，遂远非中国所及。盖我

> 务其本，彼逐其末；我穷事物之理，彼研万物之质。秦汉以还，中原板荡，文物无存，学人莫窥制作之原，循空文而高谈性理。于是，我堕于虚，彼征诸实。不知虚中有实，实者，道也；实中有虚，虚者，器也。合之，则本末兼赅；分之，则放卷无具。①

为了照顾道学传统原有的“内华夏而外夷狄”的世界秩序，郑观应的这段话实际上已经有些自相矛盾。既然形上之道非后天形器之学所可等量齐观，又为何西人之学可以由器征实，由器及道？但不论如何，他的这一说法对明清以来传统的“道器观”作了两个关键的修正。

第一个是相比于前代的章学诚与龚自珍，郑观应明确提出了“道器”必须合而言之、不可分立的主张。第二个是将前述引文中作为道学传统主流的朱子“形以上底虚，形以下底实”（“道虚器实”）观点改为“道实器虚”的主张。如此，按照后一种“道器观”，引进西方实用技术、机械器物的洋务运动，从根本上说也就是在征实以求道。

同时，在郑观应看来，“道”、“器”二者并不是完全百分百地各自具有“虚”或“实”之特征的。“道”表象为虚，但虚中有实；“器”表象为实，但实中有虚，因此道器一体，虚实交融。进而，由于“道器”中各自皆有虚实，它们也就不是

① ［清］郑观应：《盛世危言》（道器），夏东元编：《郑观应集》（上册），上海：上海人民出版社，1982年，第242页。

可以截然分离或分立的（这是上文中朱子的观点）的思想对象。基于这一逻辑，郑观应指出，名教体系传统上偏于强调天理、天道，这反而是“堕于虚”之一偏，同时西学虽然由“器”入手，但却由虚及实并虚实交融、道器合一，超越了名教传统。

郑观应虽批评名教，但对于宋明道学其实还是做了比较婉转的妥协，依旧力图维持宋明以降“道恒器变”的基本“道器观”。然而其“虚中有实，实者，道也”的立论实际隐含着“道可变”的历史观。因为“虚中有实”意味着：“道”必须由虚落实，成为“器”才能真正显现其自身；而只要落实，则必然会进入具体的历史时空之中，所以“器”是可变的。而郑观应说“合之，则本末兼赅”也就是在强调即便是“弥纶宇宙，涵盖古今”的“道”及其代表的“人伦、君臣、父子”也必须落于具体层面才能显现其自身——脱离现实具体之“器”去谈“道”是没有意义的。这也就是他所理解的“非举小不足以见大，非践迹不足以穷神”的意思。

要之，因“器”方可求“道”，这样“道”就不是朱子所讲的独立于具体事物之外、自在抽象的虚玄之物（典型的如上文注释中朱子讲的“若理，则只泊在气上”的这种逻辑）。“道”的显现取决于人类对世间万器在时空范畴之下的认识——“道在器中，虚实一体”。郑观应认为，这也就体现了孔子讲的“由博返约”的逻辑，西方由科学之器也达致孔子之道，因此西学（器与用）自然也值得中国人学习。①

一般来说，百多年来学界总是将洋务派的哲学立场概括为郑观应的“中体西用”主张。但实际上，从上述郑氏的态度来看，“中体西用”②的“体”显然不会是以程朱为代表的理学传统。根据前文所引“（道器）合之，则本末兼赅”的说法，他的“中体”之“体”应该落在中国古代哲学里趋向于实际、强调实在变化、道随器变的思想传统之中，而这些特质显然都可在船山思想中发现。当然，从根本上说，他还是在坚持儒家“体用不二”的原则。这也是洋务派一直以来的政治路线。

除了郑观应之外，洋务派最后的重量级人物张之洞在戊戌变法之后提出的“旧学为体，新学为用”③之说，其内涵也是如此，核心依旧是强调“新学旧学贯通、中学西学贯通”④。

---

① 郑观应指出：“昔我夫子不尝曰‘由博返约’乎？夫博者何？西人之所骛格致诸门，如一切汽车、光学、化学、数学、重学、天学、地学、电学，而皆不能无所依据，器是也。约者何？一语已足包性命之原而通天人之故，道是也。今西人由外而归中正，所谓由博返约。……由是本末具，虚实备，理与数合，物与理融。”［清］郑观应：《盛世危言》（道器），夏东元编：《郑观应集》（上册），第242页。

② 郑观应说：“故善学者必先明本末，更明所谓大本末，而后可言西学。分而言之，如格致制造等学，其本也；语言文字，其末也。合而言之，则中学其本也，西学其末也。”［清］郑观应：《盛世危言》（西学），夏东元编：《郑观应集》（上册），第276页。

③ ［清］张之洞：《劝学篇》（设学第三），上海：上海书店出版社，2002年，第41页。

④ 张之洞强调：“《易传》言通者数十，好学深思，心知其意，是谓通。难为浅见寡闻道，是谓不通。今日新学、旧学互相訾謷，若不通（转下页）

综上所述，“中体”和“西用”在洋务派那里之所以可以被贯通为一个整体，乃是因为他们将以朱子学为代表的“道器二分”、“道恒器变”的恒常性历史观转换为“道器一体”、“虚实为一”之发展的历史观，并以此作为新的“中体”。换言之，尽管分为“中体”与“西用”，但“体用”背后的一元之“道器”却依旧是无分“中西”的。这才是“中体”与“西用”得以贯通的“元哲学”依据，也是“中体中用”可以被转化为“中体西用”的关键原因。

笔者认为，从“道器一体”的逻辑来看，“中体西用”没有背离宋明以来儒学“体用不二”的总体原则，在这个原则之下，中体与西用之间依然是要互相贯通的。认为二者是可以截然相分的论断①并进而对此提出的批评，实际扭曲了洋务派在这个观点上的基本立场。②就“道器观”内涵之发展变化而言，

（接上页）其意，则旧学恶新学，姑以为不得已而用之，新学轻旧学，姑以为猝不能尽废而存之，终古枘凿，所谓‘疑行无名，疑事无功’而已矣。”［清］张之洞：《劝学篇》（会通第十三），第69页。

① “中体西用”思想的另一个问题在于，其内含的“道器一体、体用合一”的逻辑，在落到具体政策施行层面时确实存在着某种割裂，变成体用二分、主次分明的局面。如清光绪二十七年（1901年）清廷发布的上谕：“著各省所有书院，于省城均改设大学堂，各府及直隶州均改设中学堂，各州县均改设小学堂，并多设蒙养学堂。其教法当以四书五经纲常大义为主，以历代史鉴及中外政治艺学为辅。”［清］朱寿鹏编：《光绪朝东华录》（五），北京：中华书局，1958年，第4719页。

② 在持这种态度的批评者中，最著名的乃是严复，他显然不认同通过“道器合一”的逻辑来贯彻“中体西用”的主张。他说：“善夫金匮裘可桴孝廉之言曰：‘体用者，即一物而言之也。’有牛之体，则有负重之（转下页）

“中体西用”的哲学基础同样要落在强调“道器合一”、“道在器中”、“由器及道”及其所带来的变易史观的那一部分中国古代哲学传统（船山哲学是其中的典型）之中，这才是能够与“西用”融会贯通的那一部分“中体”。①

从某种程度上说，郑观应的这些说法也是在试图回应本书开头所提出的中国近现代哲学中如何兼顾“民族性”与“现代性”的问题。因此，从前述相关章节中我们可以看到，自晚清直至新中国改革开放，从清末的维新派、革命派到民国时代各个哲学流派，进而到新中国以马克思主义为指导的哲学研究者们，他们之所以都重视、赞赏与升格船山，特别是升格其以“天下惟器”、“尽器则道在其中”等说法为代表的“道器观”，以及在此基础上所确立起来的强调发展变化的思想逻辑，其内在的思想动因也在于此。

这一点，依船山的话来说就是：正因为当时的具体历史之“势”如此，所以根据“道器一体”、“道随器变”的原则，洋务思想之“理”亦必随之而兴。由此可见船山的历史哲学对于洋务运动理论建构的推动作用。

当然，随着洋务运动的最终失败，洋务派基于传统“道器

（接上页）用；有马之体，则有致远之用。未闻以牛为体，以马为用者也。中西学之为异也，如其种人之面目然，不可强谓似也。故中学有中学之体用，西学有西学之体用，分之则并立，合之则两亡。”严复：《与〈外交报〉主人书》，载于牛仰山选注：《严复文选》，天津：百花文艺出版社，2006年，第157页。

观”话语体系所提出的上述变易与进步之历史观，到此也就告一段落。此后，由于西方进化史观与唯物史观的相继传入，20世纪的学人对于传统“天道观”的批判以及历史变易发展之观念的探索，也将完全地转为现代哲学的叙事方式。而在这一转换中，船山升格运动非但没有随着洋务运动的结束而消逝，反倒是接续上了新的时代潮流。

二、船山历史哲学与进化史观、唯物史观的默契

从中国近现代哲学史上说，除了上述晚清以来学界自发地由“道器观”革命着手，呼唤一种变易与进步的历史观思潮之外，颠覆“天不变，道亦不变”以及“三纲五常”之永恒性的另一个重要推手，来自戊戌年（1898年）之后西方进化史观（社会达尔文主义）的传入。

众所周知，中国人对于达尔文“进化论”的了解始于严复。但严复首先翻译的其实不是达尔文本人写的《物种起源》，而是赫胥黎（Thomas Henry Huxley）的《天演论》（*Ethics and Evolution* 今译《伦理学与进化论》）。赫胥黎的这部书与《物种起源》不同，从一开始就不是纯粹的生物学著作，而是将达尔文进化论运用于人类社会发展与伦理学领域的作品。

严复在《天演论》中将进化翻译为“天演”，将进化论的

核心法则译为“物竞”、“天择”。① 同时，严复看待《天演论》这部书的视角与翻译的动机也从未站在纯粹的生物学意义上，而是看中其直接将达尔文主义用于诠释人类社会运行规律的主旨。严复认为，《天演论》一书之旨是：

> 复案：赫胥黎氏是书之大指，以物竞为乱源，而人治终穷于过庶。……群而不足，大争起矣。使当此之时，民之性情知能，一如其朔，则其死率，当与民数作正比例。其不为正比例者，必其食裕也。而食之所以裕者，又必其相为生养之事进而后能。于此见天演之所以陶熔民生，与民生之自为体合。体合者②，进化之秘机也。虽然，此过

---

① 笔者案：“物竞”被严复用来翻译进化论中的“Struggle for existence”概念，也就是“生存竞争”。“天择”被严复用来翻译进化论中的“Selection”概念，也就是“自然选择”。从今天的视角来看，达尔文所讲的生物学上的“自然选择”其实并不存在目的性，并非所谓“最强者就能被自然选择生存下去”的意思。但是在赫胥黎的《天演论》中，这一表述带有很强的“自然选择生存竞争之后的胜利者存在下去”的意思。严复是这样翻译的：“夫物既争存矣，而天又从其争之后而择之，一争一择，而变化之事出矣。”（英）赫胥黎著，严复译：《天演论》，南昌：江西教育出版社，2018 年，第 3 页。

② 体合，今译“适应”，来自斯宾塞（Herbert Spencer），是严复理解社会达尔文主义或者说将达尔文主义直接运用于人类社会的理论基础所在。严复指出：“夫群者，生之聚也，合生以为群，犹合阿弥巴而成体。斯宾塞氏得之，故用生学之理以谈群学，造端此事，粲若列眉矣。然于物竞天择二义之外，最重体合，体合者，物自致于宜也。彼以为生既以天演而进，则群亦当以天演而进无疑。而所谓物竞、天择、体合三者，其在群亦与在生无以异，故曰任天演自然，则郅治自至也。”笔者案：（转下页）

> 庶之压力，可以裕食而减，而过庶之压力，又终以孳生而增。……故生齿日繁，过于其食者，所以使其民巧力才智，与自治之能，不容不进之因也。惟其不能不用，故不能不进，亦惟常用故常进也。……饥馑疫疾，刀兵水旱，有不忍卒言者。凡此皆人事之不臧，非天运也。然以经数言之，则去者必其不善自存者也。其有孑遗而长育种嗣者，必其能力最大，抑遭遇最优，而为天之所择者也。故宇宙妨生之物至多，不仅过庶一端而已。人欲图存，必用其才力心思，以与是妨生者为斗。负者日退，而胜者日昌，胜者非他，智德力三者皆大是耳。①

根据严复的上述案语，他认为，赫胥黎是想要说明，贯穿人类社会历史中的核心原则是生存竞争，而生存竞争的主要矛盾是：人口数量的过载与承载人口数量之环境资源的短缺。所以，人类种群为了适应这种环境资源短缺的压力不得不进化。

需要注意的是，因为这种社会达尔文主义的思想倾向，所以严复对于是“什么原因推动了人的进化”这个问题的理解从来不限于“自然选择”的范畴。他认同赫胥黎的看法，认为在自然环境之外，还应考虑社会本身所推动的历史在人的“进化”中所起到的作用，比如“战争”（刀兵）等等。他在上述引

（接上页）群学就是社会学，郅治即“天下大治”的意思。（英）赫胥黎著，严复译：《天演论》，第90页。

① （英）赫胥黎著，严复译：《天演论》，第38—39页。

文中提及的“饥馑疫疾”概念表明，他着眼于斯宾塞对于达尔文进化论在人类社会中的使用（尽管他翻译的是赫胥黎的书）。这构成了中国近现代哲学史中社会达尔文主义思潮的起点。

严复认为，在这样的社会选择压力之下，人类种群要想进化必须发达其“才力心思”，若无法做到这一点则“负者日退”。所以，他并不完全认同赫胥黎对于进化论中物种适宜环境的界说。他根据当时世界上已经普遍出现的“因为人类交通之发达而出现的外来物种入侵现象”指出：不是说某地旧有物种就是最适应环境的，进而就可以永远存续的。一旦有强大的外来物种入侵，旧物种很有可能被新物种迅速取代。换言之，严复在赫胥黎“物种适宜环境”的概念内涵里增加了不同种群间“弱肉强食”的标准。① 严复道：

> 外种闯入，新竞更起，往往年月以后，旧种渐湮，新种迭盛。此自舟车大通之后，所特见屡见不一见者也。譬如美洲从古无马，自西班牙人载与俱入之后，今则不独家有是畜，且落荒山林，转成野种，族聚蕃生。澳洲及新西兰诸岛无鼠，自欧人到彼，船鼠入陆，至今遍地皆鼠，无异欧洲。②

---

①② 严复指出：“物不假人力而自生，便为其地最宜之种，此说固也。然不知分别观之则误人，是不可以不论也。赫胥黎氏于此所指为最宜者，仅就本土所前有诸种中，标其最宜耳。如是而言，其说自不可易，何则？非最宜不能独存独盛故也。然使是种与未经前有之新种角，则其胜负之数，其尚能为最宜与否，举不可知矣。”（英）赫胥黎著，严复译：《天演论》，第 13 页。

严复从美洲野马与澳洲船鼠作为外来入侵物种在当地的兴旺繁盛入手，认为一地土著的存续并非永恒之事而仍需经过与外来者的生存竞赛之检定。这段文字的未竟之言，不过是讲：中国虽然人口众多，然而“外种闯入，新竞更起，往往年月以后，旧种渐湮，新种迭盛”，如此下去，若中国人不能奋起，则终有亡国灭种之患。

而这样的结论配上“进化论”基于自然科学方法得出的事实证明，就将整个人类历史上各民族的盛衰兴亡之叙事转换为了“物竞天择”式的生物种群斯杀逻辑，其说服力配上当时西方先进的技术与生产力，对于中国思想界在世界观上造成的震动可以想见。而这也是为什么严复在当时欧洲诸多鼓吹进化论的著作中挑选赫胥黎的这部书进行翻译的原因，就是为了突出其中“自强保种”的观念。他说：

> 赫胥黎氏此书之旨……其中所论，与吾古人有甚合者，且于自强保种之事，反复三致意焉。①

严复指出，相对于斯宾塞对于达尔文进化论偏向自然主义的阐释，赫胥黎实际上走得更远，更为强调在人类历史与社会层面的“生存竞争”问题。而这一套“社会达尔文主义”逻辑

---

① （英）赫胥黎著，严复译：《天演论》，第 16 页。

与“自强保种”的观念，[①] 显然正合于当时整个中国知识界对于华夏文明全方位落后于西方的现实焦虑，并为这种现实焦虑找到了一个很有说服力的原因——中国人作为种族在生存竞赛（“物竞天择”）中的历史性落后的根据（西方比华夏努力），以及解决问题的方案——自强保种（华夏要更努力）。

进而，基于晚清正面临被西方列强瓜分豆剖之现实局面，再配上《天演论》的这套社会达尔文主义架构，严复彻底颠覆了传统中国“天不变，道亦不变”、“三纲五常”、“人禀清气为天下万物之灵”这一类的历史观与世界观。他说：

> 自达尔文出，知人为天演之一境，且演且进，来者方将，而教宗抟土之说，必不可信。盖自有歌白尼而后天学明，亦自有达尔文而后生理确也。……以保种进化之公例要术终焉。[②]

“人为天演之一境”意味着：人相对于自然界其他物种来说并

① 赫胥黎的社会达尔文主义，实际上最终指向的就是某种极端种族主义式的生存竞争。这一套思想体系走到最后就是纳粹主义。赫胥黎指出：“今者天下非一家也，五洲之民非一种也。物竞之水深火烈，时平则隐于通商庀工之中，世变则发于战伐纵衡之际。是中天择之效，所眷而存者云何？群道所因以进退者奚若？国家将安所恃而有立于物竞之余？”笔者案：想来当时的中国知识分子读到这一段，一定心中战栗。（英）赫胥黎著，严复译：《天演论》，第38页。

② （英）赫胥黎著，严复译：《天演论》，第4页。

无特别之处。同理，中国人相对于世界上其他民族（种族）也并无特别之处。这一点正对应了船山所言之华夏—夷狄之秩序并不必然的观点（详见本书第三章第二小节）。既然天演，并且万物万种还且演且进，则历史规律（“天道”）自然不会永恒不变。世界总是趋向于前进的，若某个种族跟不上时代则必然会被淘汰，天道不会偏爱华夏。① 由严复译赫胥黎《天演论》作为开端，这些带有“社会达尔文主义”乃至种族主义的观点开始代替传统的“天道观”、“天命观”成为中国思想界的常识与主流——清末民初之后成长起来的一代知识分子皆熟知《天演论》。②

可以说，这是一套以进步与竞争为核心的历史哲学体系，并为20世纪的中国革命提供了重要的思想准备。它与科学主义一道取代了古代传统中的“历史循环论”与“天道（天命）永恒”的历史观，重新构造了现代中国人的历史观。但即便是崇尚西学的严复，在前述引文中谈及选译赫胥黎这本《天演论》的理由时，却也还是要强调“其中所论，与吾古人有甚合

① （英）赫胥黎著，严复译:《天演论》，第49页。

② 毛泽东在20世纪50年代曾回忆说，其青年时代“崇拜过华盛顿、拿破仑、加里波第，看他们的传记。我相信亚当·斯密的政治经济学，赫胥黎的天演论，达尔文的进化论，就是资产阶级那一套哲学、社会学、经济学”。《1959年5月15日在中南海紫光阁会见，亚洲、非洲、拉丁美洲十六个国家和地区的代表团和代表的谈话》，中共中央文献研究室编:《毛泽东年谱（1949—1976）》(第四卷)，北京：中央文献出版社，2013年，第51页。

者”，这也同样体现了19世纪末20世纪初的那一代中国学者，依然希望能够坚持与发扬中国哲学的民族性部分——这一点在他们翻译与诠释西学的时候也概莫能外。

同时，从中国近现代历史观发展变革的角度来看，严复所译《天演论》及其所推介的达尔文进化论所起的另一个重要作用在于：这一基于自然界生物演化规律的历史哲学，使得当时的中国知识分子开始使用一套近于历史唯物主义的方法论来看待历史，这接引了马克思主义后续在中国的思想土壤中落地生根。20世纪初，作为严复《天演论》与“社会达尔文主义”的思想拥趸之一，年轻的马君武作为当时的反清革命者在1903年流亡日本期间最先将达尔文进化论与马克思的唯物史观联系了起来。这可能是近代以来汉语世界对马克思主义的最早介绍。他说：

> 自达尔文发明天择物竞生物进化之理，直抉世界事物发达之源。马克司之徒，遂指社会主义与达尔文主义相同之点，谓是二主义实相与有密切之关系。达尔文虽非唯物论者，然其学说实唯物论（Materialism）(予著有《唯物论二巨子学说》，登《大陆报》第二期。欲救黄种之厄，非大倡唯物论不可）之类也。马克司者，以唯物论解历史学之人也。马氏尝谓：阶级竞争为历史之钥。马氏之徒，遂谓是实与达尔文言物竞之旨合。……马克司之思想，华严

界[①]之类也。[②]

由达尔文与赫胥黎的“物竞天择”入手，去理解马克思主义以阶级斗争（马君武讲的“阶级竞争”）、生产力与生产关系之辩证运动为核心的历史观（“阶级竞争为历史之钥”），这是近现代中国历史哲学观念发展中的一个重要转折（当然马君武对于达尔文主义与马克思主义显然皆存在一定的误解）。差不多同时，同样流亡日本的刘师培将部分《共产党宣言》从日文转译成了中文。他在《共产党宣言》译文的自序中写道：

> 若此宣言，则中所征引，罔不足以备参考。欲明欧洲资本制之发达，不可不研究斯篇。复以古今社会变更均由阶级之相竞，则对于史学发明之功甚巨，讨论史编，亦不

① 这里的“华严界”是马君武对于“Utopia”概念的翻译，在这段引文中实际指的是“共产主义的理想社会”。这一译名最早可能来自深谙佛学的梁启超（马君武其时正在日本从游梁氏），而严复在《原富》(《国富论》)与《天演论》的译本中则给了我们一个更为熟悉的译名“乌托邦”。不过，当代还有学者认为，“乌托邦”一词的产生要更早，可能来自德国传教士罗存德在 1866—1869 年间所编的《英华字典》(在香港出版)。关于这一说法可以参见龙慧萍、蔡静：《晚清乌托邦小说创作中的域外小说影响与文类选择问题》,《海南师范大学学报》(社会科学版) 2013 年第 12 期，第 4 页。

② 马君武:《社会主义与进化论比较（附社会党钜子所著书记）》(1903 年 2 月 16 日)，莫世祥编:《马君武集》(上)，武汉：华中师范大学出版社，2016 年，第 23 页。

得不奉为圭臬。此则民鸣君译斯篇之旨也。①

上文中，严复认为，中华民族唯有“保种自强”才能在世界历史之中存续下去。而在刘师培看来，唯物主义特别是马克思的历史唯物主义及其基于“阶级之相竞”（阶级斗争）的社会发展理论，可以为当时的中国人提供一个如何自强的理论标准。因此，以“物竞天择”的达尔文主义史观作为铺垫，中国思想界能够很容易地把握到马克思主义的“阶级斗争”史观的精髓。从这个意义上说，马克思主义在中国的最初传播实借力于进化史观。

进而，马克思主义着眼的“经济史观”（财富分配）、“社会发展史观”也伴随着历史唯物主义进入了当时知识分子的视野之中。自此以后，人们将学习这些方面的知识视为国家“保种图强”的必要组成部分。如梁启超指出：

> 今我国人于世界的知识之缺乏，即我国不能竞胜于世界之一大原因也。
>
> 世界之问题亦多矣，而最大者宜莫如经济问题；经济问题之内容亦多矣，而今日世界各国之最苦于解决者，尤莫如其中之分配问题。坐是之故，而有所谓社会主义者兴。社会主义，虽不敢谓为世界唯一之大问题，要之为世界数大问题中之一而占极重要之位置者也。……但使我国

① 刘师培：《共产党宣言序》，载于万仕国、刘衡校注：《天义·衡报》（上），第420页。

> 家既进步而得驰骋于世界竞争之林，则夫今日世界各国之大问题，自无一不相随以移植于我国，又势所必至也。①

最终，当“财富分配”、“阶级斗争”这些唯物史观的概念成为新一代中国学者看待历史的常识性前提并进一步在其自身的理论运思中发酵的时候②，批判中国古代传统秩序（如“三纲五常”）、崇尚进步与“自强保种”的精神主张也就从观念上的更替落实为了想要改变世界的具体革命诉求。差不多十年后，陈独秀在新文化运动中指出：

> 伦理思想，影响于政治，各国皆然，吾华尤甚。儒者三纲之说，为吾伦理政治之大原，共贯同条，莫可偏废。三纲之根本义，阶级制度是也。所谓名教，所谓礼教，皆以拥护此别尊卑、明贵贱之制度者也。近世西洋之道德政治，乃以自由、平等、独立之说为大原，与阶级制度极端相反。此东西文明之一大分水岭也。③

---

① 梁启超：《社会主义序》(《新民丛报》第八十九号：一九零六年十月十八日)，载于姜义华编：《社会主义学说在中国的初期传播》，上海：复旦大学出版社，1984年，第403页。

② 在20世纪最初的几年里马克思主义方才被引入中国，而只过了大约十年，到了辛亥革命之后随着新文化运动的兴起，马克思主义已经成为当时进步学者批判旧文化的重要理论武器。

③ 陈独秀：《吾人最后之觉悟》，《独秀文存》(论文上)，北京：首都经济贸易大学出版社，2018年，第32页。

如前所述，所谓的“三纲五常”或“名教”、“礼教”从根本上说是古代中国哲学传统中的政治秩序的外在价值表现，也就是陈独秀所谓“伦理政治之大原”。自两汉以来，这构成了中国人主流的价值观念。而经由社会达尔文主义的冲击与马克思主义等启蒙思想的传入，最终“三纲五常”等传统价值（陈独秀所谓之“伦理思想”）被马克思主义的“阶级斗争”观念与启蒙哲学中对自由、平等、独立的追求所替代，这构成了20世纪中国新民主主义革命的思想基础。

进而，借由唯物史观的原则，一切历史发展的根源，自然也就收束于阶级斗争的逻辑，使得历史的发展同“经济基础”与“上层建筑”、“生产力”与“生产关系”、“社会存在”与“社会意识”等概念紧密相连。这就导致原本由严复提出的，中华民族在近代所处的危亡之局面中的“自强保种”追求，在方法论上落实为马克思主义的“阶级斗争”路线与“反帝反封建”的新民主主义革命方向。

在这套新的革命话语体系中，“保种”就源于帝国主义列强对于作为半殖民地之中国人民的阶级压迫，而“自强”就必须去除以“三纲五常”为代表的封建秩序之压迫。因此，20世纪中国革命需要解决的主要矛盾，就是如何使得中国由古代的王朝帝国制度转为自由、平等、独立的共和国的问题。所以，从某种意义上说，严复“自强”可对应后来毛泽东论及中国革命的任务时所讲的“反封建”，而“保种”则对应着毛泽东讲的“反帝”。①

于是，本书所反复提及的中国近现代哲学革命所面临的民族性与现代性之间的张力也在20世纪上半叶中国的阶级革命、追求人的解放的逻辑之中达成了统一。可以说，以毛泽东为代表的20世纪中国无产阶级革命家的世界观与价值观，皆是在此种思想背景之下确立起来的。他们贬斥并且推翻原有的并曾以之为天理永恒的政治等级秩序（阶级秩序），并且追求着一个自由、平等、独立的新中国。

而船山哲学在历史观上也正契合于上述反对“泥古”、崇尚与时俱进的革命思潮。比如在论及北魏吏部尚书崔亮始立“停年格”（使用任职年资来晋升官员的制度）时，船山强调，这种具有固定性的晋升制度相比于周代“专任冢宰”（以“冢宰”个人判断来升降官员）的制度要进步，不能“泥古”于周官制度。具体的历史乃是向前发展的，南北朝时代与西周时代是完全不同的。②

---

① 毛泽东在1939年论及当时中国革命的任务时曾说：“中国现时的革命阶段，是为了终结殖民地、半殖民地、半封建社会和建立社会主义社会之间的一个过渡的阶段，是一个新民主主义的革命过程。这个过程是从第一次世界大战和俄国十月革命之后才发生的，在中国则是从一九一九年五四运动开始的。所谓新民主主义的革命，就是在无产阶级领导之下的人民大众的反帝反封建的革命。中国的社会必须经过这个革命，才能进一步发展到社会主义的社会去，否则是不可能的。”毛泽东：《中国革命和中国共产党》，《毛泽东选集》（第2卷），第647页。

② 船山云：“元魏神龟二年，其吏部尚书崔亮始立停年格以铨除，盖即今之所谓资也。……国家有用人之典，有察吏之典，不可兼任于一（转下页）

自然，反对“泥古”的船山也不会认同天下有不易之道、恒常之理，历史乃是处于不断进步之中的，正如我们今天所熟知的那句船山的名言：“新故相资而新其故。”① 更为有趣的是，在达尔文“进化论”出现之前的两百年，王船山就已经提出，人类历史就是一个从禽兽进化至夷狄（野蛮）进而上升到华夏的文明进化过程，这构成了他的历史进化论。船山云：

> 故吾所知者，中国之天下，轩辕以前，其犹夷狄乎！太昊以上，其犹禽兽乎！禽兽不能全其质，夷狄不能备其文。文之不备，渐至于无文，则前无与识，后无与传，是非无恒，取舍无据，所谓饥则呴呴，饱则弃余者，亦植立之兽而已矣。……至是而文字不行，闻见不征，虽有亿万年之耳目，亦无与征之矣。此为混沌而已矣。②

这段文字既说明了船山对于“华夷之分”的理解，也体现了其类似“进化论”的历史哲学观。前文章太炎正是基于这一理

（接上页）人明矣。……以冢宰一人而欲知四海之贤不肖，虽周公之圣弗能也。……或曰：周官黜陟，专任冢宰，非与？曰：此泥古而不审以其时者也。周之冢宰，所治者王畿千里，俭于今之一省会也，其政绩易考，其品行易知，岂所论于郡县之天下，一吏部而进退九州盈万之官乎？”［清］王夫之：《读通鉴论》，《船山全书》，第十册，第640页。

① ［清］王夫之：《读通鉴论》，《船山全书》，第十册，第1008页。

② ［清］王夫之：《思问录》，《船山全书》，第十二册，第467页。

论，结合由严复所译介的社会达尔文主义的进化史观提出了“人之始，皆一尺之鳞也。化有蚤晚而部族殊，性有文犷而戎夏殊”的华夷之辨主张，①为其“排满革命”理论提供了传统哲学依据。因之，船山的历史哲学在社会达尔文主义传入之后出现勃兴也是非常自然的。船山的这部分历史观，作为一个中介，给了那个时代的中国学者重新定义“华夏”、“夷狄”等传统观念的可能。他们站在这些观念所具有的历史性与民族性基础上，结合《天演论》与“社会达尔文主义”这些当时最前沿的西学思想，“旧瓶装新酒”地将现代化的思想内核植入传统，使得其具有了现代民族主义（甚至是种族主义）的意蕴。这构成了1900年后船山升格运动的重要观念史动因。

同样，基于“社会达尔文主义”这块思想踏板，②马克思的辩证唯物主义与历史唯物主义在20世纪上半叶也构成了中国学人重要的理论运思元素，所以人们又从船山的历史观中看到了唯物论与辩证法。如侯外庐在1944年的初版《船山学案》中指出：“我们不得不叹服（船山）可以和西欧哲学家费尔巴哈并辉千秋。”③他通过船山分殊“人之相天”与“禽兽之任天”以及“天之道，人不可以之为道也”④的观点指出：

① 传统儒家认为“草木、禽兽、夷狄、华夏”的区别在于禀赋清浊之气比例的不同，并且这种禀赋具有先天性。

② 马克思主义传入中国的另一块思想踏板应该是“无政府主义”。

③ 侯外庐：《船山学案》，重庆：三友书店，1944年，第1页。

④ 侯外庐所推崇的这段话，可以说也是船山哲学中对人与自然关系的一个总结，体现了其哲学中具有主体性的启蒙进取精神或人的主观（转下页）

> 船山这一段话，可以说是他的史学出发点，这里面包含着人类在历史的活动中比自然史犹宽大的论点，包含着人的主观能动性，不是躺在客观自然的怀抱中宿命，而是日在客观的凝固性对面裁化自然与历史，显示可塑性的功能。①

如上所述，侯外庐之所以推崇船山的这种“主观能动性”，除了其作为马克思主义者的思想视角之外，显然也深受前文中严复以降的中国学界在社会达尔文主义进化史观的基础上所提出的“自强保种”观念的影响——船山之“相天”思想使得人们在唯物论的世界观下，为“自强保种”的说法找到了传统哲学的理论依据。

（接上页）能动性，类似于康德所讲的“人为自然立法”之义，也冥合于严复以降的“自强保种”之说。船山云：“人之道，天之道也；天之道，人不可以之为道者也。语相天之大业，则必举而归之于圣人。乃其弗能相天与，则任天而已矣。鱼之泳游，禽之翔集，皆其任天者也。人弗敢以圣自尸，抑岂曰同禽鱼之化哉？……夫天与之目力，必竭而后明焉；天与之耳力，必竭而后聪焉；天与之心思，必竭而后睿焉，天与之正气，必竭而后强以贞焉。可竭者天也，竭之者人也。人有可竭之成能，故天之所死，犹将生之；天之所愚，犹将哲之；天之所无，犹将有之；天之所乱，犹将治之。裁之于天下，正之于己，虽乱而不与俱流。立之于己，施之于天下，则凶人戢其暴，诈人敛其奸，顽人砭其愚，即欲乱天下而天下犹不乱也。”［清］王夫之：《春秋左氏传博议》，《船山全书》，第五册，第617—618页。

① 侯外庐：《船山学案》，重庆：三友书店，1944年，第125页。

通过船山的"任天"与"相天"概念，我们可以看到其学与达尔文进化论的理论默契。严复在对《天演论》的翻译中也用了"任天"这个词，并且他强调，之所以特地挑出赫胥黎的这本书来翻译，而不先翻译斯宾塞或赫胥黎其他关于进化论的书，也是因为《天演论》中更为强调人类意志对于自然的主观能动性（"相天"）。所以，着眼于人类意志作用的《天演论》在此显然能更契合于他所推崇的"自强保种"的思想目标，这一点也与船山以"相天"批判"任天"的观点冥合。

当然，尽管目前可以确定严复是读过《船山遗书》的，① 但这里并没有直接的证据表明严复所使用的"任天"概念直接来自船山。不过，关于这一点我们可以说，严复对"任天"概念的用法与船山类似，都指代一种类似先秦黄老哲学的自然观。②

同样，侯外庐对于船山"相天"说的推崇，显然也是上述中国近现代哲学中历史观发展变易的必然结果。进入20世纪，随着民族危亡之患的日渐加深，中国学界总体上是越来越强调

① 严复曾在其翻译的孟德斯鸠《法意》的案语中援引并批判过《读通鉴论》的某些说法。

② 严复云："斯宾塞氏之言治也，大旨存于任天，而人事为之辅，犹黄老之明白然，而不忘在宥是已。赫胥黎氏他所著录，亦什九主任天之说者，独于此书，非之如此。盖为持前说而过者设也。"（英）赫胥黎著，严复译：《天演论》，第16页。

人对于自然界所具有的主观能动性，推崇革命与奋进。进而，除了“相天”这一非常具有主观能动性的历史进步主张之外，侯外庐还发现，船山在其史论中同样使用财产（土地）所有制形式来划定历史时代发展变化的界限。这一做法显然也颇具历史唯物主义特质。侯外庐指出：

> 夫之论土地所有制的变迁，第一是没有财产私有制的时代“古之人民去茹毛饮血者未远也。……其耕其芜，任其去就，田无定主，而国无恒赋(《宋论》卷二)。第二是建立了私有制关系的时代。……自擅其土，以取其民。……第三是人民自己可以私有土地的时代。……及汉以后……下有世业相因之土，民自有其经界，而无烦上之区分”这种依照财产所有制以分别时代的理论是进步的。①

因此，这也是为什么到了20世纪下半叶，对于船山的历史哲学是否可以被认作历史唯物主义的问题（参看本书第五章）会产生一系列争论。此间，人们争论的焦点实际不在船山哲学中是否能找到相关的类历史唯物主义的证明材料，而是在“马克思主义诞生之前不可能存在历史唯物主义”的这一哲学史教条

① 侯外庐：《中国思想通史》(第五卷)，北京：人民出版社，1956年，第141页。

可否被突破[1]的问题。[2]

最后，让我们回到船山升格运动这一主题，因为社会达尔文主义的进化史观与马克思主义的唯物史观陆续在20世纪的中国思想界占据主导地位，所以时人对船山历史哲学在思想上的升格就有了非常现实的理由。以船山具有民族性与原创性的道学话语体系作为中介，那个时代的知识分子能够更为便利地将达尔文与马克思等人的概念与思

---

① 嵇文甫曾总结过这一问题，他说："对于王船山的自然观，大家比较一致地认为是唯物的。至于其历史观呢？到底是唯物的还是唯心的？如果说他的自然观是唯物的，而他的历史观却是唯心的，这样显然就显得自相矛盾；反之，如果说船山的历史观是历史唯物主义的，则在马克思以前，还不好这么说。"嵇文甫：《对王船山历史观的一些粗浅认识》，《江汉学报》1962年12月，第4页。

② 到了思想更为开放的20世纪80年代初，也就是船山升格运动接近尾声的时候，也确实有学者开始提出船山的历史观可以直接被认作是某种程度上的历史唯物主义。如徐泰来指出："唯物主义在哲学史上，恩格斯说它经历了朴素唯物主义、机械唯物主义、辩证唯物主义三个阶段。如果将他（指船山）的唯物主义自然观运用到社会方面去，也有这样的阶段的话……说它是朴素的唯物史观吗？进入它的大厦一看，繁华夺目，并不朴素。说它是机械的唯物史观吗？它里面有令人惊异的辩证法，说它是辩证的唯物主义历史观吗？显然它无法同马克思的历史唯物主义相比。它是远远高于马克思以前的一切历史观，而又远远不及马克思的历史唯物主义的唯物史观……因此，可以这样说，马克思的历史唯物主义是唯物史观的最高形态，船山史观则是唯物史观的雏形。"笔者案：这一说法，实际上与关锋在1962年船山哲学会议上的相关说法有类似之处，即认为船山的整个哲学体系在唯物论的发展史上的高度仅次于马克思主义本身。（具体参阅本书第五章第三小节）徐泰来：《船山史观与历史唯物主义》，《湘潭大学学报》（哲学社会科学版）1982年第4期，第19页。

想转化为中国哲学传统的叙事逻辑。历史证明这种转化是比较成功的。这使得中国传统在发生现代革命对接西学之后，依然还能够对中国古代哲学的发展路线“接着讲”（冯友兰语）。

第九章　中国近现代面临的精神危机与船山升格运动

一、中国近现代哲学中的"亡种族"焦虑与船山升格运动

冯契认为，自1840年鸦片战争起至1949年中华人民共和国成立为止，整个中国在思想领域经历了一场"古今中西"之争和一次伟大的哲学革命。① 但在笔者看来，相对于冯契所讲的"古今中西"之争，其实这一时代的主题更应被称为"古中今西"之争。从晚清的士大夫与知识分子所面对的思想冲击来看，中国和西方之间的分殊不仅意味着世界岛之东西两端文明的差异性，同样表现为古代文明与现代文明的差异。而后一种差异对于整个中国历史来说是前所未见的。古代的中国与现代的西方，落后的与先进的之间的鲜明对比所带来的巨大落差，使得晚清以来的几代中国学人的精神世界充满了焦虑与绝望。

他们焦虑绝望于这样一个现实，即：存在这样一个异质

① 冯契：《中国近代哲学的革命进程》，第1页。

的、作为客体的西方世界，其相对于以儒家思想作为核心意识形态的华夏文明拥有全方位的优势：不仅是在物质、军事、科学技术领域，甚至在思想、文化与哲学等层面无一不领先。因此，面对这样的文明冲击，近代中国哲学与思想界的整个价值参照系与话语体系的重构也就不可避免。

但在汹涌而来的现代西方世界面前，华夏民族的古老传统又将如何安放呢？

从前文所述谭嗣同与严复的“亡种族”忧虑开始，这种心灵危机贯穿于整个中国近现代史，用毛泽东在20世纪50年代的话总结，就是：“开除球籍”①。这个概念后来也是邓小平推动改革开放的话头之一。所以，对近现代中国人来说，这不是一个哲学问题，而是一个非常现实的、关乎生死存亡的问题。大沽口英法联军的舰炮对冲击儒家王朝体制提供了物质武器，而西方的启蒙思想以及一系列自然科学与哲学成果则带来了批判名教传统的思想武器。所以，面对西方世界在存在与思维维度的双重冲击，迫使当时中国学界的整个叙事逻辑与学术运思必须转而以西方传统作为新的参照系。

就此言，原本以儒学为核心的中国传统哲学应该如何重

① 毛泽东说：“你有那么多人，你有那么一块大地方，资源那么丰富，又听说搞了社会主义，据说是有优越性，结果你搞了五六十年还不能超过美国，你像个什么样呢？那就要从地球上开除你球籍。”毛泽东：《增强党的团结，继承党的传统》（1956年8月30日），《毛泽东文集》（第七卷），第89页。

新定位来回应西方世界的冲击，也就成了这一时期中国哲学界面临的当务之急。因此，相对于冯契所讲的“古今中西”之争，这一时期中国哲学界面临的主要矛盾应该是“古中今西”之争。[①]这构成了推动整个中国近现代哲学革命的核心论题。

当旧有的价值需要被重估的时候，也就意味着在这个时代原本作为正统的思想与哲学资源需要被悬置（儒学传统显然首当其冲）并给予进一步检定，用当时的话讲叫“整理国故”。此间，人们质疑儒学价值合法性的内在动机是：它目前无法有效地回应现实挑战。而原本与儒学互补相资的释道两家则更是因为缺少对政治、国家、外交等现实问题的理论观照也无法在这个问题上继续与儒家相资为用。[②]

从这个意义上说，中国哲学史上儒家曾经出现过的哲学变革范式——借助释、道两家的异端理论来改造自身，进而对旧有儒家经典进行重新注疏与诠释以开出新局的做法，这条路线在近代无法复用。因为不论是在汉晋之交还是明清之际，尽管受到了一定的动摇，但儒家并未失去其在思想与政治上的统治

① 美国汉学家费正清认为：“中国社会十分庞大，其组织亦极其稳固，因而无法迅速转化为西方的组织模式。晚清的变革与现代化总是取决于西方冲击的强度，但外部压力增大的时候，中国便做出应对，而危机过去后则依然故我。”（有删节）（美）费正清著，张沛译：《中国：传统与变迁》，北京：世界知识出版社，2001 年，第 348—349 页。笔者案：这一“冲击—回应”的情况实际上也体现在中国近现代哲学发展的逻辑之中。

② 近代以来的释教复兴主要是在个人精神领域。

地位，这是此前可以佛、道援儒的基本历史前提。①

而“援 X 入儒”的方法论在面对近代以来更为先进的西方传统的冲击时显然是行不通的，因为西学相对于儒学来说，在一些问题上的看法是完全零和的。用曾国藩的话讲：

> 士不能诵孔子之经，而别有所谓耶稣之说、《新约》之书，举中国数千年礼义人伦、诗书典则，一旦扫地荡尽，此岂独我大清之变，乃开辟以来名教之奇变，我孔子孟子之所痛哭于九原。凡读书识字者，又乌可袖手安坐，不思一为之所也！②

传统的农民起义加上西方耶稣之教，成就了太平天国这一让孔子、孟子在九原痛哭的名教奇变。由此可见晚清士大夫们在第二次鸦片战争前后所感到的焦虑，进而才有了轰轰烈烈的洋务运动。而到了甲午战败后，谭嗣同这一代知识分子面对着进一步糜烂的时局，更是将前人的焦虑变为了对现实的绝望。谭嗣同说：

> 即以炮论之，最大之克虏伯阿模士庄能击五六十里，

① 从儒学发展的历史上看，一般的共识是：魏晋玄学与宋明道学中有着释、道两家的思想影响，但儒释道三家本身并无绝对高下，是可以三分天下的。

② ［清］曾国藩：《曾文正公文集》，第 229 页。

> 而开花可洞铁尺许者，可使万人同死于一炮。虽断无万人骈肩累足以待炮之理，而其力量所及，要不可不知。由是以推，彼不过发数万炮，而我四百兆之黄种可以无噍类，犹谓气与精诚足以敌之乎？况彼之法度政令，工艺器用，有十倍精于此者，初不必尽用蛮攻蛮打，自可从容以取我乎？今倭已得险要，已得命脉，已具席卷囊括之势。有可幸者，或各国牵制，恐碍商务，不即尽其所欲为耳。悲夫！会见中国所谓道德文章，学问经济，圣贤名士，一齐化为洋奴而已矣。岂不痛哉！岂不痛哉！①

以今人的角度来看，上述谭嗣同对于克虏伯大炮威力的形容甚至已经不能用夸张来表述，但由此可见其对于甲午后时局之悲观程度也已至极，以至于觉得可以阻止日本席卷中国的办法，唯有仰赖西方列强顾虑其在华的商业利益或能出面牵制，若非如此则华夏举国化为洋奴。② 谭嗣同甚至说：

> 今中国之人心风俗政治法度，无一可比数于夷狄，何尝有一毫所谓夏者！即求并列于夷狄犹不可得，遑言变

① ［清］谭嗣同：《报贝元征》，《谭嗣同集》，第237页。

② 笔者案：客观地说，尽管甲午战败之后李鸿章确实利用英、俄与日本的矛盾从中周旋尽可能地维护了中国的利益，但仅就当时日本国内的情势来看，虽然甲午战胜也不足以使其获得一举侵吞中国的力量。谭嗣同对于时局的看法，从今天的角度来说有些过于悲观，但也可以从中看见他对于时局与未来的绝望。

> 夷耶？……可使四百兆黄种之民胥为白种之奴役，即胥化为日本之虾夷，美利坚之红皮土番，印度、阿非利加之黑奴！此数者，皆由不自振作，迨他人入室，悉驱之海隅及穷谷寒瘠之区，任其冻饿。黑奴生计日蹙，止堪为奴。红皮土番，初亦不下千百万，今则种类顿少至十数倍。虾夷则澌灭殆尽。皇天无亲，惟德是辅，奈何一不知惧乎？①

所以明清之际顾炎武所提出的“亡国与亡天下”说法，到了清末进一步变成了“亡种族”的焦虑。如前文所述，在戊戌之后不久，严复就将谭嗣同的上述“亡种族”之担忧、焦虑与绝望转换为一种更为现代与科学的“进化论”式表述：

> 夫物有迁地而良如此，谁谓必本土固有者，而后称最宜哉。嗟乎！岂惟是动植而已，使必土著最宜，则彼美洲之红人，澳洲之黑种，何由自交通以来，岁有耗减；而伯林海之甘穆斯噶加，前土民数十万，晚近乃仅数万，存者不及什一，此俄人亲为余言，且谓过是恐益少也。物竞既兴，负者日耗，区区人满，乌足恃也哉！乌足恃也哉！②

---

① ［清］谭嗣同：《报贝元征》，《谭嗣同集》，第239页。

② （英）赫胥黎著，严复译：《天演论》，第14页。

近代以来，没有比严复的这段话更能代表中国学人面时势日坏之时的心灵焦虑与绝望了——进化论中的适者生存意味着：某一土地最原生的种群并不就是此土最适合之主人，大航海时代开启以来，为欧洲殖民者所驱赶与消灭的土著不计其数，最后往往十不存一，中国人口虽巨大，却也“乌足恃也哉！”这两个“乌足恃也哉”，不正是严复从他理解的进化论层面出发所预见的华夏亡国灭种之前景么？

这是何等的绝望！

但从另一个角度来看，巨大的焦虑感与绝望感也正是中国近现代革命，包括哲学革命会如此剧烈的原因，也是船山升格运动在其哲学理论本身的框架之外最为重要的精神动因。正是船山的《黄书》第一次在儒学理论的框架内提出了所谓“种族之戚”（章太炎语）的概念：儒家圣王治平天下的核心应该首先是保证区别于四方夷狄的华夏种族之文明的存续，这是一切的前提，甚至也是“三纲五常”得以存在的前提。① 所以，船山哲学成为了近代学人回答“亡种族”之精神焦虑的最重要的理论武器之一。

---

① 船山云：“述古继天而王者，本轩辕之治，建黄中，拒间气殊类之灾，扶长中夏以尽其材，治道该矣。”［清］王夫之：《黄书》，《船山全书》，第十二册，第538页。

二、船山哲学精神对“亡种族”焦虑的疗治与回应

只有从清末整个中国思想界所面临上述世界末日式的焦虑与绝望出发，我们才能理解，为什么是《船山遗书》而非当时之正统的程朱理学传统在中国近现代哲学发展中产生了极大的影响——既然正统的价值已经无能为力，原本的方法论也不再适用，这就是“异端”登上历史舞台的时刻了。①

从某种程度上，这也符合进化论的基本原则。大灾变到来之时，具有足够基因多样性的物种，其存续的可能性要远比基因来源单一的物种大得多。而中国历史上离晚清最近的一个百家争鸣时代就是明清之际。以船山为代表的具有原创性与批判性精神的那一代士大夫，为晚清之后的中国学人提供了足够多样的理论资源，使得他们可以根据现实需要进行选择，找到其中能因应时变的东西。

所以，在晚清获得巨大影响的首先是船山的史论及其思想立场极其鲜明的、反传统的世界观的哲学著作。而那个时代仍固守既往经典（六经或四书五经）注疏思路的作品以及传统道

① 当然从思想学术的历史发展上说，清儒的朴学传统本身就早已与道学传统分道扬镳，但我们显然不能否认道学在清代作为意识形态核心的作用。

学的著述与思考方式，显然已经无法回应这一时代的思想需求与理论挑战。这就导致了一系列价值的颠覆与重建，以及随之而来的对传统价值的虚无主义。从经学与道学传统的原则上说是今不如古①、西不如中（夷不如华）②，并且此乃天理、不可变易③；但从现实情况来看，却是古不如今、中不如西（华不如夷）。这种理论（应然）与现实（实然）的巨大差异，显然从最基础、最具体的现实层面到最抽象的价值都一并动摇了当时占意识形态主导地位的道学传统。

这种动摇显然同现实中的农民起义与列强入侵一道侵蚀着大清作为儒家王朝的意识形态根基，甚至更为致命。换言之，以儒学本身的角度来看，当时除了需要重新“正名”之外还必

① 从儒家思想的主流来看，其历史观的核心是具有复古倾向的，即黄金时代与理想政治在过去，这也可以说是后世儒家经学传统的渊薮。子曰：“述而不作，信而好古，窃比于我老彭！”（《论语·述而》）[宋]朱熹撰：《四书章句集注》，第93页。

② 子曰：“夷狄之有君，不如诸夏之亡也。”（《论语·八佾》）[宋]朱熹撰：《四书章句集注》，第62页。

③ 在程朱理学的语境下，夷狄与华夏的区别是先天的。如《朱子语类》上说：“问：‘气质有昏浊不同，则天命之性有偏全否？’（朱子）曰：‘非有偏全。谓如日月之光，若在露地，则尽见之；若在蔀屋之下，有所蔽塞，有见有不见。昏浊者是气昏浊了，故自蔽塞，如在蔀屋之下。然在人则蔽塞有可通之理；至于禽兽，亦是此性，只被他形体所拘，生得蔽隔之甚，无可通处。至于虎狼之仁，豺獭之祭，蜂蚁之义，却只通这些子，譬如一隙之光。至于猕猴，形状类人，便最灵于他物，只不会说话而已。到得夷狄，便在人与禽兽之间，所以终难改。’”[宋]黎靖德编：《朱子语类》，第一册，第58页。

须使得名实重新相符，① 以期最终使得儒学能够在扬弃旧有矛盾的同时，重新确立一套新的意识形态体系，来应对现实的冲击与确立自身在新时代与新世界存续下去的合法性。②

因此，我们才在前述研究中看到，自太平天国覆亡后的三十年间，从曾国藩到郭嵩焘再到谭嗣同、章士钊，这些晚清士大夫与知识精英都无一例外地对船山的史论投入了巨大的热情。因为船山史论对于历史上的变局之势有着大量的超越儒家传统观点的原创性阐发，正可因应时变。

在道学传统的思想资源中，似乎唯有船山哲学能在批判与扬弃宋明道学传统的同时，又可以为当时的士大夫与后来的知识分子们提供解决精神焦虑与绝望的理论资源。就此而言，船山哲学是独一无二的。譬如，经典上说“今不如古”，船山却讲古今并无区别。或云：

> 古今之异者，南北之殊流耳，其理势则一也。③

经典上说“西不如中”（夷不如华）乃为天理，船山却讲华夷不

① 譬如康有为在清末的政治改革理论与逻辑就是假借“正名”作为哲学依据。其云：“考周末诸子并起创教，析言破律，名实混淆。孔子恶其害道，改制亟以正名为先。”康有为：《孔子改制考》（卷十三），载于陈建华主编：《广州大典》，第四十九辑，子部杂家类，第二册，总第393册，广州：广州出版社，2015年，第649页。

② 子曰：“名不正则言不顺，言不顺则事不成。”（《论语·子路》）

③［清］王夫之：《读通鉴论》，《船山全书》，第十册，第197页。

过食气、地域、习惯之别，华夷秩序并非绝对不可变的天理。或云：

> 夷狄之与华夏，所生异地。其地异，其气异矣。气异而习异，习异而所知所行蔑不异焉。①

从晚清的思想视域来看，上述这两段论述所提供的恰是时人所急需的、在广义上的道学传统框架内所给出的，能够因应时变的新话语体系与叙事逻辑。船山指出，因为“古今之异”类似“南北之殊”，所以承认代表今天的西方文明超越于古代华夏圣人之礼乐教化也就是合法的。因为“夷狄”与“华夏”只是血气地域上的差异而并非天理上的不同，所以两者之间的分殊也就不是绝对不变的。

同时，更为重要的是，正因为船山矢志反清、坚守华夷之辨、决不投降的精神气节，才使得其讲出的这些话语对于当时的中国知识分子具有巨大的心灵力量。换言之，由于“夷狄可能强过华夏”这样的话并不是出自“水凉头痒”钱谦益，而是出自“一生耻于臣戎”的大明遗老王船山之口，所以才能让晚清的一些人（如谭嗣同）真正地放下儒家传统原有的价值观包袱，老实承认原本作为“夷狄”的西方文明与华夏传统有同样甚至更高的先进性，让中国人可以正视自己的落后。如此，他

① ［清］王夫之：《读通鉴论》，《船山全书》，第十册，第 502 页。

们才能转而没有思想负担、全心全意地在从物质到思想的各个方面向现代化的西方先进们学习。

此外，船山身上不屈的精神气节、神州陆沉之后坚持著述的坚韧意志，显然也成为了晚清士大夫与近现代中国知识分子在当时的历史变局中所亟需的精神依托。以谭嗣同为例，其自承船山对于他的主要影响，首先是在抛开思想藩篱、直面忧惧的精神气魄上。谭嗣同云：

> 前命肆力《四书训义》（案：船山书），伏读一过，不敢自谓有得也。然于“内省不疚，夫何忧何惧”，始知内省不疚之后，大有功力，非一省即已。虽然，功力果安在？以意逆之，殆《中庸》之云乎？夫欲不忧惧，必先省无可忧惧，所谓无疚也。无可忧惧，仍不能不忧惧，则亦忧惧之而已矣。故以无可忧惧治忧惧，不如以忧惧治忧惧。若曰无可忧而忧，无可惧而惧，是则可忧也，是则可惧也。《中庸》曰“戒慎乎其所不睹，恐惧乎其所不闻”，戒慎焉斯可矣，奚为其恐惧乎？①

在谭嗣同讲的这一“大有功力”的“内省不疚，夫何忧何惧”（《论语·颜渊》）段落中，船山到底说了什么呢？船山曰：

① ［清］谭嗣同：《石菊影芦笔识》（思篇：三十），《谭嗣同集》，第152页。

> 夫心有所期得，而不保其无失也，则忧；势有所难安，而患且相及也，则惧。此二者生于心，则欲有所为而不果，欲有所守而不固，外无以贞天下之动，而内使其心傀然如不终日。君子则万事之条理秩然而不迷，不忧也；万变之情形縠乎有以相治，不惧也；故立于民物之上，而不与流俗同其得失也。
>
> 司马牛者，但知冥行不恤患难者之为小人，而疑不忧不惧之且与彼同情也，则曰：不忧不惧，忘身而不知险阻已耳，斯谓之君子矣乎？
>
> 子曰："子何易言不忧不惧哉！夫于可忧而不忧，于可惧而不惧，此亦何足论者！"……如司马牛忧兄弟之亡，岂是内省有疚使然？无疚而忧惧，是庸人为利害所摇一大病。故内省不疚后，还有不忧不惧一大学问。①

从上文来看，与传统上将《论语》这一章中的"内省不疚"理解为"不忧不惧"的逻辑前提不同，②船山认为，孔子在此对司马牛的教导并不是说"疚就是忧惧的前提，只是因为心中有愧，所以才会忧虑恐惧，因此若心中无愧就没有什么好害怕的"。船山指出：内省无疚只是解决欲为君子的内在障碍。

① ［清］王夫之：《四书训义》，《船山全书》，第七册，第688—689页。

② 譬如朱熹对《论语》这一章的解释就是如此。朱子曰："疚，病也。言由其平日所为无愧于心，故能内省不疚，而自无忧惧，未可遽以为易而忽之也。"［宋］朱熹：《四书章句集注》，第134页。

但忧惧本身并不是纯然内在的，人心对于外在事物的“期得相及”才是忧惧的来源，从这个意义上说，忧惧具有不可避免的外在性原因与前提。因此，所谓“无疚”只是以内省来调整自身去直面这不可避免的外在之“忧惧”的心灵状态，从“无疚”出发，发现我所谓忧惧者不过是“得失利害”、“生死祸福”、“毁誉成败”这些“有命”之事。

因此，“不忧不惧”实际上是指不需要“忧惧”的原因，而非“忘忧忘惧”或“无忧无惧”的状态。进而，在船山看来，即便如此这也并非轻易可得之事。虽然人可“不疚”，但若强行就依此而言“无忧无惧”者显然是一种自欺欺人了。因为造成“忧惧”客观原因并不会简单地因为主观心境态度的变化而消失，如果真的这样想，反而会被外在的“忧惧”而摇动心灵。

所以，真正的内省不疚，是为了直面自身对于外在的“忧惧”，如此方有可能做到真正的不忧不惧。这也是为什么谭嗣同在前述引文中将船山此语比于《中庸》“戒慎恐惧”一语。①

质言之，谭嗣同所推崇的船山这一“直面忧惧方能不忧不惧”的说法，指向的是一种学必征实、实事求是的人生态度，体现了船山实学在谭嗣同思想中的深刻影响。② 甲午战败后，

① 或曰：“天命之谓性，率性之谓道，修道之谓教。道也者，不可须臾离也，可离非道也。是故君子戒慎乎其所不睹，恐惧乎其所不闻”。［宋］朱熹：《四书章句集注》，第 17 页。

② 谭嗣同云：“然今之世变，与衡阳王子所处不无少异，则学必征诸实事，以期可起行而无窒碍。”［清］谭嗣同：《兴算学议·上欧阳中鹄书》，《谭嗣同集》，第 184 页。

也许正是因为受到船山的这种直面恐惧与忧虑的精神气质之影响，谭嗣同从不避讳其对于西方文明的羡慕与敬佩以及对明治维新之后迅速现代化的日本的恐惧。但他将这种焦虑与绝望化为巨大的政治变革之勇气，推动了具有深远历史影响的戊戌变法乃至最后以身殉之。

可以说，谭嗣同“血荐轩辕”的人生结局，就是上述船山哲学精神的体现！在最绝望的时候，在所有人都投降的时候，还有一个叫王夫之的人在坚持着。恰如章太炎所说：

> 季明之遗老，惟王而农为最清。①

所以，也正是因为船山身上所体现的这种能够扫荡晚清以来知识分子心灵中的末日感与绝望感的精神气质，才使得在思想与政治立场上完全南辕北辙的近现代中国各思想派别，皆不约而同地推崇其史论与实学方法论。因此，当我们探讨船山哲学在晚清的勃兴之时，船山本人及其哲学的精神气质与人格特征对近代以来中国哲学的理论特质的影响是不容忽视的。

从当代的思想视角来看，我们也许可以更加客观与理智地研究与讨论晚清以来西方世界对于中国传统的冲击及其回应过程中的诸般问题。但对晚清以来的士大夫与知识分子而言，西方世界的这种冲击不仅是思想理论与价值观层面上的，同时还

① 章太炎:《太炎文录初编·说林上》,《章太炎全集》04，第 118 页。

是国家与民族在现实中面临的赤裸裸的割地赔款、亡国灭种之危机及其带给国人的绝望焦虑，以及在对如何摆脱危机的求索过程中所遭逢的艰难苦恨。正如冯契所言：

> 在中国近代，时代的中心问题就是“中国向何处去”——灾难深重的中华民族，如何才能获得自由解放，摆脱帝国主义的压迫、欺凌和奴役？一百多年来，无数志士仁人前仆后继，浴血奋战，就是为了解决这个问题。①

“浴血奋战”、“摆脱压迫”、“获得自由解放”，这些用以指代近代中国特质的名词表述本身就带有强烈的情感因素，想必冯契本人也是切身感受过这种焦虑的。从上文中的郭嵩焘、谭嗣同、章太炎等人的相关言论来看，我们也能证成冯契的这一论断。这些焦虑、惶恐以及愤怒的负面情感，说到底是随着古代传统转换为西方文明作为思想参照系这一进程而不断深入的，是晚清知识精英绝望的精神世界的真实写照。

要之，这种对旧有传统的彻底颠覆与批判所带来的精神与文化上的“世界末日”情结，② 直接影响了中国近现代哲学的

---

① 冯契：《中国近代哲学的革命进程》，第3页。

② 这种世界末日情节在谭嗣同身上表现得尤其明显。比如他的真实变法思想比起戊戌变法所具体执行的措施要更为激进。其云：“来语所云：‘各国援利益均沾之说，从而效尤，小民岂堪其苦？’嗣同所云：‘直合四百兆人民身家性命而亡之，此约不毁，圣人无能为矣。然毁之（转下页）

精神气质与发展方向，这也正是冯契所指出的近代中国哲学的历史乃是“革命进程”而非“逻辑发展”的原因所在①。

同时，这种“末日情结”也正与船山在崇祯十七年（1644年）所面临的思想世界之彻底崩溃的局面契合。所以甲申之后，船山所做的价值抉择与理论建构才可能成为近现代知识精英的精神寄托。②

身处绝望的甲申末日，进而面对永历十六年（1662年）后（是年南明永历皇帝在昆明被吴三桂绞死）华夏大陆之上所有人都投降并认命了的现实，王船山以其非常坚强的意志与激进的观点作出了决不妥协的思想回应。他在精神末日中所展现的气节与坚守，显然从自由意志与理想人格层面，为同样处于

（接上页）自当有其道也。今夫内外蒙古、新疆、西藏、青海，大而寒瘠，毫无利于中国，反岁费数百万金戍守之。地接英、俄，久为二国垂涎，一旦来争，度我之力，终不能守，不如及今分卖于二国，犹可结其欢心，而坐获厚利。二国不烦兵力骤获大土，亦必乐从。计内外蒙古、新疆、西藏、青海不下二千万方里，每方里得价五十两，已不下十万万。除偿赔款外，所余尚多，可供变法之用矣。’”这个割让蒙古、新疆、西藏、青海以求西方列强牵制日本争取变法时间的想法，在今天看来简直匪夷所思，亦可见当时的知识精英在思想上的绝望之情。[清]谭嗣同：《报贝元征》，《谭嗣同集》，第224页。

① 冯契：《中国近代哲学的革命进程》，第655页。

② 关于这一跨时代的精神默契，正如谭嗣同云：“然今之世变，视衡阳王子所处，不无少异，则学必征诸实事，以期可起行而无窒碍。……此日之衔石填海，他日未必不收人材蔚起之效，上之可以辅翼明廷，次之亦足供河西、吴越之用。即令付诸衡阳王子之《噩梦》，而万无可为之时，斯益有一息尚存之责。纵然春蚕到死，犹复捣麝成尘。”[清]谭嗣同：《报贝元征》，《谭嗣同集》，第241页。

“亡种族”末日之焦虑与绝望中的近现代知识精英们提供了力量与勇气。船山的这种具有极端勇毅与战斗性的人格精神与思想批判正应晚清以来的时代所需，因此其学极大地影响了中国近现代哲学革命的肇端与形成，进而构成了中国近现代哲学史上波澜壮阔的船山升格运动。

从本书的研究来看，我们很难想象在没有船山哲学影响的前提下，面对西学汹涌而来的现实情况，谭嗣同的“变法图强”与章太炎的“排满革命”会是怎样的一种思想面貌。就此言，我们或可说，若没有《船山遗书》，也许整个晚清以及近代中国的思想与哲学史进程都将完全不同。

尽管时空境域与政治立场不同，但郭嵩焘、谭嗣同、章太炎、梁启超、钱穆、嵇文甫、侯外庐、蔡尚思等人在他们完全不同的价值观念与人生际遇中却有着相同的精神守望与坚持。而他们的这种坚守与进取的背后，都有着船山“窜身猺峒，发奋著书”的历史背影。船山用他一生的选择表明，一个真正的儒家士大夫在经历一场世界末日式样的思想与现实之绝灭后，应该如何去坚守自身的精神火种以存续华夏的道统与文脉。

可以说，这一经由船山哲学保存下来的精神火种也是近现代中国革命的内在动力之一，它是中国哲学传统中最具民族性、主体性与生命力的部分。并且，这同样也是我华夏种族在经历了几近覆没之厄后，依然能够不绝如缕地在21世纪迎来文明复兴的关键之一。

附录

船山哲学研究史综述三篇

附录一　晚清以来百年王船山哲学与思想研究述评*

一、船山遗书的重刻与清廷官方的立场

道光十九年（1839年），也就是第一次中英鸦片战争爆发的前一年。王船山的裔孙王世全刊刻船山著述凡一百五十卷，但这部书在咸丰四年（1854年）毁于太平天国的兵火。至同治元年（1862年）由曾国荃主持再次重刻《船山遗书》，增至一百七十二卷，由曾国藩作序行于天下（曾国藩:《船山遗书序》）。[①] 此时距王船山故世已有一百七十年，自此这位有明遗老孤臣的思想才重新开始为当时的思想界所重视。

其时，中国正遭逢“三千年未有之大变局”（李鸿章:《同治十一年五月复议制造轮船未裁撤折》），危亡之势与船山所面临明末“亡天下”之局势相类。于是，正如王兴国先生所言：

> 他们（作者案：当时的知识分子）把船山思想当做改

* 本文原发表于2012年第4期《船山学刊》。

① 《船山全书》，第十六册，长沙：岳麓书社，2011年，第419页。

良或革命的理论武器，赋之以活泼泼的生命力。①

也正因此，从曾国藩等士大夫，到谭嗣同、章太炎、梁启超等革命家，对船山哲学与思想基本上采取一种拿来主义的态度，大量利用船山哲学与思想论证或者辅翼其政治或学术主张。因此，在这一阶段，大部分关于船山哲学与思想的著述都与其政治思想或历史哲学有关。

如曾国藩在写给郭嵩焘的一封信中说：

> 船山先生《宋论》，如宰执条例时政、台谏论宰相过失及元祐诸君子等篇，讥之特甚，咎之特深，实多见道之言。尊论自宋以来多以言乱天下，南渡至今，言路之兵事之长短，乃较之王氏之说尤为深美，可以提尽后有万年之纲。仆更参一解云：性理之说愈推愈密，苛责君子，愈无容身之地；纵容小人，愈得宽然无忌。如虎飞而鲸漏，谈性理者熟视而莫敢谁何，独于一二朴讷之君子，攻击惨毒而已。（曾国藩：《同治五年十二月初五日，致郭嵩焘一通》）②

据上文，我们可以很明显地看到曾国藩借船山之说批评时政的思想立场。而曾氏致书之郭嵩焘又是怎样来看船山的呢？郭氏《请以王夫之从祀文庙疏》云：

① 王兴国：《王船山与近代中国》，《船山学报》1989年第1期。

② 《船山全书》，第十六册，第560页。

> 我朝经学昌明，远胜前代，而闇然自修，精深博大，罕有能及衡阳王夫之者。夫之为明举人，笃守程朱，任道甚勇。值明季之乱，隐居著书。……《国史·儒林列传》称其神契张载《正蒙》之说，演为《思问录》内外二篇，所著经说，言必征实，义必切理，持论明通，确有据依，亦可想见其学之深邃。而其他经史论说数十种，未经采取甚多。其尤精者《周易内传》、《读四书大全说》，实能窥见圣贤之用心而发明其精蕴，足补朱子之义所未备。生平践履笃实，造次必依礼法，发强刚毅。……艰贞之节，纯实之操，一由其读书养气之功，涵养体验，深造自得，动合经权。尤于陆王学术之辨，析之至精，防之至严，卓然一出于正，惟以扶世翼教为心。……自朱子讲明道学，其精且博，惟夫之为能光怫。……如王夫之学行精粹以之从祀两庑，实足以光盛典而式士林。（郭嵩焘：《请以王夫之从祀文庙疏》）①

显然，郭嵩焘也是站在正统理学与清代士大夫的官方立场上来看待船山的，他认为船山以扶持名教为思想核心，其学能补清代正统朱子学之疏漏，应该从祀孔庙。这显然是出于官方的思想立场而言，和曾国藩一样，其对于船山之学的评判也完全出

① 《船山全书》，第十六册，第 582 页。

于政治意识形态上的考虑。而这也可以代表晚清正统士大夫阶层对于船山思想的基本态度。

二、清末维新派与革命派对船山在政治上的“拿来主义”

在另一方面，倡导变法改革的清末维新派，却把船山的思想当做改革封建专制的思想武器。谭嗣同云：

> 窃疑今人所谓道，不依于器，特遁于空虚而已矣。故衡阳王子有“道不离器”之说，曰：“无其器则无其道，无弓矢则无射之道，无车马则无御之道，洪荒无揖让之道，唐虞无吊伐之道，汉唐无今日之道，则今日无他年之道者多矣。”又曰：“道之可有而且无者多矣，故无其器则无其道。”诚然之言也。信如此言，则道必依于器而后有实用，果非空漠无物之中有所谓道矣。今天下亦一器也。所以驭是器之道安在哉？今日所行之法，三代之法耶？周孔之法耶？抑亦暴秦所变之弊法，又经二千年之丧乱，为夷狄盗贼所羼杂者耳。于此犹自命为夏，诋人为禽，亦真不能自反者矣。故变法者，器既变矣，道之且无者不能终无，道之可有者自须亟有也……（谭嗣同：《兴算议·上欧阳中鹄书（节录）》）①

① 《船山全书》，第十六册，第715页。

又云：

> 三代以上，人与天亲。自君权日盛，民权日衰，遂乃绝地天通，惟天子始得祀天，天下人望天子俨然一天，而天子亦遂挟一天以制天下。天下俱卑，天子孤立，当时之强侯因起而持其柄，然民之受制则仍如故也。孔子忧之，于是乎作《春秋》。春秋称天而治者也，故自天子、诸侯，皆施其褒贬，而自立为素王。《春秋》授之公羊，故公羊多微言。其于尹氏卒云："讥世卿也。"卿且不可世，又况于君乎？诸如此类，兴民权之说，不一而足。……持此识以论古，则唐、虞以后无可观之政，三代以下无可读之书。更以论国初三大儒，惟船山先生纯是兴民权之微旨……（谭嗣同：《书简·上欧阳中鹄·十（节录）》）①

从谭嗣同的角度来看，船山的思想资源主要集中在两点，一个是："道不离器"。如器（实际情况）变，则道（我们对待现实的态度和方法）也必须跟着变。这一点合于其当时所倡之维新变法的历史哲学基础。第二个是：船山乃先秦之后，第一个兴民权的儒家。而民权显然是他所希望确立的资本主义政治制度的核心要素之一。从以上两点来看，船山思想在谭嗣

① 《船山全书》，第十六册，第724页。

同那里，实际是作为支持戊戌变法的儒家思想之理论依据而存在的。

戊戌变法失败之后，“排满革命”论渐成主流。因此，船山思想中激烈的反清意识，为当时持民族主义立场的学人与革命者所利用，以为支持暴力革命推翻清王朝之理论依据。如当时倡导“排满革命”的主将章太炎曾赋诗赞船山云：

> 天开衡岳竦南条，旁挺船山尚建标。
> 凤隐岂须依竹实？麏游长自伴松寮
> 孙儿有剑言何反？王者遗香老未烧。
> 一卷《黄书》如禹鼎，论功真过霍嫖姚。
> （章太炎：《得友人赠船山遗书二通》）①

又云：

> 王而农著书，壹意以攘胡为本。（章太炎《书曾刻船山遗书后》）②

此外，我们可以发现，王船山华夷大节丝毫无亏的高洁人格，显然才是章太炎关注的主要内容。章氏云：

> 季明之遗老，惟王而农为最清。宁人（顾炎武）居华

① 《船山全书》，第十六册，第800页。

② 《船山全书》，第十六册，第795页。

> 阴，以关中为天府，其险可守。虽著书，不忘兵革之事。其志不就，则推迹百王之制，以待后圣，其才高矣！征辟虽不行，群盗为之动容，是虏得假借其名，以诳耀天下。欲为至高，孰与船山榛莽之地，与群胡隔绝者？（章太炎：《太炎文录初编·说林上（五则录一）》）①

至于船山的学术，则并不为其所重甚至有所忽略。章氏或云：

> 兄弟少小的时候，因读蒋氏《东华录》，其中有戴名世、曾静、查嗣庭诸人的案件，便就胸中发奋，觉得异种乱华是我们心里第一恨事。后来读郑所南、王船山两先生的书，全是那些保卫汉种的话，民族思想渐渐发达。但两先生的话，却没什么学理（章太炎：《演说录（节录）》）。②

三、辛亥革命后以西学格船山的思想进路

直到辛亥革命胜利之后，在政治的角度之外，原来的维新革命派对待船山思想，才有了一条新的学术路向。但这一路向开始的时候，基本也就是将之与西方哲学相衔接，基本以西学

① 《船山全书》，第十六册，第 792 页。

② 《船山全书》，第十六册，第 801 页。

格船山。如梁启超云：

> 船山和亭林，都是王学反动所产生的人物。但他们不但能破坏，而且能建设。拿今日的术语来讲，亭林建设方向近于“科学的”，船山的建设方向近于“哲学的”。
>
> 西方哲家，前此惟高谈宇宙本体，后来渐渐觉得不辨知识之来源，则本体论等于瞎说，于是认识论和伦理学成为哲学主要之部分。船山哲学正是从这个方向出发。①

又云：

> 船山哲学要点：
>
> 一、他体认“生理体”为实有。
>
> 二、认宇宙本体和生理体合一。
>
> 三、这个实体即人人能思虑之心。
>
> 四、这种实体论，建设在知识论的基础之上。其所以能成立，正因为有超出见闻习气的“真知”在。
>
> 五、见闻的“知”，也可以辅助“真知”，与之骈进。
>
> 依我很粗浅的窥测，船山哲学要点大略如此。若所测不甚错，那么，我敢说他是为宋明哲学辟一新路。因为知识本质、知识来源的审查，宋明人是没有注意到的。船山

① 梁启超：《中国近三百年学术史》，天津：天津古籍出版社，2003年，第86页。

> 的知识论对不对，另一问题。他的这种治哲学的方法，不能不说比前人健实许多了。①

梁氏认为，船山的哲学思想出发点是西方哲学所谓的知识论。虽然他自己对于这个判断也不甚肯定，直言“若所测不错”之虚语。但从他的这一判断，我们可以看到自曾国藩以来对船山思想带有政治意味的解读已经开始消退，取而代之的是纯粹学术与思想上的讨论。梁启超以西方哲学的认识论概念来定义船山哲学的特征，此间有多少商榷之处暂且不论，但我们当可将之视为当时学界对船山哲学与思想的研究，由政治化向纯学术化转向的一个标志性事件，这却是毋庸置疑的。由此，以船山之学接引西学互格的思想潮流蔚然成风。

如胡适对船山也有与梁启超的说法类似的西学比附：

> 王船山的《正蒙注》、《俟解》、《思问录》、《噩梦》皆可看。他得《正蒙》之力甚多。他要人明白自己（人）在宇宙间的高等地位，努力做“超人”(豪杰)。他最恨“凡民”、“众庶”——只晓得吃饭、穿衣、睡觉、生儿女的人是也。所以我说他似尼采。(胡适:《致钱玄同·一九二四年七月九日（节录）》) ②

① 梁启超:《中国近三百年学术史》，第 89 页。

② 《船山全书》，第十六册，第 724 页。

胡适的这种将船山比于尼采的说法，与上文梁启超讲认识论一样，也有穿凿附会之嫌疑。但考虑到清末民初西学初兴的背景，以及胡适自身的西方哲学训练，此说之因果倒也非常明确。而从另一个方面来说，这也说明20世纪初的学人在面对西学大潮汹涌而入的趋势，并回溯中国哲学史的时候，船山之学显然是其所能找到的可与西学在同一个思想层面比附对照的少数几种传统思想资源之一。

正是在以上船山研究的这一纯学术化转向之后，才出现了第一本现代意义上的关于船山思想研究的学术著作，即出版于1935年，由嵇文甫所撰写的《船山哲学》。[①]嵇氏在书中将船山哲学大略地分作了两个部分："性理哲学"与"历史哲学"。[②]第一部分"性理哲学"实际上考察了船山哲学中传统宋明道学意义上的宇宙论与人性论部分；而在这一部分最后的总结中，对于船山的"性理哲学"，嵇氏指出：

> 船山对于当时性理学上各种重要问题的意见，上面两章很粗略地说过了。综合他整个的理论体系，而判断他在中国近古思想史的地位，可以说他是：宗师横渠，修正程朱，反对陆王。他攻击陆王的话很多，在他的著述中可以随处遇到。（嵇文甫：《船山哲学·上篇：性理哲学》）[③]

---

① 《船山全书》，第十六册，第1003页。

② 《船山全书》，第十六册，第55页。

③ 《船山全书》，第十六册，第1028页。

这是自《船山遗书》刊刻以来，第一次有人从学理上并不带政治倾向地对船山思想与哲学所作出的论断。同时嵇氏还将船山哲学认作是接续了宋明道学之中的气学传统。他说：

> 他（船山）的特色在言天，言性，言心，一切从气上讲。理者气的理，须从气化上见，舍气化无所谓理。横渠说："神天德，化天道，德其体，道其用，一于气而已。"船山把这种思想彻底发挥，以打破程朱的理气二元论。并且把横渠所谓"由太虚有天之名，由气化有道之名，合虚与气有性之名，合性与知觉有心之名"，层层分析，字字找得着落，反衬出程子把心性天统于一理的说法，未免笼统而有很大的流弊。（嵇文甫：《船山哲学·上篇：性理哲学》）①

又说：

> 船山宗旨在彻底排除佛老，辟陆王为其近于佛老，修正程朱亦因其有些地方还沾染佛老。只有横渠，"无丝毫沾染"所以认为圣学正宗。……横渠之学，知礼成性，极深研几，通天人隐显于一致，和船山学风实在最为相近。

① 《船山全书》，第十六册，第 1034 页。

(《船山哲学·上篇：性理哲学》) ①

而嵇氏做出以上这些判断的理论依据，实际上是源自德国哲人黑格尔的辩证哲学，同样也不脱上文中所给出的以“西学格船山”的窠臼。他说：

总之，阳明自有一套理论，足以针砭程朱，而其所针砭者又往往恰是船山之所欲修正。……大概程朱经陆王攻击之后，其种种弱点已明显暴露。所以明中叶以后的程朱学派，如罗整庵、崔后渠、汪石潭等，对于本派学说已不能有所修正。船山尽管反对陆王，但他们所指程朱的种种弱点，他却也不能一概否认，而于不知不觉间已受着陆王的影响了。然而当船山的时代，陆王的盛运亦已过去，其种种弱点亦已暴露，反王学的潮流正在高涨。……若船山，则反对陆王，修正程朱，而别宗横渠以创立一个新学派者也。假如用辩证法的观点来看，程朱是“正”，陆王是“反”，清代诸大师是“合”。陆王“扬弃”程朱，清代诸大师又来个“否定的否定”，而“扬弃”陆王。船山在这个“合”的潮流中，极力反对陆王以扶持道学的正统，但正统派的道学到了船山手里，却另变了一副新面貌，带上新时代的色彩了。前面所论天人理势博约诸问题，一方面

① 《船山全书》，第十六册，第1035页。

带自由解放的以为接近于陆王，而一方面又仍显示其道学的正统性，除非这样辩证地去认识，是不容易了解的……（嵇文甫：《船山哲学·上篇：性理哲学》）①

同样，在《船山哲学》的第二部分历史哲学中，嵇氏也用黑格尔的思想解释船山之史学。他说：

黑格尔说："一切存在的都是合理的，一切合理的都是存在的。"封建原来也自有一种道理，但是后来时势变了，成为不合理的了。"势相激而理随以易"，"郡县之制，垂二千年而弗能改矣。合古今上下而皆安之。势之所趋，岂非理而能然哉？"郡县制度存在了，它是合理的了，也正是因其合理所以存在。这是船山理势合一论。（嵇文甫：《船山哲学·下篇：历史哲学》）②

又说：

他（船山）依据他的天人合一论，理势合一论，把天理和人情事势打成一片，拿活生生的现实里是去充实他的内容。所以他的天理是具体的，是活的。这可以说是一种新天理论。最妙的是他所谓"贞一之理"与"相乘之机"。

① 《船山全书》，第十六册，第1039页。
② 《船山全书》，第十六册，第1043页。

> 从各种“相乘之机”中，也就是从各种不同的历史条件中，那个“贞一之理”步步实现，形成它发展途径上的各阶段。在各种不同的历史时期中，它呈现出各种不同的姿态。在这里我们联想起黑格尔的“宇宙精神”。那“宇宙精神”也是通过各种不同的历史时期而显示出各种不同的原理。如波斯，希腊，罗马……都在其一定的历史时期作为“宇宙精神”的代表而出现。如果用船山的理论来说，也可以说他们都是“继天立极”，而在一定的“相乘之机”下，去实现那“贞一之理”的。（嵇文甫：《船山哲学·下篇：历史哲学》）①

而这种以黑格尔释船山的立场，也同样出现在深谙黑格尔哲学的贺麟那里。在发表于1946年10月的《王船山的历史哲学》一文中，他指出：

> 船山的历史哲学之富于辩证思想，最新颖独创且令我们惊奇的，就是他早已先黑格尔而提出“理性的机巧”（The Cunning of Reason）的思想。王船山（1619—1692）生在黑格尔（1770—1831）之前约一百五十年，但黑格尔哲学中最重要创新的“理性的机巧”之说，却早经船山见到，用以表示天道或天意之真实不爽，矛盾发展且具有理

① 《船山全书》，第十六册，第1076页。

性目的。①

又说:

理性的机巧表现在历史上或人物方面，就是假个人的私心以济天下的大公，假英雄的情欲以达到普遍理想的目的。黑格尔还将此概念应用来解释自然历程和量变质变的关系。他指出假借自然的事变（如机械历程、化学历程及有机历程等）以达到精神的目的，假借迟缓的量变以达到突然的质变，都是理性的机巧的表现。理性一面假借非理性的事物（如私心、情欲、自然历程等），一面又否定非理性的事物以实现其自身。这表示理性不是空虚的，而是有力量且有机巧、有办法以实现其自身。但历史上非理性的事物尽管互相抵消平衡、受损害、受处罚，但理性却静观无为，既不干涉其行程，亦不牵连于其中而蒙损害、冒危险。这就是说，理性复能保持其空灵性和超脱性。黑格尔这一种看法，在王船山的历史哲学里，我们只消将黑格尔的理性或上帝换成王船山的天或理，便不惟得到印证默契，而且得到解释和发挥。②

而贺氏比嵇氏更进一步的地方在于，他对于船山之学的判

① 贺麟:《文化与人生》，上海：上海人民出版社，2011 年，第 263 页。

② 贺麟:《文化与人生》，第 264 页。

断，更为“黑格尔化”，他断言：

> 王船山是王阳明以后第一人。他在中国哲学史上的地位，远较与他同时代的顾亭林、黄梨洲为高。他的思想的创颖简易或不如阳明，但体系的博大平实则过之。他的学说乃是集心学和理学之大成。道学问即所以尊德性，格物穷理即所以明心见性。表面上他是绍述横渠，学脉比较接近程朱，然而骨子里心学、理学的对立，已经被他解除了，程朱陆王的矛盾，已经被他消融了。①

从以上嵇文甫与贺麟的说法来看，他们基本上都认定船山的史观与黑格尔以精神的自我辩证运动发展为核心的历史哲学相类，并且认为他可以作为中国哲学史上整个宋明道学思想发展论争的总结者（冯契语）。② 从更宽泛的层面而言，如果说梁启超是以康德意义上的“认识论”释船山，胡适是以尼采意义上的“超人”释船山的话，那么嵇、贺两位先生就是以黑格尔意义上的“辩证法”释船山。而单从以上四人各自的论说来看，显然嵇、贺两位学者的阐释更为详密，梁、胡二人则失之独断。

然而，德国古典哲学中讲辩证哲学的并非黑格尔一家，既

① 贺麟：《文化与人生》，第 254 页。

② 冯契：《中国古代哲学的逻辑发展》（下），上海：东方出版中心，2009 年，第 693 页。

在西学的角度能观见船山之学中有丰富的辩证思想，同时其接续的又是宋明道学中张横渠“气论”的唯物传统，结合这些思想资源来看，西方还有一个更为适合阐释船山之学的思想流派，那就是马克思主义。这方面的第一本著作，也是影响重大的一本关于船山的著作，是侯外庐于1942年所发表的《船山学案》。在此书1982年再版的序言中，侯外庐写道：

> 这本小册子是我在四十年前写的。其时正逢船山逝世二百五十周年，但是，这位十七世纪中国的思想巨匠并没有受到人们的足够重视，甚至学术界对他的丰富思想遗产也缺乏真切的了解。我当时正撰著《中国近世思想学说史》，尝试着运用马克思主义的观点和方法去掘发船山遗留的思想宝库，着重探索了他的哲学思想，发现他是中国历史上具有近代新世界观萌芽的杰出唯物主义哲学家。①

侯氏此书正如其自己在以上引文中所说的那样，使用了马克思主义的观点与方法，比起之前提到的梁、胡、嵇、贺诸位学者只是单纯地就具体问题将船山之学比于某一西方哲学派别不同，他全盘地将船山之学纳入马克思主义哲学的概念系统中。首先，他对船山之学作了阶级判定，认为船山乃是站在庶民的人本主义思想立场上批判封建思想专制。他说：

① 侯外庐：《船山学案》，新版序，长沙：岳麓书社，1982年。

> 船山的时代是一个暴风雨降临的世界，黄梨洲谓之“天崩地解”者实当之。个人自觉，产生了他的近世人本主义思想，对于当时现实的批判，如所著《噩梦》、《搔首问》、《黄书》多集中暴露封建专制制度的暴征横夺，而立论于“民之有生理”。①

进而，侯外庐还将船山的学术定义为以近代方法对传统的批判和发展。他说：

> 船山之学，涵淹六经，传注无遗，会通心理，批判朱王（对朱熹为否定式的修正，对王阳明为肯定的扬弃），中国传统学术，皆通过了他的思维活动而有所发展，他的方法是近代的。②

但此书最为独到创新之处，就是侯氏并未将船山的思想渊源归于横渠气学一脉，而是视其为后汉唯物论者王充的思想继承人，同时还认为船山的治学方法中有颇多佛老的影响。他说：

> 他（船山）的直接传统，在我看来，已经不是理学，虽然有张载理学的外貌。他所谓“先我而得者，已竭其思”，

① 侯外庐：《船山学案》，长沙：岳麓书社，1982年，第1页。
② 侯外庐：《船山学案》，长沙：岳麓书社，1982年，第7页。

> 影响他的学说的人，实在不完全是张载，在方法论上是老庄和法相宗，在理论上是汉代的一位唯物主义者王充。①

侯氏认为，船山与王充在知识论、人性论、历史观等问题上有非常多的共同点，②并着重指出：

> 王充《自然篇》的自然天道观，“天之动行也，施气也。体动，气乃出，物乃生矣”，自然之化，阴阳二气所消长，而物自成藏，影响了船山的絪缊生化论。王充具有丰富的物本论思想，故船山言“气”，已含有哲学上的物质范畴。……船山思想并不高谈性命，乃“言必征实，义必切理”，实在是王充学说的复活与发展……③

综上，侯外庐从马克思主义哲学的角度对船山之学作出了“唯物的”、“庶民的”以及“近代的”思想史判定，这一点对于1949年之后的船山思想与哲学研究有着非常重大影响。不过，侯氏立论虽颇多特出之处（如说船山颇受佛老影响以及认其为王充一脉等），但从整体上来看，他基本上还是承继着当时主流的以西学解船山的思想路向，只是做得更为彻底，或者说使船山与西学更好地融汇在一起。

① 侯外庐：《船山学案》，长沙：岳麓书社，1982年，第8页。
② 侯外庐：《船山学案》，长沙：岳麓书社，1982年，第17—20页。
③ 侯外庐：《船山学案》，长沙：岳麓书社，1982年，第21页。

四、熊十力对以“西学格船山”之思想路向的批判

但是，上述几种以西学释船山的思想路向，在当时也并非没有批评者，其中最典型与最尖锐的批评来自熊十力。侯外庐自己也承认这一点，他说：

> 我在书中对于船山思想的评论，在学术界产生了不同的反响。有人表示同意我的看法，有人表示不同意我的看法。和我争论最多的，莫过于熊十力先生。他不同意说王船山是唯物论者，主张他是理学家。我也不同意他的看法。于是，我们在书信中往复讨论，彼此诘难，始终都未能说服对方。①

实际上熊十力不仅仅反对将船山认作是一个唯物论者，而且对于辛亥以来拿西学唯物、唯心概念比附宋明各家的思想传统都表示反对。他说：

> 惟张横渠《正蒙》昌言气化，近世或以唯物称之，其实横渠未尝以气为元也。《太和篇》曰：“太虚无形，气之

① 侯外庐：《船山学案》，新版序，长沙：岳麓书社，1982年。

本体。”又曰：“由太虚，有天之名；由气化，有道之名；合虚与气，有性之名；合性与知觉，有心之名。”……详此所云，固明明承前圣体用之分。太虚是气之本体，气是太虚之功用，何尝以气为元乎？……汉以下，有哲学天才者，莫如横渠、船山。船山伟大，尤过横渠矣，其学问方面颇多，犹未免于粗耳。要之，横渠、船山一派之学，实无可谓之唯物论，其遗书完具，文义明白。先哲之学可衡其得失，而不须曲解也。①

正因熊氏立足中国的哲学立场，及其个人独到的哲学见解，因此，他对于船山的解读摆脱并且批判了辛亥以来比附西学概念的传统，回到了以中学解中学的思想方向上。他指出：

晚明有王船山作《周易外传》，宗主横渠，而和会于濂溪伊川朱子之间，独不满与邵氏。其学尊生以箴寂灭，明有以反空无，主动以起颓废，率性以一情欲，论益恢弘，浸与西洋思想接近矣。然其骨子里自是宋学精神，非明者不辨也。其于汉师固一切排斥，不遗余力也。当有明季世，诸大儒并出，悲愤填膺，为学期活泼有用，而亟惩王学末流空疏之弊，浸以上及两宋。②

① 熊十力：《原儒》，上海：上海书店出版社，2009年，第231页。
② 熊十力：《十力语要》，第83—84页。

“尊生以箴寂灭，明有以反空无，主动以起颓废，率性以一情欲”的评语与“骨子里是宋学精神”的论断，很好地概括了熊氏眼中的船山思想与哲学特征。相较于上述“认识论”、“超人”、“辩证法”、“唯物论”诸说，熊氏显然能更好地说明船山的思想精神。但熊十力的问题在于，由于其自有一套完整的哲学系统，因此，他的说法多以自家之学随意指摘船山，失之主观。譬如，在船山对“乾知大始”概念的解读上，他根据自己的哲学立场提出了批评：

> 王船山解《易》，说“乾知大始”云：“今观万物之生，其肢体、筋脉、府藏、官骸，与夫根茎、枝叶、华实，虽极于无痕，而曲尽其妙，皆天之聪明，从未有之先，分疏停匀，以用地之形质而成之。故曰‘乾知大始’”云云。余按《易传》曰“乾知大始”，乾者阳也，相当于吾所谓辟。辟者，本体自性之显也。故于用而显体，则辟可名为体矣。体非迷闇，本自圆明。圆明者，谓其至明，无倒妄也。故以知言。大始者，自本体言之，则此体显现而为万物。自万物言之，则万物皆资此真实之本体而始萌也。大始之大，赞词也。此中意云，本体具有灵明之知，而肇始万物。船山云，用地之形质，实则地即形质，特以地为主词耳。此形质非别有本。盖即本体流行，不能无翕，翕便成形质。而本体或生命之显现，必用此形质以成物也，否则无所凭以显也。……唯其（船山）云

“从未有之先，分疏停匀，以用地之形质而成之”，此则有计划预定之义，吾所不能印可。夫《易》言“乾知大始”者，乾，注见上。谓乾以灵知而肇始万物，不可妄计宇宙由迷闇的势力或盲目的意志而开发故。此处吃紧。《易》之义止于此，并不谓乾之始万物也有其预定的计划。而船山乃谓“从未有之先，分疏停匀”云云，是与《易》义既不合。①

显然，船山所谓之“乾知大始”，乃以乾（天）为万物生发的根本依据，用地之形质而成万物。天之聪明与地之形质从本体上说，皆是太和之气与理分化流行的结果。但由于熊十力有其自己的一套“辟翕成变”的宇宙论系统，辟者作为本体之乾（天），在发生逻辑上必然要先于发用流行之坤（地），这一过程本身是个自然发生的过程，并不需要王船山所谓“天之聪明”的这样一种先定学说。但实际上，船山所言之“天之聪明”与“地之形质”云云，“聪明”与“形质”不过是作为乾坤的阳阴二气发用之功能的显现。前二者为用，后二者为体，皆合于一阴一阳太和之道。而熊氏之学实以乾（辟）为体，以坤（翕）为用，其思想路数与横渠、船山之学完全不同，从这个意义上熊氏上述对船山的批评就失之主观了。但由于熊十力

① 熊十力：《新唯识论》，北京：中华书局，1985年，第529—530页。此版所用底本乃《新唯识论》之旧版，非1952年熊十力本人新删订的本子。

乃是1949年后海外新儒家的思想源头，因此其对船山的态度也直接影响了1949年后海外新儒家的船山研究。

我们可以说，侯外庐与熊十力二人，基本确立了1949年之后船山研究的两个思想方向。其后的海外新儒家（如唐君毅、牟宗三、劳思光）基本沿着熊十力所开出的船山"基本上是宋学精神"的方向前进。他们的基本思想倾向是以"实在论"作为船山思想的标志。① 而中国大陆的学者们，则基本上使用侯外庐确立起来的马克思主义的理论体系与思想方法来研究船山，其中代表人物有萧萐父、许苏民、冯契等。

五、小结

综上所述，自晚清王世全刊刻《船山遗书》(其后曾国藩主持重刻）以来的百年间（下限至1949年，取其约数)，学界对于船山思想的研究受到当时的政治与思想之背景影响极大。或者换句话说，船山之学之所以能在那个时代重新面世，其本身就与当时剧烈变动的政治与思想背景有关。从大的方面来说，这一百年的中国历史其主线乃救亡与图存，而船山之学在这一百年间的兴起，毫无疑问地昭示着当时人对于船山之学中所存有"救亡与图存"之思想资源的基本认识，也昭示了船山之

---

① 林安梧：《王船山人性史哲学之研究》，台北：东大图书股份有限公司，1987年，第18页。

学的这一重要思想特征。

但是，晚清以来百年间的船山研究所呈现的这一特征，在另一方面也遮蔽了船山之学中的中国传统思想学术的一面。这一点，熊十力已经看到，因而对着侯外庐大声疾呼“船山骨子里乃是宋学精神”。然而熊氏本人也处于这样一个大的思想背景之下，虽然也不能说熊氏的这一论断便是公允之论，但他毕竟指出了问题。

可以说，从纯粹学术与思想史的角度来说，这一百年对于船山思想的研究带有很大的片面性与主观性，也没有深入到船山的思想内核之中。但毕竟这是一个开始，船山之学沉寂一百七十年后的一个新开始。

附录二　新中国成立以来四十年船山思想与哲学研究述评*

一、侯外庐对于船山哲学的几个判定

上承1942年出版的《船山学案》，侯外庐出于历史唯物主义的基本立场与思想方法，对船山之学作了反封建判定，并且认为晚清以来一百年的船山之学研究失于片面。他说：

> 夫之是一位伟大的爱国者。他的爱国思想可以在他的遗书里随处看见。其中有一点是前人不敢说的，即他在《读通鉴论》(卷十三、十四)里已经接触到对封建社会君臣之义的怀疑，他批评“为天子防其篡夺，天下胥以为当然，后世因之，亦无异议”。因此，他敢于设想岳飞如果灭金，因而篡宋，并没有什么大不了的奇怪。在这些方面，船山的爱国思想已经超出了封建藩篱，解脱了一般的狭隘观点。有人现在还给王夫之戴上了一顶浓厚的封建思想帽子，这是很粗暴的。……夫之以一位哲学思想家开

* 本文原发表于2013年第2期《船山学刊》。

启了中国近代的思维活动。他的哲学思想正和列宁批评黑格尔思想的形式性相似，有形式性的优点，也包含着形式性的劣点。……夫之思想，昔人专门研究的很少，梁启超只叙述过关于夫之思想的一些断片，而后来从事研究者，不论罗列其论点或综述其要旨，都不能表达夫之的学问所在。清末虽争诵夫之的史论，但有的是为了学作策论，以求应时务之选；有的是为了注意民族独立，而追述夫之的辩华夷的思想，以为反清的号召。……夫之正处于一个暴风雨降临的时代，这正如黄宗羲所说是“天崩地解”的时代。在十六、七世纪之交，中国历史正处在一个转变时期，有多方面历史资料证明，当时有了资本主义萌芽。因此，在社会意识上也产生了个人自觉的近代人文主义。夫之的《噩梦》、《黄书》和《搔首问》等著作，就含有丰富的反抗封建制度的精神。①

在上述引文中，侯外庐彻底贯彻了梁启超、胡适以来的“以西学格船山”的思想传统，并就此得出了船山“反封建”、“启蒙时代之人文主义”等结论。但从当前的研究来看，存在着诸多问题。譬如明末清初的资本主义萌芽问题，从当代史学研究的角度来说就是个存在争议的论题。而在一些思想史的判定上，首先讲船山反对封建君臣之义就存在问题。由船山仲子王敔所

① 《船山全书》，第十六册，长沙：岳麓书社，2011 年，第 1134 页。

撰之《大行府君行述》有云：

> 年七十三，冬尽，于罏间成律诗二首。其一曰：“荒郊三径绝，亡国一孤臣。霜雪留双鬓，飘零忆五湖。差是酬清夜，人间一字无。”此亡考绝笔也。久病喘嗽，而吟咏不辍。次年元日，尚衣冠谒家庙。二日清晨起坐不怿，指先大父行状、墓铭付长孙若曰：“汝慎藏之。”谓敔曰：“勿为吾立私谥也。”良久，命整衾。时方辰，遂就箦，正衾甫毕而逝，享寿七十有四。遗命禁用僧道。自题铭旌曰：“亡国孤臣船山王氏之柩。”自题遗像曰：“把镜相看认不来，问人云此是姜斋。龟于朽后随人卜，梦未圆时莫浪猜。谁笔仗，此形骸，闲愁输汝两眉开。铅华未落君还在，我自从天乞活埋。”葬于衡阳西乡金兰都高节里之大罗山，自志其墓曰：“明遗臣行人王夫之字而农葬于此，其左则襄阳郑氏之所祔也。”铭曰：“抱刘越石之孤忠而命无从致，希张横渠之正学而力不能企。幸全归于兹丘，固衔恤以永世。”①

从以上王敔所记述的船山临终之言行来看，他在生命的最后时刻依然是自诩为明臣的。从尚衣冠谒家庙到勿立私谥、整衾等等，这完全是一个儒家士大夫典型的“得正而毙”与曾子式的

① 《船山全书》，第十六册，第76页。

“而今而后，吾知免夫”(《论语·泰伯》) 的临终时刻。在这个意义上，强调船山对于所谓“封建社会君臣之义”有所怀疑云云显然甚为可怪。其次，侯氏云：“因此，他敢于设想岳飞如果灭金，因而篡宋，并没有什么大不了的奇怪”的说法也存在问题，这一说法的原文根据如下：

> 桓温伐燕，大败于枋头，申胤料之验矣。胤曰：“晋之廷臣，必将乖阻，以败其事。”史不著乖阻之实，而以孙盛阳秋直书其败之，则温之败，晋臣所深喜而乐道之者也。会稽王昱不能自强，而徒畏人之轧己，王彪之弗能正焉。呜呼！人之琐尾而偷也，亦至是哉！秦桧之称臣纳赂而忘雠也，畏岳飞之胜而夺宋也。飞亦未决其能灭金耳。飞而灭金，因以伐宋，其视囚富俘兄之怨奚若？而视皋亭潮落，碙门飓发、块肉无依者，又奚若也？……舍夷夏之大防，置君父之大怨，徒为疑忌，以沮丧成功，庸主具臣之为天下谬，晋、宋如合一辙，亦古今之通憾矣！春秋予桓、文之功，讳召王请隧之逆，圣人之情见矣。①

从上述引文来看，船山实际上是在讽刺东晋与南宋君臣猜忌掌兵武将篡权，以其败而喜。却不知最后正是因为无岳飞等武将抵抗外敌，才有南宋亡时“皋亭潮落，碙门飓发、块肉无依”

① 《船山全书》，第十六册，第 504—505 页。

的悲惨情境。因此，船山反问道："如果岳飞真的篡宋，那他会让南宋灭亡时十几万士卒平民在湛江硇洲岛外海沉海的悲剧发生吗？会让徽宗、钦宗两个皇帝被俘虏的耻辱发生吗？"

我们可以看到，船山在此实际上是批评晋、宋君臣气量格局狭小，抓不到当时夷狄华夏之主要矛盾的关节点，而沉迷于保住眼前的权位，终究生死国灭天下亡焉。进而，船山认为从《春秋》褒扬齐桓、晋文来看，这一态度也是圣人（孔子）的立场。所以，侯外庐所谓的"由岳飞灭金篡宋所见船山对封建君臣之义有怀疑"一事，实际上是船山拿来论说晋、宋君臣不顾《春秋》华夷之分的大义的讽喻之辞。船山对此的真正态度是遗憾，用他自己的话来说乃是"古今之通憾"也。而在船山所指的"今"，显然就是甲申之变后南明政权互相倾轧最终覆亡的现实情况，此乃船山所亲历。换句话说，在船山看来，明之亡于后金，显然也有崇祯帝死后，南明君臣"舍夷夏之大防，置君父之大怨，徒为疑忌，以沮丧成功，庸主具臣之为天下谬"的原因在内。就此而言，船山恰恰是要维护封建君臣之义。

而侯氏另一个值得商榷的思想史判定，是其所谓的船山乃近代人文主义与泛神论者的说法。他说：

> 万历年间，即传入了和天主教相依附的天文历算诸学，更惊醒了学者们梦里摸索的宁静生活。在近代史上，科学知识是和泛神论的出现相关联的。夫之的泛神论易学

> 以及走向科学方法的思维也受到了外来文明的影响。他和利玛窦辩论过意志神（上帝）的理论。他亦如十六世纪以来的泛神论者，把天或上帝活在人类的理性中……夫之论天，是照自然法则看取的，因而反对迷信礼拜。故他批评利玛窦说："如近世洋夷利玛窦之称天主，敢于亵鬼倍亲而不恤也。"①

因为，关于此段所引之船山与利玛窦的争论，实见于船山之《周易外传》(卷五)，原文为：

> 且夫人之生也，莫不资始于天。逮其方生而予以生，有恩勤之者而生气固焉，有君主之者而生理宁焉。则各有所本，而不敢忘其所递及，而骤亲于天。然而昧始者忘天，则亦有二本者主天矣。忘天者禽，主体者狄。羔乌之恩，知有亲耳不知有天；蹛林之会，知有天而不恤其亲。君子之异与禽也，岂徒禋祀报始哉？巡守则类焉，名籍则献焉，钦承以通之，昭临女之毋贰也，故曰："乾称父，坤称母。"若其异于狄也，则用重而物则薄也，天子之外未有干者。等人而专于天子，而抑用之以薄，非能侈然骤跻于帝之左右矣。狄之自署曰"天所置单于"，黩天不疑，既已忘矣。而又有进焉者，如近世洋夷利玛窦之称"天

① 《船山全书》，第十六册，第1138页。

> 主”，敢于亵鬼倍亲而不恤也，虽以技巧文之，归于狄而已矣。①

从上述引文中，我们可以看到，船山对于利玛窦的批评主要是根据儒家的亲亲原则批评天主教敬上帝而不恤其亲。此间船山所谓的“蹛林之会”指的是汉代匈奴风俗，因为匈奴秋天祭祀时绕林木而会祭，故称蹛林，同“吉林”，也即是匈奴每年都要举行的祭祀，简称为季祭。《史记·匈奴列传》有云：“秋，马肥，大会蹛林，课校人畜计。”就此看来，船山对于天主教的理解是比较肤浅的，他把天主教的教仪等于古时匈奴的祭礼，简单地将天主教的一神崇拜认作是上古萨满宗教的进阶版本。而其批判利玛窦的依据“乾称父，坤称母”云云，也是出自张载“民胞物与”万物一体的儒学思想。如果说这是自然法，那也是宋明道学早已有之的东西。

所以，侯氏说船山是“泛神论”还有一定依据，但讲其受到以利玛窦为代表的西方外来文明的影响，则找不到文本依据。我们可以看到，船山本身对于西方天主教及其所代表的西方文明的态度，基本与儒家士人对于传统外族夷狄的看法无异，是充满误解与偏见的。即使他有泛神论的倾向，其源头也是儒家思想中早已有之的那些东西。此外，船山视天主教的上帝概念为传统儒家所敬而远之的“鬼神”，而侯氏又因此将之

---

① 《船山全书》，第十六册，第1014页。

视为“反迷信礼拜”的证据，显然是莫名其妙地将天主教的宗教仪轨与传统意义上的鬼神迷信等同起来了。当然，船山这一观点实际上是明代士大夫的主流认识，但侯氏作为现代人却有意无意地不去明辨两者之间的不同，不点明船山作为明末士大夫在这一问题上的局限性，显然说不过去。实际上，关于明末天主教的传播，以及如何对待天主教，除了以船山为代表的明代士大夫的主流认识之外，当时也是有不同意见存在的。侯氏所谓之明末“真正走向科学方法”的士大夫，不是攻击天主教“亵鬼倍亲”的船山，恰是皈依天主教的徐光启。已经有学者指出：“从徐光启皈依天主教后的文献来分析，天学的道德教化和西方科学技术是吸引他皈依的两个主要因素。”① 从这个意义上说，侯氏讲船山之“近代人文主义”显然有张冠李戴的问题。

综上所述，侯外庐之论船山所得出的“反封建”、“启蒙时代之人文主义”等结论，存在着原则性的错误。但在下文中我们将看到，侯外庐所订立起的这一研究船山的思想范式，在1949年之后的中国哲学界产生了深远的影响，部分地导致了这一阶段整个的船山哲学与思想研究趋向于简单化与同质化。而侯外庐对于船山哲学的唯物主义判定也对1949年之后的船山研究产生了深远的影响。从这个意义上说，新中国成立之后的大陆船山哲学与思想研究之路向，并不是完全与旧时代脱节

① 陈卫平、李春勇：《徐光启评传》，南京：南京大学出版社，2006年，第143页。

的，实际上依然是在沿着清末民初梁启超、胡适等人定下的方向前进，侯外庐也概莫能外，新中国成立之后的大陆学人同样也概莫能外。因此，上述对于侯氏之船山哲学研究所作的批判，不仅仅单就侯氏而论，而是希望能以之作为一个典型来揭示清末以来整个学界对船山哲学所固化下来的研究范式（熊十力是例外情况），以利于我们下面的研究。

二、侯外庐范式与日丹诺夫原则的流弊

由于侯外庐所订立起的这一研究船山的思想范式（唯物主义、人文主义、启蒙、反封建），在1949年之后的中国哲学界产生了深远的影响，以至于直到40年后的20世纪80年代，才有人重新开始提出不同意见。如侯氏云：

> 船山的时代是一个暴风雨降临的世界，黄梨洲谓之“天崩地解”者实当之。个人自觉，产生了他的近世人本主义思想，对于当时现实的批判，如所著《噩梦》、《搔首问》、《黄书》多集中暴露封建专制制度的暴征横夺，而立论于“民之有生理”。①

又说：

① 侯外庐：《船山学案》，长沙：岳麓书社，1982年，第1页。

> 他（船山）的直接传统，在我看来，已经不是理学，虽然有张载理学的外貌。他所谓“先我而得者，已竭其思”，影响他的学说的人，实在不完全是张载，在方法论上是《老》、《庄》和法相宗，在理论上是汉代的一位唯物主义者王充。①

接续于侯外庐的这一说法，有张岱年在1954年所写的《王船山的唯物论思想》。张岱年指出：

> 王船山的唯物论思想有丰富的内容。他提出了许多光辉的论点。他论证了物质世界的独立存在，规律的客观性，及物质世界的永恒性。他更阐明了物质与运动的密切关系。在认识论方面他从唯物的观点解释知行关系，肯定行是知的基础。……王船山在肯定了物质世界的独立存在之后继而指出，物质世界是有规律的，这规律存在于物质世界之内，不能离开物质而独自存在。这样，王船山就在击破了主观唯心论之后更进行了反对客观唯心论的斗争。②

又说：

---

① 侯外庐：《船山学案》，长沙：岳麓书社，1982年，第6页。
② 《船山全书》，第十六册，第143页。

> 清兵入关以后的情势就是这样：一方面是中小地主与农民，一方面是清朝统治集团和投降的大地主，两者之间展开了激烈的斗争。在这场斗争中，中小地主阶层的一部分思想代表，不得不面对现实，不得不放弃唯心论的幻想，因而达到了唯物论。
>
> 王船山是属于中小地主阶层的，他的思想基本上是代表了中小地主阶层的利益。而他的唯物论便是他用来反对清朝统治集团及豪族大地主的战斗武器。①

在上述引文中，张岱年使用了一整套马克思主义的概念思想体系来解释与评估船山哲学，显然是希望将船山哲学完全纳入唯物、唯心相互斗争与阶级斗争的世界观系统之中。这显然是由侯外庐的唯物主义判定又向前走了一步。相对于侯氏的唯物论论断，张岱年的说法加入了更多的政治意识形态成分。至此后，这样一种两军对阵式样的研究范式成为标准。譬如，任继愈主编的，在1963年开始出版的《中国哲学史》中对于船山言道：

> 王夫之批判佛、老的唯心主义，真是要从根本上清算理学唯心主义。因为无论是程、朱的客观唯心主义或者

① 《船山全书》，第十六册，第1261页。

陆、王的主观唯心主义，都和佛、老的唯心主义有思想上的渊源，批判佛、老就是要直捣理学唯心主义的巢穴。①

又说：

王夫之站在中小地主阶级立场，和当权的大官僚大地主阶级是有矛盾的。他不满明末的腐败政治，要求进行政治改革，以达到有效地抵抗清贵族的压迫。他的政治主张着重于限制包括皇室在内的贵族官僚地主阶级的利益。②

如前所述，1949年之后，对于船山的研究越来越走向唯物唯心两军对阵，以及思想启蒙等思想定位。这使得对于船山哲学与思想的研究路向越来越窄，也越来越趋向于同质化。当然，造成这种情况，除了侯外庐的《船山学案》之影响以外，必须指出的是，这一唯物唯心两军对阵的研究范式，也有其具体的时代与思想背景，并不应由当时的学人来负责，这也不一定是他们真正的思想态度。有学者指出：

（历史上）认为整个哲学史是唯物论与唯心论、辩证法与形而上学两军对阵的历史，是前者不断战胜后者的历史，并对唯物主义和唯心主义作了对应的革命（进步）与

① 《船山全书》，第十六册，第1256页。
② 《船山全书》，第十六册，第1293页。

> 反动的政治分析和阶级分析。这个公式源自1947年苏共中央书记日丹诺夫在讨论亚历山大洛夫的《西欧哲学史》会上的讲话。新中国建立之初，这篇讲话被翻译、出版，它成为指导哲学史包括中国哲学史研究体现了“马克思主义党性原则”的经典。①

实际上，即便是在上文被拿来作为典型的任继愈本人，对这种研究范式也提出过意见。

> 任继愈委婉地指出，日丹诺夫的说法有三处不够全面：一是限于唯物、唯心的斗争，偏重自然观、认识论，在社会历史观方面留下空白，让中国哲学史失去了许多有价值的内容；二是忽视辩证法与形而上学的对立，而中国哲学史上的辩证法却相当丰富；三是未给唯心主义流派以应有的历史地位，不能反映哲学史的全貌。尽管这些异议是以原则上肯定“日丹诺夫公式”为前提的，但当时以马克思主义理论家自居的关锋，还是将这些异议打成“修正主义思潮”。……不久，在“反右”风暴中，对“日丹诺夫公式”的质疑作为异端另类遭到了批判，而“两军对阵”成了裁剪哲学史的唯一权威公式，划分唯物、唯心成

---

① 陈卫平：《从突破“两军对阵”到关注“合法性”——新时期中国哲学史研究之趋向》，《学术月刊》2008年第6期，第33页。

了哲学史研究的唯一内容和价值评价的唯一尺度。①

张岱年的情况也是一样。譬如他的《中国哲学大纲》就是以概念、范畴的嬗变来梳理中国哲学史的开创性著作。在此书中，他将整个中国哲学史拆解为概念范畴，因此对于船山哲学的论述也就规避了日丹诺夫原则的影响。当然，此书的成书年代实际上是1937年，②但从中我们实际上也能观见张岱年先生在日丹诺夫原则掩盖之下的真正思想态度。

此外，如前所述，船山思想与哲学研究陷入困境，也并不完全是因为当时中国哲学研究受到严重的政治干扰。侯外庐的《船山学案》在新中国成立前早已出版，日丹诺夫原则实际上只是放大了这部书的影响力。同时，我们也应看到，1949年之后在船山研究中所出现的这种范式，也有一部分是清末以来"以西学格船山"的余绪。虽然在本文开头的引文中，侯外庐自己讲清末以来对于船山之学的研究失于片面，但他自己却也不可避免地受到这一倾向的影响，只是这一片面换成了马克思主义。在这个意义上，1949年之后船山哲学研究走入死胡同的责任并不完全在侯外庐或日丹诺夫原则，也有其历史发展之必然。清末以来的百年，中国思想界皆是使用这样一种思想判定或者政治意识形态挂帅的研究方式在对待船山之学，如章太

① 陈卫平:《从突破"两军对阵"到关注"合法性"——新时期中国哲学史研究之趋向》,《学术月刊》2008年第6期，第34页。

② 张岱年:《中国哲学大纲》，新序，南京：江苏教育出版社，2005年。

炎专讲船山之反清，而郭嵩焘却赞船山坚守名教等等。① 从这个意义上来说，以日丹诺夫原则格船山在大方向上可以说自梁启超、胡适以来西学对于传统中国哲学研究之影响的最极端表现，只是船山哲学因为其自身在清末的特出之处，而表现得尤为典型。

三、研究范式的转换

上述船山哲学研究的情况，直到 20 世纪 80 年代初才略有改变，其标志就是蔡尚思在 1982 年所写的《王船山思想体系提纲》，他指出：

> 就（船山）思想价值说，有偏重政治思想方面的评价。或说他提出了某些命题，具有划时代的意义，或说他反对道学思想体系，终结了宋明道学。或认为他在各方面都是有创见的进步思想家，甚至是革命的理论家。但我以《太平洋书店》出版的船山遗书为根据，却有自己不同的看法，另详于后。②

在上述引文中，蔡尚思显然是不点名地对 1949 年以来的船山

① 陈焱：《晚清以来百年王船山哲学与思想研究述评》，《船山学刊》2012 年第 4 期，第 45 页。

② 《船山全书》，第十六册，第 1323 页。

研究之思想进路作了批评。当然从侯外庐以来，对于船山的唯物主义判定实际上还是有一定道理的，因为船山作为张载气学一脉的思想特征是十分明显的。因此，蔡尚思的这一批评在拒斥“两军对阵”研究方法的同时也涉及了当时中国哲学，特别是船山哲学研究的范式转换问题。当时的学人已经意识到，中国哲学的研究应该重新开始转向以“中学释中学”的研究范式上来。我们来看蔡氏自己的观点：

> 王船山提出实有的本体论。他针对老子说的“天下万物生于有，有生于无”，主张“物生于有，不生于无”；佛教谓“太虚无一物”，他却主张“太虚，一实也”。佛老是唯心论，王船山是唯物论。又如王氏主张器决定道、气决定理等等都与此一致。①

蔡尚思虽然表面上依旧在套用唯物唯心的研究范式，但从具体的研究内容来看，他已经开始逐步关注船山本身的思想旨归和理论目标。他开始打破自侯外庐以来的惯常说法，以一种就事论事的方式来评述船山之学：

> 他有礼教中心论。……礼关系一切，重要无比……天地、鬼神、仁义、孝悌五伦等都莫能外，人禽、治

① 《船山全书》，第十六册，第 1240 页。

> 乱、贤不肖等都由此区别，夷狄、盗贼、佛老等都与之对立。……三纲五常是礼之本原，“夫三纲五常者，礼之本也”。他基本是推崇朱学的，而不是反朱学的。①

上述评价显然都是言之有据的。可以说，蔡尚思通过《王船山思想体系提纲》很好地扭转了唯物唯心两军对阵研究范式对于船山哲学研究的影响，他不再将船山放在马克思主义的框架内来讨论，而是实事求是地将船山放回到了中国哲学与儒学思想史的范畴之内。他说：

> 王船山也同其他历史人物一样，有他的时代、阶级等的局限性。近今学者往往赞扬他的反传统、反理学的进步一面，而少指出他的富有传统、理学的落后一面，未免不够全面而不实事求是。有人甚至说他批评孔子，而不知他是最尊孔者之一。……王船山除了死守旧礼学而在中国礼教思想史上起了承前启后的消极作用和对理欲、义利等有摇摆性以外，又如提倡天即理、理一分殊，反对杨墨、佛老、许行、李贽、历代农民起义等等，和其他陋儒没有什么不同。②

上述说法显然是在批评自侯外庐以来对船山“唯物主义、人文

① 《船山全书》，第十六册，第1241页。

② 《船山全书》，第十六册，第1244页。

主义、启蒙、反封建”等教科书式的片面思想判定，而开始重新以船山之学本身来审视船山之学。此不单是纠正了侯氏，也是翻转了清末以来整个主流思想界对于船山之学的定位。而关于船山与科学的问题，蔡尚思也提出了自己的看法。他说：

> 明清间的学者，在科学上有贡献当推王锡阐、梅文鼎等人。王船山对于科学的态度，有点像清末部分人所谓“中学为体、西学为用”，只是把科学作为固有的封建文化之用而已。在王船山逝世二百九十周年纪念的学术讨论会中，有人认为：王船山虽强调经世致用，但“主要强调的是用儒家的经典去经世致用，要人们立足于典籍而不是空谈，因而到后来演变为考据学，使人们重新束缚于经学的传统之中”；“船山的主要精力是放在钻研儒家的经典上”，“而不是放在研究自然科学上”。从总的倾向看，他是“鄙薄自然科学知识的”（王船山学术思想讨论会情况简介）。我认为此说很正确。①

这一说法，显然与本文开头我们的结论相类。此后，国内思想界对船山的研究开始趋于客观，不再从意识形态上对船山及其哲学进行判断，而开始着重研究船山哲学中的具体问题。如萧萐父在20世纪90年代初发表的《船山哲学引论》中专门讨论

---

① 《船山全书》，第十六册，第1252页。

了船山的“矛盾观”。如许苏民，收录于湖北人民出版社 1984 年 5 月版《王夫之辩证法思想引论》中的《王夫之论“知”和“能”》等文章，都是这一时期船山哲学研究范式转换的结果。

而在这一范式转换过程中，我们必须注意的另外两个重要人物是“二冯”，也就是冯友兰与冯契。在他们各自所著的中国哲学史中对船山的定位与评价都有创新的意义与价值。在《中国哲学史新编》第五册序言中，冯友兰指出：

> 照传统的说法，顾炎武、王夫之、黄宗羲是明末清初的三大儒。这三个人固然都是大人物，但其作用不同。顾基本上不是哲学家，他的贡献不在于哲学。王、黄都是大哲学家，但王是旧时代的总结，黄是新时代的前驱。
>
> 这个论断许多人可能认为是“非常可怪之论”，他们认为道学是唯心主义，王夫之是唯物主义，是反道学的，两者不可能有什么联系。但是道学不等于唯心主义，有如玄学不等于唯心主义。唯物主义与唯心主义的斗争，也是在道学内部进行的。许多人说王夫之反程、朱，其实他并不反程、朱，只反陆、王，他的哲学是程、朱的继续发展，但还是唯物主义。因为在他以前程、朱一派的内部也起了变化，已经把程、朱的“理在事上”改变为“理在事中”了。①

① 冯友兰：《中国哲学史新编》（下），北京：人民出版社，1999 年，第 26 页。

我们可以看到，尽管依然在使用唯物唯心概念，但是对船山之学在中国哲学史上的定位，相对于侯外庐定下的“人文主义、启蒙、反封建”的基调，已经发生了根本的反转。虽然冯友兰依然将船山定位为唯物主义者，但这里的唯物主义更多地已经成为一个解释船山哲学的说明性概念而非意识形态的判断。冯友兰说：

> 王夫之指出，太阳是客观真实存在的，它不但不是假的，而且还不能说，也不必要说，它不是假的，因为本来没有一个假的太阳。他认为“诚”并不是跟“伪”相对立的。这样的“诚”也不能解释为无“伪”。……这就是说，客观实在中的事物，都是有始有终的，人之所共同感觉的。它们确切就是如此，不能不是如此。其是如此是不以人的主观意志为转移的，这就是所谓“莫之能御”。王夫之正确地指出客观实在的这些特点。
>
> 这种客观实在是人所共见的，就是现代唯物主义所说的物质。①

冯友兰以船山为程、朱派道学家的说法，让人想起熊十力在20世纪40年代对于船山所下的“骨子里仍是宋学精神”的断语。

① 冯友兰：《中国哲学史新编》（下），第306页。

但熊氏的这一说法，当时便淹没于自梁启超与胡适以来“以西学格船山”的风潮之中。因此，在冯友兰的《中国哲学史新编》中，我们可以看到对于船山与中国哲学史自身之研究的复归。接下来冯友兰分别以“有无”、“动静”、“形上形下”等概念为章节详细探讨了船山哲学，而以上这些显然都是中国哲学本身所有的概念。

同样，冯契在他 80 年代所出版的《中国古代哲学的逻辑发展》一书中，对于船山哲学的论述也舍弃了侯外庐以来的“人文主义、启蒙、反封建”的调子。冯契认为：

> 他（指船山）从气一元论出发，对宋明时期哲学论争的中心——“理气（道器）”之辩与“心物（知行）”之辩，作了比较正确的解决，达到了朴素唯物主义与朴素辩证法的统一。而对宋明时期哲学论争作了总结，实际上也就是对整个中国古代哲学作了总结。王夫之通过批判的总结，使气一元论体系取得完成的形态，他在天道观与人道观、认识论与逻辑学等领域都作出了创造性的贡献。①

虽然冯契的这部书使用的是马克思主义辩证法作为研究方法，有其自身的内在逻辑。但我们可以看到，其中所引的材料与论述根据，都来自中国哲学与船山哲学本身。这保证了研究本身

① 冯契：《中国古代哲学的逻辑发展》（下），第 693 页。

的客观性。同时，由于冯契自身的思想倾向，他着重关注了王船山对于“认识所运用的概念与方法”的讨论。这显然不见与其他船山研究。冯契认为：

> 王夫之把人的概念看作一个过程。既不可执着概念而使之成为僵死的，也不可把概念的运动看做刹那生灭，不留痕迹的。思维是一个前有来源、后有趋向的现实的流。“已往者”过去了，却又被保留在现在之中；“将来者”尚未到来，而从现在又可以推测其必来。所以理性在当前把握的概念，是可以同以往和将来相通的。……在善于正确地思维的头脑里，念与念相续，而每一现在的概念都包含对过去的总结和对未来的预测。思维总是在各个个别头脑里进行的，但是概念又超出个别的人们所处的时间、地点的限制，能概括亿兆人的经验，把握万千里以外的事物。佛家、老庄以及受他们影响的理学家讲什么“无念”、“罔念”，只能引人走入迷途。王夫之以为，“克念”与“罔念”，乃是“圣狂之大界”。①

冯契的这一视角和研究切入点显然独辟蹊径。船山对于阳明学的批判是每个船山研究者都会提到的。但从船山对王学与佛老的批判出发，在大的宋明道学范畴内，对船山所提出新的“认

① 冯契：《中国古代哲学的逻辑发展》(下)，第720页。

识概念”与“认识方法”所做的归纳和总结，这显然是发前人之所未发。

四、小结

综上所述，我们可以看到，1949 年之后的船山哲学与思想研究呈现出一幅在曲折中前进的历史画卷。一方面，相对于晚清以来对于船山多论其“排满革命”及其历史策论的状况，船山哲学与思想本身终于成为学界的研究重点。侯外庐的《船山学案》本身就是这一转折中的一环，同时 1949 年前以“西学格船山”的典型，也以此为最。而新中国成立后，在日丹诺夫原则占据了中国哲学研究方法的主导地位的情况下，也恰是这本《船山学案》的船山哲学与思想之研究进路成为了当时之学人的唯一选择，让这本写得并不完备的小册子带来了极大影响，也造成了极大的流弊；使得船山哲学与思想研究在之后的三十年间，逐渐趋向于单一化与同质化，走向了死胡同。这一情况直到 80 年代初，思想解放的浪潮席卷神州才有所改变。以蔡尚思的《王船山思想体系提纲》为标志，日丹诺夫原则指导下的传统船山哲学与思想研究范式宣告终结。以“中学释中学”，以具体材料与思想概念为基础、实事求是的研究范式开始出现，之于船山，学界的评价变得客观起来。于焉，船山哲学与思想研究呈现出百花齐放的局面。以冯契与冯友兰为代表，出现了一批具有新意的思想成果。但是，毕竟传统的影响仍在，我们依然可以在他们的著作和研究中看到许多借用西学概念的地方。这也是本文为什么将这一阶段的船山思想与哲学研究定位为1949年之后的四十年。可以说，从新中国成立之后直到80年代，上承清末之梁启超与胡适，以“西学格船山”的思想进路或起或落、或隐或现，一直萦绕着王船山这位历史上同样身处“天地崩解”之大时代的哲人。

附录三　20世纪后半叶海外新儒家的船山思想与哲学研究述评*

一、熊十力——第一代现代新儒家的影响

1949 年后，由于国民党从大陆败退台湾，当时一部分大陆学者也随之去往港台及海外。在中国哲学方面随之构成了所谓“第二代港台及海外新儒家”，其中典型的如唐君毅、牟宗三、徐复观等，因为这些学者多曾受教于熊十力（第一代新儒家）或深受其影响，因此从某种程度上而言，20 世纪后半叶的港台及海外新儒家思想肇基于熊氏之学。这一点在船山之学上同样可见一斑。

在 20 世纪前半叶“以西学格船山”① 的潮流中，熊十力的异见不容忽视。他在船山之学上所下的“骨子里是宋学精神”的论断很好地概括了船山思想与哲学的特征。② 对晚清以来船

---

* 本文原发表于 2013 年第 4 期《船山学刊》。

① 陈焱：《晚清以来百年王船山哲学与思想研究述评》，《船山学刊》2012 年第 4 期，第 46 页。

② 陈焱：《晚清以来百年王船山哲学与思想研究述评》，《船山学刊》2012 年第 4 期，第 50 页。

山之学的研究与发展作出了重要贡献。相较于 1949 年之后大陆学人沿着侯外庐开创的船山“反封建”、“启蒙时代之人文主义”①研究方向前进，20 世纪后半叶的港台及海外新儒家则在船山之学上追随着熊十力的路向深入。熊十力云：

> 晚明有王船山作《周易外传》，宗主横渠，而和会于濂溪伊川朱子之间，独不满与邵氏。其学尊生以箴寂灭，明有以反空无，主动以起颓废，率性以一情欲，论益恢弘，浸与西洋思想接近矣。②

此间熊氏所谓“明有以反空无”的界说，后来大体上成为港台及海外新儒家著述船山之学的一个思想基础。对此，比唐、牟、徐等更晚一辈的第三代港台及海外新儒家学者中有人曾指出：

> 一般说来……港台学者（如唐君毅、劳思光等）认为船山学是实在论（realism）。③

显然熊氏所言之“明有以反空无”当为此间所谓“实在论”

① 陈焱：《新中国成立以来四十年船山思想与哲学研究述评》，《船山学刊》2013 年第 2 期，第 52 页。

② 熊十力：《十力语要》，第 83—84 页。

③ 林安梧：《王船山人性史哲学之研究》，台北：东大图书股份有限公司，1987 年，第 18 页。

之滥觞，而这基本也是港台及海外新儒家研究船山之学的主轴所在。此外，“实在论”这个词后所标示的英文词汇译名，其实也表明港台及海外新儒家不论就其基本的思想倾向而言，还是在船山之学的研究方面而言，所继承的晚清以来的西学浸润中学并无变化。尽管熊十力很好地指出了清末以来“以西学格船山”的问题，并强调船山“骨子里是宋学精神”，但熊氏本人的学术倾向却依然不可能背离那个时代西学汹涌而入的大潮，这其实也是20世纪新儒家的基本思想特征。因此，尽管熊氏不再如20世纪初的梁启超、胡适等人直接拿某一具体的西方哲人的思想比附船山①，但其对船山之学的审视之中，毋宁是有西方眼光在内的。因此，标示在上述引文中的这一译名实际可以看作是这一情况的一个具体范例。所以，从下文中我们可以看到，虽然港台及海外新儒家不像20世纪初的胡适与梁启超，又或是1949年之后的任继愈与张岱年②那样直接在研究中拿某一派西方哲学格准船山，但他们的思考方式同样带有西学或者说现代的烙印，这毋庸置疑。只是相较于梁、胡、任、张等学人，他们的中西融合做得更好，而这显然也是受到熊十力的影响。

① 陈焱：《晚清以来百年王船山哲学与思想研究述评》，《船山学刊》2012年第4期，第47页。

② 陈焱：《新中国成立以来四十年船山思想与哲学研究述评》，《船山学刊》2013年第2期，第55页。

二、唐君毅与劳思光——第二代港台及海外新儒家的船山“实在论”阐释与批判

具体来说，港台及海外新儒家上承熊十力“实在论”的影响详论船山之学的扛鼎之作，首推唐君毅在20世纪60年代撰写的《中国哲学原论》。在其中的《原论篇》里，唐氏首先对船山在儒学史上的地位给予了极高的评价。他说：

> 明末儒者，无不重经世致用之学。如梨洲、亭林、船山则其选也。其中亭林之用心，全在治道。其以“博学于文，行己有耻”之义教人，可谓能矫当世之弊。其人格之坚卓，可以立儒者之矩范。然其在哲学思想本身，殊无创发。梨洲之思想，大体承蕺山之绪，其言治道，亦多精辟之见。惟船山窜身猺洞，发愤著书，其哲学思想最为复绝。船山本其哲学思想之根本观念，以论经世之学，承宋明儒重内圣之学之精神，而及于外王，以通性与天道与治化之方而一之者，惟船山可当之耳。①

可以看到，唐君毅指出，相对于“明末清初三先生”中的顾亭

① 唐君毅：《中国哲学原论·原教篇》，北京：中国社会科学出版社，2006年，第334页。

林、黄梨洲两位，王船山在哲学上的贡献是无与伦比——上承宋明儒家的内圣精神以开外王之学。此间唐氏所指的船山之哲学的贡献毋庸置疑，但从他特别提出的“内圣开外王”云云，我们也能看到港台及海外新儒家对船山之学思想资源的攫取以资于其自身的发展方向。唐君毅指出：

> 船山之哲学，重矫王学之弊，故于阳明攻击最烈。于程、朱、康节，皆有所弹正，而独有契于横渠。其著作卷帙浩繁，又多是注疏体裁，思想精义，随文散见，其文之才气盛大，恒曼衍其辞，汗曼广说，颇难归约。同类之语，重复叠见各书，尤难选择何者最宜作为代表，加以引用。……以其哲学思想而论，取客观现实的宇宙论之进路，初非心性论之进路，故特取横渠之言气，而去横渠大虚之义。彼以气为实，颇似汉儒。然船山言气复重理，其理仍为气之主，则近于宋儒，而异于汉儒。惟其所谓理虽为气之主，谓离气无理，谓理为气之理，则同于明儒。……故船山之根本思想，即在由性即气之性，而畅发性善气亦善之义。恶不在气而在情，善不在心而在性。故即情不足以知性，任心不足以见性，舍气实足以孤性。即情知性，即心见性，则明儒即心之知觉运动、视听言动、喜怒哀乐以言性之说。舍气言性，则程朱以理言性，气为理蔽之说。即情言性，其病只在重气机之鼓荡，而不知气之凝结而蕴于内者，或不免以人欲为天理。舍气但以理言性，则不免

以观理为重，而轻养气，或流于山林枯槁。而此二者在船山意，则皆为宋明儒思想之邻与佛者；必剔而去之，乃可以严儒佛之壁垒。由此以论中国之历史文化，则尤能见其精彩，非昔之宋明儒者所及。关于船山之哲学思想之宗旨大体如是。①

由上文可见，唐氏认为，船山以气学实在论为基础，使用宋明理学的理气框架，并在此基础上重构宋明以来的儒家心性论结构，力图剔除佛、老之学在宋明理学中的影响，重立儒学。而对港台及海外新儒家来说，如何在传统儒学的基础上不依凭他物（不论是佛、老还是西方哲学）开出一番新局面是其根本目标。所以，从这个意义上来看，船山之于现代新儒家的学术理想，显然是起到了一个先驱榜样的作用。因此，唐君毅还专门提到：

当明清之际，能上承宋明儒学之问题，反对王学之疏，亦不以朱子之论为已足，而上承张横渠之即气言心性之思路，又对心性之广大精微有所见，而能自树新义，以补宋明儒之所不足者，则王船山是也。……然吾今将说明凡此船山所立之新义，皆由于其重在本客观之观点，以观理或道之相继的表现流行于人与天地万物之气中而来。此

① 唐君毅：《中国哲学原论·原教篇》，第334—335页。

与程朱陆王之自另一观点所立之义，亦无必然之冲突。船山之所以重此理之相继的表现流行于气，则由其学之上承横渠之学之精神，而又特有得于易教之故。其言易道之别与先儒者，要在以太极只为一阴阳之浑合，力主乾坤之并建，以言宇宙人生历史之日新而富有之变。缘是而其命日降、性日生之说，乃得以立，而更有其人之精神之死而不亡之义。①

船山能上承宋明儒学的问题，又能补充其中的不足，重气唯实再造文化，于儒家的精神内核上自树新意，如此种种无不是港台及海外新儒家心向往之的学术目标。由此，我们可以发现港台及海外新儒家重视船山的基本思想动机及其研究船山之学的特质所在，换句话说，也就是“以船山注我”。如此不免有泥沙俱下、忽略专门问题的危险。同为港台新儒家但并非熊十力一脉的劳思光就看到了这一点，他在出版于20世纪70年代的《新编中国哲学史》（三卷下）中提到：

船山思想第一特色为其实在论立场。此可以其对“气”与“器”之理论为中心而析述之。关于形上学及宇宙论之种种论点，皆可统于此一部分。

然船山之持实在论立场，并非依一严格思辨过程而建

① 唐君毅：《中国哲学原论·原教篇》，第315—316页。

> 立者，故其说只能顺讲，不能反求其确定起点何在。此点为学者论船山之学时最应留意之枢纽问题。盖船山之说，实依常识层面而构建，其结果所成之学说，似包含许多论断，涉及许多部门之理论，又有特殊强调之种种观点，学者若只从其所形成之系统着眼，则每每但觉其广大，而不能细察其立说基础之得失，如此则不免有见其长而不知其短之病矣。
>
> ……
>
> 当代哲学家唐君毅先生，与其《中国哲学原论》中畅论船山思想，周浃透辟，可谓最能知船山者，然其推崇船山，谓独能肯定历史文化云云，似犹不免过度重视船山理论之后果，而未正视其理论基础上之问题。①

尽管劳思光也对船山之学持有“实在论”的思想立场，但相对于唐君毅对船山的断语，劳氏的态度更为客观，头脑也更为冷静（从学脉上看，相较于唐君毅，劳思光受到熊十力的影响显然较小），能从具体的学术问题上来进行研究。劳思光认为，船山基本上依然是一个传统的宋明儒者，船山之学中的创新处并不如唐君毅说的那样多，并且其存在着许多基础性问题；而无视这些基础性的问题，便在此基础上强调其所谓历史文化云云，殊不可取。他指出：

---

① 劳思光：《新编中国哲学史》（三卷下），桂林：广西师范大学出版社，2005年，第514—515页。

今客观言之，船山学说以其实在论观点为基础，而此处正有极严重之理论问题。

其次，船山以其实在论观点建立其形而上学及宇宙论，然其根本旨趣仍在“内圣外王”之传统儒学目标上，故船山一如宋明其他儒者，必依其形上学而提出一套道德价值理论。此为其学说之主要枢纽所在，盖必通过此一部分理论方能通至历史文化之观点也。

本书下文在略述船山之形而上学、宇宙论及道德价值理论之后，当一论其“发展观”。盖除实在论立场外，船山思想另一特色即在于其“发展观”。世之论船山之学者，每喜以船山与德国黑格尔相比，其着眼点实即在此。然其中所涉问题至繁，亦未可轻率比附也。

既知船山所持之实在论及发展观，则其说之大要已显。以下当叙述其政治思想及论史之说。

船山论史之作，如《读通鉴论》、《宋论》等，皆为人所常谈及者，或以此作为船山之“历史哲学”。顾船山此类著作中，大部皆承文人作史论之旧习，随取一事，发挥议论，并非对整个历史之意义，或历史知识之标准等问题，作严格析论者，则是否可称作“历史哲学”，当视此词之确定用法如何而定。但船山此类史论中，每涉及某种有关哲学问题之观点或论断，倘取此类言论与其他理论合看，则亦颇有应加注意之处，但未必即是通常所谓“历史哲学”耳。①

相对于唐君毅，劳思光显然更强调对船山之学的形上基础批判。而在肯定“实在论”的同时，劳思光更强调所谓“发展观”。我们可以发现，这实际上是劳氏不满于传统上将船山史论看作历史哲学或比附与西方哲人黑格尔的历史哲学情况（牟宗三就持此观点），而自己生造出的一个概念来代替“历史哲学”概念指称船山的史论。

劳思光的这一船山“历史哲学”之批判对港台及海外新儒家在船山史论研究上的影响甚大，再加上唐君毅的研究与结论，唐、劳二人的“实在论”说法基本定下了其后港台及海外新儒家一脉研究船山之学的思想规模与纲要。

三、曾昭旭与林安梧——第三代港台及海外新儒家的船山研究

在唐君毅与劳思光的后学中，对于船山之学有精彩著述的有曾昭旭与林安梧。从学脉上讲，他们是唐、劳的晚辈，可以称为第三代港台及海外新儒家的代表人物。曾氏有博士论文《王船山哲学》，而林氏有硕士论文《王船山人性史哲学之研究》。从思想上说，由于这两本著作分别是博士与硕士学位论

① 劳思光：《新编中国哲学史》（三卷下），第514—515页。

文，因此在很多方面的研究与著述都显得宽泛概要，但又因为这是青年研究生时代的作品，使这两本著作很好地接着唐君毅与劳思光的船山研究往下讲，体现了当时港台及海外新儒家在研究船山之学方面的承续与发展。大体上说，曾氏的《王船山哲学》基本涵盖了船山之学的所有方面，对船山学术有一个宏观的总体把握，这也是其著述宗旨所在。曾氏云：

> 船山学之所以难明，又有关乎其著述之方式。盖船山之心量，涵盖甚广，范围则包括经、史、子、集；方向则遍及义理、词章、考据、经济；其思想于儒学正统之外，尚出入于佛老二氏，即游艺之作，亦兼擅于诗文词曲，则船山之精神，直欲透入传统历史文化之一切方面，而润泽、提挈之，其悲愿亦宏矣。然其著述，则大率为注疏体，往往随文引义，因事显理，既无系统严整、内容单纯之代表性著作，足以据为贯穿全书之参考标准（如濂溪之《通书》、张子之《正蒙》、明道之《定性书》）；复缺一套为船山所常用而界义鲜明之术语，足以据为提挈其全部四项之旨归（如朱子之理、象山之心、阳明之良知、蕺山之意），……
>
> 复次，船山学之所以难于明晓而易滋误解，更由于船山之根本思路，即是适与其前之宋明儒对反、又与其后之清儒对反者，故顺程朱陆王之方向以了解船山固为一误导，而下齿船山于颜习斋、戴东原，则尤属诬狂。则就此

> 表象而言，船山之地位，殆属一“孤儒”。孤者，不与他为类之谓也，则以有蓬之心，欲据成见类推以知船山之学，又焉能不误解乎。……
>
> 以是之故，吾人于今日研究船山学，直是山林初启，筚路蓝缕，以一二人之力，何能尽发其奥。然事有本末，物有始终，先探索其生命之根本趋向，提挈其义理之基本纲维，仍属当务之急。①

而曾氏此书的主要特色在于对船山之学得出了一个“宋明儒由末探本，船山由本贯末”的结论。曾氏云：

> 今吾人试先以数语扼要判其分际，即：自孟子以后以迄宋明，儒学之主流实在逆觉体证此心性之本体。在“求其放心”，在由末（变动无恒之现象）以反本（亦超越亦内在之本体）。此学至宋明而臻于大成。而船山则不然，在船山，此道德主体之肯定已若无疑问，而不复成为其学之重点，于是乃重在更从此道德主体向外发以成具体的道德事业，故其学之趋向，乃不是由末反本而是由本贯彻于末的。由末反本，则即用见体而全用是体，而以重在见体之故，其用随时而化，而唯存其体之神。则一切现象毕竟无积极之意义。由本贯末，则即体致用而全体在用，以重

① 曾昭旭：《王船山哲学》，台北：里仁书局，2008年，第289—292页。

致用之故，其用乃化而犹存，其所存之神乃不只是神体之如如恒在，亦是神用之蓄积日富，则一切现象于变化日新之余，更有道德事业，历史文化之凝成而具积极之意义。此即船山之学与其前儒学之大分水岭也。船山所开之生面在此，其藉以评隲诸家学说历史人物之大标准亦在此。其针砭佛老与宋明儒，大抵在不满其有体无用，重本忽末；其贬斥王安石辈之为政，包拯辈之吏治，叶适、陈亮辈之重事功，韩愈辈之儒学，苏轼辈之文章，则大抵在斥其无本而乱末，不知体而妄于用也。故在船山，实以"由本贯莫末"为圣学一大关键，亦可说船山是继宋明儒学之成就而更向前一步者。①

……

至于船山，则是一面既肯定心之创造性（此同于陆王），一面亦肯定性之为众理之藏（此同于程朱）。而心由性发，心以著性（此同于胡五峰）。即心之创造性，不但超越地依据天，以确立其创造之本性良能，亦存在地依据性之藏，以确定其创造之方向。复依船山即气即天之义，存在性即通于超越性，性体即通于天体。于是乃可说船山所领会之体，方真是即活动即存有者。其道德创造，不只是当几之化，而更能凝定其理，还滋其性者。其存有亦不只是静态地为万物存在之依据，而更能发用而为创造之依

① 曾昭旭：《王船山哲学》，第292—293页。

据者也。①

可以看到，曾昭旭的结论实际上是对唐君毅的“船山对宋明理学心性论结构之重构”论断的一个具体深化与论证，而论证所使用的思想方法则来自第二代港台及海外新儒家代表人物牟宗三对宋明理学所给出的“三系论”判教方法。可以说，从这本著作开始，港台及海外新儒家的船山研究有了一套全新的理论基础与方法论体系，在某种程度上说，这本著作实际是借助船山之学发展与验证港台及海外新儒家的指导思想。

而林安梧的《王船山人性史哲学之研究》一书，则基本上接着劳思光对“船山历史哲学说”的批判往下讲。因之也同样新造了一个“人性史”概念。林氏在船山气论的基础上指出船山之学所具有人心与事物之双面性，而船山的史论，显然是联结上述二者的枢纽所在。林氏云：

> 船山之“重气”则上提到本体的层次而说，他创造的诠释张载的《正蒙》，而强调“气”是本体，气自由阴阳两端而氤氲相荡，浮沉升降，动静相感，说起含有创生性、保聚性，并进而说气之凝成事物而有理（着重保聚性一面），说气之神化，其根本落于人而言则为一心之诚（着重创生性一面），而事物之理及一心之诚乃是道德实践

① 曾昭旭：《王船山哲学》，第298页。

> 的依准与动力。由上述可知：重理一派凸显了天理的超越性，重心的一派凸显了良知的内在性，重气的一派凸显了“存在的历史性”。
>
> 笔者之所以对比地拈出重理、重心及重气三派的不同，正是要说明重理及重心二者乃偏在道德层次上立说，而不能确切地与历史文化来讨论，惟有重气（尤其是如船山这般的重气）才能真正与于历史文化来讨论。因为天理的超越心及良知的内在性都不重历程义，惟有重气凸显存在的历史性才重历程义，能重历程义才能真正重视历史文化。①

唯“气”是运动不息之物，因此历史在船山那里才具有特殊的意义与价值，但正如劳思光所言，这显然不是黑格尔式带有终极目的的历史哲学。林氏云：

> 大体说来，紧扣着宋明儒学发展的系路来说，就其存有论或宇宙论的本源来看，大致可分为三个不同的面向：一是以“理”为首出的，此派以程朱为代表；一是以“心”为首出的，此派以陆王为代表；另一则以“气”为首出的，此派在宋初则以濂溪、横渠为代表，在明末则可以船山为代表。就其发展而言，则先是重气的，而后展开

① 林安梧：《王船山人性史哲学之研究》，第15—16页。

为重理的，进而有重心的。重理之程朱与重心之陆王蔚为大流，所谓“道问学”、“尊德性”的区分即指此而言。心学与理学的争斗自南宋朱、陆鹅湖之会后，直到明末仍不稍歇；而明末则又归回以气为重的路子。换言之，宋明儒学以重气为始，亦以重气为终；而在经过的历程中，不论重心、重理二派之后学亦皆常溢出其本派而注意到气的重要性。笔者之所以这样的表述，乃是要说明，宋明儒学实不只重心、重理而已，其实是颇为重气的。①

……

（船山）他所强调的气是两体之气，一方面着重其精神的层面，另一方面着重其物质与生命的层面，而且强调此两体之气必以一辩证的综合而开展于人间器物上，进而说道必得即于此器物之上表现其自己，理必得即于人间事物上表现其自己。

换言之，船山并不是孤零零地将人摆置在一气化流行的自然宇宙之中，也不是以一种即心即气的当下圆融将此气化流行的自然宇宙全往人的心上收；船山一方面肯定气化流行这个自然宇宙的客观存在，另一方面亦强调人是此气化流行而抟聚成之最秀者，人实是天地之心，人能诠释宇宙，润化宇宙及缔造宇宙，而且宇宙经由人之诠释、润化及创造之后方成其为人的宇宙。此人的宇宙又

① 林安梧：《王船山人性史哲学之研究》，第13—15页。

> 是一客观的存在，此即是历史文化的宇宙。人即于此历史文化宇宙中长养自己，复以之参赞此历史文化宇宙。而此即是船山哲学的重心所在，笔者即名之曰“人性史的哲学”。①

在林安梧看来，船山之学的核心实际是以“气”为基础，同时兼及自然与人事双面的思想系统，而自然与人事之间的交互运动构成了历史，也即林氏所谓之“人性史的哲学”。由于这是一篇研究生的硕士论文，我们可以很容易地发现前辈学人的影响，比如“人性史的哲学”这一概念显然就是牟宗三所言儒学“既存有又活动”之语在船山之学中的显现。

四、罗光与牟宗三——不容忽视的两个人物

而在这一问题上，除了上述提到的港台及海外新儒家对船山之学的研究著述外，罗光与牟宗三也是两个不容忽视的人物。罗光在20世纪六七十年代先后担任过罗马教廷在台南与台北的地区的主教，其人的教育与学术进路是西方宗教哲学背景，本人也是天主教徒，严格意义上不能算是海外新儒家的人物，从年龄上说与第二代港台及海外新儒家人物同辈。但其对中国哲学与船山之学有着很深入的研究，并著有《中国哲学

① 林安梧：《王船山人性史哲学之研究》，第17—18页。

思想史》与《王船山形而上学研究》等书，著作等身。而《王船山形而上学研究》一书，基本可以看作是其《中国哲学思想史》中论及船山部分的单行本，在港台学界影响深远。同时，于船山研究方面，罗光同意海外新儒家的“实在论”立场，而相较于海外前后两代新儒家学者，由于他的思想与教育背景，使其对船山之学的思想立场要更为中立客观，著述也比较浅显易懂、观点明晰。他显然秉持着西方哲学的方法，力图用一两个核心概念来抓住船山之学的精要。罗光云：

> 王夫之的哲学思想，范围广泛，思想深刻。然而他的哲学有一贯的精神，即是主张实有论。对于“有”，以“诚”作代表，他坚持予以肯定；既反对道家的无，又反对佛教的虚，也反对陆象山和王阳明的空疏。清初学者虽都对王学起反响，而主张实学；但没有一人能像王夫之从形上方面建立实学的基础。王夫之思想的另一特点，是“动”：“凡物与事皆有所自始，……动则其始者，即所以行乎万变而通者也。”(《周易内传》卷一，页十五）动的观念来自《易经》，宋明理学家也都注意到宇宙的动，因此动静的观念在宋明理学里占的分量很重，但也没有一人像王夫之那样彻底主张“动”。他在本体论有“性日生而命日降”的主张，在修身论也有心意常动的看法，在历史哲学又有时势循环的思想。因此，讲王夫之的哲学思想须要把握“实”和“动”两个观念，便可以贯通他的全部思

想了。①

罗光用“实”与“动”这两个概念来概括船山之学，与港台及海外新儒家基于自身立场而着重关注船山的心性论与史论方面不同，罗光揭示了《易》学在船山之学中的本体论地位，同时《易》学还是心性论与史论的理论基础。罗光指出：

> “易”，就是变。《周易》的变，由卦象而显；卦象的变，是爻的变；爻的变，是时位的变。周公作爻辞，“达其变于爻，以研时位之几而精其义。”孔子作《传》，也是“以其义例之贯通与其变动者，……使占者学者得其指归以通其殊致”。
>
> 爻的解释，以“象曰”为根据，以“爻象”作解释，爻为阳爻阴爻；爻的变，即阳阴的变；爻变在卦象所表现的，为时位的变换，位是空间，空间在变化上，为一种成分，变化的本身，则是在时间上。《易经》所以多次说，“时之义大矣哉。”②

这一结论可谓抓住了船山之学的关窍，“实”与“动”这两个概念从本质上说就是船山易学的核心所在。船山曰：

---

① 罗光：《王船山形上学思想》，台北：辅仁大学出版社，1983年，第119—120页。

② 罗光：《王船山形上学思想》，第70页。

阴阳之生，一太极之动静也。动者灵以生明，以晰天下而不塞；静者保而处重，以凝天下而不浮；则其为实，既可为道之体矣。(《周易外传·系辞·上·第一》)

可以说，罗光的船山研究很好地弥补了港台及海外新儒家在船山之学上过于偏向心性论与史论的问题，这从积极层面上说是港台及海外新儒家的治学优势所在，而从消极面上说就是港台及海外新儒家的囿蔽了。

而上述新儒家的思维模式之所以会在对船山之学的研究中显现得这么突出，就必然使得我们需要去关注上文未及详述的另一个新儒家的大学者牟宗三在这一方面的影响了。牟宗三实际并没有研究船山之学的专著。他论及船山的内容只是零散出现在其各部巨著角落，只有一篇涉及历史哲学的短文《黑格尔与王船山》，算是在主题上与船山直接相关。但此文在内容上与其说是在阐释船山与黑格尔，倒不如说是旨在表明牟氏自己对历史哲学的看法。恰如其座师熊十力一般，牟宗三对20世纪后半叶港台及海外新儒家的船山研究的影响乃是潜而不显却又无处不在。牟氏在历史哲学层面将黑格尔与王船山的并列，与劳思光对唐君毅“船山历史哲学论”的批判，二者相较来看相当有趣。而曾昭旭在研究船山之学时所直接使用的“三系论”方法以及林安梧的“人性史的哲学”概念中所含有的“既存有又活动”义的背后，无一不可看到牟宗三思想的影响。

因此，当我们论及港台及海外新儒家的船山研究时，就不得不让牟宗三时刻在场。

五、小结

综上所述，我们可以看到，相较于1949年之后大陆的船山哲学与思想研究呈现出一幅在曲折中前进的历史画卷，[①]20世纪后半叶港台及海外新儒家的船山哲学与思想研究基本是沿着熊十力定下的“骨子里是宋学精神”的论断与“明有以反空无”的界说框架发展。其方法论和基本精神又深受牟宗三的影响，使其学派特征非常鲜明，在船山的心性论与史论方面有了许多发展。但由于新儒家僻居港、澳、台，其本身的学术争鸣圈子较小，大半学者都系出一门，因此难免观点齐一。我们可以看到，在熊十力一脉的唐君毅与牟宗三以及之后的曾昭旭与林安梧之外，在船山思想与哲学的研究中能与之论衡并有影响力的惟有劳思光与罗光二人。当然，港台及海外新儒家远不止这些学人，但仅就中国哲学与船山之思想与哲学的层面而论，却也就此两三个观点与论断。从某种程度上说，20世纪后半叶港台及海外新儒家的船山哲学与思想研究遇到了与船山本人同样的问题，恰如劳思光所言：

① 陈焱：《新中国成立以来四十年船山思想与哲学研究述评》，《船山学刊》2013年第2期，第58页。

> 船山幼于梨洲九年，幼于蕺山四十一年。除一度因抗清失败（清顺治五年事）而远走两广，仕于永历朝中之外，平生踪迹多在两湖，故与当世学人殊少交往。船山思想固有许多特色，然其了解他人理论处每多隔阂，即与此种经历上之限制有关。学者不可不知。①

与船山相类，新儒家僻居港台一隅，学脉也只二、三，其对船山学的研究固然有许多特色，但由于殊少能与他人交流，故而缺乏在与异论论衡和争鸣的过程中提升与修正学术与思想的能力与机会。从这个意义上说，20世纪后半叶港台及海外新儒家的船山哲学与思想研究的缺点与优点一样都十分鲜明。

① 劳思光：《新编中国哲学史》（三卷下），桂林：广西师范大学出版社，2005年，第512页。

参考资料（不含附录）

古籍、专著与文集

（以作者姓氏拼音首字母为序）

A

（德）爱因斯坦著，范岱年等编译：《爱因斯坦文集》（增补本），第二卷《论动体的电动力学》，北京：商务印书馆，2009年。

B

[汉]班固撰，[唐]颜师古注：《汉书》，第八册，北京：中华书局，1962年。

C

蔡尚思著：《王船山思想体系》，上海：上海人民出版社，2019年。

陈独秀著：《独秀文存》（论文上），北京：首都经济贸易大学出版社，2018年。

陈来著：《诠释与重建——王船山的哲学精神》，北京：生活·读书·新知三联书店，2010年。

陈荣捷著：《传习录详注集评》，上海：华东师范大学出版社，2009年。

陈卫平著:《第一页与胚胎——明清之际的中西文化比较》，桂林：广西师范大学出版社，2015 年。

陈旭麓著:《陈旭麓文集》(卷一)，上海：华东师范大学出版社，1996 年。

［宋］程颢、程颐撰:《二程集》，第一、三册，北京：中华书局，1981 年。

D

邓洪波著:《湖南书院史稿》，长沙：湖湘文库编辑出版委员会、岳麓书社，2012 年。

F

［清］方以智著，庞朴注释:《东西均注释》，北京：中华书局，2001 年。

（美）费正清著，张沛译:《中国：传统与变迁》，北京：世界知识出版社，2001 年。

冯契著:《冯契文集》(卷六、卷七、卷八)，上海：华东师范大学出版社，2016 年。

冯友兰著:《三松堂全集》第 10、12、13 卷，郑州：河南人民出版社，2001 年。

冯友兰著:《贞元六书》(上册)，北京：中华书局，2014 年。

冯友兰著:《中国哲学史》(下)，北京：中华书局，2016 年。

G

葛剑雄著:《中国人口发展史》(葛剑雄文集 2：亿兆斯民)，广州：广东人民出版社，2014 年。

葛兆光著：《中国思想史导论：思想史的写法》，上海：复旦大学出版社，2001年。

［清］龚自珍著：《龚自珍全集》，上海：上海古籍出版社，1999年。

［清］郭嵩焘撰：《郭嵩焘全集》（四、十三、十四、十五），长沙：湖湘文库编辑出版委员会、岳麓书社，2012年。

H

贺麟著：《近代唯心论简释》，北京：商务印书馆，2011年。

贺麟著：《文化与人生》，上海：上海人民出版社，2011年。

（英）赫胥黎著，严复译：《天演论》，南昌：江西教育出版社，2018年。

（德）黑格尔著，北京大学哲学系外国哲学教研室译：《哲学史讲演录》（第一卷），北京：生活·读书·新知三联书店，1956年。

（德）黑格尔著，贺麟译：《法哲学原理》，北京：商务印书馆，1979年。

（德）黑格尔著，贺麟、王玖兴译：《精神现象学》（下卷），北京：商务印书馆，1997年。

（美）亨利·基辛格著，胡利平、林华、曹爱菊译：《世界秩序》，北京：中信出版集团股份有限公司，2015年。

《河北省历史学会第二届年会论文选》，石家庄：河北省历史学会，1982年。

侯外庐著：《船山学案》，重庆：三友书店，1944年。

侯外庐著:《中国思想通史》(第五卷)，北京：人民出版社，1956年。

侯外庐著:《船山学案》，长沙：岳麓书社，1982年。

胡适著:《胡适文集》第2、4册，北京：北京大学出版社，2013年。

湖南省社科院、湖南省社联、船山学社编:《王船山学术思想讨论集》，长沙：湖南人民出版社，1984年。

湖南省哲学社会科学学会联合会、湖北省哲学社会科学编:《王船山学术讨论集》，北京：中华书局，1965年。

［清］黄宗羲著:《黄宗羲全集》(第一册)，杭州：浙江古籍出版社，1985年。

［清］黄宗羲著:《黄宗羲全集》(第二十一册)，杭州：浙江古籍出版社，2012年。

J

嵇文甫著:《王船山学术论丛》，北京：生活·读书·新知三联书店，1962年。

［清］纪昀等编:《景印文渊阁四库全书》，目录索引册，台北：台湾商务印书馆，1986年。

姜义华编:《社会主义学说在中国的初期传播》，上海：复旦大学出版社，1984年。

蒋维乔著:《中国近三百年哲学史》，上海：上海世纪出版集团，2014年。

金岳霖著:《论道》，北京：中国人民大学出版社，2010年。

金岳霖著：《知识论》，北京：商务印书馆，2010 年。

K

（德）康德著，孙少伟译：《道德形而上学基础》，北京：中国社会科学出版社，2009 年。

康有为著：《孔子改制考》，《广州大典》，总第 393 册，广州：广州出版社，2015 年。

L

雷梦辰著：《清代各省禁书汇考》，北京：书目文献出版社，1989 年。

［宋］黎靖德编：《朱子语类》，北京：中华书局，2007 年。

李泽厚著：《中国近代思想史论》，北京：生活·读书·新知三联书店，2008 年。

李泽厚著：《中国现代思想史论》，北京：生活·读书·新知三联书店，2008 年。

（美）理查德·罗蒂著，李幼蒸译：《哲学和自然之镜》，北京：商务印书馆，2003 年。

联共（布）中央特设委员会编，中共中央马克思恩格斯列宁斯大林著作编译局译：《联共（布）党史简明教程》，北京：人民出版社，1975 年。

梁启超著：《论中国学术思想变迁之大势》，上海：上海古籍出版社，2001 年。

梁启超著：《中国近三百年学术史》(新校本)，北京：商务印书馆，2011 年。

梁启超著，朱维铮校注：《清代学术概论》，北京：中华书局，2016 年。

梁启超著：《中国近三百年学术史》，北京：商务印书馆，2016 年。

（俄）列宁著，中共中央马克思恩格斯列宁斯大林著作编译局编译：《唯物主义与经验批判主义》，北京：人民出版社，2015 年。

刘师培著：《刘师培全集》，北京：中共中央党校出版社，1997 年。

鲁迅著：《鲁迅全集》第一卷、第六卷，北京：人民文学出版社，1981 年。

M

（德）马丁·海德格尔著，陈嘉映、王庆节合译，熊伟校，陈嘉映修订：《存在与时间》(修订译本)，北京：生活·读书·新知三联书店，1999 年。

（德）马克思著：《共产党宣言》，《马克思恩格斯选集》，第 1 卷，北京：人民出版社，1972 年。

毛泽东著：《毛泽东选集》第 2、3 卷，北京：人民出版社，1991 年。

毛泽东著：《毛泽东文集》第 7 卷，北京：人民出版社，2009 年。

毛泽东著：《毛泽东早期文稿》，长沙：湖湘文库编辑出版委员会、湖南人民出版社，2008 年。

莫世祥编：《马君武集》(上)，武汉：华中师范大学出版社，2016年。

N

牛仰山选注：《严复文选》，天津：百花文艺出版社，2006年。

Q

钱穆著：《中国近三百年学术史》(一)，北京：九州出版社，2011年。

清华大学国学研究院主编，刘东、翟奎凤选编：《梁启超文存》，南京：江苏人民出版社，2012年。

丘为君著：《戴震学的形成——知识论述在近代中国的诞生》，北京：新星出版社，2006年。

S

（美）史景迁著，温洽溢、吴家恒译：《雍正王朝之大义觉迷》，桂林：广西师范大学出版社，2011年。

T

［清］谭嗣同撰：《谭嗣同集》，长沙：湖湘文库编辑出版委员会、岳麓书社，2012年。

谭丕谟著：《清代思想史纲》，上海：上海古籍出版社，2013年。

汤用彤著：《理学、佛学、玄学》，北京：北京大学出版社，1991年。

W

万仕国、刘衡校注：《天义·衡报》，北京：中国人民大学出版社，2016 年。

［魏］王弼注，［唐］孔颖达疏：《周易正义》（标点本），北京：北京大学出版社，1999 年。

王汎森著：《权力的毛细管作用：清代的思想、学术与心态》，北京：北京大学出版社，2015 年。

［清］王夫之撰：《船山全书》，第一、三、六、七、十、十二、十六册，长沙：岳麓书社，2011 年。

［清］王闿运著：《湘绮楼诗文集》（一），长沙：湖湘文库编辑出版委员会、岳麓书社，2012 年。

［清］王先谦撰：《荀子集解》，北京：中华书局，2010 年。

王孝鱼著：《船山学谱》，北京：中华书局，2014 年。

王云五主编，张西堂编：《新编中国名人年谱集成·第五辑·明王船山先生夫之年表》，台北：台湾商务印书馆，1978 年。

吴震著：《明末清初劝善运动思想研究》，台北：台大出版中心，2012 年。

X

夏东元编：《郑观应集》（上册），上海：上海人民出版社，1982 年。

熊十力著，萧萐父主编：《熊十力全集》（第八卷），武汉：湖北教育出版社，2001 年。

熊十力著：《十力语要》，上海：上海书店出版社，2009 年。

Y

杨毓麟著：《杨毓麟集》，长沙：湖湘文库编辑出版委员会、岳麓书社，2012 年。

杨泽波著：《儒家生生伦理学引论》，北京：商务印书馆，2020 年。

［清］雍正帝撰：《大义觉迷录》，《近代中国史料丛刊正编》，第三十六辑，第 351、352 册，台北：文海出版社，1969 年。

Z

［清］曾国藩著，［清］李瀚章编撰，［清］李鸿章校刊：《曾文正公全集》（一）、（八），北京：中国城市出版社，2014 年。

张岱年著：《中国哲学大纲》，北京：中国社会科学出版社，1982 年。

张岱年著，刘鄂培主编：《张岱年文集》（第四卷），北京：清华大学出版社，1995 年。

张岱年主编：《中国哲学大辞典》（修订本），上海：上海辞书出版社，2014 年。

张立文著：《正学与开新——王船山哲学思想》，北京：人民出版社，2001 年。

张荣华编：《中国近代思想家文库·康有为卷》，北京：中国人民大学出版社，2015 年。

［清］张之洞著：《劝学篇》，上海：上海书店出版社，2002 年。

章念驰编订：《章太炎演讲集》，上海：上海人民出版社，2011 年。

章士钊著：《章士钊全集》（第一卷），上海：文汇出版社，

2000年。

章太炎著:《太炎先生自定年谱》(影印)，上海：上海书店，1986年。

章太炎著:《章太炎全集》03、04、08，上海：上海人民出版社，1982年。

章太炎著:《章太炎全集》(第二辑)，上海：上海人民出版社，2014年。

［清］章学诚撰:《文史通义校注》(上册)，北京：中华书局，2014年。

［清］赵尔巽等撰:《清史稿》，第42册、第43册，北京：中华书局，2014年。

赵修义、张翼星等编:《守道1957——1957年中国哲学史实录与反思》，上海：上海人民出版社，2012年。

中共中央马克思恩格斯列宁斯大林著作编译局编译:《马克思恩格斯全集》(第21卷)，北京：人民出版社，1965年。

中共中央马克思恩格斯列宁斯大林著作编译局编译:《马克思恩格斯选集》(第1卷)北京：人民出版社，1972年。

中共中央马克思恩格斯列宁斯大林著作编译局编:《列宁专题文集》(论辩证唯物主义和历史唯物主义节选)，北京：人民出版社，2009年。

中共中央文献研究室编:《毛泽东年谱(1949—1976)》(第四卷)，北京：中央文献出版社，2013年。

中国史学会编:《中国近代资料丛刊》(第二辑)，《民报》，第六册，北京：中华书局，2006 年。

［清］朱寿鹏编：《光绪朝东华录》（五），北京：中华书局，1958 年。

朱维铮编：《周予同经学史论著选集》（增订本），上海：上海人民出版社，1996 年。

朱维铮编：《周予同经学史论著选集》，上海：上海人民出版社，1983 年。

朱维铮著：《走出中世纪》，上海：复旦大学出版社，2007 年。

［宋］朱熹撰，朱杰人、严佐之、刘永翔主编：《朱子全书》（修订本），第十四册，上海：上海古籍出版社，合肥：安徽教育出版社，2010 年。

［宋］朱熹撰：《四书章句集注》，北京：中华书局，2008 年。

学术论文

（载于上述各种《文集》的学术论文于此不再重复标出，以作者姓氏拼音首字母为序）

C

曹伯言：《王船山历史观研究》，《历史研究》，1965 年第 5 期。

曹道衡：《试论王船山思想的几个问题》，《历史研究》，1964 年第 4 期。

陈卫平：《从王夫之对西方科学的态度谈起》，《读书》，

1984 年第 10 期。

陈卫平:《“金岳霖问题”与中国哲学史学科独立性的探求》,《学术月刊》, 2005 年 11 月。

陈卫平:《从突破“两军对阵”到关注“合法性”——新时期中国哲学史研究之趋向》,《学术月刊》, 2008 年第 6 期。

陈卫平:《新文化运动反传统之辨析》,《中国社会科学》, 2015 年第 11 期。

陈远宁:《船山学与新文化建设》,《船山学刊》, 1993 年第 1 期。

陈赟:《科学主义与现代世界观的起源》,《社会科学论坛》, 2006 年第 6 期。

D

段志强:《顾炎武、黄宗羲、王夫之从祀孔庙始末新考》,《史学月刊》, 2011 年第 3 期。

段志强:《孔庙与宪政：政治视野中的顾炎武、黄宗羲、王夫之从祀孔庙事件》,《近代史研究》, 2011 年第 4 期。

F

冯一兵、李春密:《以太观的历史演变及启示》,《物理通报》, 2010 年第 3 期。

冯友兰:《王夫之的唯物主义哲学和辩证法思想》,《北京大学学报》, 1961 年第 3 期。

冯友兰:《论中国哲学遗产的继承问题》,《哲学研究》, 1965 年第 5 期。

G

（日）高田淳：《清末的王船山》，《船山学刊》，1984 年第 2 期。

高瑞泉：《观念史何为？》，《华东师范大学学报》（哲学社会科学版），2011 年第 2 期。

H

户华为：《船山崇祀与近代湖湘地方文化建构》，《湖南大学学报》（社会科学版），2003 年 11 月。

J

嵇文甫：《王船山的唯物主义思想及其唯心主义杂质》，《哲学研究》，1959 年第 4 期。

嵇文甫：《王船山的史学方法论》，《历史研究》，1962 年第 4 期。

嵇文甫：《对王船山历史观的一些粗浅认识》，《江汉学报》，1962 年 12 月。

L

刘笑敢：《“反向格义”与中国哲学研究的困境》，《南京大学学报》（哲学社会科学版），2006 年第 2 期。

龙慧萍、蔡静：《晚清乌托邦小说创作中的域外小说影响与文类选择问题》，《海南师范大学学报》（社会科学版），2013 年第 12 期。

S

（日）石川贤作撰，袁韶莹译：《中国哲学界关于“合二而一”问题争论始末》,《哲学译丛》, 1984 年第 6 期。

W

汪毅:《王船山的社会思想》,《文史哲》, 1955 年 3 月。

X

肖萐父:《略论王夫之的矛盾观中的“一分为二”与“合二以一”》,《江汉论坛》, 1979 年第 3 期。

萧汉明:《湖北省学术思想讨论会综述》,《武汉大学学报》（社会科学版）, 1982 年第 6 期。

徐洪兴:《唐宋间的孟子升格运动》,《中国社会科学》, 1993 年第 5 期。

徐泰来:《船山史观与历史唯物主义》,《湘潭大学学报》（哲学社会科学版）, 1982 年第 4 期。

Y

杨念群:《明末清初思想文化研究范式的转移——以近百年相关讨论为中心》,《清史研究》, 2018 年第 3 期。

杨献珍:《关于“合二而一”的问题》,《哲学研究》, 1979 年第 5 期。

尹文汉:《王船山与方以智的交往——兼及船山相关诗作之分析》,《船山学刊》, 2015 年第 6 期。

喻博文:《过去·现在·未来及其他——从王夫之的治学精神谈起》,《西北师大学报》（社会科学版）, 1979 年第 3 期。

袁良义:《论王夫之的历史进化思想》,《北京大学学报》, 1963 年第 1 期。

Z

张恒寿：《略论理学的要旨和王夫之对理学的态度》，《中国社会科学》，1982 年第 4 期。

张岂之：《王夫之是法家吗？——中国思想史考察的一个侧面》，《西北大学学报》（哲学社会科学版），1977 年第 1 期。

张岂之：《一个反法的“法家”——王夫之》，《历史研究》，1977 年第 3 期。

钟兴锦：《王夫之对老子哲学的批判是哲学史上两条路线的斗争——读〈老子衍〉笔记》，《哲学研究》，1963 年第 5 期。

跋

本书的出版首先要感谢国家社科基金与上海财经大学的支持。

本书的写作缘起，最早来自陈卫平教授对我博士论文选题方向的一个指点，虽然后来我并没有做这个方向，但也一直没有放弃这个题目。毕业工作后，在 2016 年初的上海社联学术年会间歇，陈老师给我提供了诸多宝贵建议。我以此选题顺利申请到了国家社科基金（青年）项目，并在同年 9 月开始跟随陈老师在华东师范大学哲学系做了三年的博士后研究，其间在中国近现代哲学史研究方面多蒙陈老师的引领与教诲。因此，本书的完成，在学术上我最想要感谢的是陈老师的关心与指导。

从写作历程上说，自 2016 年 10 月动笔至 2020 年上半年项目结题，再到目前即将交稿付梓，本书的写作经过了将近 6 年的漫长光阴。其间犬子出生，工作单位也从上海健康医学院调动至上海财经大学。作为当代一名普通的中国高校青年教师，这段时间事业家庭因果缠身、红尘四合，能静下心来做学问的机会并不多。所以，特别需要感谢我的父母以及妻子邱彦超博士在生活上对我工作的支持。感谢上海健康医学院郑沈芳书记、黄钢校长、于莹副书记，思政部田霖霞主任、马克思主义学院孙玉良院长，以及上海健康医学院科技处莫国民处长、杨美科长、孙吉科长对我的支持和关心。还要感谢上海健康医学院马克思主义基本原理概论教研室的全体同仁在工作中给予的帮助。

从本心上说，我对这部作品并不完全满意，但世上本没有完美的事情，既然一切都即将化为铅字，那就留待读者去评价吧。最后，还要感谢上海人民出版社的高笑红女士及其他工作人员为本书出版所付出的辛劳。

陈　焱

2022 年 5 月于沪上

图书在版编目(CIP)数据

发现王夫之:晚清以来的船山升格运动:1864－1982/陈焱著. —上海:上海人民出版社,2022
ISBN 978－7－208－17958－5

Ⅰ.①发… Ⅱ.①陈… Ⅲ.①王夫之(1619－1692)-哲学思想-研究 Ⅳ.①B249.25

中国版本图书馆 CIP 数据核字(2022)第 177906 号

责任编辑 高笑红
封面设计 甘信宇

发现王夫之:晚清以来的船山升格运动(1864—1982)
陈 焱 著

出　　版 上海人民出版社
(201101 上海市闵行区号景路 159 弄 C 座)
发　　行 上海人民出版社发行中心
印　　刷 苏州工业园区美柯乐制版印务有限责任公司
开　　本 890×1240 1/32
印　　张 16.5
插　　页 5
字　　数 322,000
版　　次 2022 年 11 月第 1 版
印　　次 2022 年 11 月第 1 次印刷
ISBN 978－7－208－17958－5/B·1654
定　　价 98.00 元